Hermann Graml:
Europa zwischen den Kriegen

Deutscher
Taschenbuch
Verlag

dtv-Weltgeschichte des 20. Jahrhunderts

Hans Herzfeld: Der Erste Weltkrieg
Gerhard Schulz: Revolutionen und Friedensschlüsse
Helmut Heiber: Die Republik von Weimar
Ernst Nolte: Die faschistischen Bewegungen
Hermann Graml: Europa zwischen den Kriegen
Gottfried-Karl Kindermann: Der Ferne Osten
Erich Angermann: Die Vereinigten Staaten von Amerika
    seit 1917
Karl-Heinz Ruffmann: Sowjetrußland 1917–1977.
Martin Broszat: Der Staat Hitlers
Lothar Gruchmann: Der Zweite Weltkrieg
Thilo Vogelsang: Das geteilte Deutschland
Franz Ansprenger: Auflösung der Kolonialreiche
Wilfried Loth: Die Teilung der Welt

Originalausgabe
1. Auflage Mai 1969
5. Auflage Februar 1982: 39. bis 43. Tausend
© Deutscher Taschenbuch Verlag GmbH & Co. KG,
München
Umschlaggestaltung: Celestino Piatti
Umschlagbild: Völkerbundpalast in Genf
Foto: Ullstein – Eschen
Gesamtherstellung: C. H. Beck'sche Buchdruckerei,
Nördlingen
Printed in Germany · ISBN 3-423-04005-X

Das Buch

Vor 1914 war die große europäische Krise noch in einer Welt der scheinbaren Sicherheit verdeckt. Der Erste Weltkrieg ließ sie offenbar werden. Die Zeit nach 1919 war bestimmt durch den Versuch, mit der Gründung eines Völkerbunds Garantien gegen die Gefährdung der internationalen Ordnung und Sicherheit zu gewinnen. Frankreich hingegen suchte die Pariser Friedensverträge durch die Fortsetzung der Bündnispolitik alten Stils abzustützen, während das Hauptinteresse des Deutschen Reiches darin bestand, eine Revision der Pariser Verträge zu erreichen. Die Weltwirtschaftskrise und Hitlers Machtübernahme leiteten von der deutschen Revisionspolitik zur nationalsozialistischen Expansionspolitik über. Das imperialistische Japan, das faschistische Italien und das nationalsozialistische Deutschland zerstörten die Ansätze eines Systems der kollektiven Sicherheit und bildeten durch Freundschafts- und Bündnisverträge die Achse Berlin-Rom-Tokio. Die Appeasement-Politik Großbritanniens und Frankreichs konnte die Entwicklung auf einen zweiten deutschen Hegemonialkrieg zu nicht aufhalten. Eingeleitet wurde diese Entwicklung durch den Anschluß Österreichs, die Sudetenkrise und den Einmarsch in die Tschechoslowakei. Die Haltung Rußlands gegenüber Hitler schwankte, führte aber schließlich doch zur Annäherung an das Deutsche Reich, da die Verhandlungen mit Paris, London und Warschau keine für Moskau befriedigenden Ergebnisse brachten.
Hitler gab den Befehl zum Angriff auf Polen.

Der Autor

Hermann Graml, geboren 1928, ist (seit 1953) Mitarbeiter des Instituts für Zeitgeschichte München. Er veröffentlichte u. a.: ›Der 9. November 1938. Reichskristallnacht‹ (1954), ›Die deutsche Militäropposition vom Frankreichfeldzug bis zum Sommer 1943‹ (1958), ›Der deutsche Widerstand und die Alliierten‹ (1962), ›David L. Hoggan und die Dokumente‹ (1963), ›Der Fall Oster‹ (1965), ›Die außenpolitischen Vorstellungen des deutschen Widerstands‹ (1966).

dtv-Weltgeschichte des 20. Jahrhunderts
Herausgegeben von
Martin Broszat und Helmut Heiber

Inhalt

Erster Teil
Kollektive Friedensordnung oder traditionelle Machtpolitik
(1919–1929)

1. Kapitel
Grundlagen europäischer Außenpolitik nach dem Ende des
Ersten Weltkrieges

Der Völkerbund

Am 11. November 1918 rief der britische Premierminister David Lloyd George, nachdem er dem Unterhaus die Bedingungen des Waffenstillstands mit Deutschland bekanntgegeben hatte: »Ich hoffe, wir dürfen sagen, daß nun, an diesem schicksalhaften Morgen, alle Kriege ein Ende gefunden haben!«[1] Mit seinem Satz brachte Lloyd George gewiß die Friedenssehnsucht zum Ausdruck, die nach den Leiden und Entbehrungen eines langen und überaus blutigen Krieges in allen am Konflikt beteiligten Völkern dominierte; und in einer Epoche, da das Volk in vielen Staaten der Erde Anteil an der politischen Macht gewonnen oder doch die Verantwortung der Regierung vor den Regierten erzwungen hatte, mußte schon jene Sehnsucht, von der öffentlichen Meinung artikuliert, zu einem wesentlichen Faktor der internationalen Beziehungen werden. Trotzdem wäre das Wort Lloyd Georges historisch relativ uninteressant, hätte er sich lediglich zum Sprecher einer allgemeinen Emotion gemacht. Am Ende der Religionskriege des 16. und 17. Jahrhunderts, am Ende der Weltkriege des 18. Jahrhunderts, des Spanischen Erbfolgekrieges und des Siebenjährigen Krieges, und schließlich am Ende der großen Auseinandersetzung mit Napoleon war die Sehnsucht nach Frieden nicht schwächer als 1918, doch ist damals die Erschöpfung und Verzweiflung der Völker eben Erschöpfung und Verzweiflung – also temporär – geblieben; daß der Krieg auch etwas anderes als schreckliche Prüfung und unentrinnbares Schicksal sein könnte, nämlich ein Problem, das die Menschheit, wenn sie sich ihrer Vernunft nur richtig bediene, zu lösen und zu eliminieren in der Lage sei, ist kaum jemand eingefallen. Spekulative Philosophen, die sich, wie Sully (1603), Crucé (1623), der Abbé de St. Pierre (1713), Rousseau (1761), Bentham (1789) und Kant (1795), mit Plänen zur Verhinderung der Kriege zwischen den Staaten beschäftigten, haben mit solchen Schriften weder das Denken ihrer Zeit noch den Ablauf der Ereignisse beeinflußt.

Jetzt aber, 1918, war eine qualitative Veränderung eingetreten. Lloyd Georges Bemerkung formulierte nicht einfach eine vorübergehende Emotion, vielmehr manifestierte sich in ihr die Überzeugung, daß nun aus der Emotion Politik werde, daß die rationale Meisterung der bislang herrschenden internationalen Anarchie, die auch den gerade ausgefochtenen Krieg möglich gemacht habe, daß die Schaffung einer erdumspannenden Friedensorganisation der Staaten nötig und realisierbar sei. Tatsächlich stand ein gewichtiger Teil der Menschheit im Begriff, einen Akt zu vollziehen, der sich an universalhistorischer Bedeutung durchaus mit den Revolutionen in England, Amerika und Frankreich messen kann, der selbst eine Revolution von einschneidender Radikalität darstellte. Zum ersten Mal in der Geschichte wurde jetzt mit der Gründung eines Völkerbundes, der noch 1919 Wirklichkeit geworden ist, der Versuch unternommen, der anarchischen Staatenwelt eine internationale Verfassung und ein internationales Parlament zu geben. An die Stelle einer Gesellschaft absolut souveräner Staaten, die außer ihren eigenen Wachstumsgesetzen nichts und niemand verantwortlich sein wollten und konnten, die daher grundsätzlich jederzeit zum gewaltsamen Austrag zwischenstaatlicher Antagonismen fähig und bereit sein mußten, sollte die pluralistische Staatengesellschaft treten, die, bei gebändigter Souveränität ihrer Glieder, in der Lage ist, ihre Konflikte in einem rationalen Geiste und mit rationalen Methoden zu regeln. Und dieser Versuch hat die außenpolitische Entwicklung im Europa der Zwischenkriegszeit entscheidend geprägt.

In der Welt von 1914 hatten wenig Anzeichen darauf schließen lassen, daß die Revolutionierung der internationalen Beziehungen unmittelbar bevorstand – und ohne den großen Krieg hätte sie wohl auch noch auf sich warten lassen. Aber jede Revolution hat tiefreichende Wurzeln. Begriffe wie Verfassung, Parlament und Pluralismus zeigen deutlich, daß die Revolution der Außenpolitik ihren eigentlichen Ursprung in jenen

liberalen und demokratischen Bewegungen hatte, die zunächst
die innen- und gesellschaftspolitischen Revolutionen und Reformen in Westeuropa und den Vereinigten Staaten durchsetz-
ten. Es entsprach nur der inneren Logik und Gesetzmäßigkeit
dieser Bewegungen, eines Tages die Umwandlung internationaler Verhältnisse zu versuchen, die der liberalen und demokratischen Ordnung im Innern prinzipiell widersprachen; der pro-
gressive Utopismus, der, als eine der stärksten und nützlichsten
Kräfte der neueren Geschichte, erst als Ausdruck und Schöpfer
der innerstaatlichen Gesellschaft im modernen Sinne dieses
Wortes auftrat, war zugleich auf die Schaffung einer internationalen Staatengesellschaft hin angelegt. Mit Recht hat man gesagt, daß Woodrow Wilson, der als amerikanischer Präsident
zu den visionären und energischen Verfechtern des neuen Internationalismus gehörte, die Gesellschaftsphilosophie der Auf-
klärung den Bedürfnissen seiner eigenen Zeit anpassen und die
rationalistischen Lehren Brights und Gladstones »auf den fast
jungfräulichen Boden der internationalen Politik«[2] verpflanzen
wollte. Schon in den Revolutionskriegen des ausgehenden 18.
und beginnenden 19. Jahrhunderts war der enge Zusammenhang zwischen gesellschaftspolitischer Revolution und dem
Willen zur Umgestaltung der zwischenstaatlichen Beziehungen
zu spüren gewesen – freilich nur, um sogleich wieder verdeckt
zu werden –, doch ist er, wie natürlich, am augenfälligsten an der
radikalsten Gesellschaftstheorie zu demonstrieren: in der kommunistischen Revolution, die grundsätzlich als Weltrevolution
gedacht ist und zum Endzustand einer klassen- und staatenlosen
Gesellschaft hindrängt, fallen beide Revolutionen, die gesell-
schaftspolitische und die außenpolitische, theoretisch zusammen.
Anfang 1918 lag mit Lenins ›Botschaft an Alle‹ auch der
kommunistische Entwurf auf dem Tisch der europäischen und
der Weltpolitik, doch griff ihn außerhalb Rußlands, wo Lenin
im Herbst 1917 die Macht hatte an sich reißen können, keine
Bewegung auf, die eine Möglichkeit zu seiner Realisierung gehabt hätte; die Radikalität der gesellschaftspolitischen Ziele
und die damals wie heute unerreichbare Voraussetzung einer in
Intention und Richtung gleichartigen Revolution in allen Ländern nahmen der kommunistischen Botschaft jede Chance.
Allenfalls bewirkte die kommunistische Herausforderung, daß
die in der politischen Vorstellungswelt des Westens gereifte
Idee eines Völkerbunds beschleunigt und in Rivalität zu Lenin

entwickelt wurde. Wilson hat auf Lenins Herausforderung sofort mit der Kongreßbotschaft vom 8. Januar 1918 geantwortet, in der er seine ›14 Punkte‹ proklamierte und als Höhepunkt die Forderung nach »der Bildung einer unter einer speziellen Satzung funktionierenden allgemeinen Völkerassoziation, die das Ziel haben soll, mittels wechselseitiger Garantieversprechen allen großen und kleinen Staaten in gleicher Weise politische Unabhängigkeit und territoriale Integrität zu sichern«[3]; und am 23. März 1919 sagte er zu Lloyd George: »Wenn wir Europa eine Alternative zum Bolschewismus bieten wollen, müssen wir den Völkerbund so ausgestalten, daß er allen Völkern, die bereit sind, faire Methoden auf ihre zwischenstaatlichen Beziehungen anzuwenden, eine ausreichende Sicherheit gegen ihre Nachbarn gewährt, gleichgültig, ob diese Nachbarn imperialistische Kaiserreiche oder imperialistische Bolschewisten sind.«[4] In beiden Sätzen sind, neben der Rivalität mit Lenin, zwei grundlegende Prinzipien oder Einsichten formuliert, die ebenfalls dazu beitrugen, den westlichen Völkerbundsgedanken – im Vergleich zum kommunistischen Weltkollektiv – als realistischer und akzeptabler erscheinen zu lassen. Wilson stellte unmißverständlich fest, daß die Souveränität oder gar die Existenz der Staaten, die dem künftigen Völkerbund beitreten würden, weder aufgehoben noch eingeschränkt, sondern zur Sicherung der friedlichen Koexistenz lediglich gebändigt und in Verantwortung genommen werden sollten. Ebenso unmißverständlich implizierte er, daß die Zugehörigkeit zur organisierten Staatengesellschaft nicht von der Staatsform und nicht von der inneren Verfassung abzuhängen brauche, vielmehr allein an die Bereitschaft zu einer friedlichen internationalen Politik zu binden sei. Gewiß ist Wilson selbst ein missionarischer Vertreter des progressiven Utopismus und sich des inneren Zusammenhangs zwischen liberal-demokratischer Bewegung und Völkerbundsidee sehr wohl bewußt gewesen; daß er gleichzeitig an Deutschland und Österreich-Ungarn die Forderung nach internen politischen Reformen richtete, beweist deutlich genug, wie fest er damit rechnete, daß überall die liberalen und demokratischen Kräfte als solideste Stützen der Völkerassoziation fungieren würden – was denn auch tatsächlich der Fall war. Doch schien es damals unrealistisch und zugleich unbegründet zu sein, Staaten wie Japan von vornherein auszuschließen. Der amerikanische Präsident proklamierte nicht einen Bund von Staaten mit identischer Verfassung, was fast in gleichem Maße wie Lenins Weltkollektiv eine Weltrevolution vorausgesetzt hätte, erst recht nicht jenes Weltkollektiv selbst. Auch proklamierte er nicht die Abschaffung der Außenpolitik. Wilson offerierte vielmehr ein Organisationsprinzip für ein System der kollektiven Sicherheit und für die Rationalisierung der Außenpolitik. Nicht mehr, aber auch nicht weniger. Und es ist heute kein Zweifel mehr möglich, daß sein Angebot, so radikal und revolutionär es mit den bislang allgemein akzeptierten und ertragenen Grundsätzen der internationalen Beziehungen brach, den Notwendigkeiten einer durch Technik und Wissenschaft zusammengewachsenen und tief verwandelten Welt gemäß war. Wie jede zumindest partiell erfolgreiche Revolution, so fand auch diese eine revolutionäre Situation vor.

Mit Wilsons Organisationsprinzip werden auch jene unmittelbaren Wurzeln des Völkerbunds erkennbar, die zugleich zur Entstehungsgeschichte der revolutionären Situation gehörten; denn dem fortschrittsgläubigen Rationalismus und Utopismus muß zwar der Rang der tiefsten Ursache, kann aber andererseits nur die Funktion eines ganz allgemein wirkenden Impulses zugeschrieben werden. In dem Jahrhundert zwischen 1815 und 1914 zeichneten sich jedoch vier Entwicklungsstränge ab, die alle, wenngleich mit unterschiedlicher Kraft, dem gleichen Ziel, nämlich einer vernünftigeren und schließlich Gewaltanwendung eliminierenden internationalen Ordnung, dem Ende der internationalen Anarchie, zustrebten. An erster Stelle ist der religiöse und der säkularisierte Pazifismus zu nennen, dessen Effekt stets relativ bescheiden blieb, der aber in allen Nationen und Staaten, namentlich in den angelsächsischen, allmählich wuchs und schließlich zum politischen Faktor wurde. Zunächst war freilich die Konsultationspraxis der europäischen Großmächte, das europäische Konzert, noch wichtiger; meist mehr Begriff als Realität, hat es doch gelegentlich funktioniert und so keinen geringen Anteil daran gehabt, daß die Vorstellung, internationale Kooperation und Schlichtung seien sowohl notwendig wie möglich, langsam zu einem Bestandteil des politischen Bewußtseins wurde. Augenfälliger waren die Erfolge eines praktischen Internationalismus, den die industrielle Revolution mit ihrer ungeheuren Intensivierung und Ausdehnung des internationalen Verkehrs- und Verbindungswesens wie des internationalen Handels erzwang; bis 1914 waren immerhin bereits über dreißig internationale Institutionen und Organisationen entstanden, denen, etwa im Post- und Telegrammverkehr oder in der Gesundheitsfürsorge, gewisse Befugnisse gegenüber den entsprechenden Einrichtungen der einzelnen Staaten eingeräumt werden mußten. Die größte Bedeutung ist jedoch der Entwicklung des internationalen Rechts und der internationalen Schiedsgerichtsbarkeit zuzubilligen: zwischen 1815 und 1900 sind rund zweihundert internationale Streitfälle durch individuelle Schiedsverfahren beigelegt worden, 1890 unterzeichneten die Regierungen von elf amerikanischen Republiken, darunter die der Vereinigten Staaten, einen Vertrag zur Etablierung einer panamerikanischen Schiedsgerichtsbarkeit, 1897 wurde ein ähnliches Abkommen zwischen Washington und London geschlossen, und auch die Forderung nach der Errichtung eines permanenten internationalen Gerichtshofes ist bereits damals so dringlich angemeldet worden, daß sie fast das Gewicht eines Politikums erreichte.

Jedoch hat bis 1914 keine dieser Bewegungen das Prinzip der absoluten Unverantwortlichkeit souveräner Staaten erschüttern oder auch nur antasten können, weder in parlamentarisch noch in autokratisch regierten Ländern. Die Versuche, das Konzert der Mächte wenigstens auf eine festere Basis zu stellen und den Grundsatz regelmäßiger Konsultationen, also beinahe schon eine Verpflichtung zur schiedlichen Einigung, einzuführen, Versuche, wie sie der britische Außenminister Edward Grey in den letzten Jahren vor Kriegsausbruch unternahm, brachten kein Ergebnis. Der praktische Internationalismus galt unpolitischen Problemen. Das internationale Recht beschäftigte sich, wie auch die internationalen Schiedsverfahren, im allgemeinen ebenfalls mit Fragen, die keine unmittelbare Berührung mit der Außenpolitik hatten, und die Anläufe zur Verfestigung der internationalen Schiedsgerichtsbarkeit blieben stecken, d. h. die erwähnten panamerikanischen und amerikanisch-britischen Verträge wurden nicht ratifiziert. Ebensowenig gewann der Internationalismus des demokratischen Sozialismus, ein fünfter Entwicklungsstrang, Einfluß auf die Führung der Außenpolitik. Wie fest gegründet das Prinzip der absoluten Souveränität noch stand, lehrte der Mißerfolg der beiden Haager Konferenzen von 1899 und 1907, die immerhin bereits auf die Initiative eines Staatsoberhaupts, des russischen Zaren, zurückgingen. Die Einladung der Petersburger Regierung hatte in klassischer Sprache dargelegt, wie notwendig es sei, dem Wettrüsten der Großmächte ein Ende zu machen und institutionalisierte Methoden der friedlichen Beilegung internationaler Streitigkeiten zu finden.

Am ersten Problem sind die Konferenzen völlig gescheitert, wobei zwar der deutsche Delegierte die Führung der Opposition gegen jede Rüstungsbeschränkung übernahm, aber nur früher und gröber das aussprach, was die Vertreter der anderen Mächte auch gesagt hätten, wenn ihnen Berlin die Mühe nicht erspart hätte. Was die internationale Schiedsgerichtsbarkeit betraf, so wurde zwar eine Konvention über die friedliche Regelung internationaler Streitfragen ausgearbeitet und sogar ein permanentes Schiedsgericht geschaffen, doch enthielt die Konvention im Grunde nur die deklamatorische Bekräftigung der Wünschbarkeit einer solchen friedlichen Regelung, und das permanente Schiedsgericht war »in Wahrheit weder permanent noch ein Gericht, sondern einfach eine Liste . . . kompetenter Personen, die von Staaten angerufen werden konnten, wenn sie sich entschlossen, eine Frage einem Schiedsspruch zu unterwerfen, und keine anderen Schiedsrichter im Auge hatten«[5]. Eine Reihe von Staaten wäre bereit gewesen, eine streng begrenzte Kategorie unwichtiger Meinungsverschiedenheiten durch institutionalisierte Schiedsverfahren beilegen zu lassen, doch hat der Widerstand Deutschlands, was nun allerdings doch bezeichnend ist, selbst diesen bescheidenen Fortschritt vereitelt. Alles in allem hatte die Souveränität der Staaten – wenngleich das Haager Gericht zwischen 1899 und 1914 mehrere freiwillig unterbreitete internationale Konflikte, darunter sogar einige gefährlicherer Natur, schlichten konnte – auf der ganzen Linie gesiegt.

Der Ausbruch eines allgemeinen europäischen Krieges und das erste Kriegsjahr aber gaben der Entwicklung einen entscheidenden Stoß. Die betroffene oder wütende Verwünschung der europäischen Allianzen, denen man die Verantwortung für die Katastrophe zuschrieb – selbst der deutsche Staatssekretär von Jagow soll, als er am 4. August 1914 die englische Kriegserklärung entgegennahm, die europäischen Bündnissysteme verflucht haben –, wirkte, da man sie bald weithin als eine zwangsläufige Konsequenz der internationalen Anarchie ansah, wie ein Katalysator, der alle auf die Überwindung jener Anarchie drängenden Bewegungen zusammenfinden ließ und ihnen erstmals politische Bedeutung verlieh. Die Revolutionierung der internationalen Beziehungen hatte ihr auslösendes Moment gefunden. In den Vereinigten Staaten, in Großbritannien, in Frankreich, in Deutschland, in den neutralen europäischen Staaten, überall formierten sich Gruppen, die sich das Ziel steckten, eine internationale Ordnung zu schaffen, die eine Wiederholung derartiger Kriege unmöglich machen würde. Mit Recht hat der große Historiker des Völkerbunds, F. P. Walters, betont, daß es sich nicht einfach um Vereinigungen simpler Pazifisten handelte, daß für jene Gruppen vielmehr die Überzeugung charakteristisch war, ein wirksames System der Friedenssicherung müsse von der vereinten Macht friedliebender Staaten gestützt werden.[6] In Deutschland begegnete die Aktivität von Völkerbundsfreunden freilich dem Druck der Regierung, während die neutralen Staaten, die auf Deutschland Rücksicht zu nehmen hatten, zu einer Diskretion genötigt waren, die der Inaktivität fast gleichkam. In den angelsächsischen Ländern konnte sich die Völkerbundsbewegung jedoch frei entfalten, und die im Mai 1915 gegründete britische Völkerbunds-Gesellschaft gewann ebenso von Monat zu Monat an Einfluß wie eine um die gleiche Zeit entstandene amerikanische Vereinigung. Der Unterschied zur Vorkriegszeit drückte sich jedoch nicht allein darin aus, daß die Bewegung eine klare Vorstellung von ihrem Ziel besaß und daß ihre Basis ständig breiter wurde. Fast noch wichtiger war die von Anfang an gegebene – in Deutschland hingegen völlig fehlende – Unterstützung, ja Beteiligung prominenter Politiker und der Regierung; hier kommt die Verbindung zwischen liberal-demokratischen innen- und gesellschaftspolitischen Prinzipien und der jetzt beginnenden außenpolitischen Revolution wiederum sinnfällig zum Ausdruck. Und zwar ist die Beteiligung der amtlichen Politik nicht nur in den Vereinigten Staaten zu konstatieren. Die selbst heute noch auftauchende Vorstellung, der idealistische Träumer Wilson sei im Dezember 1918 nach Europa gekommen und habe den harten europäischen Machtpolitikern seinen Völkerbund oktroyieren müssen, nicht ohne dafür mit kräftigen Abstrichen an seinem europäischen Ordnungsprogramm zu bezahlen, diese Vorstellung gehört ins Reich der Legende. Gewiß stand in den Vereinigten Staaten die Völkerbunds-Gesellschaft sogleich unter der Leitung eines ehemaligen Präsidenten, nämlich William Tafts, und gewiß ist Wilson der erste Staats- und Regierungschef gewesen, der sich, am 27. Mai 1916, öffentlich verpflichtete, sein Land einer mit rechtlichen Garantien gegen unprovozierte Angriffe ausgestatteten überstaatlichen Organisation einzugliedern, wobei er seinen allgemeinen progressiven Utopismus mit seinen konkreteren – vorerst allerdings gescheiterten – panamerikanischen Plänen verknüpfte:

»Es war mein Ehrgeiz«, so sagte er am 7. Juni 1918, »daß die Staaten der beiden amerikanischen Kontinente der übrigen Welt vorexerzieren sollten, wie die Grundlagen für eine Weltfriedensorganisation zu errichten seien.«[7] Der auf den Völkerbund eingeschworene »Bund zur Erzwingung des Friedens« (League to Enforce Peace) entwickelte sich zu einer Volksbewegung, und auf seinen Versammlungen trat neben dem demokratischen Präsidenten Wilson der Führer der republikanischen Senatsopposition, Henry Cabot Lodge, auf. Aber auch in Großbritannien hat die Völkerbunds-Gesellschaft sofort öffentliche und amtliche Förderung durch Premierminister Asquith und Außenminister Grey erfahren, und nach der Umbildung des Kabinetts durch Lloyd George war es vor allem Greys Nachfolger Balfour, der sich, zusammen mit Blockademinister Lord Robert Cecil, überzeugt und nachdrücklich für die Schaffung eines Völkerbunds einsetzte. Selbst in Frankreich, wo kaum jemand einen Völkerbund als ausreichenden Schutz der Ostgrenzen betrachtete, hat ein früherer Ministerpräsident, Léon Bourgeois, seine Kraft und seinen Einfluß dem Völkerbundsgedanken gewidmet. Bereits im Sommer 1917 riefen die Regierungen Großbritanniens und Frankreichs Komitees ins Leben, die Organisationspläne für die kommende Völkerassoziation ausarbeiten sollten. Das britische Komitee, dem Lord Phillimore vorsaß, legte seine Gedanken im März 1918 vor, das französische, in dem Bourgeois die führende Rolle spielte, drei Monate später; beide Berichte gingen nach Washington, und es gibt keinen Zweifel, daß namentlich die britischen Überlegungen schon sehr viel reifer, klarer und konkreter waren als die damals immer noch recht vagen amerikanischen Vorstellungen. In der Öffentlichkeit überließen die britischen Politiker die Führung der Bewegung freilich den Amerikanern, da sie mit Recht annahmen, daß andernfalls der von ihnen für unbedingt erforderlich gehaltene Beitritt Amerikas zum Völkerbund gefährdet sei. Trotzdem hatte sich auch Lloyd George, der selbst wenig Hoffnung auf den Völkerbund setzte, noch vor Wilsons ›14 Punkten‹ öffentlich auf die neue Institution festgelegt; am 5. Januar 1918, drei Tage vor Wilsons berühmter Kongreßbotschaft, erklärte er auf einem Treffen mit Gewerkschaftsvertretern, daß »wir durch die Schaffung einer internationalen Organisation die Last der Rüstungen zu begrenzen und die Kriegsgefahr zu verringern suchen müssen«[8]. Als sich der Krieg seinem Ende näherte, gehörte der Völkerbund jedenfalls zu den Kriegs- und Friedenszielen aller wichtigen alliierten und assoziierten Mächte, und wie zur Bekräftigung erschien noch Ende 1918 General Smuts' Schrift ›The League of Nations: a Practical Suggestion‹, die bis dahin gedanklich präziseste und sprachlich mitreißendste Begründung der revolutionären Institution, zugleich der praktikabelste Organisationsplan; und der Autor gehörte zu den erfahrenen Politikern und Militärs des Empire, genoß überdies in der ganzen westlichen Welt höchstes Ansehen und hatte großen politischen Einfluß.

Als Wilson am 13. Dezember 1918 europäischen Boden betrat, war mithin die Schaffung des Völkerbunds kein politisches, sondern nur noch ein technisches Problem. Keine andere Aufgabe ist auf der Pariser Friedenskonferenz so rasch und so reibungslos gelöst worden. Wahrscheinlich hätten die europäischen Politiker die Formulierung der endgültigen Völkerbundssatzung lieber erst nach der Klärung aller territorialen Fragen der Friedensregelung in Angriff genommen; vermutlich wäre der erste Elan bis dahin erlahmt gewesen und der Gründungsakt doch wesentlich schwieriger geworden. Wilson hat das klar erkannt und noch vor seiner Abreise aus Amerika darauf bestanden, Schaffung und Ausgestaltung des Völkerbunds an den Anfang des Konferenzprogramms zu setzen. Hier hat sein Einfluß zweifellos wohltätig gewirkt, wenn er auch mit seiner Forderung keinem nennenswerten Widerstand begegnete. Im Gegenteil. Noch im Januar 1919 nahm der Oberste Rat der Alliierten und Assoziierten Staaten – die Vertreter der Vereinigten Staaten, Frankreichs, Großbritanniens, Italiens und Japans – eine von Lloyd George formulierte Resolution an, die praktisch den von Smuts in seiner Schrift gemachten Vorschlag bekräftigte, die Friedenskonferenz solle sich als erste Versammlung des Völkerbunds betrachten, und die außerdem bereits die wichtigsten Aufgaben und Organisationsprinzipien der neuen Institution festlegte: Förderung der internationalen Zusammenarbeit, Sicherung der internationalen Vertragstreue und Verhinderung militärischer Konflikte, periodische Konferenzen aller Mitglieder des Bundes und Einrichtung einer permanenten Organisation. Die Vollsitzung der 32 in Paris repräsentierten Staaten und Dominien billigte die Resolution am 25. Januar, und am 3. Februar begannen die Beratungen des in der Resolution vorgesehenen Komitees, das die Einzelheiten der Satzung und ihren Text fixieren sollte. Den Vorsitz führte der amerikanische Präsident, zweiter amerikanischer Vertreter war

Colonel House; als Repräsentanten des Empire fungierten Lord Robert Cecil und Smuts; für Frankreich sprachen Léon Bourgeois und Ferdinand Larnaude, für Italien Ministerpräsident Orlando und Vittorio Scialoja, für Japan Außenminister Baron Makino und der Londoner Botschafter Graf Chinda. Fünf kleinere Alliierte hatten von Anfang an Sitz und Stimme im Komitee: der belgische Außenminister Paul Hymans, der Brasilianer Epitacio Pessôa, der Chinese Wellington Koo, der Portugiese Batalha Reis und der Serbe Vesnić. Nachdem diese Fünf gegen die allzu starke Vertretung der Großmächte protestiert hatten, wurden als weitere Mitglieder noch der griechische Ministerpräsident Venizelos, der Vorsitzende des Polnischen Nationalrats Dmowski, der tschechoslowakische Regierungschef Kramář und der Rumäne Diamandy aufgenommen.

Bereits am 14. Februar, nur elf Tage nach der ersten Sitzung, konnte Wilson mit einem fertigen Entwurf vor das Plenum der Friedenskonferenz treten und mit berechtigtem Stolz wie mit berechtigt scheinender Zuversicht ausrufen: »A living thing is born!«[9] Dieser Entwurf hat noch manche sachlichen und stilistischen Änderungen erfahren, doch am 28. April durfte Wilson dem Plenum den endgültigen Text der Satzung vorlegen. Wenngleich über den Sitzungen des Komitees, die zwischen dem 14. Februar und dem 28. April stattgefunden hatten, schon die Schatten der Verstimmung des in Paris mittlerweile tatsächlich ausgebrochenen Streits um Grenzen und Territorien und der in den Vereinigten Staaten beginnenden Opposition gegen den Völkerbund lagen, war eine Fassung ausgearbeitet worden, die an Klarheit wie an Elastizität offenbar nichts zu wünschen übrig ließ und den politischen Sinn des Völkerbunds wie seine organisatorische Form präzise, realistisch und praktikabel zu bestimmen schien. Das Organisationsschema war an sich sehr einfach. Der Völkerbund bestand aus einer Vollversammlung der Vertreter aller Mitgliedstaaten, die in regelmäßigen – wie sich dann ergab: jährlichen – Abständen zusammentreten und in der jedes Land eine Stimme haben sollte, ferner dem Rat mit einem permanenten Sekretariat. Dem Rat gehörten die Repräsentanten Großbritanniens, Frankreichs, Italiens und Japans – nach dem Willen der Gründer natürlich auch ein Repräsentant der Vereinigten Staaten – ständig an, doch konnte eine Mehrheit der Vollversammlung neue ständige Ratsmitglieder nominieren; vier bzw. später sechs weitere Staaten, und zwar zunächst Belgien, Brasilien, Griechenland und Spanien, waren als nichtständige Mitglieder im Rat vertreten, der je nach Notwendigkeit, jedoch mindestens einmal im Jahr tagen sollte. Rat wie Vollversammlung konnten jede Frage diskutieren, die zur Zuständigkeit des Völkerbunds rechnete oder den Frieden der Welt berührte: eine Legitimation zur Beschäftigung mit allen internationalen Problemen. Beschlüsse beider Gremien bedurften, von spezifizierten Ausnahmen abgesehen, der Einstimmigkeit. Für die Aufnahme neuer Mitglieder genügte eine Zweidrittelmajorität, während der Austritt eines Landes durch einfache Erklärung erfolgte, allerdings erst zwei Jahre nach dieser Erklärung als vollzogen galt. Gründungsmitglieder des Bundes waren die 32 »Alliierten und Assoziierten Mächte«, also die Staaten der Kriegskoalition gegen die Mittelmächte – ohne Rußland –, ferner 13 Länder, die im Kriege neutral geblieben waren. An der Spitze des Sekretariats stand ein Generalsekretär, praktisch der Geschäftsführer des Völkerbunds, als erster Sir Eric Drummond. Zum Sitz des permanenten Stabes und zum Tagungsort der Vollversammlung wurde Genf bestimmt, nachdem der Vorschlag, Brüssel zu wählen, abgelehnt worden war, da man allgemein die Hauptstadt eines Landes, in dem die Leidenschaften des Krieges noch recht lebendig waren, für ungeeignet hielt.

Die Satzung des Bundes

Die Präambel der Satzung stellte, entsprechend der Resolution vom 25. Januar, fest, daß sich jeder Staat, der dem Völkerbund beitrat, verpflichtete, auf den Krieg als Mittel der Politik zu verzichten, offene, gerechte und ehrenhafte Beziehungen zwischen den Nationen zu pflegen, das internationale Recht als für den Verkehr zwischen den Regierungen bindend anzuerkennen und geschlossene Verträge peinlich genau einzuhalten. Damit waren die Aufgaben des Bundes umrissen, die dann in einer Reihe von einzelnen Artikeln der Satzung noch konkretisiert wurden. So sollte der Friedenssicherung Artikel 8 dienen, der die Mitgliedstaaten auf das Versprechen festlegte, ihre Rüstung auf das mit der nationalen Sicherheit und mit der Beteiligung an gemeinsamen Aktionen zur Durchsetzung internationaler Verpflichtungen noch zu vereinbarende Minimum zu reduzieren, der aber auch dem Völkerbundsrat vorschrieb, Pläne für eine solche Abrüstung auszuarbeiten und zusammen mit den einzelnen Regierungen zu realisieren; Artikel 9 rief zu diesem Zweck eine ständige Kommission ins Leben, die der Rat in militärischen Fragen konsultieren sollte. In Artikel 10 versprach jeder Unterzeichner, die territoriale Integrität und die politische Unabhängigkeit aller anderen Bundesmitglieder zu respektieren und im Falle einer Bedrohung zu schützen. Gestützt auf Artikel 11, hatte jedes Mitglied das Recht, von Rat und Vollversammlung eine Diskussion über Differenzen zu verlangen, die zwischen ihm und einem anderen Mitglied entstanden waren; doch konnte ein Mitglied derartige Diskussionen auch dann fordern, wenn es an der jeweiligen Streitfrage nicht unmittelbar beteiligt war. Glaubte ein Mitglied, daß es in Gefahr sei, angegriffen zu werden, durfte es auf einer sofortigen Konferenz des Rats bestehen. Die nächsten vier Artikel regelten die Methoden der Beilegung internationaler Konflikte: Schiedsverfahren, Urteile des Internationalen Gerichtshofes, dessen Errichtung Artikel 14 festlegte, und Debatte in Rat und Vollversammlung des Bundes. Die Artikel enthielten außerdem die definitive Obligation, die genannten Methoden bei jedem ernsteren internationalen Disput anzuwenden, der nicht auf diplomatischem Wege geschlichtet werden konnte, und erst dann zu militärischen Mitteln Zuflucht zu nehmen, wenn jene Methoden versagt oder zu unannehmbaren Ergebnissen geführt hatten; auch in diesem Falle war zwischen Schiedsspruch, richterlicher Entscheidung oder Ratsbericht und dem tatsächlichen Beginn der Kampfhandlungen eine Frist von drei Monaten einzuhalten. Wer den Krieg unter Verletzung der Satzung eröffnete, sollte sich, wie Artikel 16 bestimmte, gemeinsamen Sanktionen aller übrigen Mitglieder gegenübersehen, und zwar Sanktionen, die vom Abbruch der finanziellen und Handelsbeziehungen, also dem wirtschaftlichen Boykott, bis zu gemeinsamen militärischen Aktionen reichten; Artikel 17 garantierte den Mitgliedern diesen Schutz auch gegen aggressive Akte von Staaten, die dem Völkerbund nicht angehörten. Artikel 18 verlangte von den Mitgliedern, alle künftig geschlossenen internationalen Verträge beim Generalsekretariat des Bundes registrieren und vom Sekretariat publizieren zu lassen. Artikel 20 hob alle Verträge auf, die mit der Satzung nicht zu vereinbaren waren, und verbot für die Zukunft den Abschluß solcher Verträge, während Artikel 19 der Vollversammlung erlaubte, einzelnen Mitgliedern von Zeit zu Zeit die Revision unanwendbar gewordener Verträge und den Weltfrieden gefährdender internationaler Verhältnisse zu empfehlen.

Artikel 21 ließ regionale Abkommen zu, wenn sie, so wurde gesagt, wie die Monroe-Doktrin der Bewahrung des Friedens dienten.

Nahmen die Artikel 23 bis 25 den praktischen Internationalismus der Vorkriegszeit auf, indem sie die Zuständigkeit des Völkerbunds für eine Reihe unpolitischer Probleme – internationale Gesundheitsfürsorge, internationaler Verkehr, Bekämpfung des Rauschgifthandels, der Prostitution usw. – erklärten und das Generalsekretariat zur Gründung, Übernahme oder Förderung entsprechender Einrichtungen ermächtigten, so war Artikel 22 wiederum von eminenter politischer Bedeutung. Dieser Artikel unterstellte die bisherigen deutschen Kolonien und bestimmte Gebiete aus der Erbmasse des türkischen Imperiums im Nahen und Mittleren Osten wohl der Verwaltung einiger europäischer Mächte und britischer Dominien, aber nur als Mandate, für deren Wohlfahrt und Entwicklung die Mandatsmächte der im Völkerbund organisierten Zivilisation Rechenschaft schuldig seien, und zwar ganz konkret in Form jährlicher Berichte. In Amerika ist die Mandatslösung von George Louis Beer vorgeschlagen worden, der unter Colonel House an den vorbereitenden Studien für die Friedenskonferenz mitgearbeitet hatte. In England waren gleichzeitig die Labour Party und das Foreign Office auf die nämliche Idee gekommen, und Smuts hatte den Gedanken in seine Schrift über den Völkerbund aufgenommen. Es ist sicherlich nicht falsch, das Mandatsprinzip, jedenfalls im Hinblick auf die Vorstellungen, die viele Politiker Europas und der Dominien mit ihm verbanden, für eine bequeme Bemäntelung der Aneignung des deutschen Kolonialbesitzes und der Ausdehnung des britischen und französischen Einflusses auf den Mittleren Osten zu halten. Aber zwischen einem Mandat und einem Entwicklungsland besteht nur mehr ein – wenn auch großer – quantitativer Unterschied. Mit dem Prinzip der Verantwortung und mit dem Prinzip der Entwicklung war grundsätzlich das Ende aller Kolonialherrschaft proklamiert. In Artikel 22 hieß es ausdrücklich, die Völker jener Gebiete seien zur Selbstregierung »noch nicht« fähig, und er differenzierte bereits zwischen Ländern verschiedener Entwicklungsstufe; einigen arabischen Staaten wurde schon eine eingeschränkte Souveränität zugesprochen. Die Kolonialmächte haben also das Prinzip der Verantwortung und das Prinzip der Entwicklung mit ihrer Unterschrift anerkannt und damit, da diese Unterschrift nicht mehr zurückzunehmen war,

einen Prozeß einleiten helfen, an dessen Ende Entkolonialisierung und Entwicklungshilfe stehen mußten. Auch hier hat
der Völkerbund den Grundsatz verankert, daß militärische,
technische und wirtschaftliche Überlegenheit nicht schranken-
los in politische Herrschaft umgesetzt werden dürfe. Die Revolution der Außenpolitik zeugte so den Keim einer zweiten und
nicht weniger einschneidenden Revolution.

Keine Revolution kann indes ihre Ziele ungebrochen verwirklichen. Ganz abgesehen von der noch höchst unvollkom-
menen Behandlung der Kolonialfrage, waren die – freilich un-
vermeidbaren – Mängel der Völkerbundssatzung evident. Die
starre Formulierung des Artikels 10 etwa, der ja nicht nur die
politische Unabhängigkeit, sondern auch die territoriale Integrität der Mitgliedstaaten garantierte, machte den Völkerbund
zwangsläufig zum Konservator des durch die Friedensverträge
geschaffenen Status quo. Die britischen Vertreter in jenem Komitee, das die Satzung entwarf, waren von Anfang an dagegen
gewesen, einen solchen Artikel aufzunehmen. Aber Wilson,
der bereits bei seinen panamerikanischen Plänen eine derartige
wechselseitige Garantie für die westliche Hemisphäre angestrebt hatte, war unnachgiebig geblieben, und die Vertreter
Frankreichs wie der kleineren Staaten, für die der Artikel selbst
wie die mit ihm verbundene amerikanische Garantie der jetzt
gezogenen Grenzen von unschätzbarem Wert waren, hatten
den Präsidenten nachdrücklich unterstützt. Lord Robert Cecil war es dann gelungen, wenigstens den Artikel 19 durchzusetzen, der eine Möglichkeit zur Revision bestehender Verträge
eröffnete. Aber dieser Artikel 19 war an sich schon auffallend
behutsam und zurückhaltend – ohne jede Pression in Richtung
Revision – formuliert, und als Instrument zur Korrektur von
Grenzen war er angesichts der eindeutigen Sätze des Artikels
10 vollends untauglich. Die Konsequenz bestand darin, daß die
im Kriege geschlagenen Staaten, die alle durch die Pariser Friedensverträge territoriale Einbußen erlitten hatten und dagegen
vermutlich eines Tages Widerspruch anmeldeten, ihre unbe-
rechtigten wie auch ihre berechtigten Revisionsansprüche selbst
dann nicht über die Apparatur des Völkerbunds leiten konnten,
wenn sie, was ja in absehbarer Zukunft der Fall sein würde, in
ihm Sitz und Stimme hatten. Der politische Zündstoff, den die
territorialen Bestimmungen der Verträge angehäuft hatten, war
also mit sozusagen verfassungsmäßigen Mitteln nicht zu beseitigen; der Völkerbund stand jeder Revisionspolitik sogar im

Wege, zumal er durch die Verwaltung des Saargebiets und die Überwachung Danzigs, die ihm vom Obersten Rat übertragen worden waren, in eine unmittelbare Verbindung mit den territorialen Fragen geriet. Die Besiegten sahen sich, zumindest dem Anschein und dem Buchstaben der Völkerbundssatzung nach, vor die Alternative gestellt, entweder revisionistische und damit völkerbundsfeindliche Politik zu machen oder aber den Völkerbund und damit den Verzicht auf jeglichen territorialen Revisionismus zu wählen. Daß die Satzung des Völkerbunds integraler Bestandteil aller Pariser Friedensverträge war, hat diesen Eindruck noch verstärkt, wenngleich Präsident Wilson die Verbindung nur erzwungen hatte, weil er annahm, die wachsende amerikanische Opposition gegen den Völkerbund könne genötigt werden, mit den Friedensverträgen doch auch noch die Satzung des Bundes zu akzeptieren. Jedenfalls war Artikel 10 nicht geeignet, die besiegten Nationen völkerbundsfreundlich zu stimmen – und doch mußte der endgültige Erfolg der Revolution weitgehend von der Versöhnung mit den Geschlagenen und ihrer Eingliederung in das neue internationale System abhängen. In abgewandelter Form gilt das natürlich auch für die Staaten, die zwar, wie Italien, zu den Siegern gehörten, aber der Ansicht waren, bei der Verteilung der Beute zu kurz gekommen zu sein.

Die Einstimmigkeit, die von den meisten Beschlüssen des Rats und der Vollversammlung gefordert wurde, ließ ebenfalls vorhersehen, daß der Apparat des Bundes häufig schwerfällig arbeiten und in manchen Fällen zur Immobilität verurteilt sein werde. Viel bedenklicher war aber Artikel 21, der Regionalpakte gestattete. Hier handelte es sich ebenfalls um eine Konzession an Wilson, der, wiederum zur Beschwichtigung seiner amerikanischen Kritiker, auf die ausdrückliche Erwähnung der Monroe-Doktrin nicht verzichten zu können glaubte. Die Zwangslage des Präsidenten ist von seinen Partnern rücksichtslos ausgenützt worden. Frankreich forderte für seine Zustimmung zum Einbau der Monroe-Doktrin zunächst die Abtrennung der linksrheinischen deutschen Gebiete und die ständige militärische Kontrolle der Rheinbrücken, und erst als Lloyd George energisch opponierte und sich außerdem mit Wilson zu einem formellen Beistandsvertrag für den Fall eines deutschen Angriffs auf Frankreich verstand, gab sich der französische Ministerpräsident Clemenceau mit einer befristeten Besetzung bestimmter deutscher Territorien zufrieden. Japan wiederum verlangte und erhielt die Einwilligung Wilsons zur Aneignung der deutschen Konzessionen und Rechte im chinesischen Schantung. Tokio demonstrierte damit zugleich die eigentliche Gefahr des Artikels 21. Wohl waren Regionalpakte denkbar, die den Völkerbund gewissermaßen ergänzten; solche Pakte sind später auch geschlossen worden. Doch machte die japanische Handlungsweise deutlich, daß sich hinter dem Artikel auch die Errichtung regionaler Hegemonien verstecken konnte. Im Grunde wies schon die Erwähnung der Monroe-Doktrin auf solche Möglichkeiten hin, da sie ja gerade kein regionales Abkommen war, sondern eine durch die Interpretation Washingtons ständig weiterentwickelte einseitige Willenserklärung nordamerikanischer Präsidenten, eine einseitige Willenserklärung überdies, die von Washington in den letzten Jahrzehnten vor dem Weltkrieg zunehmend als Begründung einer Hegemonie der Vereinigten Staaten in der westlichen Hemisphäre aufgefaßt und behandelt worden war. Davon abgesehen, konnte es dem Vertrauen zum Völkerbund nicht förderlich sein, wenn Vereinbarungen zugelassen wurden, die, sofern sie tatsächlich, wie Artikel 21 postulierte, der Bewahrung des Friedens dienten, doch nur Aufgaben erfüllten, für die der Völkerbund selbst zuständig sein sollte.

Damals, als Präsident Wilson am 28. April 1919 der Friedenskonferenz den endgültigen Text der Völkerbundssatzung präsentierte, vermochten derartige Bedenken den Enthusiasmus der Völker jedoch nicht zu dämpfen, und auch die in Paris versammelten Politiker, die, gerade wenn sie an der Gründung des Völkerbunds unmittelbar beteiligt gewesen waren, nicht mehr den gleichen revolutionären Elan wie zu Beginn ihrer Arbeit zeigten, betrachteten ihr Werk mit Stolz und Zuversicht. Da die Satzung erst in Kraft trat, nachdem der Versailler Vertrag unterzeichnet und ratifiziert worden war, begann die offizielle Existenz des Völkerbunds zwar erst am 10. Januar 1920 – der Völkerbundsrat trat erstmals am 16. Januar in Paris zusammen, die Vollversammlung am 15. November 1920 in Genf –, die eigentliche Revolution der Außenpolitik aber schien in weniger als einem halben Jahr vollendet worden und gelungen zu sein. Der britische Außenminister Lord Curzon, dem eine prunkvolle Sprache wesensgemäß war, kündigte im britischen Oberhaus die neue Ära mit den Worten an: »The world's great age begins anew; the golden years return!«[10]

In der Tat hätte der Völkerbund die außenpolitische Entwicklung zumindest in Europa heilsam beeinflussen können, wenn ihm nicht schon bei seiner – offiziellen – Geburt einige Mängel angehaftet hätten, die nichts mit der Satzung zu tun hatten. Der Völkerbund war, was seine Zusammensetzung betrifft, von Anfang an ein Torso. Daß die Besiegten noch fehlten, hatte an sich nicht viel zu bedeuten; trotz der natürlichen Spannung Völkerbund – Revisionismus durfte mit Sicherheit angenommen werden, daß sie bald ihren Platz in der Assoziation einnehmen würden – Österreich und Bulgarien sind denn auch bereits im Dezember 1920 Völkerbundsmitglieder geworden, Ungarn wurde im September 1922 aufgenommen, einige Jahre später folgte Deutschland (1926), während der Beitritt der Türkei allerdings bis Juli 1932 auf sich warten ließ. Schon auf den ersten Sitzungen des Rats aber lastete die schwere Sorge, daß ausgerechnet die Vereinigten Staaten, die an der Entstehung des Völkerbunds entscheidend mitgewirkt hatten, dem Bund selbst fern bleiben würden, und als die erste Tagung der Vollversammlung eröffnet wurde, war aus der Sorge längst niederdrückende Gewißheit geworden. Und die Niederlage, die der Völkerbundsgedanke damals in den Vereinigten Staaten erlitt, gehört nicht nur zu den seltsamsten und bittersten, sondern auch zu den folgenreichsten Ereignissen der Geschichte unseres Jahrhunderts.

Der amerikanische Rückzug

Als Präsident Wilson im Dezember 1918 nach Europa aufbrach, konnte er sich bei seinen Völkerbundsplänen auf eine breite Bewegung in der amerikanischen Öffentlichkeit stützen; auch im Kongreß und in der Wirtschaft stand in dieser Frage noch eine ausreichende Mehrheit hinter ihm. Zwar hatte seine Demokratische Partei kurz vor seiner Abreise, im November, eine Niederlage in den Kongreßwahlen einstecken müssen; die Republikaner verfügten jetzt über eine klare Majorität im Repräsentantenhaus und über eine knappe Mehrheit im Senat, so daß Wilson in Paris der einzige Führer eines westlichen Landes war, der keine feste Basis in seinem eigenen Parlament besaß. Aber in der Mitte einer Präsidentschaftsperiode sind solche Umschwünge der amerikanischen Innen- und Parteipolitik nicht ungewöhnlich; sie entziehen dem Präsidenten keineswegs die Legitimation, im Namen des amerikanischen Volkes zu handeln, zumal in der Außenpolitik. Außerdem war der Völkerbund keine Streitfrage des Wahlkampfes gewesen, und zu seinen Verfechtern gehörten nach wie vor auch führende Republikaner, z. B. Taft, Hughes, Root, Hoover und Kellogg. Obwohl Wilson während der Kampagne vergeblich an die amerikanische Öffentlichkeit appelliert hatte, seine Stellung in Paris, gerade im Hinblick auf den geplanten Völkerbund, durch einen eindeutigen Erfolg zu stärken, konnte also das Wahlergebnis nicht als eine Absage an die Völkerbundsidee interpretiert werden. Die enthusiastische Zukunftsgläubigkeit, die Wilsons realistische Vision in Amerika geweckt hatte – amerikanische Politiker wie Sumner Welles, der spätere Mitarbeiter Präsident Roosevelts, haben sich in ihren Memoiren wehmütig an sie erinnert –[11], war im November und Dezember 1918 noch ungebrochen. Und doch hat sich schon im Laufe des nächsten halben Jahres eine Opposition gegen den Völkerbund formiert, die einen gewissen Rückhalt in bestimmten Schichten der Bevölkerung, vor allem aber eine starke Bastion im Senat gewinnen konnte. Es wäre jedoch grundfalsch, vom Resultat des Sieges dieser Opposition auf ihre Motive zu schließen. Es handelte sich zunächst und eigentlich eben nicht um einen Rückfall in den Isolationismus. Gewiß gab es in den Vereinigten Staaten noch Gruppen orthodoxer Isolationisten, die jedes politische Engagement außerhalb der westlichen Hemisphäre und außerhalb der pazifischen Einflußzone Amerikas, das die Völkerbundssatzung verlangte, strikt ablehnten. Womöglich noch mehr erschreckte sie die in der Satzung liegende Möglichkeit einer Intervention des Völkerbunds in Amerika, und die Vorstellung, daß etwa Japan auf dem Umwege über Genf in inneramerikanischen Angelegenheiten, z. B. in der Einwanderergesetzgebung, mitreden könne, reizte sie erst recht zu unnachgiebigem Widerstand. Aber davon abgesehen, daß Wilson derartige Befürchtungen beschwichtigen konnte, als er die Monroe-Doktrin in der Satzung des Bundes unterbrachte, waren jene Gruppen nicht stark genug, um gegen die allgemeine Völkerbundbegeisterung etwas ausrichten zu können, wenngleich das Pariser Gezänk um Territorien diese Begeisterung und die Neigung zur Übernahme politischer Verantwortung in Europa merklich abzukühlen begann.

Die Ursprünge der gefährlichen Opposition lagen vielmehr in einem innenpolitischen Konflikt, der wohl durch die Völkerbundsfrage bis zu unversöhnlicher Feindschaft verschärft wur de, aber nicht unmittelbar mit ihr zusammenhing. Als Wilson selbst – mit dem erwähnten Appell vor den Kongreßwahlen – den Völkerbund zu einem Thema der amerikanischen Innenpolitik machte, bestärkte er bei einigen Führern der Republikaner den schon geraume Zeit gehegten Verdacht, daß er nicht die Demokratische Partei in den Dienst des Völkerbunds, vielmehr den Völkerbund in den Dienst der Demokratischen Partei stellen wolle. Und dieser Verdacht wiederum gebar die Furcht, ein erfolgreich aus Paris heimkehrender und, wenn Amerika dem Völkerbund tatsächlich angehöre, gleichsam zum Patriarchen der Welt gewordener Wilson werde ein so unangreifbares Ansehen beim amerikanischen Volk genießen, daß er und seine Partei zunächst nicht mehr aus dem Weißen Haus zu verdrängen seien. Eine solche Möglichkeit aber mobilisierte nicht allein jene Republikaner, die ihr Handeln ausschließlich an den Interessen der eigenen Partei orientierten, sondern auch einflußreiche Gegner der antikonservativen und »Big Business«-feindlichen Innen- und Wirtschaftspolitik Wilsons. Parteigängertum, Konservatismus und bestimmte Geschäftsinteressen schlossen eine Koalition, die von republikanischen Millionären wie Henry Clay Frick und Andrew W. Mellon finanziert und von den republikanischen Senatoren Borah (Idaho) und Henry Cabot Lodge (Massachusetts) politisch repräsentiert wurde. Zwischen Wilson und Lodge, der bis zum Aufstieg Wilsons als der »Gelehrte in der Politik« gegolten und bis vor kurzem selbst noch zu den Anwälten des Völkerbunds gehört hatte, war außerdem eine bittere Rivalität entstanden, die sich schließlich zu herzlichem, gegenseitigem Haß steigerte, und der aristokratische Senator aus Massachusetts war entschlossen, alle seine – erheblichen – politischen Fähigkeiten und sein nicht minder beachtliches parlamentarisches Geschick einzusetzen, um einen großen persönlichen Triumph seines demokratisch-reformistischen Feindes zu verhindern.

Im Senat war die Position der von Lodge geführten Opposition sogleich recht stark. Wilson hatte die Senatoren nie gut behandelt und mit Ausdrücken wie »Pygmäengeister« nicht gespart.[12] Demokraten wie Republikaner waren nicht bereit, eine Vision des Präsidenten, mochte sie noch so erhaben sein, unbesehen zu akzeptieren, zumal der Präsident während des Krieges an Autorität gewonnen hatte und die Senatoren daher gewillt waren, den Rang des Kapitols gegenüber dem Weißen Haus wiederherzustellen. Indes hätten derartige Stimmungen sicher-

lich nicht ausgereicht, um Lodges Feldzug gegen den Völkerbund zum Erfolg zu verhelfen. Als aber die Einzelheiten der
Friedensverträge und der Völkerbundssatzung in Amerika bekannt wurden, lebten in bestimmten Teilen der amerikanischen
Bevölkerung Sentiments auf, die Lodge und seiner Gruppe die
Möglichkeit boten, wenigstens den Eindruck zu erwecken, als
stünden sie an der Spitze einer größeren Bewegung. Auch diese
Sentiments lassen sich nicht mit dem Begriff Isolationismus fassen. Artikel 10 der Völkerbundssatzung und die feste Ver-
knüpfung der Satzung mit den Friedensverträgen – beides das
Werk eines Wilson, der die öffentliche Meinung seines Landes
völlig falsch einschätzte – weckten vielmehr Empfindungen,
die ganz im Gegenteil auf den noch sehr engen gefühlsmäßigen
Beziehungen vieler Amerikaner zu Europa beruhten. Daß
Artikel 10 den Völkerbund und damit auch das Völkerbundsmitglied USA verpflichtete, die territoriale Integrität aller Mitgliedstaaten, und zwar in den Grenzen, die von den Friedensverträgen gezogen worden waren, zu garantieren und zu schützen, ließ die Amerikaner deutscher Herkunft empört konstatieren, die Vereinigten Staaten sollten also ihre Hand dazu bieten, das Unrecht von Versailles zu verewigen; Amerikaner iri-
scher Herkunft wiesen noch erboster darauf hin, daß die Satzung des Bundes kein Wort über die Unabhängigkeit Irlands
enthalte und sie selbst womöglich zwinge, für die britische
Herrschaft in Irland zu kämpfen; Amerikaner italienischer Herkunft erregten sich über die angebliche Benachteiligung Italiens
auf der Friedenskonferenz, über eine Benachteiligung, die
durch Artikel 10 ebenfalls eingefroren zu werden drohte; und
Amerikaner der verschiedensten Herkunft argwöhnten, der
Völkerbund solle zu einem Instrument umgeschmiedet werden,
das die Vereinigten Staaten überall in der Welt, ob in Indien,
im Mittleren Osten oder in Afrika, zur Verteidigung des britischen Empire nötige, aus dem man selbst einst ausgebrochen
war. Mit anderen Worten, nicht ein Zuviel an Engagement
oder jedes Engagement außerhalb der Hemisphäre stieß auf
Ablehnung, sondern das geforderte Engagement für den Status quo, und mit dieser Ablehnung verbanden sich die kräftigen anti-imperialistischen und anti-kolonialistischen Traditionen der Nation. Erst vor dem Hintergrund dieser Kritik
konnten Lodge und Borah die Schatten George Washingtons,
Jeffersons und Monroes beschwören und ihre Warnung vor
überseeischen Verstrickungen als Argument für eine neuerliche

Rückkehr zur amerikanischen Selbstgenügsamkeit ausspielen. Daß die Führer der Opposition gegen den Völkerbund alle jene Stimmungen tatsächlich nur als Mittel für ihre eigenen Zwecke benutzten, demonstrierten zwei prominente Republikaner, die damals den britischen Botschafter in Washington aufsuchten und ihm erklärten, sie würden zwar, um Wilson und seinen Völkerbund zu Fall zu bringen, die irische Frage aufgreifen und dabei England gnadenlos attackieren, doch habe das, wie sie ihre englischen Freunde wissen lassen wollten, nichts weiter zu bedeuten – das sei lediglich politische Taktik.[13] Immerhin konnte man schon im Sommer 1919, als Präsident Wilson nach der Unterzeichnung des Versailler Vertrags aus Europa zurückkehrte, allenthalben in Amerika die Parole hören, Europa solle »im eigenen Saft schmoren«, und auf Plakaten, die zu Versammlungen gegen den Völkerbund einluden, hieß der Bund bereits: »The evil thing with a holy name!«[14]

Aber auch jetzt brauchte sich Wilson noch keineswegs geschlagen zu geben. Nach wie vor war, wie Senator Lodge selbst zugeben mußte, eine Majorität der gesamten amerikanischen Bevölkerung und die überwältigende Mehrheit der gebildeten Schichten für den Eintritt der Vereinigten Staaten in den Völkerbund; in der Presse und in der Geschäftswelt blieben die Gegner des Bundes eindeutig in der Minorität. Daß der Zauber seiner Person und seiner Vision noch nicht geschwunden war, erfuhr Wilson, als er im September 1919 zu einer Tour durch das Land aufbrach, um seine Opponenten im Senat mit Hilfe der Nation mattzusetzen; fast überall fand er den enthusiastischen Beifall der Massen. An drei Faktoren ist der Präsident dennoch gescheitert: an dem komplizierten Mechanismus der amerikanischen Legislative, der seinen Feinden im Senat große Möglichkeiten nicht gerade zur Ignorierung, wohl aber zur Ausmanövrierung des Mehrheitswillens und der Politik des Weißen Hauses bot; an dem taktischen Geschick, mit dem sich Senator Lodge dieser Möglichkeiten zu bedienen wußte; und an seinen eigenen taktischen Fehlern, die – mindestens zum Teil Folge seiner schweren Erkrankung – der Opposition direkt in die Hände spielten.

Der Versailler Vertrag und die Völkerbundssatzung bedurften zu ihrer Ratifizierung durch die Vereinigten Staaten einer Zweidrittelmehrheit im Senat. Im Senat aber stellten die Republikaner auf Grund ihrer knappen Mehrheit (49 zu 47) nach dem Wahlsieg vom November 1918 den Vorsitzenden des Außenpolitischen Ausschusses: Henry Cabot Lodge. Lodge hat die ungeheure retardierende Macht, die Ausschußvorsitzende des amerikanischen Kongresses besitzen, zunächst dazu benützt, um die Abstimmung über den Vertrag zu verzögern; er spekulierte mit Recht darauf, daß die öffentliche Meinung im Laufe einiger Monate noch unsicherer werden dürfte und dann leichter zu beeinflussen sei. Da er den Völkerbund nicht rundweg ablehnen zu können glaubte (»Es ist hoffnungslos«, sagte er zu Senator Borah, »alle Zeitungen meines Staates sind dafür!«[15]), hat er jedoch vor allem eine Reihe von Zusätzen und Vorbehalten vorgeschlagen oder vorschlagen lassen, die eine für Präsident Wilson, wie er hoffte, unannehmbare Verwässerung der Satzung besorgen sollten. Akzeptierte Wilson diese »Amerikanisierung« des Statuts, wie Lodge das nannte[16], so waren die Republikaner wenigstens noch an den Urheberrechten für den Völkerbund beteiligt; stellte sich der Präsident dagegen, so war das eigentliche Ziel erreicht, das Projekt zu Fall gebracht und die Verantwortung überdies den Demokraten zugeschoben. Tatsächlich ist Wilson in die versteckte Lanze gelaufen. Zwar hat das Plenum des Senats die vom Außenpolitischen Ausschuß formulierten 45 Zusätze alle verworfen, doch billigte es die Vorbehalte, darunter einen gegen Artikel 10 der Völkerbundssatzung – in jedem einzelnen Falle einer Aggression sollte der Kongreß erst prüfen, ob sich die Vereinigten Staaten an Sanktionen des Völkerbunds beteiligen würden –, und dem wollte Wilson wirklich nicht zustimmen. Vom Krankenlager aus, auf das ihn ein am 2. Oktober 1919 erlittener Schlaganfall gezwungen hatte, appellierte er an die demokratischen Senatoren, gegen die verwässerte Satzung zu votieren, und so kam es im Senat am 19. November 1919 zu dem merkwürdigen Schauspiel, daß Friedensvertrag und Völkerbundssatzung mit entscheidender Hilfe der Anhänger des Präsidenten und des Völkerbundgedankens abgelehnt wurden (55 zu 39). Wohl war die Schlacht noch nicht zu Ende. Die schockierten Reaktionen aus allen Kreisen der Bevölkerung und das Erschrecken der Senatoren selbst, von denen sich ja vier Fünftel zu den Freunden eines amerikanischen Vorbehalten angepaßten Völkerbunds rechnen durften, erzwangen einen zweiten Anlauf. Und wieder war es die starre Haltung Wilsons, die eine Annahme verhinderte. Da diesmal zahlreiche demokratische Senatoren die Sache über die Loyalität zu Wilson stellten und bei der zweiten und nun endgültigen Abstimmung, am 19. März 1920, für die

»amerikanisierte« Satzung optierten, ist jetzt wohl eine klare
Majorität (49 zu 35), jedoch, weil 23 von der Notwendigkeit
eines Völkerbunds überzeugte Demokraten auf Weisung ihres
Präsidenten abermals »nein« sagten, nicht die erforderliche
Zweidrittelmehrheit erreicht worden. Der Versailler Vertrag
wurde nicht ratifiziert – der Kriegszustand mit Deutschland und
Österreich-Ungarn ist offiziell erst durch Kongreßresolutionen
vom Mai 1920 bzw. 2. Juli 1921 beendet worden –, und Amerikas Sitz im Völkerbundsrat blieb leer. Daß Wilson unter diesen
Umständen den Frankreich zugesagten Garantie- und Beistandsvertrag erst recht nicht durchsetzen konnte, versteht sich
von selbst.

Das Resultat einer mehrheitlich keineswegs isolationistisch
motivierten, in manchem Sinne sogar anti-isolationistischen
Bewegung schien also doch ein Rückfall in den Isolationismus
zu sein. Die Vereinigten Staaten hatten offenbar auf die politische und moralische Führung der nichtkommunistischen
Welt, die ihnen bereits zugefallen war, wieder verzichtet und
die Revolution der Außenpolitik, in deren Avantgarde sie doch
marschiert waren, im Stich gelassen. Daß im November 1920
der republikanische Präsidentschaftskandidat Warren G. Harding seinen demokratischen Rivalen Cox mit einer Mehrheit
von über 7 Millionen Stimmen schlagen konnte, hatte gewiß
eher innenpolitische Gründe. Aber abgesehen davon, daß mit
Cox ein erklärter Anhänger des Völkerbunds unterlegen war,
wirkte es notwendig wie eine Besiegelung jener Abkehr von
der Revolutionierung der internationalen Beziehungen, wenn
der siegreiche Präsident, ein Gefolgsmann Lodges, die Parole
ausgab: Nicht Revolution, sondern Normalität[17].

Die Isolation Sowjetrußlands

Als die Vollversammlung des Völkerbunds erstmals zusammentrat, war überdies endgültig klar geworden, daß sich
auch Rußland an der Revolutionierung der Außenpolitik nicht
beteiligen werde, und wenn sich die Vereinigten Staaten damals
durch eine Wendung zur isolationistischen Normalität von dem
Experiment in kollektiver Sicherheit zu distanzieren schienen,
so trennte sich Rußland durch einen Sprung in die äußerste
Anormalität vom Völkerbund und von Europa. Im November
1920 konnte niemand mehr ernstlich daran zweifeln, daß die

von Lenin und Trotzkij geführten Bolschewiki den jahrelangen blutigen Bürgerkrieg mit ihren inneren Gegnern für sich entschieden hatten und im Begriff waren, ihre Herrschaft zu konsolidieren. Allein die Radikalität der auf die Oktoberrevolution von 1917 folgenden gesellschafts- und wirtschaftspolitischen Umwälzung hatte aber ausgereicht, zwischen dem bolschewistisch gewordenen Rußland und der Außenwelt eine tiefe Kluft aufzureißen, und es ist höchst fraglich, ob die nichtkommunistischen Staaten sogleich zu einer Zusammenarbeit mit Lenin bereit gewesen wären, wenn er eine nationalkommunistische Konzeption gehabt und aus ihr den Gedanken der »friedlichen Koexistenz« entwickelt hätte. Was da in Rußland geschah, war zu neu, zu fremd und als womöglich ansteckendes Beispiel zu bedrohlich. Doch hatten die Bolschewiki nichts weniger im Sinn als Nationalkommunismus oder »friedliche Koexistenz«, und an der revolutionären Rationalisierung der internationalen Beziehungen, wie sie im Völkerbund versucht wurde, waren sie nicht interessiert.

Lenin und Trotzkij hatten im Oktober 1917 die Macht ja nicht deshalb an sich gerissen und den Bürgerkrieg nicht deshalb durchgekämpft, um die neuen Herren Rußlands und als solche Staatsmänner zu werden; die Absicht, russische Außenpolitik zu machen, ob traditionellen Stils oder im Rahmen einer neuen internationalen Ordnung, lag ihnen durchaus fern. Der bolschewistische revolutionäre Elan ist mit dem progressiven Impuls Wilsons gewiß eng verwandt gewesen, doch haben die Bolschewiki, auch was die Beziehungen zwischen den Völkern angeht, nicht einfach eine rivalisierende und nur etwas radikalere, sondern eine von Wilsons Vorstellungen völlig verschiedene Konzeption vertreten. Wenn die angelsächsischen Verfechter des Völkerbunds – analog ihrem innenpolitischen Denken – nicht eine konflikt- und staatenlose internationale Gesellschaft schaffen, vielmehr die Träger der internationalen Interessengegensätze, die Staaten, lediglich gewissen Regeln unterwerfen und damit die zwischenstaatlichen Konflikte zähmen wollten, so hielten Lenin und Trotzkij eine solche Rationalisierung der Außenpolitik, solange noch mächtige Staaten mit kapitalistischer Wirtschafts- und Gesellschaftsordnung bestanden, für prinzipiell unmöglich, da diese Staaten von ihrer Natur unweigerlich zu einer räuberisch-imperialistischen Politik getrieben würden. Die Vision Lenins und Trotzkijs war die konfliktfreie internationale Gesellschaft, in der die Staaten ebenso wie die Klassen verschwunden sein würden, ihr Ziel daher nicht die Rationalisierung, sondern die Liquidierung der Außenpolitik. Auch sie verkündeten den Frieden, jedoch einen totalen Frieden, zu dem der Weg nur über die totale Zerstörung der bestehenden gesellschaftlichen Verhältnisse und die Zerstörung der bestehenden Staaten, nicht aber über ein Parlament und eine Verfassung der Staatengesellschaft führen konnte. Und sie glaubten, dieses Ziel sei jetzt erreichbar. Ihre Revolution betrachteten sie als Signal und Auftakt zur Weltrevolution, und von der ihnen zugefallenen Machtbasis Petersburg aus gedachten sie die Fackel ihrer Revolution in die übrigen Länder zu schleudern. Sie selbst setzten damit zwischen sich und der nicht-kommunistischen Welt permanente und totale Feindschaft. Aus einem derartigen Verhältnis permanenter Feindschaft mußte aber, grundsätzlich gesehen, abgeleitet werden, daß schon auf dem Wege zur Liquidierung der Außenpolitik, die an sich erst im Endzustand der klassen- und staatenlosen Gesellschaft vollzogen werden konnte, keine eigentliche Außenpolitik mehr möglich, daß die Außenpolitik bereits im Vorstadium der Weltrevolution durch den Aufruf zur revolutionären Aktion und durch die revolutionäre Aktion selbst abzulösen sei. Eben das meinte Trotzkij, wenn er nach der Oktoberrevolution einmal sagte, das bolschewistische Rußland brauche kein Außenministerium; nachdem er, als Außenminister, die Weltrevolution proklamiert habe, könne man »die Bude zumachen«[18].

Die Realität hat die Erwartungen der Revolutionäre allerdings bitter enttäuscht. Sämtliche Ansätze, die Revolution über die Grenzen zu tragen oder wenigstens in allen, auch den nicht-russischen Teilen des zaristischen Imperiums durchzusetzen, sind gescheitert. Béla Kuns kommunistisches Regiment in Ungarn blieb 1919 ebenso dramatische Episode wie zwischen 1918 und 1920 die revolutionäre Aktivität bolschewistischer Emissäre, etwa Joffes oder Radeks, in Deutschland, obwohl Lenin gerade von der deutschen Arbeiterklasse eine führende Beteiligung an der Weltrevolution erhofft hatte; in gleicher Weise schlug der Versuch fehl, Finnland (1918), die baltischen Staaten (1918/19) und Polen (1920) zu revolutionieren. Wenn Ende 1920 angenommen werden mußte, daß die Bolschewiki ihre Herrschaft konsolidieren würden, so stand andererseits doch auch fest, daß diese Herrschaft vorerst auf das – erheblich verkleinerte – Territorium des alten Zarenreiches beschränkt sein werde. Lenin und Trotzkij sahen jedoch in der vorläufigen Zernierung ihrer weltrevolutionären Ambitionen keinen Anlaß, ihre Doktrin grundsätzlich zu revidieren und das von ihnen eroberte Rußland als einen im Sinne der internationalen Beziehungen normalen Staat in die Staatengesellschaft zurückzuführen. Sie faßten ihre Rückschläge lediglich als Zwang zu einer – vermutlich kurzen – Atempause auf, und Rußland begriffen sie, für die Dauer der Atempause, im Grunde nur als Kraftwerk der Weltrevolution, das die revolutionären Bewegungen außerhalb Rußlands mit Energie versorgen sollte. Die permanente Feindschaft gegen den gesellschaftspolitischen und internationalen Status quo, die sie für sich selbst gesetzt hatten und die sie für das Proletariat aller Länder als eingeborene Eigenschaft konstatierten, übertrugen sie ohne weiteres auf den ersten Staat oder besser den ersten geographisch genau umgrenzten Raum, der ihnen und dem Proletariat gehörte. Weder schworen sie der eigenen Aggressivität ab (»Sobald wir... stark genug sein werden, um den gesamten Kapitalismus niederzuschlagen, werden wir ihn sofort am Kragen packen!« verkündete Lenin)[19], noch zweifelten sie an der Entschlossenheit der nichtkommunistischen Welt, dem sozialistischen Experiment in Rußland bei der nächsten Gelegenheit ein Ende zu machen. Da sich diese Welt, wie sie glaubten, unmöglich mit der ständigen Herausforderung abfinden könne, die allein schon die Existenz eines bolschewistischen Regimes darstellte, und erst recht nicht mit einem Regime, das unermüdlich revolutionäre Impulse aussandte, entwickelten sie aus der von ihnen erwarteten Reaktion auf ihre Aggressivität ein Sicherheitsbedürfnis, das wieder in zusätzliche Aggressivität umschlagen mußte. Auch während der Atempause der Weltrevolution waren also Außenpolitik und Außenministerium im Grund überflüssig; einen Verkehr mit der Außenwelt, der unter dem Gesetz des permanenten revolutionären Kampfes stand, konnte eigentlich nur eine von Rußland gesteuerte Dachorganisation revolutionärer Parteien und Bewegungen besorgen, und die im März 1919 gegründete III. (Kommunistische) Internationale, die Komintern, war denn auch als das wahre Instrument einer im Sinne jener Vorstellung liegenden Außenpolitik der Revolution gedacht. Daß im Rahmen solcher Kategorien der Völkerbund keinen Platz hatte, ja, daß die Bolschewiki ihre ideologische Ausgangsbasis verlassen und verraten hätten, wenn es ihnen eingefallen wäre, auch nur die Möglichkeit einer von kapitalistischen Räubern errichteten dauerhaften Friedensordnung zuzugeben, ist evident. Soweit Lenin und Trotzkij den Bund überhaupt ernstnahmen, verstanden sie ihn als eine raffinierte Maskerade imperialistischer Kapitalisten, die aus den feinen Fäden moralischer Phrasen feste Fesseln für die im Weltkrieg unterlegenen Imperialisten geknüpft hatten; auch kam ihnen naturgemäß der Verdacht, die Londoner City, in der sie das Herz des Kapitalismus und den Kopf der meisten kapitalistischen Verschwörungen vermuteten, wolle den Bund zur Organisierung einer kapitalistischen Einheitsfront gegen das bolschewistische Rußland benützen.

Die politische und wirtschaftliche Realität ließ sich natürlich eine ideologisch reine Praktizierung der These vom permanenten Kriegszustand zwischen dem Zentrum der Revolution und allen übrigen Mächten nicht gefallen. Wenngleich die Bolschewiki gegen ihren Willen in den Besitz nur eines einzigen Staates gelangt waren, wenngleich sie Rußland nicht als Staat unter Staaten begreifen wollten, so konnte doch das Faktum des Besitzes nicht geleugnet und die Existenz der Umwelt nicht einfach ignoriert werden. Lenin und seine Gefährten mußten entdecken, daß sie sich, solange die Atempause der Weltrevolution dauerte und von der Komintern ebenfalls nicht zu beenden war, nicht damit begnügen durften, Rußland zu revolutionieren, daß sie vielmehr genötigt waren, den eroberten Staat auch zu verwalten und zu regieren. Je mehr sich die Organisation verfestigte, die sie der revolutionierten Gesellschaft gaben, desto deutlicher trat hervor, daß diese Gesellschaft und ihre Organisation ganz normale wirtschaftliche, innenpolitische und ebenso außenpolitische Bedürfnisse und Interessen entwickelte. Höchst widerwillig entschlossen sich die Bolschewiki, den Beruf des Revolutionärs mit dem des Staatsmanns zu verbinden. Was die Beziehungen zur Umwelt angeht, so stellte sich heraus, daß Einrichtungen wie die Komintern zwar dazu taugen mochten, die Revolution zu exportieren, daß sie aber eben deshalb nicht fähig waren, feindlichen Nachbarn die von der eigenen Schwäche diktierten Kampfpausen abzuhandeln und den wirtschafts- wie den annähernd normalen außenpolitischen Erfordernissen solcher Pausen gerecht zu werden; hier bewies das zunächst für überflüssig gehaltene Außenministerium nun doch seine Unentbehrlichkeit. Da auch diese unfreiwillige Restauration einer russischen Außenpolitik das Ziel der Weltrevolution keineswegs aufhob, vorerst nicht einmal in den Hintergrund drängte – die theoretische Rechtfertigung eines längerfristigen Waffenstillstands mit dem kapitalistischen Lager hat erst Lenins Nachfolger Stalin formuliert –, da sich andererseits die Notwendigkeit der Sicherung und Stärkung des Zentrums der Revolution, Rußland, schon früh Gleichberechtigung verschaffte und sogar als integraler Teil der Weltrevolution erschien, ist zwischen Komintern und Außenkommissariat freilich keine klare Trennung der Aufgaben und Kompetenzen vorgenommen worden: während die Komintern immer wieder und immer häufiger für die Zwecke der Moskauer Außenpolitik eingespannt wurde, arbeiteten das Außenministerium und sein Apparat kaum weniger oft im Dienste revolutionärer Aktionen. Moskau entwickelte »jene undurchsichtige Doppelbödigkeit« seiner Außenpolitik, die für die Kabinette und für die Öffentlichkeit nichtkommunistischer Staaten zu einer ständig fließenden Quelle der Verwirrung, des Ärgers und des Mißtrauens werden sollte. Obwohl die unvermeidliche Wendung zur staatlichen Interessenpolitik naturgemäß Kontakte zur Außenwelt bedingte, waren diese Kontakte anfänglich also nicht so beschaffen, daß sie die Tauglichkeit des leninistischen Rußland als Partner internationaler Beziehungen merklich erhöht hätten; im Grunde machten sie die Fremdartigkeit des neuen Regimes erst richtig sichtbar und sorgten damit für zusätzliche Reibungen.

Noch wichtiger war aber, daß die Unfähigkeit zur Preisgabe der grundsätzlichen Feindschaft und der grundsätzlichen Aggressivität unweigerlich bewirken mußte, daß die Bolschewiki, wenn sie schon nolens volens das Erbe der Zaren antraten und für den ihnen zugefallenen Staat nun auch Außenpolitik zu treiben hatten, die imperialistischen Traditionen des zaristischen Rußland aufgriffen. Die verführerische Vorstellung, das neue Ziel, nämlich die Ausbreitung des Kommunismus, könne auf den alten Wegen zaristischer und russischer Stoßrichtungen erreicht werden, hat sich als Motiv bolschewistischer Außenpolitik in der Tat bereits frühzeitig durchgesetzt, und der Mechanismus imperialistischer Expansionslust verriet überdies alsbald die Neigung, sich zu verselbständigen und auch ohne unmittelbare Belieferung mit revolutionärem Treibstoff zu funktionieren. Gewiß hatten die Bolschewiki – wie Wilson und seine Anhänger – den Anti-Imperialismus und Antikolonialismus zu Kernstücken ihres Programms erhoben, und sie meinten das zunächst durchaus ernst; am 25. Juli 1919 verzichteten sie freiwillig »auf die von der zaristischen Regierung gemachten Eroberungen, die China der Mandschurei und anderer Gebiete beraubten«, ferner auf »die ostchinesische Bahn, alle Bergwerks-, Holz-, Gold- und anderen Konzessionen . . ., die von russischen Generälen, Kaufleuten und Kapitalisten unter der zaristischen Regierung, unter der Kerenskij-Regierung und unter den Räubern Horwath, Semjenow und Koltschak genommen wurden«[20]. Da sie sich aber sogleich daran machten, in umstrittenen Gebieten des Mittleren und Fernen Ostens – und zwar in schon vom zaristischen Rußland anvisierten Gebieten – den Einfluß fremder Imperien zu untergraben, und da diese antiimperialistische Tätigkeit eben doch von Moskau gelenkt und von russisch bestimmten Organisationen getragen wurde, präsentierte sich selbst und gerade der aktive Antikolonialismus Moskaus, ob er nun sozialistische Gruppen mobilisierte oder nationale Befreiungsbewegungen unterstützte, wie eine Neuauflage des zaristischen Imperialismus. Und nicht zuletzt die Behandlung der chinesischen Probleme zeigte deutlich genug, wie leicht sich tatsächlich in die neue Motivation die alten Wünsche und Interessen mischten; bereits 1920 hatte die Sowjetregierung einen erheblichen Teil ihrer im Vorjahr gemachten Versprechungen, z. B. hinsichtlich der ostchinesischen Bahn, wieder vergessen, und wenn auch die Rote Armee im Frühjahr 1921 in die Äußere Mongolei einmarschierte, um dort die »revolutionäre Volksmacht« zu etablieren, so sah dieser Einmarsch dem Akt einer imperialistischen Macht, die des Nachbarn – Chinas – Schwäche brutal ausnützt, doch täuschend ähnlich. Der weltrevolutionäre Impuls, der von den Bolschewiki selbst aufgestellte Grundsatz permanenter Feindschaft zur Außenwelt, das aggressive Sicherheitsbedürfnis eines revolutionierten Rußland, der offensive Anti-Imperialismus und die Wiederkehr Petersburger Traditionen verbanden sich zu einer Außenpolitik, die zumindest in der Tendenz aggressiv und sogar ihrerseits imperialistisch sein mußte, die jedenfalls für die Paragraphen eines kollektiven Sicherheitssystems ebenso viel Respekt aufbrachte wie eine Hornisse für ein Spinnennetz.

Zwischen 1918 und 1920 hat die Periode des Bürgerkriegs und der Intervention fremder Mächte diese außenpolitische Grundhaltung Moskaus scheinbar gerechtfertigt und damit verstärkt; außerdem vererbte sie der sowjetischen Außenpolitik noch ein weiteres potentiell aggressives Element. Zunächst sahen die Bolschewiki ihre Analyse des Wesens kapitalistischer Staaten vollauf bestätigt, ebenso ihr Urteil über die zwangsläufige Reaktion der Umwelt auf die Oktoberrevolution. Die Berührung des neuen Regimes mit nichtkommunistischen Staaten war anfänglich in der Tat ausschließlich schmerzhaft. Kaum waren die Bolschewiki an die Macht gekommen, zwangen ihnen die Mittelmächte – an ihrer Spitze das kaiserliche Deutschland – mit dem Frieden von Brest-Litowsk mit rücksichtsloser Gewalt eine Regelung auf, die zu den klassischen Beispielen imperialistischer Friedensdiktate gehört und den russischen Staat seine wichtigsten Bodenschätze, einen großen Teil seiner Industrie und seine wertvollsten landwirtschaftlichen Gebiete kostete. Noch bevor dieses Zwischenspiel, dank der militärischen Niederlage Deutschlands und seiner Verbündeten, ein Ende fand, begann die Zeit der Interventionen, die das bolschewistische Rußland mit fast allen damaligen Großmächten vorübergehend in einen offenen Konflikt geraten ließ: britische Truppen in Nordrußland, französische Truppen in Südrußland, britische und deutsche Truppen in den baltischen Staaten, und schließlich amerikanische und japanische Truppen in Sibirien – es ist begreiflich, daß die Bolschewiki diese Aktionen einerseits als kapitalistische Einkreisung zur Erstickung der Revolution, andererseits als typisch imperialistische Raubkriege verstanden. Und sie hatten nicht so unrecht. Zwar verfolgte das britische und das französische Eingreifen in Rußland ursprünglich nur militärische Ziele, die mit der Kriegführung gegen Deutschland zusammenhingen, und Wilson hatte lediglich deshalb Truppen nach Sibirien geschickt, um seinen Alliierten, z. B. der Tschechoslowakischen Legion, einen Gefallen zu tun und um die Japaner im Auge zu behalten. Aber nach dem Zusammenbruch Deutschlands hatte sich die Intervention der europäischen Westmächte eben doch in eine Aktion zur Unterstützung der Bürgerkriegsgegner Lenins und in einen – freilich halbherzig geführten und bald wieder abgebrochenen – antibolschewistischen »Kreuzzug« verwandelt, wobei wirtschaftliche Interessen keineswegs völlig außer acht gelassen wurden. Auch das deutsche Engagement in Lettland war ein – allerdings ebenso sehr gegen Ebert wie gegen Lenin gerichteter – konterrevolutionärer Akt, und unter seinen Motiven spielte die Hoffnung auf eine Wiederbelebung der wirtschaftlichen und territorialen Großmachtpolitik Deutschlands keine geringe Rolle. Die Japaner waren von vornherein ausschließlich an der Eingliederung Ostsibiriens und der Mandschurei in ihren wirtschafts- wie außenpolitischen Einflußbereich interessiert, und Polen endlich brach 1920 einen Krieg mit Rußland vom Zaun, der allein die Restauration der polnischen Grenzen von 1772 erreichen sollte, also lediglich von imperialen Wünschen diktiert war. Nur die Vereinigten Staaten haben es stets abgelehnt, sich in den Bürgerkrieg einzumischen; wenn man von der Sorge um die von den Bolschewiki kaum zu erwartende Bezahlung der russischen Kriegsschulden und von der mißtrauischen Beobachtung der japanischen Ambitionen absieht, blieben sie vom Anfang bis zum Ende der Interventionsperiode neutrale und desinteressierte Zuschauer.

In jenen Jahren haben die Bolschewiki ihre grundsätzliche Aggressivität gewiß ebenfalls deutlich genug demonstriert. Wie bereits gesagt, suchten sie der Weltrevolution durch die Revolutionierung Mitteleuropas näherzukommen, während sie andererseits einen sowjetrussischen Imperialismus entwickelten, der mit neuer Begründung zaristischen Traditionen folgte, und zwar im Mittleren und Fernen Osten auch schon mit expansionistischer, in Europa hingegen noch mit überwiegend bewahrender Tendenz; denn die Kämpfe um Finnland, die Ukraine und die baltischen Staaten sollten diese Länder nicht allein für die Revolution gewinnen, sondern doch auch in den Grenzen des russischen Reiches halten. Wie sich der staatlich-imperiale Aspekt mit dem revolutionären Elan verband, ihn gelegentlich sogar zügelte, zeigte nicht zuletzt der russisch-polnische Krieg (1920). Nachdem die polnischen Truppen in der Ukraine geschlagen worden waren und nun umgekehrt die Soldaten Tuchatschewskijs vor Warschau standen, hat Lenin wohl gefordert, jetzt müsse »Europa mit den Bajonetten der Roten Armee auf die Probe gestellt«[21] werden. In Wahrheit haben sich aber die bolschewistischen Führer offensichtlich auf die Erreichung der alten russischen Westgrenze beschränken wollen; anders ist es nicht zu erklären, daß Radek auf dem Höhepunkt des Sieges mit deutschen Offizieren über eine Zusammenarbeit verhandelt und dabei die Rückkehr zu den Grenzen von 1914 angeboten hat.

In Asien ist die revolutionär-imperialistische Außenpolitik Moskaus nicht ohne Erfolge geblieben. Von China und der Mongolei war bereits die Rede, und im Februar 1921 holte Stalin mit Waffengewalt und brutalstem Terror Georgien ins Reich zurück, obwohl dort ein menschewistisches, also ebenfalls revolutionäres Regime herrschte und obwohl die Sowjetregierung die georgische Unabhängigkeit zuvor anerkannt hatte; außerdem knüpften die Bolschewiki Verbindungen zu national-türkischen Gruppen an, und bald machten sie sich den Briten auch in Persien und Afghanistan unbequem: 1921 schlossen sie mit der Äußeren Mongolei, mit Persien, der Türkei und Afghanistan Verträge, die zwar dem Imperialismus ausdrücklich abschwören, trotzdem aber die Mongolei in ein Protektorat Moskaus verwandelten; sie handelten den Türken Batum ab und verschafften dem sowjetischen Staat erhebliche wirtschaftliche Vorteile in Persien. In Europa konnte dagegen praktisch nur die Ukraine gerettet werden. Ging Bessarabien an Rumänien verloren, so stießen die Bolschewiki in Finnland und in den baltischen Staaten auf ein mit allen Kräften verteidigtes nationales Selbstbestimmungsrecht, das, anders als das in Moskau proklamierte, nicht zwangsweise mit der kommunistischen Theorie verkoppelt war und sich deshalb sowohl aus national wie aus ideologisch begründeter Ablehnung der Eingliederung in den alten Reichsverband widersetzte. Und die Interventionsmächte waren hier, wenngleich ihre Kraft und ihr Wille nicht zur Zerstörung der kommunistischen Herrschaft im russischen Kerngebiet ausgereicht hatten, doch stark und engagiert genug, um den Völkern jener Länder so viel Unterstützung zu geben, daß ihnen die Abwehr des sowjetischen Zugriffs gelang. In Polen begegneten die Bolschewiki außerdem einem historisch motivierten Imperialismus, dem wohl die Mittel zur vollen Realisierung seines Traumes vom großpolnischen Reich von 1772 fehlten, der sich aber, nach der sowjetischen Niederlage an der Weichsel und mit französischer Nachhilfe, immerhin fähig zeigte, den Sowjetstaat zu erheblichen territorialen Opfern im westlichen Rußland zu zwingen. Im Laufe des Jahres 1920 mußte Moskau die Selbständigkeit Estlands (2. Februar), Litauens (12. Juli), Lettlands (11. August) und Finnlands (14. Oktober) anerkennen, und am 12. Oktober 1920, kurz vor dem Zusammentritt der ersten Völkerbundsversammlung, besiegelte der Präliminarfrieden von Riga das Ende des russisch-polnischen Krieges und die vorläufige Sicherung der Beute Warschaus. Die Liquidierung des Weltkrieges hatte Rußland mithin den größten Teil seiner Ostseeküste und einen beträchtlichen Teil seiner bisherigen Westgebiete gekostet. In Moskau ist dieser Verlust nie verschmerzt worden. Zum revolutionären Impuls, der auf die ganze Welt gerichtet war, und zu dem aus revolutionären und traditionellen Elementen gemischten roten Imperialismus, der sich seine Bahn vor allem in Asien suchte, trat so als dritter Faktor ein außenpolitischer Revisionismus, der den Status quo in Europa bedrohte.

Ende 1920 waren jene aggressiven Tendenzen Moskaus, die der gesellschaftspolitischen und internationalen Ordnung Europas galten, allerdings wieder zur puren Tendenz reduziert. Die Komintern ist natürlich auch in den folgenden Jahren aktiv geblieben, vor allem in Deutschland, doch konnte sie sich nirgends zu einer ernsthaften Gefahr entwickeln; die Gesellschaft in den mittel- und westeuropäischen Staaten, die sich dem ersten Anprall der Revolution gewachsen gezeigt hatte, behielt ihre relative Stabilität. Erst recht war der Sowjetstaat unfähig, revisionistische Außenpolitik zu treiben. Der Bürgerkrieg, die Intervention, der Konflikt mit Polen und die wirtschafts- wie gesellschaftspolitischen Experimente des »Kriegskommunismus« hatten Rußland eine nahezu totale Erschöpfung eingebracht. Aus der Großmacht war eine »Schattenfigur« geworden, wie Jurjew, der Leiter des Murmansker Sowjets, zum Außenkommissar Tschitscherin bemerkte[22]; jeder Auseinandersetzung mußte vorerst weit aus dem Wege gegangen werden. In Europa manifestierte sich die permanente Feindschaft, die Moskau der Außenwelt angesagt hatte und die diese Außenwelt herzlich erwiderte, daher zunächst nicht in einer aggressiven Außenpolitik, ob imperialistischer oder revisionistischer Natur, sondern in der völligen politischen Isolierung des leninistischen Rußland. Die Sowjetregierung hielt sich nicht allein dem Völkerbund in feindseliger Verachtung fern; während der Interventionsperiode waren sogar, was in Moskau nun doch als unangenehm empfunden wurde, die diplomatischen Beziehungen zu den europäischen Staaten abgerissen. Lediglich halbamtliche Kontakte zur Regelung technischer Fragen und temporäre Begegnungen zur Beilegung offener Konflikte durchlöcherten die Isolierung. Rußland war Europa fremd geworden und schien für die europäische Politik verloren zu sein. Jedoch hatte auch der Schatten eines schwachen Rußland gewaltige Ausmaße, und angesichts der grundsätzlichen Aggressivität des leninistischen Moskau, die sich zur Zeit der ersten Völkerbundsversammlung in Asien schon sehr störend bemerkbar machte, hat die Isolierung, weil sie der russischen Drohung unbestimmte Konturen und damit etwas Unberechenbares verlieh, den Argwohn fast noch verstärkt, den dieser merkwürdige Staat allenthalben erregte. Churchill hat die Empfindungen der europäischen Kabinette und einer großen Mehrheit der europäischen Öffentlichkeit recht treffend ausgedrückt, als er damals in einer Rede sagte: »Über das riesige Schneefeld stapft das Gespenst des russischen Bären heran.«[23] Und schon das Gespenst mußte zu einem bündnisstiftenden Faktor von eminenter Bedeutung werden.

Die Folgen der amerikanischen und russischen Politik:
Lähmung des Völkerbunds

Daß die Vereinigten Staaten die ihnen zukommende moralische, ideologische und politische Führungsfunktion noch einmal ausgeschlagen hatten, daß sich Rußland durch die Radikalität und Aggressivität des revolutionären leninistischen Führungsanspruchs an den Rand der Staatengesellschaft manövriert hatte, verurteilte aber den Völkerbund zu einer mit seiner Entstehung beginnenden Dauerkrise. Die Vereinigten Staaten waren an den europäischen, afrikanischen und asiatischen Konflikten der Großmächte nicht unmittelbar oder nur insofern interessiert, als sie, wie im Falle Chinas, die wirtschaftliche und politische Abschließung bestimmter Räume durch die imperiale Expansion einer einzigen Macht, also hier Japans, zu verhindern suchten. Selbst nach ihrem Kriegseintritt hatten sie ihre Entschlossenheit zur Wahrung der Distanz dokumentiert, indem sie sich nicht zu den Alliierten rechneten, sondern als »assoziierte« Macht bezeichneten. Die Herkunft der Bevölkerung verband Nordamerika mit allen europäischen Staaten, nicht nur mit den Siegern des Krieges. Wenn nicht die Sicherheit der Vereinigten Staaten gefährdet schien, war daher das charakteristische Merkmal amerikanischer Außenpolitik, wie die Haltung Washingtons gerade während des Krieges gezeigt hatte, die Neutralität, und kraft seiner Stärke wäre dieser Staat im Völkerbund zur Führung einer Fraktion der Neutralen berufen gewesen, der wiederum die Rolle eines Schiedsrichters zwischen Siegern und Besiegten hätte zufallen können. Da Amerika dem Bund fernblieb, war jene Fraktion, obwohl sie sich tatsächlich formierte, im entscheidenden ersten Jahrzehnt der Existenz des Bundes, wie unschwer vorherzusehen war, nicht in der Lage, nennenswerten Einfluß zu gewinnen, und angesichts der mobilitätsfeindlichen Satzung bestand so von Anfang an kaum eine Chance, den Völkerbund auch zum Instrument einer behutsamen Revision ungerechter Teile der Pariser Friedensregelung zu machen.

Auf der anderen Seite konnte einem Völkerbund ohne Rußland und Amerika auch nicht recht zugetraut werden, daß er den Status quo, wenn er ihn schon nicht zu ändern vermochte, wenigstens garantieren und auf diese Weise für Beruhigung sorgen würde. Als normale Waffe gegen einen Staat, der die territoriale Integrität eines Nachbarn verletzt hatte, sollten wirtschaftliche Sanktionen dienen. Eine solche Waffe mußte aber stumpf bleiben, wenn sich die beiden tatsächlich oder potentiell stärksten Wirtschaftsmächte an den Sanktionen nicht beteiligten. Wie schon damals nicht zu verkennen war, würden die Mitglieder des Völkerbunds gelegentlich sogar zögern oder davon Abstand nehmen müssen, wirtschaftliche Sanktionen zu verhängen, und zwar dann, wenn der wirtschaftliche Boykott eines Unruhestifters, der aber ein wichtiger Handelspartner etwa der Vereinigten Staaten war, womöglich einen offenen Konflikt mit Washington heraufbeschwor. Militärische Interventionen waren selbstverständlich nur als letztes Mittel gedacht. Wenn aber die zwischen passiver Duldung einer Aggression und militärischem Eingreifen liegende Pressionsform, eben die wirtschaftliche Sanktion, in manchen Fällen nicht anzuwenden war, stand der Völkerbund in derartigen Fällen sofort vor der Wahl zwischen den beiden extremen Verhaltensmöglichkeiten. Daß er sich meist für die Passivität entscheiden würde, war vorherzusehen. In außereuropäischen Gebieten mußte auch die Waffe der militärischen Intervention stumpf bleiben, wenn sich Rußland und Amerika abseits hielten oder wenn der einzige scharfe transkontinentale Degen des Völkerbunds, das britische Empire, sogar auf den Schild der Interessen jener Mächte traf. In Europa hingegen konnte eine militärische Aktion des Bundes, die von Washington und Moskau nicht unterstützt wurde, nichts anderes bedeuten als einen simplen europäischen Krieg mit ungewissem Ausgang – und einen solchen Krieg sollte der Bund ja gerade verhindern. Andererseits verfügte nun jeder Friedensstörer mit der Drohung des Austritts über eine sehr wirkungsvolle Waffe. Machte er seine Drohung wahr, so hatte das keineswegs seine totale Isolierung zur Folge; die Beziehungen zu den zwei mächtigsten Staaten der Erde wurden überhaupt nicht berührt. Es ist oft gesagt worden, Amerikas Rückfall in den Isolationismus und Rußlands Sonderstellung hätten den Völkerbund in ein Werkzeug der Entente verwandelt. Tatsächlich war es genau umgekehrt. Wie die Dinge lagen, vermochte der Bund nur in dem Maße als Garant des Status quo zu fungieren, in dem es ihm gelang, die Macht und den Einfluß seiner jetzt stärksten Mitglieder, Großbritannien und Frankreich, in seine eigenen Dienste zu nehmen. Er konnte also außerhalb Europas den Status quo praktisch gar nicht und in Europa lediglich so lange garantieren, solange Großbritannien und Frankreich ihre politische und militärische Überlegenheit auf dem Kontinent behaupteten, solange beide Mächte zur Verteidigung des Status quo entschlossen waren und sofern sie sich, wenn die zwei ersten Voraussetzungen gegeben sein sollten, auf einen gemeinsamen Kurs einigten. Die Behauptung der Überlegenheit war auf die Dauer unmöglich, die politisch-militärische Kooperation stets ungewiß, und Londons Widerstand gegen Artikel 10 der Völkerbundssatzung – der den Status quo sicherte – wie Lord Robert Cecils Bestehen auf einem Revisionsartikel hatten überdies gezeigt, daß auch die Bereitschaft Großbritanniens, sich in diesem Sinne vom Völkerbund instrumentalisieren zu lassen, nicht als permanenter Faktor angesehen werden durfte.

Amerika und Rußland haben jedoch nicht allein den Mechanismus des Völkerbunds gelähmt. Idee und Gestalt des Bundes waren vom angelsächsischen politischen Denken geprägt, und wie in den angelsächsischen Ländern die liberale Demokratie nicht auf perfekten Konstitutionen, sondern auf der anerkannten Funktion einer selbständigen öffentlichen Meinung basiert, so sollte auch die wichtigste Stütze des Völkerbunds, nach der Vorstellung seiner Architekten, die öffentliche Weltmeinung werden. Die komplizierte Prozedur der Friedenssicherung war nur dann sinnvoll und arbeitsfähig, wenn man sich in allen ihren Phasen den Druck der öffentlichen Meinung auf die Kabinette – vor allem auf die angriffslustigen – hinzudachte. Ehe aber die öffentliche Meinung die Arbeit des Völkerbunds bewußt beeinflussen konnte, mußte sie erst die Idee des Völkerbundes gebilligt und ein Minimum an Vertrauen in seine Wirksamkeit gewonnen haben. Daß die Vereinigten Staaten dem Völkerbund wieder den Rücken kehrten, obwohl ihr Präsident zu seinen leidenschaftlichsten Fürsprechern und zu seinen Schöpfern gehört hatte, versetzte jener Zustimmung und jenem Vertrauen einen schweren Stoß, auch wenn man sich der Folgen für den Apparat der Sanktionen und ähnlicher Konsequenzen noch gar nicht bewußt war. Während die Anhänger des Völkerbunds so entmutigt wurden, haben in allen Staaten, in denen Politiker und Militärs von der Fortsetzung oder Wiederaufnahme national-imperialer Machtpolitik träumten – also namentlich in Japan,

Deutschland, Italien und Polen –, diese natürlichen Verächter des Völkerbunds Morgenluft gewittert und nach der Desavouierung Wilsons durch seinen Senat mit unverhohlener Befriedigung konstatiert, sie hätten ja immer gesagt, daß Wilson bestenfalls ein törichter Phantast sei und ein Völkerbund im harten Daseinskampf der Nationen keinen Platz habe; jetzt hätten das die Amerikaner selbst eingesehen und seien zu einer »nationalen« Politik zurückgekehrt.

In diesem Zusammenhang hat die leninistische Revolution freilich noch verhängnisvoller gewirkt. In den kontinentaleuropäischen Staaten hatte der Völkerbundsgedanke seine naturgegebenen Stützen in der demokratischen Linken und in der demokratischen Mitte. Es ist aber wohl nicht zuviel gesagt, wenn man behauptet, daß die Revolution Lenins in manchen jener Staaten, vor allem in Deutschland, die nach dem Kriege verdiente und logische Machtübernahme oder Machtbeteiligung – im Unterschied zu gelegentlicher Regierungsübernahme oder -beteiligung – dieser Gruppen verhindert und um dreißig bis vierzig Jahre verzögert hat. Das Beispiel der Bolschewiki war hier mitreißend genug, um die Linke zu spalten und zu schwächen; es war andererseits abschreckend genug, um der Rechten das schon verlorene gute Gewissen zurückzugeben und ihr Anhänger aus den Reihen der bürgerlichen Mitte zuzutreiben; und wenn die Komintern auch in Wirklichkeit zu kraftlos war, um mit Erfolg nach der Macht zu greifen, so spielte sie sich doch in einer Weise auf, daß sich die erschrockene und geschwächte demokratische Linke sogar zu politischen Bündnissen mit der Rechten, etwa der Armee, genötigt glaubte und damit den eigenen Machtverlust noch beschleunigte und besiegelte. Um die traditionellen politischen Reservate der Rechten, Heeres- und Außenpolitik, zog dieser Prozeß geradezu eine Schutzmauer, und so blieben ausgerechnet die für das Verhältnis zum Völkerbund wichtigsten politischen Bereiche in den Händen von Leuten, die eine Rationalisierung der Außenpolitik instinktiv ablehnten und daher für chancenlos erklärten. Es liegt auf der Hand, daß dies den Regierungen eine aufrichtige Völkerbundspolitik praktisch unmöglich machte und eine zwar weniger aufrichtige, aber doch aktive – vielleicht zur Aufrichtigkeit findende – Völkerbundspolitik erheblich erschwerte. Auch behielt die Rechte in solcher Lage genügend Einfluß auf die öffentliche Meinung, um das Bekenntnis der demokratischen Linken zum Völkerbund unsicher zu machen und um einen beträchtlichen Teil der bürger-

lichen Schichten von einem derartigen Bekenntnis ganz abzuhalten. Die Regierungen standen mithin selten unter einem völ-
kerbundsfreundlichen Druck der Öffentlichkeit. Und wie in
mancher anderen Frage, so kam es auch in der Ablehnung des
Völkerbunds zu einer faktischen Allianz zwischen radikalen
Nationalisten und Kommunisten; die völkerbundsfeindliche
Agitation der dem Beispiel Moskaus folgenden Linken hat der
gegen Genf gerichteten Kampagne der Rechten weder an Laut-
stärke noch an Dummheit und Gehässigkeit etwas nachgegeben.

Wenn aber der Völkerbund offensichtlich zu schwach war,
den Status quo zu ändern, andererseits vermutlich nicht stark
genug, um die zwischen 1918 und 1920 entstandene territoriale
Ordnung Europas zu garantieren, so erhielten die aus dieser
Ordnung folgenden Spannungen zwischen den Siegern und den
Besiegten des Krieges notwendigerweise ein selbständiges politisches Gewicht. Jene revisionistischen Staaten, die nicht gewillt waren, auf revisionistische Außenpolitik überhaupt zu verzichten, wurden nun nicht allein durch die Satzung gereizt, sondern von der sogleich gegebenen und wahrscheinlich permanenten Ohnmacht des Bundes überdies verlockt, bei aktiver
revisionistischer Außenpolitik, zu der sie unmittelbar nach der
Niederlage natürlich noch nicht imstande waren, auf die bis 1914
unbestritten gültigen Mittel und Methoden, letzten Endes auf
den Krieg, zurückzufallen. Die isolationistische Gleichgültigkeit der Vereinigten Staaten und die isolierte Aggressivität der
Bolschewiki gaben also dem an sich wenig wichtigen Faktum,
daß die Besiegten auf der ersten Völkerbundsversammlung
noch fehlten, doch eine ominöse Bedeutung. Unter diesen Umständen wiesen die Lücken darauf hin, daß die Revolution der
Außenpolitik die mit einer bestimmten Klasse von Staaten verbundene Problematik schwerlich bewältigen werde und daß
daher, neben den Formen der neuen Außenpolitik, die Ziele, der
Geist und die Rezepte einer Außenpolitik alten Stils in Kraft
bleiben würden. Auch war schon jetzt zu sehen, daß der Eintritt
revisionistischer Staaten in ein Parlament der Staatengesellschaft keine Absage an revisionistische Politik zu sein brauchte.
Wenn eine Partei der Revisionisten entstand, die ihre Sache zugleich im Parlament vertrat, so war, da jenes Parlament die Frage
des Revisionismus weder lösen noch unterdrücken konnte,
doch nicht anzunehmen, daß die Partei den Gedanken an sozusagen außerparlamentarische Opposition und direkte Aktionen

zur Erfüllung ihrer Forderungen von vornherein aufgab. Und die revisionistische Partei begann sich bereits frühzeitig zu formieren.

Das Problem der Revision: Status quo oder Neuordnung

An sich war die Pariser Friedensregelung wohl die gerechteste, die Europa seit vielen Jahrhunderten erlebt hatte. Es ist völlig unerfindlich, was z. B. die oft gegen die Pariser »Friedensmacher« ins Treffen geführten Beschlüsse des Wiener Kongresses oder die Friedensschlüsse Bismarcks mit Gerechtigkeit zu tun gehabt haben sollen; allenfalls kann von Rücksichtnahme auf politische Notwendigkeit und politische Zweckmäßigkeit gesprochen werden. Die Pariser Vorortverträge setzten hingegen bewußt einen Prozeß fort, den das Absterben des türkischen Reiches schon vor dem Kriege ausgelöst hatte, nämlich den Prozeß der Befreiung und Verselbständigung kleiner Nationen, den man auch den Prozeß der Entkolonialisierung in Mittel-, Ost- und Südosteuropa nennen könnte. Mit dem Selbstbestimmungsrecht der Völker war für diese historische Bewegung das Schlüsselwort gefunden, und man wird zugeben müssen, daß sich die meisten Pariser Friedensmacher ernsthaft bemüht haben, dem neuen politischen Ordnungsprinzip, das in jenen Teilen Europas zugleich dem Völkerbund seine Basis schaffen sollte, gerecht zu werden. Die aus der Erbmasse des zerfallenen habsburgischen Imperiums, aus Teilen des alten Zarenreiches und der preußischen Gebiete Deutschlands gebildeten oder arrondierten Staaten (Estland, Lettland, Litauen, Polen, die Tschechoslowakei, Jugoslawien und Rumänien) sind in Paris nicht, wie man heute noch häufig hören kann, ins Leben gerufen, wohl aber, nachdem sie auf Grund des politischen Willens ihrer Völker entstanden waren, in die Staatengesellschaft aufgenommen und nach Möglichkeit lebensfähig gemacht worden. Unter dem Aspekt der Gerechtigkeit war dagegen nichts einzuwenden. Das Problem lag vielmehr darin, daß das Selbstbestimmungsrecht naturgemäß alte Staatskörper zerstörte oder tief in sie einschnitt, die eben nicht nach gerechten Prinzipien konstruiert, sondern auf Grund bestimmter Machtlagen oder dynastischer Interessenpolitik historisch gewachsen waren. Die Donaumonarchie verschwand völlig, Deutschland wie Rußland und vor allem Ungarn hatten erhebliche territoriale Opfer zu bringen.

Auch hat das Selbstbestimmungsrecht nur einen Teil dieser Opfer – allerdings den größeren – gerechtfertigt. Das Ordnungsprinzip mußte Kompromisse hinnehmen, und zwar einmal mit dem objektiven Faktor, daß in den nationalen Mischgebieten Mittel-, Ost- und Südosteuropas keine klaren Grenzen zwischen den Völkern gezogen werden konnten, und zweitens mit einigen politischen Tendenzen der Friedenskonferenz, die dem Selbstbestimmungsrecht wenig günstig waren. Wenn die Friedensmacher um der nationalen Selbstbestimmung willen historische Grenzen liquidierten, so haben sie andererseits nicht der Versuchung zu widerstehen oder der Notwendigkeit zu entgehen vermocht, zur wirtschaftlichen Ausstattung und zur militärischen Sicherung der neuen Staaten in einer Weise auf historische Grenzen Rücksicht zu nehmen, daß wiederum – für geschlagene Nationen – schmerzhafte Verletzungen des Selbstbestimmungsrechts die Folge waren. So behielt die Tschechoslowakische Republik – gegen Deutschland und Österreich – die Grenzen der alten Kronländer Böhmen und Mähren, damit aber auch einige Millionen Deutsche, die sich nun mit Fug und Recht beschwerten, ihr Selbstbestimmungsrecht sei übergangen worden. Vor allem aber stand die Pariser Regelung nicht nur am Beginn des Friedens; sie schloß einen furchtbaren Krieg ab, und daher war es unvermeidlich, daß die Vorstellungen der Sieger über die Ursachen des Krieges und die Stimmungen der Kriegsjahre ebenfalls ihren Niederschlag in den Friedensverträgen fanden. Da die Sieger einmütig und aufrichtig glaubten, Deutschland und Österreich trügen die Schuld am Ausbruch des Krieges – Wilson war davon ebenso überzeugt wie Lloyd George oder Clemenceau –, haben bei der Behandlung Deutschlands und Ungarns, dem gleichsam die Stellvertretung der Donaumonarchie übertragen wurde, das Motiv der Bestrafung, das sich ja mit dem Prinzip der Gerechtigkeit durchaus vertrug, und das Motiv der Sicherung gegen einen abermaligen Angriff eine erhebliche Rolle gespielt. Auch die Abreden, die während des Krieges zwischen den Mitgliedern der Siegerkoalition getroffen worden waren, um Bundesgenossen zu gewinnen oder bei der Stange zu halten, konnten nicht ignoriert werden, und wenngleich die territorialen Zusagen, die London, Paris und – damals noch – Petersburg Rumänien und Italien gemacht hatten, einerseits der Erfüllung des Selbstbestimmungsrechts rumänischer und italienischer Bevölkerungsgruppen in Ungarn und in Österreich galten, so atmeten sie andererseits zugleich noch den Geist des imperialistischen Zeitalters und betrafen strategisch oder wirtschaftlich begründete Forderungen, die mit dem Selbstbestimmungsrecht nichts mehr zu tun hatten. Endlich mußte berücksichtigt werden, daß die Rußland benachbarten Staaten eine gewisse Schutzfunktion gegenüber dem als Drohung erscheinenden Moskau ausüben und deshalb möglichst kräftig sein sollten.

Die territoriale Neuordnung Europas, die von der Pariser Friedenskonferenz in diesem Sinne durchgesetzt wurde, war immer noch wesentlich gerechter als der frühere Zustand. Aber das Resultat der Handhabung des Selbstbestimmungsrechts und erst recht der Einmischung jener aus der Kriegs- oder Interventionszeit stammenden Motive bestand trotzdem in der Spaltung Europas. Gegen den Kreis der zur siegreichen Koalition gehörenden oder von ihr geförderten Staaten, die von der Friedensregelung profitiert hatten und nun an der Bewahrung des Status quo interessiert waren, formierte sich die Gruppe der Staaten, die unter der Friedensregelung gelitten hatten und nun nach der partiellen oder totalen Revision des ihnen auferlegten Urteils strebten. Wenn man Deutschland vorläufig ausklammert, handelte es sich neben Rußland, auf dessen Revisionismus bereits hingewiesen wurde, vor allem um Ungarn, das im Frieden von Trianon (4. Juni 1920) die Slowakei an Prag verlor, das Burgenland an Österreich, Kroatien-Slawonien an Jugoslawien, die Bukowina, Siebenbürgen und Arad an Rumänien und das Banat an Rumänien und Jugoslawien. Und sowohl der russische wie der ungarische Revisionismus mußten nicht zuletzt deshalb über eine zähe Konstitution verfügen, weil in beiden Staaten politische Eliten herrschten, die nicht allein den Status quo ablehnten, sondern überdies kein Verständnis für den Geist und die Prinzipien der mit dem Völkerbund versuchten Rationalisierung der Außenpolitik aufbrachten. Waren in Rußland Revolutionäre an die Macht gekommen, die schon für eine radikal veränderte Welt lebten, so war in Ungarn eine nationalistische und konservative Gentry an der Macht geblieben, die, ganz unabhängig von der revisionistischen Problematik, nach wie vor in den Kategorien von 1914 dachte und die vom Kriege bewirkte Revolutionierung der internationalen Beziehungen noch gar nicht bemerkt hatte. Der Revisionismus Österreichs, das einerseits – wenngleich mit schwankender Intensität – den Anschluß an Deutschland wünschte, andererseits auf das von Italien annektierte Südtirol blickte, war dagegen im Vergleich zu den

Moskauer und Budapester Intentionen von ebenso geringer Bedeutung wie der Revisionismus Bulgariens, das Teile Mazedoniens und Thraziens an Jugoslawien und Griechenland verloren hatte.

Allerdings gehörten zum Lager der Sieger und der neuen Länder ebenfalls Staaten, die entweder zu einer völkerbundsfremden Politik neigten oder den Status quo in Frage stellten und daher als Kandidaten für die revisionistische Partei gelten mußten. Polen hatte zwar keinen Grund, mit dem Status quo ernstlich unzufrieden zu sein – wenngleich seine Wünsche weder im Osten noch im Westen ganz erfüllt worden waren –, doch wurde die Warschauer Außenpolitik jetzt von Männern bestimmt, die ein an Wiener, Petersburger oder Berliner Traditionen geschultes außenpolitisches Denken mit hartem Nationalismus zu einem polnischen Großmachttraum verbanden, der sich, auch wenn ihn die politische Wirklichkeit etwas zurechtstutzte, in die Rationalisierung der Außenpolitik nicht recht einfügen wollte; und ein Staatsmann wie Pilsudski brachte dem Völkerbund eine aus revolutionären und nationalistisch-militaristischen Elementen seltsam gemischte Verachtung entgegen. Polen demonstrierte diese Haltung schon durch den Überfall auf Rußland und durch den Versuch zur gewaltsamen Annexion Oberschlesiens, noch drastischer aber durch die Behandlung Litauens, mit dem sich Warschau um Wilna stritt. Am 5. Oktober 1920, als Wilna noch im Besitz Litauens und sogar Sitz der Regierung war, traf eine Völkerbundskommission in Suwalki ein, um an Ort und Stelle eine Schlichtung des Konflikts zu erreichen. Am 7. Oktober unterzeichneten die Bevollmächtigten Polens und Litauens eine Vereinbarung, mit der sie sich zur Einstellung aller Feindseligkeiten und zur schiedlichen Regelung der Streitfrage verpflichteten; außerdem wurde eine Demarkationslinie festgelegt. Fast zur gleichen Zeit aber, da Pilsudskis Beauftragter das Abkommen von Suwalki unterschrieb, überschritten polnische Truppen, geführt von General Zeligowski und ebenfalls auf Befehl Pilsudskis, die Demarkationslinie und besetzten Wilna; die litauische Regierung floh nach Kowno. Das polnische Kabinett beteuerte dem Völkerbundsrat scheinheilig, Zeligowski sei ein Rebell, fügte jedoch eilig hinzu, angesichts der Volksstimmung könne der General aber nicht als Rebell behandelt und sein Akt nicht rückgängig gemacht werden. Diese skrupellose Verletzung der Völkerbundssatzung, zu deren Einhaltung sich Polen feierlich verpflichtet hatte, und eines internationalen Vertrags, auf dem die Tinte der Signatur noch nicht trocken war, schlug nicht allein einen Apfel vom Baum, der wahrscheinlich wenig später ohnehin abgefallen wäre – Polens Anspruch auf Wilna war durchaus begründbar –: sie ist auch überaus kurzsichtig gewesen, da sie Polen viele Sympathien im Westen, namentlich in Großbritannien, kostete, Sympathien, die für Warschau in der Auseinandersetzung um Oberschlesien recht nützlich gewesen wären und zur Stabilisierung seiner zwischen zwei feindlichen Mächten äußerst gefährdeten außenpolitischen Stellung unentbehrlich sein mußten. Die Führer des neuen Polen verweigerten sich der Einsicht – die tschechoslowakische und rumänische Staatsmänner wie Benesch oder Titulescu sogleich gewannen –, daß ihr bedrohter und im Grunde schwacher Staat nur dann auf die Dauer lebensfähig sein konnte, wenn es gelang, die Außenpolitik zu rationalisieren und ein System kollektiver Sicherheit zu schaffen. Sie bekannten sich statt dessen zu einer simplen Machtpolitik, die, wenn sie wieder allgemeine Übung werden sollte, abermals die Unabhängigkeit ihres Landes gefährden würde, und eröffneten die lange Reihe der Gewaltakte, die dem Völkerbund die Konsolidierung verwehrten. Daß die polnischen Politiker solchen Schlages stets in der Versuchung lebten, sich revisionistischen Bewegungen, die nicht gegen Polen selbst gerichtet waren, anzuschließen, wenn sie sich davon irgendwelche Vorteile versprechen durften, und daß sie bestimmt nicht die Rücksicht auf das Prinzip der kollektiven Sicherheit gegen derartige Versuchungen feite, war schon damals klar zu sehen. In Prag betrachtete man diese Disposition Warschaus mit Unbehagen; am 23. Januar 1919 hatten tschechoslowakische Truppen einen erheblichen Teil des von Polen beanspruchten Herzogtums Teschen besetzt, und Prag war es dann im Sommer 1920, als Polen durch den Krieg mit Rußland in Bedrängnis geraten war, gelungen, sich das wirtschaftlich wichtigste Gebiet endgültig zu sichern, obwohl die Majorität der Bevölkerung aus Polen bestand.

In Rom glaubte man dagegen Anlaß zu bitterer Enttäuschung über das Ergebnis des Krieges zu haben. Italien war – neben Rumänien – die einzige europäische Macht, die nicht zur Abwehr tatsächlicher oder vermeintlicher Bedrohungen und nicht zum Schutze vitaler oder als vital geltender Interessen in den Krieg eingegriffen hatte. Die Alliierten hatten die militärische Intervention Roms vielmehr mit dem Angebot umfangreicher territorialer Gewinne erkauft. Der Londoner Vertrag vom April 1915 versprach Italien: die Brennergrenze, also das Trentino und Südtirol, Triest, Istrien, Görz, Gradisca, die Inseln Cherso und Lussin, den nördlichen Teil Dalmatiens, den albanischen Hafen Valona mit Hinterland, die Inseln des Dodekanes, das Gebiet von Adalia in Kleinasien und, wenn England und Frankreich deutsche Kolonien in Besitz nehmen sollten, Kompensationen in Afrika. Das Abkommen von St. Jean de Maurienne, das Italien 1917 zunächst mit London und Paris schloß, stellte Rom in Kleinasien noch größere Gewinne in Aussicht, trat allerdings nicht in Kraft, da die russische Regierung, bevor sie endgültig zustimmen oder ablehnen konnte, von der Oktoberrevolution gestürzt wurde. Als die italienische Regierung mit diesem Programm – und dem zusätzlichen Anspruch auf Fiume – auf der Pariser Friedenskonferenz erschien, löste sie naturgemäß einige Verlegenheit aus. Die Wunschliste enthielt größtenteils Forderungen rein imperialen Charakters, stammte also aus einem Zeitalter, das die Friedensmacher ja gerade überwinden wollten, und Briten wie Franzosen ließen sich nur ungern an die Sünden wider den Geist der internationalen Gerechtigkeit erinnern, die sie unter dem Druck des Krieges begangen hatten; daß sich Wilson fest entschlossen zeigte, den Italienern ihre imperialistische Suppe zu versalzen, versteht sich. Im übrigen konnte Italien nach dem Zerfall Österreich-Ungarns nicht mehr auf der Befriedigung seines Sicherheitsbedürfnisses bestehen, und in Dalmatien traf es auf die Konkurrenz Jugoslawiens, das den besseren Rechtstitel, die politische Vernunft und die Unterstützung der Westmächte für sich hatte. Rom hat trotzdem reiche Beute gemacht: es erhielt das Trentino, Triest und den größten Teil Istriens, und wenngleich noch keine reale Bedrohung existierte, bekam es zum Schutze gegen eine künftige Vereinigung Österreichs mit Deutschland die Brennergrenze und damit das deutschsprachige Südtirol zugesprochen. Die übrigen Forderungen in Europa sind aber alle am Widerstand Wilsons, an der Existenz Jugoslawiens und an der Weigerung Großbritanniens und Frankreichs, ihre Versprechen einzulösen, gescheitert; die Briten und die Franzosen erklärten, Italiens Anspruch auf Fiume, von dem im Londoner Vertrag nicht die Rede gewesen war, habe diesen Vertrag erledigt und sie selbst aller Verpflichtungen enthoben. Was Afrika betraf, so behaupteten England und Frankreich, daß sie ja keine Kolonien in Besitz, sondern mit den Mandaten nur Lasten auf sich genommen hätten, und Kemal Paschas nationaltürkische Bewegung hat in der Folgezeit auch die kleinasiatischen Ambitionen Roms vereitelt. Schließlich hat die Konferenz von Spa im Sommer 1920 Italien nur zehn Prozent der von Deutschland zu zahlenden Reparationen zuerkannt; Graf Sforza, der italienische Außenminister, charakterisierte das als eine »ungerechte Verteilung unserer Enttäuschungen«[24].

Da aber Italien nur um solcher Ziele willen Krieg geführt und während des Krieges schwere Verluste erlitten hatte, spielte die handgreifliche Beute, mit der die Toten und die wirtschaftliche Erschöpfung des Landes gerechtfertigt werden sollten, im Denken der Kabinette und der Öffentlichkeit eine unverhältnismäßig große Rolle. Obwohl alle nicht erfüllten italienischen Forderungen völlig ungerechtfertigt und lediglich Zeugnisse eines adriatischen und mediterranen Imperialismus waren, für den weder der Zeitgeist noch die Kraft des Landes eine Basis boten, setzte sich daher in Italien das Gefühl durch, in Paris wie eine geschlagene Nation behandelt worden zu sein. Der Zorn über die entgangenen Gewinne – die tatsächlich eingesteckten wurden im Überschwang der Erbitterung gar nicht mehr bemerkt – richtete sich aber nicht so sehr gegen die eigentlichen Hindernisse der italienischen Expansion, Jugoslawien und Kemal, sondern in erster Linie gegen Wilson und die bisherigen Verbündeten, die man dafür verantwortlich machte, daß Italien jene Hindernisse nicht hatte nehmen können. Die Schöpfung Wilsons und der Verbündeten, der Völkerbund, blieb von diesem Zorn nicht verschont, zumal sie die italienischen Ambitionen einzufrieren schien, und von Anfang an bestand in Rom die Bereitschaft, zur Korrektur des unbefriedigenden Status quo auch außerhalb der neuen internationalen Legalität Außenpolitik zu treiben. Es war anzunehmen, daß die imperialen Gelüste wieder abklingen oder doch der Erkenntnis weichen würden, Sicherheit und Wohlfahrt des Staates seien wichtiger und allein durch eine bescheidene, im Rahmen friedlicher internationaler Kooperation bleibende Außenpolitik zu garantieren, wenn die liberalen Kräfte in Italien ihren politischen Einfluß behaupten konnten. Aber in der leidenschaftlichen Auseinandersetzung um das außenpolitische Kriegsergebnis und in der wirtschafts- wie gesellschaftspolitischen Krise, die der Krieg vererbt hatte, agierten bereits die Stoßtrupps einer sich faschistisch nennenden antiliberalen und nationalistischen Bewegung, die den permanenten Kampf als Grundgesetz der internationalen Beziehungen proklamierte und kein Hehl daraus machte, daß die Zukunft Italiens nur das rücksichtslos anzustrebende mediterrane Imperium sein könne. Als am 12. September 1919 der Poet Gabriele d'Annunzio die Stadt Fiume besetzte und, ohne daß eine entsprechende internationale Vereinbarung existierte, für Italien »annektierte«, hat Europa diesen Streich eines romantischen nationalistischen Predigers nicht recht ernstgenommen. Tatsächlich hat sich d'Annunzio, weniger erfolgreich als sein polnischer Wahlverwandter Zeligowski, nicht halten können. Erst der zwischen Italien und Jugoslawien Ende 1920 in Rapallo geschlossene Vertrag hat Italien Zara, die Inseln Cherso, Lussin, Lagosta und Pelagosa eingebracht und mit einem Sonderstatut für Fiume die – 1924 erfolgte – endgültige Annexion der Stadt vorbereitet. Aber die Handlung d'Annunzios hatte signalisiert, daß die von ihm repräsentierte Bewegung von bestimmten Stoßrichtungen des italienischen Imperialismus nicht abzudrängen war und daß zu ihren Wesenselementen die Verachtung der Prinzipien einer rationalisierten Außenpolitik gehörte. Wenn Rom je in die Hände von Politikern seines Schlages fallen sollte, waren Aktionen ähnlichen Stils und vielleicht größerer Bedeutung jedenfalls möglich, war Italien zu einer potentiellen Gefahr für den Frieden geworden.

Der Sonderfall Deutschland: Kontinuität imperialistischen Denkens

Ob die Partei der Revisionisten und Enttäuschten fähig sein würde, ihre gegen den Status quo und gegen den Völkerbund gerichteten außenpolitischen Tendenzen in praktische Außenpolitik umzusetzen, stand freilich, nachdem sich die internationale Lage am Ende der unmittelbaren Nachkriegsperiode vorerst wieder einigermaßen beruhigt hatte, keineswegs fest. Rußland und Ungarn waren zu schwach, Italien und Polen zudem mit vielen Fäden an die Garanten des Status quo, Frankreich und Großbritannien, gefesselt. Selbst wenn es ihnen einfallen sollte, einzelne ihrer Ansprüche nicht nur anzumelden, sondern tatsächlich erzwingen zu wollen, konnte es ihnen nicht gelingen, das ganze europäische Gebäude in Flammen zu setzen; allenfalls mochten lokalisierbare Zimmerbrände entstehen. Nur unter einer Voraussetzung war ein allgemeiner und wirklich gefährlicher Angriff auf die neue Ordnung denkbar: wenn nämlich die potentiell stärkste revisionistische Macht, Deutschland, gleichsam die Führung der revisionistischen Bewegung übernahm. Allein Deutschland war so kräftig und geographisch so zentral gelegen, daß es sich, bei der Verfolgung eigener revisionistischer Ziele, zum aktivierenden, koordinierenden und dominierenden Alliierten fremder Revisionismen machen konnte: des ungarischen gegen die ČSR, Rumänien und Jugoslawien, des russischen gegen Polen, des polnischen gegen die Tschechoslowakei. Und allein Deutschland war in der Lage, die italienischen Ambitionen im Mittelmeer gegen Frankreich und Jugoslawien abzudecken oder polnische Ambitionen gegen Rußland anzustacheln und zu unterstützen.

Allerdings: waren die übrigen revisionistischen Staaten vorwiegend zu Passivität genötigt, wenn Deutschland ruhig blieb, so war es andererseits sogar unvermeidlich, daß ein ganzer Katarakt revisionistischer Forderungen auf die politische Landschaft Europas niederbrach, wenn Deutschland wirklich auf revisionistischen Kurs ging; denn das Reich mußte zumindest in den Anfangsphasen revisionistischer Außenpolitik ebenfalls noch auf Verbündete angewiesen, zugleich jedoch schon stark genug sein, Bundesgenossenschaft zu erkaufen oder zu erpressen – von der Verlockung, an Deutschlands Seite zu profitieren, ganz abgesehen. Eine solche Bewegung aber, das lag auf der Hand, würde den Status quo nicht nur etwas verändern, sondern auslöschen und überdies die Prinzipien des Völkerbunds – wahrscheinlich auch den Völkerbund selbst – liquidieren. Eine umfassende Revision – und lediglich eine umfassende Revision war praktisch möglich – zwang die revisionistischen Staaten unweigerlich zum Rückgriff auf die Methoden härtester Machtpolitik, vermutlich zum Rückgriff auf militärische Mittel, und erhob zwangsläufig die Macht zum allein ausschlaggebenden Faktor der Außenpolitik, während Schiedsgerichtsbarkeit und friedliche Schlichtung von der internationalen Bühne gefegt wurden. Und am Ende der Revision stand notwendigerweise die mit Genf unvereinbare deutsche Hegemonie in Europa. Da es zum Wesen revisionistischer Politik gehörte, daß die Macht zum Regulator der internationalen Beziehungen wird, das Reich aber in jeder revisionistischen Kombination seine Partner an Macht weit übertraf, mußten sich die Verbündeten Deutschlands schon während der revisionistischen Aktionen in Klientelstaaten verwandeln. Da die Erfüllung aller deutschen Wünsche Deutschland zudem ein erdrückendes Übergewicht auf dem Kontinent verschaffte, mußten die Klientelstaaten schließlich zu Satelliten absinken; wer sich der Revision erfolglos widersetzte, hatte dieses Schicksal naturgemäß zu teilen. Mit anderen Worten, eine Wendung Deutschlands zur Revisionspolitik hieß Rückkehr zum internationalen Faustrecht, und der Erfolg dieser Politik hieß Zerstörung des europäischen Gleichgewichts. Im Falle Deutschlands war Revisionspolitik mit Hegemonialpolitik identisch. Berlin hatte also lediglich die Wahl zwischen einer an den Prinzipien der kollektiven Sicherheit orientierten Außenpolitik, die den Verzicht auf die Korrektur des Kriegsergebnisses einschloß, und einer abermaligen Herausforderung Europas, die alle erreichten Fortschritte der internationalen Politik wieder aufheben und das Rad der Geschichte zurückdrehen würde. Und diese Wahl hatte nur Berlin. Der Versuch, die internationalen Beziehungen zu rationalisieren, mochte von den Vereinigten Staaten im Stich gelassen worden sein, der Sowjetstaat mochte den Versuch boykottieren, die Partei der Revisionisten und Unzufriedenen mochte auf die Chance lauern, sich den hemmenden neuen Regeln wieder zu entziehen – auf die Frage, ob das Experiment völlig scheitern werde, ob die Revolutionierung der Außenpolitik wieder von einer Restauration der traditionellen Machtpolitik abgelöst werden solle, hatte die letzte Antwort Deutschland zu geben.

Obwohl das Reich nicht nur der kräftigste, sondern auch der bestimmende Staat der Mittelmächte gewesen war, hatten die Pariser Friedensmacher die Verbündeten Deutschlands – Bulgarien ausgenommen – sehr viel schlechter behandelt; von den ungarischen Verlusten war schon die Rede, und das 1914 noch recht stattliche türkische Reich hatte alle seine nicht-türkischen Besitzungen im Nahen und Mittleren Osten eingebüßt, und die Gefahr, selbst Konstantinopel zu verlieren, war 1920 noch durchaus real. Deutschland hingegen hatte den Schutz der Vierzehn Punkte genossen, die von Wilson – neben seinen anderen öffentlichen Erklärungen des Jahres 1918 – in London und Paris als Grundlage des deutschen Friedensvertrages durchgesetzt worden waren, sogar mit der Drohung eines Separatfriedens, und während an der Westgrenze Wilson und Lloyd George gemeinsam schwerwiegende Verstöße gegen das Selbstbestimmungsrecht verhinderten, erzwang an der Ostgrenze Lloyd George allein – gegen Polen, Franzosen und Wilson – die weitgehende Respektierung des Prinzips. Die Vorstellung, Deutschland müsse bestraft werden, hatte ihren Ausdruck nicht in der territorialen Verkleinerung des Reiches gefunden, sondern in der Aufbürdung wirtschaftlicher Lasten und in ebenso harten wie unsinnigen Reparationsforderungen. Auch das Sicherheitsbedürfnis der Nachbarn hatte Deutschland keine territorialen Opfer gekostet; es war vielmehr mit der befristeten Besetzung des linksrheinischen Territoriums, mit der zusätzlichen Entmilitarisierung eines 50 Kilometer breiten rechtsrheinischen Streifens, mit der Reduzierung der deutschen Armee und mit der Verweigerung deutscher territorialer Gewinne aus dem Erbe Österreich-Ungarns abgefunden worden. So hatte Deutschland die Masse seines Staatsgebiets behaupten können und stellte, wenngleich im Augenblick geschlagen, teilweise besetzt und nahezu unbewaffnet, nach wie vor die wirtschaftlich und potentiell auch politisch und militärisch stärkste Macht des Kontinents dar. Immerhin hatte das Reich bis Ende 1920 Elsaß-Lothringen an Frankreich verloren – das außerdem die Kohlengruben des für 15 Jahre einer Völkerbundsverwaltung unterstellten Saargebiets kontrollierte –, Eupen und Malmedy an Belgien, Posen und Teile Westpreußens an Polen, das Memelgebiet – bis 1924 unter alliierter Verwaltung – an Litauen, einen Teil Schleswigs an Dänemark und das Hultschiner Ländchen an die Tschechoslowakei. Die Kolonien hatten abgetreten werden müssen, ebenso Danzig, das allerdings nicht an Polen fiel, sondern zur Freien Stadt erklärt wurde. Den Deutschen Österreichs und der böhmisch-mährischen Länder war das nationale Selbstbestimmungsrecht – das den Anschluß an Deutschland bedeutet hätte – in gleicher Weise verwehrt worden wie den Deutschen Südtirols, und über die künftige staatliche Zugehörigkeit Oberschlesiens sollte eine Volksabstimmung entscheiden.

Daß Deutschland versuchen würde, die mit dem Versailler Vertrag verbundene Einschränkung seiner Souveränität wieder abzuschütteln, war unvermeidlich; schließlich war die Einschränkung ohnehin nur für eine bestimmte Frist vorgesehen. Die einseitige Abrüstung des Reiches mußte auf die Dauer ebenfalls unhaltbar sein, und es war von Anfang an klar, daß Berlin entweder auf die Abrüstung der übrigen Mächte – die sich dazu in Paris nicht rechtlich, doch moralisch verpflichtet hatten – drängen oder aber auf die Vermehrung der eigenen Streitkräfte hinarbeiten würde. Endlich war es nicht mehr als selbstverständlich, daß sich Deutschland um eine Revision des alliierten Reparationsprogramms bemühen würde. Solche revisionistischen Tendenzen deutscher Außenpolitik konnten jedoch kaum, für sich allein betrachtet, zu einer Gefährdung der europäischen Sicherheit führen, und so lag in ihrer Unausweichlichkeit an sich nichts Bedrohliches. Wie aber würde Deutschland auf seine territorialen Verluste reagieren? Würde sich das Reich mit den Einbußen im Osten und Westen abfinden, die, wie man allenthalben in Europa glaubte, durch das Selbstbestimmungsrecht gerechtfertigt waren und daher gefordert werden durften? Schließlich hatte die Bevölkerung nicht nur Lothringens, sondern auch des Elsaß 1871 der Eingliederung in das Deutsche Reich widerstrebt, dort nie heimisch werden können und 1918/19 nachdrücklich – jedenfalls in ihrer überwältigenden Majorität – die Rückkehr zu Frankreich gewünscht. Und was die an Polen gefallenen Gebiete betraf, so war die neue Grenze durchaus, am Selbstbestimmungsrecht gemessen, als fairer Kompromiß zwischen deutschen und polnischen Ansprüchen anzusehen. Würde sich Deutschland außerdem mit der Opferung des nationalen Selbstbestimmungsrechts der Deutsch-Österreicher und der Sudetendeutschen abfinden? Mit einem Opfer, das wiederum allenthalben in Europa als notwendig galt, weil anders die politische Selbständigkeit der Tschechoslowakei wie die Bewahrung des europäischen Gleichgewichts unmöglich war, und das man auch für zumutbar hielt, weil Europa nichts Ungewöhnliches darin erblickte, daß große Nationen die staatliche Unabhängigkeit ihnen eigentlich zugehöriger oder doch eng verwandter Bevölkerungsgruppen akzeptierten. Hatte nicht Frankreich seit langem die Existenz eines Belgien hinzunehmen, in dem ein erheblicher Teil der Bewohner von Franzosen nicht zu unterscheiden war? Und stand nicht Großbritannien schon mitten in einem Prozeß, der den Dominien die volle staatliche Souveränität geben und das Empire in das Commonwealth verwandeln sollte? War es nicht mit der Abtrennung des Elsaß und Posens zu vergleichen, daß Großbritannien fast zur selben Zeit die Sezession Irlands zulassen mußte? Freilich fehlte den Deutsch-Österreichern der Wille zur staatlichen Selbständigkeit, und die Sudetendeutschen hatten nicht die geringste Neigung, in einem tschechoslowakischen Staat zu leben. Jedoch nahmen die Pariser Friedensmacher an, daß sich das Staatsgefühl der Deutsch-Österreicher, die ja bislang auch nicht zum deutschen Nationalstaat gehört hatten, schon wieder einstellen werde, und obwohl sie unmittelbar nach dem Kriege begreiflicherweise nicht in der Stimmung waren, sich lange mit deutschen Belangen oder gar Empfindlichkeiten aufzuhalten, haben sie gerade im Hinblick auf die deutschen Minoritäten in Polen, der Tschechoslowakei und Italien allen Staaten mit stärkeren Minderheiten entsprechende Schutzverträge oktroyiert. Würde das Reich trotzdem die seinen Ost- und Westgrenzen vom Selbstbestimmungsrecht geschlagenen Wunden nicht verschmerzen? Würde Deutschland umgekehrt im Namen des Selbstbestimmungsrechts den Anschluß der bisher habsburgischen Deutschen anstreben? Würde das Reich also mit der Wiederherstellung der Grenzen von 1914 Polen zu einem bedeutungslosen Vasallenstaat degradieren, mit dem Antritt des Erbes der Donaumonarchie – den Fürst Bülow als Reichskanzler schon vor dem Kriege ins Auge gefaßt hatte – ganz Mittel- und Südosteuropa einer von Rußland nicht mehr zu störenden deutschen Vormundschaft unterwerfen und dadurch Frankreich wie Italien zu zweitrangigen Mächten deklassieren wollen? Konnten dann nicht jene Träume der Kriegsjahre wiederkehren, die im Osten noch weiter und im Westen bis zur Kanalküste gegriffen hatten? Würden die Berliner Kabinette jedenfalls eine Konzeption wählen, in der die Wiedergewinnung der Souveränität, der militärischen Gleichberechtigung und der finanziellen Freiheit keineswegs Voraussetzung und Attribut einer am europäischen Gleichgewicht orientierten Einordnung in das System der kollektiven Sicherheit und einer an den Prinzipien des Völkerbunds orientierten Beteiligung an der Rationalisierung der internationalen Beziehungen bedeutete, sondern lediglich als Stufe zu einer gleichgewichts- und völkerbundsfeindlichen Politik der großdeutsch-imperial bestimmten territorialen Revision und Expansion diente?

Zur Zeit der ersten Völkerbundsversammlung schien diese Kernfrage der europäischen Außenpolitik alles andere als aktuell zu sein. Tatsächlich aber war eine gewisse Vorentscheidung bereits gefallen. In Deutschland machte sich die negative Fernwirkung der russischen Revolution in geradezu klassischer Weise geltend. Zwar hatte die demokratische Linke bei Kriegsende die Führung des Reiches übernehmen können. Da jedoch das Beispiel der leninistischen Revolution die soziologische Basis der deutschen Sozialdemokratie, die Arbeiterklasse, gespalten und sogar die von der Möglichkeit einer Revolution nach russischem Muster erschreckten Führer der demokratischen Linken zu einem Bündnis mit dem alten Offizierskorps genötigt hatte, war es den Sozialdemokraten schon nicht gelungen, ihre Führung zu einer Politik in ihrem Sinne auszunützen, ob auf wirtschafts-, innen- oder außenpolitischem Felde. Ihre Erfolge bestanden im Grunde nur im zweifelhaften – und auch recht widerwillig angenommenen – Gewinn der republikanischen Staatsform, in der – freilich sehr wichtigen – Behauptung der parlamentarischen Demokratie und in der Durchsetzung etlicher gewerkschaftlicher Forderungen. Da sich die Spaltung der Linken in KPD und SPD – vorerst außerdem noch USPD – überdies ständig verfestigte, da die radikalen Verwandten der SPD bürgerliche Wähler, die 1918/19 unter dem Eindruck der Novemberumwälzung zunächst in die Arme der SPD geflüchtet waren, wieder zu bürgerlichen Parteien zurücktrieben, und da schließlich die im Bürgerkrieg gebrauchte Rechte neues Selbstvertrauen wie neue Anhänger gewann und ihre gesellschaftlichen wie politischen Machtpositionen fast ungeschmälert retten konnte, war die demokratische Linke auch nicht fähig, die Führung festzuhalten. Im März 1920 hatte der Kapp-Putsch signalisiert, daß bereits die äußerste Rechte die Zeit reif glaubte, den Staat zurückzuerobern, und wenn dieser Versuch auch noch fehlgeschlagen war, so erzwang er mit den ersten Reichstagswahlen der jungen Republik doch einen Test, der am 6. Juni 1920 die seit 1919 in der Tat eingetretene Machtverschiebung sogleich aufdeckte: der Sturz des für lange Jahre letzten sozialdemokratischen Reichskanzlers, Hermann Müller, besiegelte das Ende stärkerer sozialdemokratischer Einflüsse zumindest auf die für das Verhältnis Deutschlands zur Außenwelt wichtigen politischen Regionen, und in die Stellungen, die von der Sozialdemokratie verlassen werden mußten, rückten zwar noch nicht die Kräfte der extremen Rechten, wohl aber die Parteien der bürgerlichen Mitte und gemäßigten Rechten ein, die sie bis in die Endphase der Weimarer Republik nicht mehr preisgeben sollten. Und um die außenpolitisch entscheidenden Ämter, Außenministerium und Heeresleitung, wuchs jene aus tatsächlichen oder vermeintlichen politischen Notwendigkeiten, aus politischer Übereinstimmung und Respekt vor dem Sachverstand der Fachleute gebaute Schutzmauer auf, die den dort nie vertriebenen oder nun dorthin zurückkehrenden, jedenfalls jetzt wieder dominierenden Konservatoren bürgerlich-aristokratischer Traditionen eine von Reformen unbelästigte Arbeit sicherte. Zur Symbolfigur dieser Restauration ist der General v. Seeckt geworden, den gerade der Kapp-Putsch an die Spitze des Heeres gehoben hatte; aber auch das Auswärtige Amt hatte lediglich einige von den Parteien oktroyierte Außenseiter zu integrieren oder auf Außenposten abzuschieben. In anderthalb

Jahren war die Revolution der Linken abgeschlagen, der sozial-demokratische Griff nach der Macht abgebogen und in der deutschen Gesellschaft ein Prozeß abgeschlossen worden, der die bürgerliche Herrschaft wieder fest etablierte; die 1921 oder 1923 noch folgenden Revolutionsversuche der radikalen Linken haben mit ihrem kläglichen Scheitern das schon im Sommer 1920 erreichte Ergebnis nur bestätigen und verankern können. Oswald Spengler hatte bereits im März 1919 zuversichtlich prophezeit, daß die »unter den betäubenden Schlägen der letzten Monate« herrschend gewordene Stimmung »uns nicht natürlich ist und nicht von Dauer sein kann«[25].

Auf der demokratischen Linken gab es auch in Deutschland Kräfte, die, von den Kommunisten deswegen bitter angefeindet, den Völkerbundsgedanken rezipierten und für eine entsprechende deutsche Außenpolitik eintraten; mit Recht hat Ernst Fraenkel einen Flügel der USPD als »die eigentliche deutsche Wilsonpartei«[26] bezeichnet. Wie aber stand es um die außenpolitische Generaltendenz des jetzt die Außenpolitik wieder bestimmenden Bürgertums? Es ist gewiß schwierig und gefährlich, eine soziologisch ohnehin schwer definierbare, jedenfalls in ihren religiösen und ideologischen Bindungen, in ihren innen- und gesellschaftspolitischen Vorstellungen und in ihren wirtschaftspolitischen Interessen keineswegs einheitliche Gruppe auf einen gemeinsamen außenpolitischen Nenner festlegen zu wollen. Immerhin wird man sagen dürfen, daß einer klaren Mehrheit der nicht zur Arbeiterklasse rechnenden Bevölkerung – aber auch einem beachtlichen Teil der Arbeiterschaft – eine »nationale« Gesinnung eigentümlich war, die sich mit den sonstigen Anschauungen und Interessen ohne weiteres verbinden konnte, und es bieten sich einige Hinweise an, die den Schluß erlauben, daß diese nationale Gesinnung durchaus mit einer außenpolitischen Grundstimmung verschwistert war, die ebenfalls überall greifbar ist, ob die parteipolitische Orientierung nun zu den eigentlichen Rechtsparteien, zum Zentrum oder zur Demokratischen Partei geführt hatte.

Daß die Vorstellung, die sich damals die Majorität der national bestimmten Bevölkerung vom Verhältnis Deutschlands zur Außenwelt – seit 1900 – machte, mit einem ganzen Bündel seltsamer, doch von Geschichtswissenschaft und politischer Publizistik geradezu dogmatisierter Legenden befrachtet war, liefert den ersten Hinweis. So verschwand die tatsächliche außenpolitische Entwicklung der Vorkriegsjahre hinter der For-

mel von der »Einkreisung« Deutschlands durch neidische oder
grundlos mißtrauische Nachbarn. Zwar sind nun die Unge-
schicklichkeiten der Berliner Politik bemängelt und die rhetorischen Entgleisungen des Kaisers kritisiert worden, die andere
Mächte unnötig gereizt hätten. Aber nur einige Außenseiter,
die ohne Einfluß auf das allgemeine Bewußtsein blieben, kamen
zu der Erkenntnis, daß keineswegs der gemeinsame Neid, sondern Berlins Herausforderung der Umwelt als Kitt der feindlichen Allianz gedient, und daß diese Herausforderung nicht
allein im Stil, sondern vor allem in den Tendenzen der kaiserlichen Politik gelegen hatte. Nach wie vor galt etwa der Anspruch des wilhelminischen Deutschland auf internationale
»Gleichberechtigung«, auf »Weltpolitik« und auf den »Platz an
der Sonne« als berechtigt und selbstverständlich; kaum jemand
gab zu oder kaum jemandem fiel auf, daß dieser Anspruch,
wenn er von der offensichtlich gleichberechtigten, überdies
wirtschaftlich, politisch und militärisch stärksten Macht des
Kontinents gestellt worden war, entweder völlig leer gewesen
sein oder aber die Forderung nach der Führung des Kontinents,
jedenfalls eine eindeutig hegemoniale Tendenz umschrieben haben mußte. Erst recht legte sich niemand darüber Rechenschaft
ab, daß auch die praktische Politik Berlins eine hegemoniale
Tendenz enthalten hatte: zum Beispiel durch die Gängelung
Österreich-Ungarns, dem die Reichsregierung Balkankriege
verbot, wie 1912/13, oder, wie 1914, erlaubte und fast aufzwang;
durch den während der Marokkokrisen unternommenen Versuch, die französische Bündnispolitik mit massivem Druck in
eine Deutschland genehme Richtung zu drängen und die französische Kolonialpolitik in einer Region zu diktieren, in der
Berlin keine nennenswerten eigenen Interessen zu schützen
hatte; durch die Anstrengung, den russischen Einfluß auf dem
Balkan – vornehmlich mit der Unterstützung Wiener Ambitionen – zu beschneiden und in Kleinasien – mit der eigenen
Präsenz in der Türkei – zu liquidieren; und durch den Bau einer
gewaltigen Hochseeflotte, die angesichts der geographischen
Lage des Reiches niemals zum Schutze der deutschen Übersee-
verbindungen taugen, sondern nur dann einen politischen Sinn
haben konnte, wenn sie – was ja in der Tat ihr Zweck war –
Großbritannien vom Kontinent aussperren und dort Deutschlands Übergewicht sichern sollte. Gewiß hatte sich jede einzelne
der außenpolitischen Aspirationen Berlins, für sich allein gesehen, nicht grundsätzlich von der Politik unterschieden, die

auch von den übrigen Mächten verfolgt wurde. In ihrer Ballung aber – sie waren alle gleichzeitig aufgetreten – hatten sie einen Anspruch auf Bewegungsfreiheit ergeben, der faktisch auf einen Führungsanspruch hinausgelaufen war, dem sich die anderen Staaten natürlich nicht unterwerfen konnten; zumindest war die Koalition der jeweils auf dem Felde vitaler Interessen provozierten Mächte eine logische Konsequenz. Gewiß hatte die Reichsregierung nicht nach einem vorbedachten Plan gehandelt und nicht bewußt nach der Führung Europas gestrebt. Doch war es sehr bezeichnend, daß man in Berlin nie ernstlich daran gedacht hat, mit dem Opfer wenigstens einer Ambition den Gegensatz zu wenigstens einer Macht zu begraben, etwa nach dem Muster des französisch-britischen Interessenausgleichs in Afrika und der britisch-russischen Verständigung im Mittleren Osten. Mit dem Fatalismus der instinktiv zur Hegemonie drängenden Macht nahm die Reichsregierung – ob unter Bülow oder unter Bethmann – alle ihre Ambitionen als unvermeidlich hin, und mit dem nämlichen Fatalismus akzeptierte sie die aus den Ambitionen folgenden Konflikte. Es ist begreiflich, daß die Akteure, da sie keine bewußte Hegemonialpolitik trieben, vielmehr jedem ihrer Schritte – z. B. dem Flottenbau – neben dem offensiven Zweck zugleich eine defensive Deutung zu geben vermochten, auch die Wirkung ihrer Politik nicht recht verstanden und die Ursachen des von ihr geweckten Argwohns und Widerstands nur undeutlich wahrnahmen. Daß aber das Nachkriegsdeutschland jenen Fatalismus übernahm, obwohl sein Resultat nun vor aller Augen lag, kann nicht allein psychologisch, aus den Depressionen der Niederlage, auch nicht allein mit dem politischen Motiv, die alliierte Kriegsschuldthese anfechten zu müssen, erklärt werden. Die naive Selbstverständlichkeit, mit der das Bild von der »Einkreisung« als Foto der Realität ausgegeben wurde, wirft vielmehr die Frage auf, ob der instinktive Anspruch auf die Hegemonie mit der Niederlage tatsächlich erloschen war.

Noch grotesker war die zäh festgehaltene Behauptung, Deutschland habe einen Verteidigungskrieg geführt. Daß die Öffentlichkeit nicht bemerkt hatte und auch nachträglich nicht erkannte, welch großen Anteil die Reichsregierung am Ausbruch des Krieges gehabt hatte, ist verständlich; niemand war in der Lage gewesen, die einzelnen Züge des diplomatischen Vorspiels zum Kriege zu durchschauen, und später hat sich natürlich niemand mit den Quellen, soweit sie schon vorlagen, kritisch auseinandergesetzt. Auch hatten die 1914 Verantwort-lichen ja in der Tat nicht einen auf Expansion zielenden An-griffskrieg entfesselt, sondern in der Julikrise jenes Jahres zwar fatalistisch-leichtfertig, andererseits aber doch – was die Deutschland exkulpierenden Historiker ebenfalls teilweise ex-kulpiert – nach bündnis- und sicherheitspolitischen Über-legungen gehandelt, die an sich durchaus beachtenswert, zu-gleich freilich bereits Folgen der skizzierten unbewußten Hege-monialpolitik gewesen waren. Daß jedoch der rasche Umschlag in einen bewußten Hegemonial- und Eroberungskrieg wieder vergessen und verdrängt wurde, ist schon deshalb grotesk, weil die Kriegszieldiskussion, die jene expansiven Tendenzen enthüllt hatte, jedem Deutschen zur Kenntnis gekommen war und fast jeden Deutschen außerhalb der Sozialdemokratie mit-gerissen hatte. Zeitweise hatten die meisten Deutschen, vom Kaiser über Ludendorff und Stresemann bis Erzberger – ganz zu schweigen von Universitätsprofessoren, Studienräten und Verbandspolitikern –, im Banne eines kaum noch vom Sicher-heitsbedürfnis beeinflußten Herrschaftswillens gestanden und vom »faktischen deutschen Protektorat über den Kontinent (bis zum Ural!)« geträumt, das Oswald Spengler im Mai 1918[27] jubelnd prophezeit hatte. Selbst die Sozialdemokratie war dem Frieden von Brest-Litowsk, einem ebenfalls jedermann sicht-baren Zeugnis jenes imperialen Traums, ohne größere Ein-wände begegnet. Obwohl es also niemandem hatte verborgen bleiben können, daß ein von Berlin bestimmter »Siegfrieden« tatsächlich die Herrschaft Deutschlands über den Kontinent be-deutet hätte, kehrte das deutsche Bürgertum nach Kriegsende guten Gewissens zur Version vom Verteidigungskrieg zurück, zur Version vom »Ringen um die nackte Existenz der Nation«, und noch in einem 14 Jahre nach Versailles erschienenen Auf-satz schrieb einer der bedeutendsten deutschen Historiker, Her-mann Oncken, und zwar offensichtlich guten Glaubens, die Befürchtung des 1914 amtierenden britischen Außenministers, Grey, Deutschland werde während des Krieges hegemoniale Tendenzen entwickeln und im Falle eines Sieges einen Hege-monialfrieden diktieren, sei doch wohl unbegründet gewesen[28]. Eine solche Selbsttäuschung, die alle Maße übersteigt, führt wiederum zu der Frage, ob der Herrschaftswille der Kriegs-jahre vielleicht deshalb übersehen oder ignoriert werden konn-te, weil er noch durchaus lebendig war und daher als natürlich erschien.

Nicht anders verhält es sich mit der ebenfalls allgemein akzeptierten These, Deutschland habe im Vertrauen auf Wilsons Vierzehn Punkte die Waffen »niedergelegt«. Abermals gerieten einige simple Tatsachen in Vergessenheit. Zum Beispiel die Tatsache, daß die Reichsregierung auf die Aussicht einer Friedensvermittlung durch Wilson keineswegs mit freudiger Bereitschaft reagiert hatte, sondern etwa, am 7. Juni 1916, mit einer Instruktion des Staatssekretärs v. Jagow an den deutschen Botschafter in Washington, den Grafen Bernstorff, in der es hieß: »Sobald die Vermittlungsabsichten Herrn Wilsons drohen, konkretere Formen anzunehmen, und auf englischer Seite die Meinung erkennbar wird, auf sie einzugehen, wird es daher die Aufgabe Eurer Exzellenz sein, zu verhindern, daß Präsident Wilson mit seinem positiven Vermittlungsvorschlag an uns herantritt.«[29] Und die konkrete Reaktion bestand dann, Anfang 1917, in der Eröffnung des unbeschränkten U-Boot-Krieges. Die Frage, ob die Entente bereit gewesen wäre, auf eine amerikanische Vermittlung einzugehen, kann in diesem Zusammenhang, in dem nur von deutschen Intentionen die Rede ist, außer Betracht bleiben. Was die Vierzehn Punkte selbst angeht, so scheint niemand mehr daran gedacht zu haben, daß Wilson sein Programm nicht im Oktober oder November, sondern im Januar 1918 der Öffentlichkeit vorgelegt hatte. Und die Reichsregierung hatte das Programm des amerikanischen Präsidenten damals nicht mit dem Angebot beantwortet, auf einer solchen Grundlage verhandeln zu wollen, sondern mit den großen Offensiven in Frankreich, die an Wucht nichts zu wünschen übrig ließen, und mit dem Frieden von Brest-Litowsk, der wahrhaftig nicht vom Geiste der Vierzehn Punkte angekränkelt war. Erst als sich jede Hoffnung auf einen Siegfrieden verflüchtigt hatte, als sogar der militärische Zusammenbruch bevorstand, erinnerte sich die militärische und politische Führung des Reiches der Kongreßbotschaft Wilsons und suchte hinter ihr Schutz vor den übelsten Folgen der Niederlage. Deutschland hatte nicht im Vertrauen auf die Vierzehn Punkte seine Waffen niedergelegt, vielmehr in seiner Verzweiflung, als ihm die Waffen bereits aus den Händen glitten, nach den Vierzehn Punkten als rettendem Strohhalm gegriffen. Trotzdem hat 1924 in der ›Deutschen Rundschau‹ ein »Diplomaticus« die »naive deutsche Ehrlichkeit« beschworen, die 1918 Wilsons »falschem Sirenenlied getraut« habe[30], und Hans Schlange-Schöningen gab 1931 nur eine allgemeine Vorstellung

wieder, als er schrieb, die Vierzehn Punkte hätten »diesem un-
politisch-vertrauensseligen Kindervolk«, nämlich dem deutschen, »die Feder zur Unterschrift und zur Unterwerfung in die
Hand« gedrückt[31].

Wahrscheinlich sind Männer wie Ludendorff, die im umge-
kehrten Falle gar nicht daran gedacht hätten, sich bei ihrem
Friedensdiktat an die Grammatik und Orthographie des amerikanischen Präsidenten zu halten, insgeheim verblüfft gewesen, daß Wilson trotz dieser späten Besinnung versucht hat,
und zwar mit Erfolg versucht hat, Deutschland den Schutz
seiner Grundsätze zu sichern. Allerdings war von Anfang an
klar, daß die Prinzipien Wilsons »die Früchte unseres Ringens«
kosten würden, wie der konservative Abgeordnete Graf
Westarp schon am 6. Juni 1916 im Reichstag erklärt hatte[32]; eben
deshalb war man ja einem »Wilsonfrieden« bis zum letzten
Augenblick ausgewichen. Es war aber außerdem klar, daß gerade die Vierzehn Punkte und die folgenden öffentlichen Verlautbarungen des Präsidenten, die von den Alliierten und der
Reichsregierung als Basis des Friedens angenommen worden
waren, Deutschland nicht nur Gewinne verweigern, sondern
auch etwas abfordern würden. So waren die dann tatsächlich
gezogenen neuen Grenzen im Westen und Osten Folgen der
Grundsätze Wilsons und nicht etwa Verstöße gegen die Vierzehn Punkte. Die Rückgabe Elsaß-Lothringens an Frankreich
hatte der Präsident ausdrücklich verlangt, ebenso ein selbständiges Polen, das einen gesicherten Zugang zur Ostsee erhalten
müsse. Damit war der sogenannte »Korridor« bereits vorge-
zeichnet, und es muß der Reichsregierung – auch wenn sie sich
zeitweise der Hoffnung hingab, den idealistischen Amerikaner
täuschen zu können – bewußt gewesen sein, daß es unmöglich
war, die überwiegend polnisch besiedelten Territorien der
preußischen Beute aus den polnischen Teilungen ausgerechnet
mit Hilfe Wilsonscher Prinzipien zu retten. Da Wilson im übrigen den Anschluß der Deutsch-Österreicher oder gar der Sudetendeutschen nie in Aussicht gestellt hatte, in beiden Fällen
vielmehr stets feststand, daß die hier unzweifelhafte Verletzung des generell proklamierten Selbstbestimmungsrechts
durch die Eigenstaatlichkeit bzw. durch einen Minderheiten-
schutzvertrag ausgeglichen werden würde, kann – und konnte
– nur in drei Punkten von Sünden wider den Geist oder den
Buchstaben der öffentlichen Erklärungen Wilsons die Rede
sein: Erstens durfte die Reichsregierung den Grundsätzen Wil-

sons wie dem Notenwechsel mit dem Präsidenten entnehmen, daß die Reparationen, zu denen sie sich verpflichten mußte, auf eine halbwegs erträgliche oder vernünftige Höhe festgesetzt würden, welche Erwartung später völlig enttäuscht wurde; zweitens brauchte die Reichsregierung weder den Vierzehn Punkten noch sonstigen Verlautbarungen des Präsidenten zu entnehmen, daß Deutschland alle Kolonien verlieren werde, doch sind entsprechende Befürchtungen später völlig bestätigt worden; drittens hatte Wilson in Punkt 9 seiner Kongreßbotschaft eindeutig festgestellt, die Grenzen Italiens sollten »along clearly recognizable lines of nationality« gezogen werden, und mit diesem Punkt war die Brennergrenze natürlich nicht zu vereinbaren. Immerhin haben die Prinzipien Wilsons Polen an der Annexion ganz Oberschlesiens, bestimmter Teile Ostpreußens und Danzigs gehindert, während sie im Westen Frankreich die Rheingrenze oder zumindest die Annexion des Saargebiets verwehrten. Trotz gewisser Abweichungen und trotz der wirtschaftlichen und finanziellen Bestimmungen des Versailler Vertrags, die dem Geist Wilsonscher Grundsätze entweder widersprachen oder doch fremd waren, bedeutete es daher wiederum eine nahezu totale Mißachtung der Realität, wenn die Pariser Friedensregelung der Mehrheit des deutschen Volkes als »ein Hohn auf die Vierzehn Punkte des Präsidenten Wilson« galt, wie Hermann Oncken sagte[33]; und nicht allein die Öffentlichkeit und die Geschichtsschreibung, auch die Rechtswissenschaft erhob die Behauptung vom »empörenden Gegensatz«, wie es im ›Wörterbuch des Völkerrechts und der Diplomatie‹[34] hieß, zur herrschenden Meinung. Abermals ist die Naivität höchst aufschlußreich, mit der nach dem Mißlingen des Anlaufs zur Herrschaft über Europa wenigstens die Rückkehr zur – jetzt allerdings durch Österreich noch zu erweiternden – Ausgangsbasis von 1914 als selbstverständliches Recht, als ein Minimum, gefordert, nicht weniger die Naivität, mit der die deutsche Herrschaft über polnisches Gebiet als mit den Vierzehn Punkten durchaus vereinbar, die Existenz einer deutschen Minorität in Polen hingegen als unerträglich empfunden wurde.

Daß sich die überwältigende Mehrheit der deutschen Öffentlichkeit, der Politiker, Diplomaten, Offiziere und Wissenschaftler, außerdem völlig unfähig zeigte, Deutschlands wahre außenpolitische Lage im Jahre 1920 richtig einzuschätzen, liefert den zweiten Hinweis. Gewiß war Deutschlands politische

Bewegungsfreiheit vorerst durch wirtschaftliche und finanzielle Fesseln erheblich eingeschränkt, und die Grenzen gegen Polen und Frankreich konnten noch nicht als endgültig gesichert erscheinen; auch die Besetzung des linksrheinischen Gebiets belastete die Souveränität des Staates. Und wenngleich die Fesseln wie die Belastungen in absehbarer Zukunft verschwinden mußten, einschließlich der törichten Reparationen, und der Druck auf die Grenzen kein unlösbares Problem darstellte, war es doch verständlich und natürlich, daß Deutschland solche drückenden Bürden so bald wie möglich wieder abschütteln wollte. Trotzdem ist es sehr beachtenswert, daß kaum jemand bemerkte, in welchem Maße die Pariser Friedensregelung Deutschlands Position im europäischen Rahmen auch verbessert hatte. Selbst wenn man von dem im Völkerbund konkretisierten System der kollektiven Sicherheit, in das Deutschland eines Tages eintreten würde, absah, war die Sekurität des Reiches, grundsätzlich und langfristig gesehen, ohne Zweifel gewachsen. Der Kern des deutsch-englischen Gegensatzes war nicht – wie die Chefs der Marine, Stosch und Tirpitz, so erfolgreich behauptet hatten – die Handelskonkurrenz gewesen, sondern die Flottenpolitik des Reiches, die, wie schon angedeutet, mitnichten als Schutz deutscher »Weltpolitik«, was immer das heißen mochte, ausgegeben werden konnte, da die Flotte auf den Weltmeeren offensichtlich nicht verwendungsfähig war, vielmehr allein, wenn sie nicht bloße und überaus kostspielige Demonstration deutschen Selbstbewußtseins sein sollte, als Abschirmung einer hegemonialen Kontinentalpolitik gegen England zu interpretieren war; und bei jedem Krieg mit Frankreich mußte die deutsche Führung dazu neigen, als Siegespreis die Verbreiterung der Küstenbasis für eine gewaltige, in Wilhelmshaven aber praktisch operationsuntaugliche Flotte zu fordern – was England erst recht auf die Seite der Gegner Deutschlands zwang. Diese politisch so gefährliche und militärisch in der Tat – wie der Weltkrieg mit aller Deutlichkeit dargetan hatte – völlig nutzlose Flotte lag nun auf dem Grunde von Scapa Flow, und da die militärische Präsenz Deutschlands an der Kanalküste verhindert worden war, gab es plötzlich keinen deutsch-britischen Gegensatz mehr. In der englischen Deutschlandpolitik hat sich das denn auch sofort bemerkbar gemacht. Im übrigen hat der Verlust der Flotte zugleich ein wichtiges Element der deutsch-französischen Spannung beseitigt. Der französische Außenminister Delcassé hatte zwischen

1899 und 1905 die französisch-russische Allianz nicht deshalb fester zu kitten versucht, weil er an Elsaß-Lothringen gedacht hätte; vielmehr hatte er aus Tirpitz' Flottenprogramm und aus der amtlichen deutschen Marokkopolitik wie der alldeutschen Marokkokampagne den Eindruck gewonnen, Deutschland wolle sich schon jetzt in Nordafrika festsetzen, sich später dann aus dem unvermeidlichen Zusammenbruch Österreich-Ungarns die habsburgische Adriaküste aneignen und sich, auf seine mächtige Flotte gestützt, als die beherrschende Mittelmeermacht etablieren. Delcassés Sorge hatte einer imaginären Bedrohung gegolten, doch war die Berliner Politik wenig geeignet, seine Befürchtungen zu zerstreuen. Jetzt aber hätte auch das natürliche Mißtrauen jenes französischen Staatsmannes, der selbst zu den imperialen Träumern gehörte, keine solchen Bedrohungen mehr zu entdecken vermocht, und da außerdem Elsaß-Lothringen zu Frankreich zurückgekehrt und der deutsche Führungsanspruch abgewiesen worden war, bot sich zum ersten Mal seit langen Jahrzehnten – objektiv gesehen und wenn der gegenseitige Argwohn abgebaut werden konnte – eine Möglichkeit zur deutsch-französischen Verständigung oder doch zur Entlastung der deutschen Westgrenze. Frankreich hatte kein Kriegsziel mehr, und gegen ein auf hegemoniale Ambitionen verzichtendes Deutschland mußte Paris überdies die britische Unterstützung fehlen. Die Hilfe Rußlands, des eigentlichen Pfeilers im bisherigen französischen Allianzsystem, schied ebenfalls aus. Mit Österreich-Ungarn waren für Deutschland sowohl Notwendigkeit wie Versuchung zu stärkerem politischen Engagement auf dem Balkan und damit die wichtigsten Quellen des deutsch-russischen Gegensatzes verschwunden. An die Stelle Österreich-Ungarns waren Mittel- und Kleinstaaten getreten, die an sich wirtschaftlich und militärisch zu schwach waren, um Deutschland gefährlich werden zu können, die sich aber zudem, wie die Tschechoslowakei, in einer so ungünstigen militärgeographischen Lage befanden und mit so starken deutschen Minderheiten zu rechnen hatten, daß sie jeden Konflikt mit Deutschland so lange wie möglich vermeiden mußten. Polen ausgenommen, hatten diese Staaten auch keine Ansprüche an Deutschland, keine Kriegsziele; ihre Deutschlandpolitik war zwangsläufig defensiver Natur. Und die Existenz Polens knüpfte sogar ein Band zwischen Berlin und der Sowjetunion, die freilich auf Grund ihrer Isolierung und ihrer inneren Schwäche für antideutsche Bündniskombinationen ohnehin ausfiel. Daß sich die Westmächte, vor allem Großbritannien, wieder stärker am Bosporus und im Mittleren Osten engagierten, restaurierte überdies den alten britisch-russischen Gegensatz, der ebenfalls zur Entlastung Deutschlands beitrug. Auch Polen sah sich gegenüber Deutschland in einer prekären Situation. Selbst wenn man den russischen Druck auf Polen abzog, war Deutschland seinem östlichen Nachbarn wirtschaftlich, finanziell, in der inneren Organisation und potentiell auch militärisch so weit überlegen, daß er in absehbarer Zukunft, wenn Deutschland sein Potential wieder benutzen konnte, keinen ernsthaften Gegner darstellte; und eines Tages würde der Korridor im Kriegsfalle nicht mehr die Abschnürung Ostpreußens bedeuten, sondern eine unschätzbare operative Vorgabe für Deutschland. Sollte aber Rußland einmal wieder in den Kreis der europäischen Großmächte zurückkehren und trotz der deutsch-russischen Interessengemeinschaft gegenüber Warschau eine gegen Deutschland gerichtete Annäherung an Frankreich suchen, so stellte Polen der Erneuerung des französisch-russischen Bündnisses ein kaum überwindbares Hindernis in den Weg; Balfour hat schon 1916 vorhergesagt, Frankreich werde »im nächsten Krieg Deutschland ausgeliefert sein, und zwar deshalb, weil Rußland keine Hilfe leisten kann, ohne die Neutralität Polens zu verletzen«[25]. Gewiß waren alle diese Vorteile mit Verzichten und Verlusten bezahlt worden. Aber abgesehen davon, daß größtenteils auf fiktive oder überspannte Ansprüche verzichtet und daß größtenteils nur problematischer Besitz verloren wurde, ändert das nichts daran, daß die außenpolitische Lage des neuen Deutschland, auf die Dauer gesehen, bequemer war als die des kaiserlichen Deutschland, daß die Pariser Friedensregelung doch auch »a blessing in disguise« gewesen war – sofern man sich mit den Verlusten abfand und sofern man defensive Interessenpolitik im Dienste des Staates, wie er jetzt bestand, und nicht aggressive Außenpolitik im Dienste eines Staates, wie er einst bestehen sollte, trieb. Ein auf künftige Grenzen gerichteter Blick konnte in den Faktoren, die der Sicherheit des neuen Deutschland dienen mochten, freilich keine Sicherheitsfaktoren erkennen; nach wie vor mußte er überall unvermeidliche Reibungsflächen, naturgegebene Feindschaften und aufreizende Hindernisse sehen, allerdings Hindernisse, die, sobald die Bewegungsfreiheit zurückgewonnen war, leichter zu nehmen sein würden als die Hindernisse, an denen das alte Reich gescheitert war.

Den dritten und wichtigsten Hinweis liefert die Unfähigkeit, einen Staatsmann wie Wilson und eine Einrichtung wie den Völkerbund zu begreifen. Daß die Reichsregierung vom Herbst 1918 bis zum Sommer 1919 um Wilson warb und den Eintritt in den Völkerbund anstrebte, sogar eigene Vorschläge für die Satzung des Bundes ausarbeiten ließ, hatte natürlich gar nichts zu bedeuten. Im In- und Ausland verstand man solche Bemühungen als recht naive Versuche, den Präsidenten als Bundesgenossen gegen die Alliierten zu gewinnen und den Völkerbund als Asyl zu benutzen. Wenn Graf Brockdorff-Rantzau, der deutsche Außenminister, im Januar 1919 ein öffentliches Bekenntnis zu den Idealen des Völkerbunds und der Demokratie ablegte, so veranlaßte das den damaligen Gesandten in Warschau, Graf Harry Kessler, lediglich zu dem bissigen Kommentar: »Wen soll das täuschen? Wer soll daran glauben? Etwa Wilson? ... Rantzau wirkt wie eine alte Kokotte, die sich und andren ihre frische Jungfernschaft einreden will.«[36] Wie berechtigt das Mißtrauen gerade Wilsons gegen die Berliner Anbiederung war, zeigt die großspurige Behauptung, mit der im März 1919 Ministerialdirektor Simons vom Auswärtigen Amt Deutschlands Eintritt in den Völkerbund befürwortete: er mache sich anheischig, so sagte er, »den Pariser Bund von innen zu sprengen, indem er binnen kurzem alle Großmächte so durcheinanderbringe, daß sie sich sämtlich in den Haaren lägen«[37]. Gewiß spricht aus derartigen Reminiszenzen an die Rolle Talleyrands auf dem Wiener Kongreß auch die Stimmung der Niederlage, und die nach dem Scheitern der deutschen Anstrengungen sofort mit voller Wucht einsetzende Kritik an Wilson und am Völkerbund ist zum Teil ebenfalls als verständliche Folge von Enttäuschung zu erklären. Daß Simons den Sinn und den Zweck des Völkerbunds so weit verfehlen konnte, weist aber mehr noch auf den Durchschlag einer außenpolitischen Denktradition hin, in der die Prinzipien des Präsidenten keinen Platz hatten und einfach nicht verstanden wurden. Die Art der öffentlichen Kritik am Völkerbund und an Wilson hat das entscheidende Gewicht dieses vom Kriegsergebnis völlig unabhängigen Faktors vollauf bestätigt.

Das deutsche außenpolitische Denken hatte sich bis 1918 ganz anders als das angelsächsische entwickelt. Während in den Vereinigten Staaten und in Großbritannien die innenpolitischen Ordnungsprinzipien allmählich in die Vorstellungen von richtiger Außenpolitik eindrangen, die Idee der friedlichen Schlich-

tung und der internationalen Schiedsgerichtsbarkeit große
Fortschritte machte und den Weg in umfassende Sicherheits-
systeme zu öffnen begann, schließlich in den Kriegsjahren eine
breite, unbehinderte und von den bedeutendsten Angehörigen
der politischen Elite geführte Bewegung entstand, die den
Völkerbund zum Kriegsziel erhob, dominierte und verfestigte
sich in Deutschland ein außenpolitischer Darwinismus, der,
grundsätzlich, allein die Feindschaft und den Kampf als Le-
bensgesetz der internationalen Beziehungen anerkannte. Freundschaft sei »nur Aufschub der Feindschaft«, hatte Kurt Riezler,
einer der engsten Mitarbeiter des Reichskanzlers Bethmann
Hollweg, im Jahre 1912 geschrieben: »Der Idee nach aber will
jedes Volk wachsen, sich ausdehnen, herrschen und unterwerfen ohne Ende...« Zwar stehe über aller auswärtigen Politik
die Idee der Menschheit, aber »nicht als Idee einer Friedensge-
meinschaft aller Völker, sondern als allen gestellte, aber nicht
gemeinsam, sondern der Idee nach nur von einem einzelnen
lösbare Aufgabe; als Kampfobjekt«[38]. Tirpitz, ein weniger
philosophischer Kopf, formulierte eine solche Grundüberzeugung derber als der Ideologe der deutschen Vorkriegspolitik,
der seine Anschauung unter dem Eindruck des Krieges gründlich revidieren sollte; als Tirpitz die Ursache des deutsch-englischen Gegensatzes erklären wollte, bemerkte er schlicht: »Die
ältere und stärkere Firma sucht die neuaufstrebende rechtzeitig
zu erwürgen.«[39] Die praktische Politik Berlins war bis 1914
instinktiv dem von Riezler theoretisch begründeten Herrschaftswillen gefolgt, und Deutschlands Haltung auf den Haager Konferenzen hatte deutlich genug gezeigt, daß das Reich
jeden Versuch, diesem Herrschaftswillen durch internationale
Verpflichtungen Zügel anzulegen, sabotieren werde. Und die
Abneigung gegen eine Rationalisierung der Außenpolitik war
nicht allein im Denken der Reichsleitung und der militärischen
Führung, sondern im Bewußtsein des gesamten Bürgertums
tief verwurzelt. Selbst ein so feiner Geist wie Friedrich Meinek-
ke hat 1908, also im Jahre nach der zweiten Haager Konferenz,
die »scheinbare Unsittlichkeit des staatlichen Machtegoismus«
gerechtfertigt (»Denn unsittlich kann nicht sein, was aus der
tiefsten individuellen Natur eines Wesens stammt!« sagte er in
›Weltbürgertum und Nationalstaat‹[40]) und noch 1913, in seinem Buch über ›Radowitz und die deutsche Revolution‹, tat
er die Vorstellung, der Machtstaat solle sich unter internationale Regeln beugen, verächtlich als »trübseligen Gedanken« ab,

als »die Frucht einer quietistischen, universalistisch gebundenen Romantik«[41]. Ein fundamentales Ziel der heraufziehenden Ordnung, nämlich das Selbstbestimmungsrecht der Völker und der Schutz kleiner Nationen, mußte dem außenpolitischen Darwinismus, der das Unterwerfungsrecht des Starken proklamierte, notwendigerweise unverständlich sein; schon Lagarde hat die kleineren Völker, etwa die Tschechen, als »Last der Geschichte« bezeichnet, und noch heute ist der Nachhall solcher Auffassungen zu spüren, wenn hervorragende Vertreter der deutschen Geschichtsschreibung die – freilich auch von einem Manne wie Lloyd George nicht zurückgewiesene – deutsche These der zwanziger und dreißiger Jahre, Österreich-Ungarns Nachfolgestaaten seien »lebensunfähig«, unbesehen übernehmen, ohne zu bedenken, daß die politisch-staatliche Lebensunfähigkeit schwächerer Nationen im allgemeinen lediglich eine Folge des – keineswegs als unentrinnbares Schicksal hinzunehmenden – rücksichtslosen Machtgebrauchs stärkerer Nachbarn ist.

Während des Krieges hatte sich der bis 1914 mehr instinktive und noch von ethischen Fesseln wie politischen Rücksichten gebändigte Darwinismus offen entfaltet. Statt einer Bewegung, die mit der britischen und amerikanischen Völkerbundsbewegung vergleichbar gewesen wäre, entwickelte sich eine Kriegszieldiskussion, in der das darwinistische Expansions- und Herrschaftsprinzip zum Kerndogma des nationalen Credos gemacht wurde und in der nicht nur die Verfechtung einer grundsätzlich anderen Überzeugung, sondern bereits die Mahnung, Deutschland sei zur ungehemmten Praktizierung jenes Prinzips zu schwach, als Verrat an der nationalen Sache erschien. Statt sich dem Selbstbestimmungsrecht anzunähern, statt sich dem Prozeß der europäischen Entkolonialisierung wenigstens anzubequemen, unternahm die Reichsregierung den nach ihren Grundvorstellungen folgerichtigen Versuch, den Kolonialismus in Europa zu behaupten und sogar auszudehnen, indem sie mit dem Frieden von Brest-Litowsk den halbkolonialen Status Osteuropas vorbereitete. Als Wilson und seine Ideale in den Blick von Männern gerieten, die darwinistischen außenpolitischen Theorien huldigten und eine entsprechende praktische Außenpolitik trieben – sich damit ganz im Sinne der leninistischen Imperialismustheorie verhielten, die sie, meist ohne von ihr Kenntnis zu haben, als ehernes Naturgesetz ausgaben und bejahten –, waren, wiederum im Sinne Lenins, nur zwei Deutungen des Präsidenten möglich: Man konnte ihn als moralisierenden Phantasten verstehen, der an den harten Realitäten der internationalen Beziehungen scheitern werde; so hat Stresemann den Amerikaner schon im März 1917 als »weltfremden Stubengelehrten« charakterisiert, der »die Welt draußen ansieht, wie ein Chemiker auf seine Retorte blickt«[42]. Oder aber man konnte ihn als einen Heuchler ungeheuerlichen Kalibers sehen, der seine Prinzipien lediglich als Propagandaslogans zur Zersetzung der Kampfmoral in Deutschland und Österreich-Ungarn benütze; so dachte Ludendorff, und in Friedrich Naumanns ›Hilfe‹ ist Wilson als »heuchlerischer Selbstherrscher« bezeichnet worden, der das deutsche Volk gegen seine Regierung ausspielen wolle[43]. Es scheint niemand in Deutschland aufgefallen zu sein, wie weit man die eigenen Absichten enthüllte, wenn man den Argumenten des Phantasten oder Heuchlers Wilson eine zersetzende Wirkung zuschrieb; zwar mußten die Grundsätze des Präsidenten, wenn sie akzeptiert wurden, den Expansions- und Herrschaftswillen eines Volkes lähmen, doch enthielten sie nicht eine Silbe, die einer um ihre »nackte Existenz« fechtenden Nation hätte gefährlich werden können. Wer freilich an die allgemeine Gültigkeit des außenpolitischen Darwinismus glaubte und den Gehorsam gegenüber seinen Gesetzen als eine Notwendigkeit im Dienste der herrschaftlichen Berufung Deutschlands begriff, handelte nur logisch, wenn er deutsche Anhänger Wilsons als Opfer oder Komplicen eines Narren oder Betrügers betrachtete. Statt die Unterstützung der politischen Elite zu finden, haben die nicht allzu zahlreichen deutschen Publizisten der bürgerlichen Mitte oder Rechten, die, wie Maximilian Harden, zum »Wilsonianismus« fanden und vor dem Kriegseintritt Amerikas für die Ideen Wilsons einzutreten suchten, in der Tat häufig mit den Behörden Bekanntschaft gemacht.

Auch nach Kriegsende bestimmten jene beiden Klischees, die also längst vor der Niederlage eingeführt worden waren, den Ton und den Inhalt der deutschen Wilson- und Völkerbundskritik. Vielen galt die Version des Berliner Althistorikers Eduard Meyer – des ersten Rektors der Berliner Universität in der Weimarer Republik – als richtig, Wilsons »doktrinäre Selbstüberhebung« sei auf der Pariser Friedenskonferenz an der »wilden Rachsucht Frankreichs« und am »kaltherzigen Egoismus Englands« gescheitert[44]; noch weiter verbreitet war aber die Lesart Dietrich Schäfers, des Berliner Ordinarius für mittlere und neuere Geschichte, der im Oktober 1920 schrieb: »Unter allen, die am Grab unseres Volkes geschaufelt haben, hat keiner geschickter und erfolgreicher gearbeitet als Thomas Woodrow Wilson.«[45] Den Völkerbund wiederum verstand man, entsprechend dem jeweiligen Wilsonbild, als völlig überflüssigen internationalen Debattierklub, der auf die tatsächliche außenpolitische Entwicklung nicht den geringsten Einfluß habe, oder aber als eine Institution, die zur Bemäntelung und Befestigung der angelsächsischen »Weltherrschaft« dienen solle, wie der Hallenser Historiker Richard Fester meinte[46]. Aus drei Charakteristika dieser Wilsonkritik ergibt sich mit aller Klarheit, daß die Ablehnung des Präsidenten und die falsche Einschätzung des Völkerbunds nicht in der Versailler Realität, sondern – die wirklichen oder vermeintlichen Sünden der Pariser Friedensmacher lediglich als fast willkommene Bestätigung nehmend – in der Kontinuität der darwinistischen außenpolitischen Theorie wurzelten. Einmal hielten alle, die Wilson als doktrinären Phantasten werteten, das Scheitern seiner Ideen für selbstverständlich; 1926 sagte z. B. Fester, der jetzt mehr der Phantastenthese zuneigte und daher den Völkerbund eher als französisches Instrument zur Niederhaltung Deutschlands sah, Wilson habe Clemenceau schon deshalb unterliegen müssen, weil dessen »imperialistischer« und »auf das Prinzip der Militärmacht gegründeter« Völkerbund »ehrlicher« gewesen sei.[47] Umgekehrt haben diejenigen, die auf die Betrügerthese eingeschworen waren, Wilson zwar als Feind Deutschlands gehaßt, dem erfolgreichen Heuchler Wilson aber ihren Respekt nicht versagt. Schäfer registrierte bewundernd die Meisterschaft, mit der Wilson seine Nation und seinen Staat auf die Bahn nationalistischer Machtpolitik geführt habe, auf eine Bahn, die der Natur der Staaten entspreche, der sie »folgen müssen«.[48] Und Friedrich Schönemann, der Inhaber des vor 1933 einzigen Lehrstuhls für politische Amerikakunde in Deutschland, reihte Wilson, den er als »Kraftmenschen« begriff, mit der nämlichen Bewunderung unter die fähigsten und bedeutendsten amerikanischen Präsidenten ein, nachdem er, im 1923 erschienenen ›Politischen Handwörterbuch‹, die skrupellose Geschäfts- und Machtpolitik Wilsons geschildert und die Vierzehn Punkte als einen »beispiellosen Betrug« gewürdigt hatte.[49] Am aufschlußreichsten ist jedoch die Haltung derjenigen, die sich weder der Narren- noch der Betrügerthese anschließen wollten, die vielmehr Wilsons Aufrichtigkeit und in der Rationalisierung der internationalen Beziehungen eine eventuelle politische Realität der Zukunft zu erkennen begannen. Sie haben Wilson und seine Ziele erst recht abgelehnt. Wie hat Stresemann, am Beginn seiner Wandlung zum Staatsmann, die »Schande« beklagt, daß über der alten »nationalliberalen Flotte« womöglich, statt der schwarzweißroten oder wenigstens der schwarzrotgoldenen Flagge, das rote oder rötliche Banner einer »internationalen Demokratie« wehen werde[50], und in einem Nekrolog auf Wilson nannte der rechtsstehende ›Tag‹ den Völkerbund nicht nur einen »Hort allen Unrechts am deutschen Reich und Volke«, sondern, ganz unabhängig von deutschen Gravamina, die »schlimmste Knebelungsanstalt nationaler Rechte und Ansprüche«[51]. Gewiß gab es Ausnahmen. Einige deutsche Politiker und Juristen, etwa Erzberger und Schücking, bekannten sich zum Völkerbund und machten sogar Vorschläge zu seiner Reform. Da aber diese Vorschläge fast stets den Gedanken der obligatorischen Schlichtung internationaler Streitfragen in den Mittelpunkt rückten, weckten sie naturgemäß den oft begründeten Verdacht, hier suche der Besiegte nach einem taktischen Mittel, die Sieger zu bestimmten Auseinandersetzungen zwingen zu können, und entfernten sich insofern völlig von der Realität, als sie, im Gegensatz zum pragmatischen Progressismus Wilsons, die Souveränität der Staaten ignorieren, die Politik aus den internationalen Beziehungen gänzlich verbannen und den zwischenstaatlichen Verkehr als reines Rechtsgeschäft betrachten wollten. Prononcierte Internationalisten wie Graf Kessler zeigten sich hingegen von der nüchternen Völkerbundswirklichkeit förmlich angewidert und reagierten mit antistaatlichen Organisationsentwürfen, die jeden Bezug zum 20. Jahrhundert vermissen ließen. Doch davon abgesehen, handelte es sich eben nur um Ausnahmen. Die von der revolutionären Bedeutung des Völkerbunds Angerührten empfanden im allgemeinen wie Friedrich Meinecke, der sich noch nach Jahrzehnten seiner Furcht erinnerte, die »pax americana« werde die freie Entfaltung des Machtstaates ersticken.[52] Als er sich im Herbst 1918 die – allzu radikal formulierte – Frage vorlegte, ob es tatsächlich zu Ende sei »mit der Ära der großen Mächte«, ob die »Machtpolitik und der Nationalegoismus« tatsächlich überflüssig würden, gab er sich die Antwort, man könne »doch seine Ideen nicht wechseln wie Röcke, und ein Auge, das bisher natürlich zu sehen glaubte, mit einem Mal farbenblind machen . . .«[53]

Einer solchen außenpolitischen Grundstimmung mußte die Anpassung an die neue europäische Ordnung unmöglich scheinen und die faktisch gegebene Mitverantwortung der deutschen Außenpolitik für das Gelingen des Genfer Experiments gleichgültig bleiben. Daß Deutschland revisionistische Außenpolitik machen werde, ob sie nun, wie im Osten, gegen das polnische Selbstbestimmungsrecht mit dem alten Besitztitel oder, wie im Süden, gegen historische Grenzen mit dem deutschen Selbstbestimmungsrecht begründet wurde, verstand sich für den Chef der Heeresleitung ebenso von selbst wie für den linken Zentrumspolitiker Wirth, und Hans Delbrück brachte nur die allgemeine Anschauung zum Ausdruck, als er 1919 in den ›Preußischen Jahrbüchern‹ verkündete: »... es kommt der Tag und die Stunde, wo wir ... alles zurückfordern werden.«[54] Wer in preußisch-deutschen Traditionen dachte, blickte vor allem nach Osten, während Süddeutsche mit gleicher Intensität den Anschluß Österreichs wünschten. Doch waren das nur Prioritätsfragen. Auch das Straßburger Münster ist keineswegs aus den Augen verloren worden. Selbst Graf Kessler, dem man keinen übertriebenen Nationalismus vorwerfen kann, notierte im November 1918: »Ich dachte an das verlorene Elsaß... Wie werden wir im Gefühl das jemals verwinden?«[55] Schon begann man für den Angriff auf den Status quo natürliche Bundesgenossen zu entdecken. Graf von der Goltz, Befehlshaber der im Baltikum kämpfenden deutschen Truppen, hat bereits Ende 1919 »die Wiederaufnahme des alten Bismarck'schen Gedankens«, nämlich der deutsch-russischen Freundschaft, verlangt, um »ein Loch in den Versailler Frieden« zu schlagen[56], und General v. Seeckt schrieb im Januar 1920, die politische und wirtschaftliche Einigung mit Großrußland müsse das »unverrückbare Ziel unserer Politik« sein[57]; daß in Moskau Bolschewiken regierten, war ihm dabei, anders als Goltz, völlig gleichgültig, was im übrigen klar sein innenpolitisches Sicherheitsgefühl beweist. Die Rußland gegenüber wohlwollende deutsche Neutralität im polnisch-russischen Krieg stellte gleichsam die Ouvertüre deutscher Revisionspolitik dar: »Der Kampf Sowjetrußlands gegen Polen«, sagte Oberst Hasse, ein enger Mitarbeiter Seeckts, im Juli 1920, »trifft nicht nur dieses, sondern vornehmlich auch die Entente – Frankreich und England. Bricht Polen zusammen, so wankt das ganze Gebäude des Versailler Vertrags.«[58] Auch nach Ungarn sind schon früh erste Fäden gesponnen worden.

Indes ging es den deutschen Revisionisten nicht allein um die Korrektur dieser oder jener Grenze, um die Wiedergutmachung des tatsächlichen oder vermeintlichen Unrechts von Versailles. Wenn die Majorität des deutschen Bürgertums – auch im außenpolitischen Denken um Jahrzehnte hinter der angelsächsischen Entwicklung zurück – in den Kategorien des außenpolitischen Darwinismus gefangen blieb und den Prinzipien Wilsons unbeirrt die Idee des allein sich selbst verantwortlichen Machtstaats entgegensetzte, wenn ihr als natürlich bejahter Nationalegoismus überdies nach wie vor offensiver Natur war – was die Ignorierung der jetzt gegebenen Sicherheitsfaktoren, die in der außenpolitischen Legendenbildung manifeste Identifizierung mit der kaiserlichen Politik und die naive Interpretation des Widerstands gegen deutsche Führungsansprüche als »feindlicher Vernichtungswille« deutlich genug verraten haben –, dann mußte es der deutschen Außenpolitik mehr noch darum gehen, die imperiale Position und die imperialen Möglichkeiten Deutschlands wiederherzustellen. Die Bezeichnung Revisionspolitik erfaßt gewissermaßen nur die konkrete Erscheinungsform oder die erste Stufe einer Politik, die ihre Wurzeln zwar im Kriegsergebnis, nämlich in der Abweisung des deutschen Führungsanspruchs, nicht aber in den einzelnen Bestimmungen des Versailler Vertrages hatte, einer Politik, die jene an sich unvermeidliche Konsequenz des Revisionismus, die Erneuerung der Hegemonie, als ihr eigentliches Ziel ansteuerte und daher eher die Bezeichnung Restaurationspolitik verdient. In diesem Sinne wären die völkerbunds- und gleichgewichtsfeindlichen Tendenzen der deutschen Außenpolitik auch von einem milderen Frieden nicht beruhigt worden; ohne völlig instrumentalisiert zu werden, fungierten die revisionistischen Forderungen, wie die Polens oder Italiens, doch zugleich als territoriale Mittel zum machtpolitischen und imperialen Zweck. Als Stresemann kurz nach dem Kriege die Unmöglichkeit einer sofortigen Rückkehr der Hohenzollern einsah, tröstete er sich mit der Überlegung, die republikanische Staatsform erleichtere den Anschluß Österreichs, und der Anschluß wiederum werde die Machtbasis des Reiches verbreitern[59]. Dementsprechend hat die Schicht, die in Deutschland die außenpolitische Willensbildung und die praktische Außenpolitik noch immer oder wieder maßgeblich bestimmte, stets weniger die Rangfolge der territorialen Probleme diskutiert als vielmehr die Frage, welche Position des kaiserlichen Deutschland restauriert werden solle. Drei große Gruppen lassen sich, schematisch vereinfacht, unterscheiden: Auf dem gemäßigten linken Flügel standen Konservative wie Seeckt, die einfach zum Sommer 1914 zurückkehren wollten und darüber kaum hinausdachten; das Zentrum formierten, beeinflußt etwa von Friedrich Naumann, Franz v. Liszt, Wilhelm Schüssler, Hermann Oncken und Heinrich v. Srbik, die oft zu den Liberalen gehörenden Anhänger eines unter der Führung Großdeutschlands wirtschaftlich und politisch zusammengeschlossenen Mitteleuropas, welche Lage sich in der Mitte des Krieges bereits abgezeichnet gehabt hatte; und auf dem rechten Flügel sammelten sich die Verfechter einer deutschen Herrschaftsmission auf dem Kontinent, die zum Frühjahr 1918 und zu den mit Brest-Litowsk ja erst angedeuteten Möglichkeiten zurückdrängten. Zu den Wortführern dieses meist antikonservativen und antiliberalen, eng mit den italienischen Faschisten verwandten rechten Flügels gehörte Oswald Spengler, der zu Beginn der zwanziger Jahre ideologischen Einfluß auf nationalistische Organisationen vor allem in Bayern gewann und enge Beziehungen zu nationalistischen Industriellen anknüpfte. Schon im Dezember 1918 setzte er auf eine Diktatur, die mit dem »politischen Dilettantismus von Mehrheiten« Schluß machen werde: »Und dann hoffe ich, ... daß der Aufbau von Mitteleuropa aus uns die Stellung verschafft, die unsere Bestimmung ist und an die ich unerschütterlich weiter glaube. Der Friede von heute ist nur ein Provisorium... Tatsächlich tritt der Weltkrieg erst jetzt in sein zweites Stadium ... «[60]

Angesichts der Realitäten der ersten Nachkriegsjahre wirkten die Träume aller drei Gruppen recht ungereimt, zumal ihre Vertreter unentwegt den »Vernichtungswillen« der Alliierten beschworen, dem Deutschland ja vorerst relativ wehrlos ausgeliefert gewesen wäre. In Wirklichkeit fühlten sich die Verfechter der Restaurationspolitik keineswegs schwach. Einer Generation, die in der preußischen Geschichtstradition aufgewachsen war, lag die Erinnerung an Jena und Tilsit nahe, wenngleich sich Deutschland im Grunde nicht in der Lage des damaligen Preußen, sondern in der des nachnapoleonischen Frankreich befand. Stellten sie sich die Frage, was zwischen 1917 und 1920 in Europa geschehen war, antworteten so verschiedenartige Geister wie Seeckt, Oncken, Meinecke, Oswald Spengler und Max Weber übereinstimmend: eine Wiederholung der preußischen Katastrophe von 1806/7. Und war nicht auch damals ein wunderbarer Wiederaufstieg möglich gewesen? Zwar meinte Max Weber, diesen Wiederaufstieg werde erst die nächste Generation erleben[61], aber ein Mann wie Spengler sah bereits 1919 den »Weg Tilsit–Leipzig« vor sich liegen[62]. Schließlich waren dem Zusammenbruch diesmal, anders als damals, eine ungeheure Anstrengung und eine in der Tat imponierende wirtschaftliche, organisatorische und vor allem militärische Leistung vorhergegangen – »beispiellos in der Weltgeschichte«, konstatierte Oncken[63] –, die den Deutschen ihre Kraft erst richtig bewußt gemacht hatten. Das während des Krieges gewonnene Kraftgefühl, das Ludwig Dehio so eindrucksvoll beschrieben hat[64], entwickelte sich sogar zu einer selbständigen Ursache des imperialen Willens. Bezeichnend ist die Rolle, die sogleich die Legende vom nur zufällig verlorenen Krieg zu spielen begann: Wenn an der Marne nicht jene zwei Armeekorps gefehlt hätten! Wenn die U-Boote rechtzeitig...! Wenn Ludendorff früher...! Es spricht Bände, daß die erste fundierte öffentliche Kritik am Schlieffen-Plan (Gerhard Ritter) bis 1956 auf sich warten ließ. Allerdings drängte gerade die Erinnerung an Jena zu der Überlegung, ob nicht, wie zur Zeit Steins, Scharnhorsts und Gneisenaus, durch gesellschafts-, innen- und wirtschaftspolitische Reformen zusätzliche Kraftreserven erschlossen werden könnten. Demokratisierung, Überwindung der Klassengegensätze und sogar Sozialisierung sind – nicht allein von Nationalrevolutionären wie Ernst Jünger, die den Begriff »totale Mobilmachung« formulierten – stets auch unter dem Aspekt der Schlagkraft gesehen worden. Selbst ein Philosoph wie Graf Hermann Keyserling hat schon im Dezember 1918 die Notwendigkeit der Sozialisierung ausdrücklich mit außenpolitischen Interessen begründet und charakteristischerweise hinzugesetzt, ein sozialistisches Deutschland bekäme »notwendig die Führung in Europa«[65]. Gewiß war Deutschland vorerst durch Versailles gefesselt. Doch verriet eben der häufige Gebrauch der Formel »Fesseln« oder »Ketten« von Versailles, daß Deutschland nicht unter einem Mangel an Kraft, sondern unter einem Mangel an Bewegungsfreiheit zu leiden glaubte. Die Wiedergewinnung der Bewegungsfreiheit aber wurde keineswegs als unlösbare Aufgabe angesehen. Ob man, wie es dem späteren Außenminister Walther Rathenau bereits Anfang 1919 vorschwebte, gegen den Klub der Sieger die Partei der Revisionisten und Unzufriedenen sammelte, ob man sich, wie im Herbst 1918 der damalige Staatssekretär im Auswärtigen Amt, von

Hintze, geraten hatte, »rebus sic stantibus ... auf die demokratisch-pazifistische Seite« legte[66] – taktische Mittel und Wege waren durchaus zu entdecken. Auch im ersteren Falle konnte vermutlich »das Schlimmste«, um mit Rathenau zu sprechen[67], nicht vermieden werden, nämlich der Eintritt in den Völkerbund. Jedoch mochten gerade die »salbungsvollen Reden«, die man in Genf zu halten genötigt war, geeignet sein, das tatsächliche Streben nach Machtgewinnung zu verschleiern; Memoranden des Auswärtigen Amtes haben noch Mitte der zwanziger Jahre diese Intention und diese Terminologie enthalten. In solchen Zusammenhängen sind die mit dem Kriegsergebnis verbundenen Erleichterungen der außenpolitischen Lage Deutschlands sehr wohl bemerkt worden, freilich nicht als Sicherheitsfaktoren, sondern als Ansatzpunkte zu restaurativer Politik. Als Graf von der Goltz ein deutsch-russisches Bündnis gegen Polen vorschlug, hat er klar erkannt, wie sehr die »Erledigung Österreichs und des Balkans« einem derartigen Bündnis nützen mußte; und daß die jetzt vorstellbare deutsch-englische Verständigung Möglichkeiten für eine deutsche Kontinentalpolitik eröffnen konnte, ist ebenfalls nicht unbeachtet geblieben. Schon hatte die politische Karriere eines Mannes begonnen, der bald die Überzeugung gewann, es sei seine Mission, das Eroberungs und Herrschaftsprogramm des rechten Flügels der deutschen Restaurationsbewegung zu popularisieren, vielleicht auch zu realisieren; und als Adolf Hitler wenige Jahre später, in einem Buch, das er ›Mein Kampf‹ nannte, jenes Programm der Öffentlichkeit präsentierte, hat er zugleich eine aus dem Bewußtsein unbändiger Kraft folgende souveräne Verachtung der »Ketten von Versailles« an den Tag gelegt, die Erschließung ausreichender materieller wie psychischer Reserven Deutschlands als pure Willensfrage behandelt und einen scharfen Blick für jede offensiv zu nutzende außenpolitische Entlastung des Reiches bewiesen.

Das französische Sicherheitsbedürfnis und Anfänge britischer Appeasement-Politik

Trotzdem war die deutsche Restaurationspolitik, so wie die revisionistischen und völkerbundsfremden Intentionen Rußlands, Ungarns, Polens und Italiens, Anfang 1920 erst eine Tendenz. Auch gab es noch nicht den geringsten Hinweis, ob die

Vorstellungen des linken Flügels, die der mittleren Gruppe oder gar die des rechten Flügels den stärksten Einfluß auf die praktische deutsche Außenpolitik ausüben würden; und ob die deutsche Außenpolitik den jeweils gegebenen Einflüssen tatsächlich folgen konnte, mußte mindestens ebensosehr vom Verhalten der anderen europäischen Staaten wie von den Neigungen Berlins abhängen. Da politische Willensbildung außerdem keiner Prädestination unterworfen, sondern in jedem Augenblick der Einwirkung unvorhersehbarer Faktoren ausgesetzt ist, schieden nicht einmal eine allmähliche Veränderung der deutschen Disposition und eine langsame Anpassung an die neue europäische Ordnung von vornherein aus. Immerhin wurde in Deutschland eine heiße Suppe gekocht, und wenngleich noch niemand zu sagen vermochte, ob diese Suppe tatsächlich so heiß gegessen werden würde, konnte doch der aufsteigende Dampf nicht unbemerkt bleiben. Lord d'Abernon, der Deutschland sehr wohlgesonnene britische Botschafter im Berlin der zwanziger Jahre, hat manche Elemente der deutschen Disposition schon kurz nach seinem Eintreffen in der Reichshauptstadt (1920) erkannt und einmal in seinem Tagebuch vermerkt, er habe unter seinen deutschen Gesprächspartnern noch niemand getroffen, der gegen den Krieg irgendwelche moralischen Einwände gehabt hätte[68]. Wenn aber Deutschland seine Bereitschaft zu eigener Restaurationspolitik und zur Ausbeutung fremder Gravamina verriet, wenn folglich die Spaltung Europas in saturierte und fordernde Staaten in der Tat eine permanente Bedrohung des europäischen Friedens darstellte, so waren, angesichts der offenkundigen Unfähigkeit des Völkerbunds, die Bedrohung zu bewältigen, jene beiden Großmächte, die zur Verteidigung des Status quo berufen schienen, gezwungen, eine von Genf unabhängige Therapie für diese Krankheit Europas zu finden. Die Gefährlichkeit der Situation ist in Großbritannien und Frankreich völlig gleich beurteilt worden. Die politischen Rezepte aber, nach denen London und Paris zu kurieren gedachten, sahen grundverschieden aus.

Im allgemeinen haben die französischen Politiker die aggressive Unruhe Deutschlands und die mit ihr gegebene Anfechtung des europäischen Systems als chronische Leiden angesehen, die im Grunde unheilbar seien. Diese pessimistische Diagnose beruhte nicht nur auf der historischen Erfahrung einer lediglich von kürzeren oder längeren Waffenpausen unterbrochenen permanenten deutsch-französischen Fehde, sondern doch auch darauf, daß die außenpolitischen Kategorien der Pariser Staatsmänner dem außenpolitischen Denken ihrer deutschen Kollegen noch näher standen als den angelsächsischen Völkerbundsprinzipien. In der französischen Kriegszieldiskussion haben jene Elemente eines wirtschaftlichen Imperialismus, die in Deutschland zur Forderung nach den Erzbecken von Longwy und Briey geführt hatten, keineswegs gefehlt. So sagte das ›Comité des Forges‹ im Sommer 1916: »Jede Ausdehnung unseres Gebietes und unseres Wirtschaftsbereichs über Elsaß-Lothringen und die Saar hinaus kann die Lösung der Probleme, die sich für unsere Industrie mit der Rückgewinnung oder Annexion dieser Provinzen stellen, nur vereinfachen, indem sie neue Märkte, größere Kohlenschätze und Transportmöglichkeiten auf dem Rhein eröffnet.«[69] Gewiß hat das von 1789 geprägte Frankreich die Revolutionierung der internationalen Beziehungen nicht einfach abgelehnt. Aber die Residuen des außenpolitischen Darwinismus bewirkten ein zunächst unüberwindliches Mißtrauen gegenüber der Botschaft Wilsons; selbst ein progressiver Liberaler wie Clemenceau brachte es nicht über sich, an den Erfolg der neuen Revolution zu glauben – von Nationalisten wie Poincaré ganz zu schweigen. Nun war man sich in Paris der eigenen Schwäche gegenüber dem östlichen Nachbarn nur allzu bewußt; niemand hatte die Niederlage von 1870/71 vergessen und jedermann hatte gesehen, daß 1914 eine Wiederholung der damaligen Katastrophe gebracht hätte, wenn Deutschland in der Lage gewesen wäre, seine Kraft ausschließlich gegen Frankreich zu richten. So verband sich schon während des Krieges die pessimistische Einschätzung der künftigen deutschen Außenpolitik mit dem Gefühl der Unterlegenheit Frankreichs zu einem übermächtigen Sicherheitsbedürfnis, das, da es sich nicht allein auf die Grundsätze und das System der kollektiven Sicherheit verlassen wollte, zu seiner Befriedigung auf traditionelle Mittel zurückgriff und eine Aggressivität entwickelte, die sich von der Aggressivität einer expansionistischen Macht zwar im Motiv, nicht aber in der konkreten Erscheinungsform unterschied. »Nach unserer Vorstellung soll Deutschland keinen Fuß mehr über den Rhein setzen dürfen«, hatte Ministerpräsident Briand am 12. Januar 1917 an Paul Cambon, den französischen Botschafter in London, geschrieben[70], und dieses Ziel fand seinen Ausdruck nicht allein im Anspruch auf das Saargebiet (die Rückkehr Elsaß-Lothringens verstand sich von selbst). Eine französische Note vom 14. Februar 1917 erklärte bündig: »Die übrigen linksrheinischen Gebiete, die jetzt zum Bestand des Deutschen Reiches gehören, werden von Deutschland ganz abgetrennt und von jeder politischen und wirtschaftlichen Abhängigkeit von Deutschland befreit. Die linksrheinischen Gebiete, die nicht in den Bestand des französischen Territoriums einverleibt werden, sollen ein autonomes und neutrales Staatswesen bilden.«[71]

Diese Kriegsziele hat Frankreich auf der Pariser Friedenskonferenz nicht durchsetzen können. Großbritannien hatte auch während des Krieges stets nur den Anspruch auf Elsaß-Lothringen anerkannt, weiter ausgreifenden französischen Ambitionen jedoch seine Zustimmung versagt, und auf der Friedenskonferenz ist es Lloyd George, mit der Unterstützung Wilsons, gelungen, Clemenceau – der lieber die empörte Enttäuschung Poincarés und Marschall Fochs in Kauf nahm, als das gute Einvernehmen mit London zu riskieren – eine Regelung abzuhandeln, die Frankreich zwar die befristete Besetzung der linksrheinischen Territorien durch alliierte Truppen und den ebenfalls befristeten Besitz der saarländischen Kohlengruben einbrachte, andererseits aber den französischen Verzicht auf Annexionen und sogar den Verzicht auf die Schaffung einer autonomen »Pufferzone« bedeutete. Um das französische Sicherheitsbedürfnis zu beruhigen, hatten Wilson und Lloyd George einmal betont, daß ja schon der Völkerbund den Status quo garantiere, sich jedoch außerdem verpflichten müssen, Frankreich im Falle eines deutschen Angriffs militärische Hilfe zu leisten. Seither waren die Gebrechen des kollektiven Sicherheitssystems offenkundig geworden, und als sich der amerikanische Senat weigerte, den von Wilson geschlossenen Pakt zu ratifizieren, ging Frankreich nicht allein das amerikanische, sondern – da beide gekoppelt waren – auch das britische Beistandsversprechen verloren. Paris sah sich, was London anging, auf die höchst unsichere Entente der Vorkriegsjahre zurückverwiesen, fühlte sich um die politischen Kompensationen für seine territorialen Verzichte und damit um jede solide Sekurität betrogen und fiel in ein nervöses Sicherheitsfieber, das ernste Konsequenzen hatte.

Zunächst schwand jede Bereitschaft zur Abrüstung der Landstreitkräfte, was praktisch zur französischen Obstruktion gegen eine der wichtigsten Aufgaben des Völkerbunds führen mußte. Zweitens setzte sich in Paris die Überlegung durch, an die Stelle der entgangenen Allianz mit den Seemächten müsse ein kontinentales Bündnissystem treten, und schon zwischen 1919 und 1921 demonstrierte Frankreichs Polenpolitik deutlich genug, daß die französischen Politiker durchaus gewillt waren, einem Staat, der als Bundesgenosse gegen Deutschland in Frage kam, selbst schwere Verstöße gegen Geist und Buchstaben der Völkerbundssatzung nachzusehen. Vor allem aber entwickelte Paris jetzt eine Deutschlandkonzeption, die mit rationaler Politik nichts mehr zu tun hatte. Während die Maximalisten nun, wo es zur Realisierung einer so überspannten und altmodischen Forderung endgültig zu spät war, verlangten, angesichts der veränderten Lage müsse die Rheingrenze eben noch nachträglich erreicht werden, versteiften sich die Minimalisten auf den Gedanken, man solle Deutschland wenigstens die Voraussetzung für eine aktive Revisions- und Restaurationspolitik, nämlich die Wiedergewinnung der militärischen, wirtschaftlichen und finanziellen Bewegungsfreiheit, so lange wie nur irgend möglich verweigern. Die Kombination dieser drei Elemente französischer Außenpolitik – Produkte einer Vereinigung der Gewißheit momentaner Überlegenheit mit dem Gefühl langfristiger Unterlegenheit – lief darauf hinaus, die deutsche Revanche und die Wiederkehr der deutschen Hegemonie vorerst durch ein französisches Hegemonialsystem zu verhindern. Statt die ihm zugedachte Rolle einer Stütze des kollektiven Sicherheitssystems zu übernehmen, verwandelte sich Frankreich selbst in eine potentiell revisionistische Macht, jedenfalls in eine Macht, die auf die Methoden traditioneller Bündnispolitik setzte und bereits mit ihrem Minimalprogramm die Überwindung der Spaltung Europas zu einem fast unlösbaren Problem machte. Gewiß schien die deutsche Disposition das französische Konzept zu rechtfertigen, und die spätere Entwicklung hat es scheinbar bestätigt. Indes war die Unvernunft der Pariser Zielsetzung schon damals unschwer zu durchschauen. Mit Sicherheit konnte vorhergesagt werden, daß der ständige Druck auf Deutschland, den die französische Politik ausüben wollte, selbst die Versöhnungsbereitschaft vernünftiger Elemente mindestens lähmen mußte, und daß der Charakter der französischen Politik die deutschen Restaurationspolitiker in ihren Intentionen bestärken wie in ihrem Glauben an die alleinige Gültigkeit des Nationalegoismus bestätigen würde. Mit gleicher Sicherheit konnte vorhergesagt werden, daß die Konzeption Frankreichs nicht auf die Dauer durchzuhalten war. In welche Situation geriet aber Paris, wenn die radikalsten, konsequentesten und bedenkenlosesten Verfechter deutscher Restaurationspolitik in einem Augenblick die Macht in Deutschland übernahmen – nicht zuletzt auf Grund jahrelangen französischen Drucks –, in dem Frankreich seine Pressionspolitik hatte abbrechen müssen? Jedenfalls war zu sehen, daß das Pariser Rezept gerade die Elemente in Deutschland kräftigen werde, die Frankreich mit Recht am meisten fürchtete.

Die britischen Politiker haben ihren Verbündeten mit eben diesen Argumenten von seinen bedenklichen Wegen abzuhalten und wieder abzubringen versucht. Schon im März 1919 hatte Lloyd George seine französischen Kollegen mit dem sogenannten Fontainebleau-Memorandum überrascht und geärgert, in dem er ihnen auseinandersetzte, daß die permanente politische, wirtschaftliche und militärische Fesselung Deutschlands weder möglich noch wünschbar sei, daß vielmehr der europäische Frieden und das neue Sicherheitssystem nur dann Bestand haben könnten, wenn es gelinge, die Besiegten mit der jetzt getroffenen Regelung zu versöhnen[72]; und auf der Friedenskonferenz hat sich der britische Premier nicht ohne Erfolg bemüht, die Praktizierung seines Grundgedankens wenigstens vorzubereiten. Die britische Haltung erklärt sich zunächst gewiß daraus, daß sich gerade auch die politische Elite des Empire weitgehend mit den Prinzipien der kollektiven Sicherheit identifiziert hatte; Balfour sagte damals, er lehne es ab, über Außenpolitik ernsthaft mit Menschen zu diskutieren, die nicht bereit seien, den Völkerbund zum Kern ihrer Konzeptionen zu machen[73]. Die natürlichen Folgen einer solchen Identifizierung waren ein gewisses Vertrauen in die Überzeugungskraft der akzeptierten Grundsätze, der Wunsch, die Zukunft des Völkerbunds, an dessen Gründung britische Staatsmänner so entscheidenden Anteil gehabt hatten, zu sichern, und schließlich die Erkenntnis, daß dieser Wunsch nicht in Erfüllung gehen werde, wenn die europäische Spaltung unüberbrückt blieb. Wenn aber Politiker wie Lloyd George, die dem Völkerbundsgedanken ferner standen, ebenfalls einen Versöhnungskurs für richtig hielten, so hatte das seinen Grund doch auch darin, daß sich London in einer anderen Lage befand als Paris. Im Gegensatz zu Frankreich hatte Großbritannien mit der Verhinderung einer deutschen Kontinentalherrschaft und mit der Vernichtung der deutschen Flotte seine Kriegsziele erreicht. Da England außerdem keine gemeinsame Grenze mit Deutschland und sein insulares Sicherheitsgefühl trotz der Anfänge des Luftkriegs noch nicht verloren hatte, konnte man in London das deutsche Problem mit mehr Gelassenheit als in Paris betrachten. Auf einer solchen Basis gewannen Überlegungen an Gewicht, die für die französischen Staatsmänner noch kaum eine Rolle spielten. So wollte Großbritannien, als einer der führenden Industrie- und Handelsstaaten der Welt, möglichst rasch den Wirtschaftsverkehr mit Deutschland, das vor dem Kriege zu seinen bedeutendsten Handelspartnern gehört hatte, wieder in Gang bringen, zumal die britische Industrie während des Krieges, als überall und nicht zuletzt in den überseeischen Teilen des Empire neue Industrien enstanden waren, wichtige Märkte verloren hatte. Auch die Sorge, »daß Deutschland mit dem Bolschewismus gemeinsame Sache macht«[74], hat Lloyd George, der freilich zur staatsbildenden Kraft der von Frankreich protegierten Polen wenig Vertrauen hatte, bereits im März 1919 beschäftigt. Der britische Premier war ferner an deutschen Reparationen interessiert, schon um die während des Krieges eingegangene britische Verschuldung an Amerika abdecken zu können, und er konstatierte nüchtern: »Wir können nicht gleichzeitig Deutschland verkrüppeln und erwarten, daß es bezahlen wird.« Schließlich hatte London durch seine vielfältigen politischen, wirtschaftlichen und militärischen Verpflichtungen in allen Teilen der Welt und durch den beginnenden Strukturwandel des Empire so viele Probleme auf dem Hals, daß die politische Stabilität des europäischen Kontinents auch deshalb im britischen Interesse liegen mußte. Wie aber konnte von Stabilität die Rede sein, wenn der Kontinent in feindliche Lager gespalten blieb?

Auch London durfte die Geburtsfehler des Völkerbunds nicht ignorieren; daß diese Fehler die revisionistische Problematik brisanter und Deutschlands offensichtliche Neigung, das Kriegsergebnis anzufechten, gefährlicher machten, ist den britischen Politikern ebenfalls nicht entgangen. Sowohl Lloyd George wie Lord Curzon, Balfour, Churchill, Baldwin, Bonar Law oder Austen Chamberlain zogen daraus den Schluß, daß das System der kollektiven Sicherheit durchaus der Ergänzung durch die Mittel der traditionellen Politik bedürfe, daß also die britisch-französische Entente, wie sie bis 1914 bestanden hatte, trotz der harten Belastungsproben, denen sie jetzt auf Grund der britisch-französischen Interessenkonflikte im Nahen und Mittleren Osten ausgesetzt war, unter allen Umständen erhalten werden müsse. Jedoch wollten sie »Ergänzung« nicht zu »Ablösung« werden lassen. Nach wie vor hofften sie, daß auf dem europäischen Kontinent der Völkerbund zunächst als Stabilisierungsfaktor wirken und sich im Laufe der Zeit zu einem funktionierenden Organ der kollektiven Sicherheit entwickeln könne. Nach wie vor glaubten sie auch, daß gegenüber Deutschland eine Politik der Versöhnung notwendig und möglich sei. Die für die Notwendigkeit einer solchen Versöhnung sprechenden Argumente waren durch die Schwäche des Völkerbunds nicht entkräftet, eher verstärkt worden. Dem britischen Pragmatismus war die kontinentale Leidenschaft für »ewige« Feindschaften so unverständlich wie unbehaglich, und angesichts der fast totalen Entwaffnung Deutschlands brachten die britischen Politiker – in ihrer saturierten und relativ sicher scheinenden Position – für das in der Tat etwas hysterisch anmutende Sicherheitsbedürfnis Frankreichs nur wenig Verständnis auf. Jedenfalls setzten sie auch in der seit Versailles erheblich veränderten Situation auf eine Beruhigung der Stimmung in Deutschland, die sie dann für erreichbar hielten – und hier gerieten sie in einen krassen Gegensatz zur französischen Konzeption –, wenn die Sieger bereit waren, die Fesseln von Versailles möglichst bald zu lösen und Deutschland seine politische wie wirtschaftliche Bewegungsfreiheit zurückzugeben, allerdings ohne deshalb auf Reparationen zu verzichten. Selbst spätere Korrekturen der deutschen Ostgrenze schloß man in London nicht aus, wie die britische Weigerung, sich irgendwie für die Integrität Polens zu engagieren – bei gleichzeitiger Bereitschaft zum Engagement für die französische Ostgrenze –, sogleich bewies. Wenn Paris Deutschland schon jede Voraussetzung zu eigener revisionistischer Politik, zur Führung einer revisionistischen Bewegung und zu einer neuen Herausforderung Europas verweigern wollte, so wollte Großbritannien also durch Entgegenkommen vermeiden, daß Deutschland bereits an der Verfolgung berechtigter oder doch unvermeidlicher revisionistischer Ziele gehindert, dadurch erst recht zur Führung der revisionistischen Bewegung aufgereizt und endlich zu einer abermaligen Herausforderung Europas förmlich getrieben würde. Konzessionen und – im Hintergrund – die Warntafel »Entente« sollten Deutschland in die europäische Staatengesellschaft zurückholen. Mit anderen Worten, Großbritannien formulierte schon damals die Grundgedanken der Appeasement-Politik; selbst der Begriff ist bereits in den zwanziger Jahren, und zwar ausdrücklich auf Deutschland gemünzt, in Memoranden des Foreign Office aufgetaucht. Ohne Zweifel war die britische

Konzeption vernünftiger und realistischer als die französische, trotz der in Deutschland vorherrschenden außenpolitischen Grundstimmung. Wenn es überhaupt ein Mittel gab, das diese Stimmung entschärfen konnte, so war es das britische Rezept. Freilich blieb eine Frage noch offen: Wie sollte London seine Deutschlandpolitik gegen den Pariser Widerstand durchsetzen, wenn Lloyd George und seine Kollegen die Entente, ebenfalls im Hinblick auf Deutschland, nicht aufs Spiel setzen durften?

Welche Rezepte man aber auch wählen mochte, ob man die Zukunft Europas etwas optimistischer oder etwas pessimistischer sah, ob man den neuen Formen einer rationalistischen Außenpolitik eine Chance gab oder sich lieber auf die zwar immer wieder erfolglosen, aber wenigstens vertrauten Methoden der Machtpolitik alten Stils verließ – ein Faktum war Ende 1920 nicht zu übersehen: Die am 11. November 1918 von David Lloyd George ausgesprochene Hoffnung, mit dem Ende des Weltkrieges hätten alle Kriege ein Ende gefunden, jetzt würden die Friedenssehnsucht der Völker und die Vernunft der Regierungen eine Revolution zur rationalen Meisterung der internationalen Anarchie erzwingen, diese Hoffnung war noch immer nicht mehr als eine Hoffnung. Von Amerika im Stich gelassen, vom bolschewistischen Rußland radikal in Frage gestellt, auf der brüchigen Basis eines Europas ruhend, das in mißtrauische Sieger und unversöhnte Besiegte, in saturierte Verteidiger und hungrige Feinde des Status quo gespalten war, erschien die künftige Entwicklung des ersten Experiments in kollektiver Sicherheit als höchst ungewiß.

Auf der anderen Seite war jene Hoffnung auch nicht weniger als eine Hoffnung; sie konnte nicht mehr als Hirngespinst gelten. Die Revolutionierung der internationalen Beziehungen war tatsächlich geschehen, und das Prinzip der Bändigung des souveränen Machtstaates – lange Jahrhunderte nur ein Traum von Philosophen und Literaten – hatte Eingang in die praktische Politik gefunden. Seit der Gründung des Völkerbunds besaß die internationale Staatengesellschaft ein Parlament und eine Verfassung, war die Idee der kollektiven Sicherheit eine politische Realität. Noch war der Völkerbund nur eine Realität neben anderen und ihm überdies nicht selten feindlichen Realitäten. Aber die konträren Kräfte zeigten sich vielfach erst als Tendenzen, deren wahre Kraft und Bedeutung noch ebenso schwer zu beurteilen war wie ihre künftigen Entfaltungsmöglichkeiten.

Jedenfalls brauchte ihr Sieg – ob temporär oder dauernd – über den neuen Faktor keineswegs bereits als ausgemachte Sache angesehen zu werden. Wie Europa im Jahrhundert nach der Französischen Revolution zwischen Volkssouveränität und Gottesgnadentum gestanden hatte, so stand es jetzt auf dem Felde der Außenpolitik zwischen pluralistischer Staatengesellschaft und absoluter Souveränität des einzelnen Staates, wiederum zwischen Revolution und Restauration. Die Zwischenlage fand ihren konkreten Ausdruck nicht allein darin, daß neben dem Völkerbund nach wie vor die alte Bündnispolitik fortlebte, also vorerst die Koalition der Siegermächte ohne Amerika, und daß diese Koalition mit ihrem »Obersten Rat« – bzw. mit dessen Instrument, der sogenannten »Botschafterkonferenz«, die sich aus den in Paris beglaubigten Botschaftern zusammensetzte – dem Völkerbundsrat ein an internationaler Autorität noch übergeordnetes Organ zur Seite stellte. Bezeichnender war noch, daß sich, in Fortsetzung der Pariser Friedenskonferenz, eine Form der Diplomatie entwickelte, die jedes internationale Problem auf großen Konferenzen einer sowohl vom Obersten Rat wie vom Völkerbundsrat beeinflußten multilateralen Diskussion unterwarf. Die »Konferenzdiplomatie« präsentierte sich als ein dem Anschein nach fürs erste durchaus passabler Kompromiß zwischen außenpolitischer Revolution und außenpolitischer Restauration.

2. Kapitel
Die künstliche Hegemonie Frankreichs (1920–1924)

Das neue Instrument der französischen Außenpolitik: die Politisierung der Reparationen

In den ersten Nachkriegsjahren hat jene »Konferenzdiplomatie« immerhin den Stil der europäischen Außenpolitik weitgehend bestimmt; von Anfang 1920 bis Anfang 1923 fanden nicht weniger als 22 wichtigere Konferenzen statt. Wenngleich sie aber das Produkt eines Kompromisses war, so hat sie zunächst doch nicht einer Politik der Kompromisse gedient. An sich dazu prädestiniert, als Brücke zwischen außenpolitischer Restauration und außenpolitischer Revolution zu fungieren, zugleich mit praktischer Arbeit zur Überwindung der europäischen Spaltung beizutragen, ist die neue Form der internationalen Diskussion anfänglich ganz im Gegenteil zu einem bloßen Exekutionsinstrument der Pariser Friedensverträge degradiert und als Werkzeug zur Vertiefung oder doch Prolongierung der europäischen Spaltung mißbraucht worden. Die Konservativen aller Länder und die aus einem gewissen Bedeutungsverlust urteilenden professionellen Diplomaten haben dieses Versagen gerne der Konferenzdiplomatie selbst angelastet, die ihre Akteure zum Auftreten unter den Augen der Öffentlichkeit gezwungen, also von den Stimmungen einer noch im Banne der während des Krieges geweckten Leidenschaften stehenden Wählerschaft abhängig gemacht und damit an sachlichen Verhandlungen gehindert habe; in seinem Buch über Lord Curzon hat Harold Nicolson, gerade weil er im britischen Interesse an der Befriedung Europas interessiert war, gleichsam die Bedenken des Foreign Office gegen die Praktikabilität der neumodischen Methoden klug, prägnant und fast überzeugend zusammengefaßt. So richtig es aber auch sein mag, daß diplomatische Besprechungen, die ernste und heikle Streitfragen lösen sollen, in bestimmten Phasen der Abschirmung gegen störende öffentliche Emotionen bedürfen, und so richtig es ist, daß Haß- und Rachegefühle bis tief in die zwanziger Jahre lebendig blieben, daß sie die ebenso allgemeine Friedenssehnsucht immer wieder konterkarierten und die Bewegungsfreiheit der Politiker einschränkten, so ist doch die Vorstellung nicht haltbar, damals seien nüchterne, weitblickende und weise Staatsmänner von einer unvernünftigen und nationalistischen öffentlichen Meinung abgehalten worden, auf den Konferenzen einen entsprechenden Gebrauch von ihren bewundernswerten Eigenschaften zu machen. Die anfängliche Erfolglosigkeit der Konferenzdiplomatie muß vielmehr der simplen Tatsache zugeschrieben werden, daß auf dem europäischen Kontinent, nachdem die Großmacht Österreich-Ungarn verschwunden und die Großmachtqualität Rußlands und Deutschlands suspendiert worden war (ohne daß Amerika die Lücke gefüllt hätte), vorerst Frankreich die Szene beherrschte, daß sich mithin von allen gegebenen Möglichkeiten europäischer Außenpolitik zunächst notwendigerweise die Versuche zur Durchsetzung des Pariser Minimal- und schließlich sogar Maximalprogramms am kräftigsten bemerkbar machen konnten. Frankreich hätte diese Versuche auch dann unternommen – vielleicht sogar mit größerem Erfolg unternehmen können –, wenn die Methoden der Kabinettsdiplomatie noch allein in Kraft gewesen wären, und die Energie, mit der die französischen Staatsmänner ihre Ziele zu realisieren strebten, hing weniger vom Druck der öffentlichen Meinung ab, auf die sie sich häufig hinausredeten, deren Vorstellungen sie in Wahrheit jedoch teilten, sondern mehr vom Grad ihrer Bereitschaft, auf die völlig anderen Auffassungen ihrer Londoner Partner Rücksicht oder aber kritische Belastungen der Entente in Kauf zu nehmen; hier liegt der eigentliche Unterschied zwischen Clemenceau oder Briand und Politikern wie Poincaré und Millerand. In gleicher Weise war die Stärke oder Schwäche des britischen Widerstands nicht in erster Linie von der Intensität profranzösischer und deutschfeindlicher Gefühle in der britischen Öffentlichkeit diktiert, sondern eher davon, ob man in London den Schaden, den die französische Politik anrichtete, jeweils größer oder geringer als den Nutzen einer intakten Entente einschätzte, ferner auch davon, in welchem Maße sich Großbritannien in außenpolitischen Fragen, etwa im Nahen und Mittleren Osten, gerade auf die Zusammenarbeit mit Paris angewiesen glaubte.

Frankreich war es zunächst gelungen, mit der Schaffung eines von Paris abhängigen kontinentalen Bündnissystems einen Punkt seines Programms, das diplomatische Hegemonialsystem, zu verwirklichen. Mitte August 1920 hatten sich die Tschechoslowakei, Jugoslawien und Rumänien unter französischem Patronat zur sogenannten »Kleinen Entente« zusammengeschlossen, die den ungarischen Revisionismus in Schach halten sollte. Anfang März 1921 wurde diese Allianz durch einen rumänisch-polnischen Bündnisvertrag und Anfang November 1921 durch ein polnisch-tschechoslowakisches Neutralitätsabkommen zu einer Kombination erweitert, die jeder revisionistischen Politik in Ostmittel- und Südosteuropa vorbeugen wollte. Als Frankreich am 18. Februar 1921 ein Defensivbündnis mit Polen einging und am 25. Januar 1924 das schon längst bestehende Freundschaftsverhältnis mit der Tschechoslowakei ebenfalls vertraglich abstützte, übernahm Paris nicht allein sozusagen offiziell die Führung der nun erfolgreich organisierten Status-quo-Partei, sondern gab zugleich offen zu erkennen, daß als eigentlicher Feind, zu dessen Niederhaltung das ganze Allianzgeflecht in Wahrheit bestimmt sei, Deutschland zu gelten habe.

In London ist schon diese diplomatische Aktivität Frankreichs mit wachsendem Unbehagen verfolgt worden. Nicht etwa deshalb, weil die britischen Politiker – nach dem Grundsatz der »balance of power« – bereits über das bloße Faktum einer das deutsche Übergewicht ablösenden französischen Hegemonie beunruhigt gewesen wären. England hat die tatsächlich gegebene, jedoch behutsam und ohne friedensgefährdende Machtansprüche ausgenützte Hegemonie eines kontinentaleuropäischen Staates – etwa zwischen 1871 und 1890 die des von Bismarck geführten Deutschland – stets relativ gelassen akzeptiert. Die Gegnerschaft Londons wurde erst dann geweckt, wenn die außenpolitischen Tendenzen einer hegemonialen Macht auf kontinentale Expansion zielten oder durch den rücksichtslosen Gebrauch der eigenen Kräfte für ständige und künftige Konflikte säende Unruhe auf dem Kontinent sorgten und damit in beiden Fällen die Sicherheit Großbritanniens bedrohten. Eben das galt aber für die Politik Frankreichs. Die britischen Anhänger des Völkerbunds nahmen es Paris übel, daß die französischen Allianzen eine ordinäre Fortsetzung der Vorkriegsdiplomatie darstellten und der Völkerbundsidee psychologisch wie faktisch schweren Schaden zufügten. Politiker wie Lloyd George konstatierten indes mit zunehmender Verbitterung, wie ihre französischen Kollegen die Augen vor der Tatsache verschlossen, daß die Sammlung der Status-quo-Partei – weit davon entfernt, den Status quo zu sichern – lediglich dazu beitrug, die europäische Spaltung bis zum fast unausbleiblichen Gegenschlag der Revisionspartei gewissermaßen zu institutionalisieren. Vor allem aber sahen sie alsbald ihren schon während der Pariser Friedenskonferenz erwachten Argwohn bestätigt, Frankreich werde sich mit einer bündnispolitisch abgesicherten hegemonialen Position, mit der diplomatischen »Einkreisung« Deutschlands und Ungarns, nicht zufriedengeben, sondern die gewonnene Machtstellung auch zur möglichst langen wirtschaftlichen Niederhaltung Deutschlands benutzen wollen. Eine solche Politik aber mußte nach der Ansicht Lloyd Georges in Deutschland die Revanchestimmung schüren, die Beruhigung Europas verhindern und bereits, was zunächst am gravierendsten schien, die Erholung der europäischen Wirtschaft und damit die Lösung eines der – gerade für Großbritannien – wichtigsten Nachkriegsprobleme sabotieren.

Daß die außenpolitische Verbindung mit der Kleinen Entente und Polen dem französischen Sicherheitsbedürfnis nicht genügte, war an sich verständlich. Wenn die Pariser Politiker wußten, daß Frankreichs augenblickliche Überlegenheit auf dem Kontinent und gegenüber Deutschland nicht der natürlichen Machtverteilung entsprach, sondern den Anstrengungen einer Koalition zu verdanken war, in der Frankreich, militärisch gesehen, eine zwar nicht wegzudenkende und sogar führende, aber keineswegs ausschlaggebende Rolle gespielt hatte, so war für sie erst recht evident, daß die jetzt, nach dem Zerfall der Kriegsallianz, arrangierte Koalition, in der Frankreich die weitaus kräftigste Macht darstellte, keinen ausreichenden Schutz gegen ein Land bot, das die viel größere und stärkere Gruppierung eben zu einer bislang unbekannten Mobilisierung aller Energien gezwungen hatte. Sollte das französische System seine Aufgabe erfüllen, so brauchte Frankreich im Grunde Großmächte als Partner, und Frankreichs neue Partner waren mitnichten in der Lage, die Funktion von Großmächten zu übernehmen, auch wenn sämtliche Beteiligten – einschließlich des eingekreisten Deutschland – dies zeitweise vorgaben; Polen und die Tschechoslowakei waren kein Ersatz für Rußland und die Vereinigten Staaten. Aus der Tatsache aber, daß Frankreich und seine Verbündeten der letzten Probe jeder Allianz, der militärischen, gegen ein Deutschland, das über sein wirtschaftliches und militärisches Potential frei verfügen konnte, nicht gewachsen sein würden, daß also die französische Hegemonie nicht auf der eigenen Stärke, sondern auf Deutschlands momentaner Schwäche beruhte, aus dieser Tatsache zogen Poincaré wie Clemenceau und Briand den logischen, jedoch ebenso unmoralischen wie unvernünftigen Schluß, daß eben ein Mittel zur

Blockierung der ohne künstlichen Eingriff unausbleiblichen Erholung und Kräftigung Deutschlands gefunden werden müsse. Und für eine Politik, die Deutschland gewissermaßen in dem Zustand hielt, in dem es den Versailler Vertrag unterschrieben hatte, mochte das französische Bündnissystem eine tragfähige Basis abgeben. Die beiden Alternativen, eine europäische Friedensordnung im Rahmen des Völkerbunds oder eine direkte Verständigung mit Deutschland, erschienen ja den Leitern der französischen Politik, wie schon gesagt, angesichts der nationalistischen Stimmung in Deutschland nicht als reale Möglichkeiten.

Das Mittel zur laufenden Abschöpfung des natürlichen deutschen Kräftezuwachses lag bequem zur Hand. Im Versailler Vertrag hatte sich Deutschland verpflichten müssen, Reparationen zu zahlen, ohne daß die Höhe seiner Leistungen schon festgesetzt worden wäre. Vor dem Waffenstillstand hatten die Alliierten, unter dem Druck Wilsons, von Deutschland lediglich verlangt, die besetzten Gebiete wiederherzustellen, und in der Lansing-Note vom 5. November 1918 definiert, unter dieser Wiederherstellung sei zu verstehen, daß Deutschland für den Schaden Ersatz zu leisten habe, den die zivile Bevölkerung der verbündeten Staaten durch den Angriff Deutschlands zu Lande, zu Wasser und aus der Luft erlitten hatte. Zwischen Waffenstillstand und Friedensvertrag war jedoch deutlich geworden, daß die europäischen Alliierten danach strebten, sich von Deutschland nicht allein die Kriegsschäden, sondern überdies die Kriegskosten bezahlen zu lassen; auch die Vertreter Großbritanniens in der alliierten Kommission für Schadenersatz, die seit dem 1. Februar 1919 in Paris tagte, haben derartige Ansprüche geltend gemacht. Wilson hat sich solchen phantastischen Vorstellungen energisch widersetzt und auf der ursprünglichen Begrenzung bestanden. Schließlich gelang es den Alliierten, als schon ein Bruch mit den Vereinigten Staaten drohte, Wilson einzureden, daß alle auf Grund des Krieges zu zahlenden Pensionen als zivile Schäden anzusehen seien, und mit diesem Kompromiß hatten sie sich, ohne die Konzeption Wilsons eindeutig preiszugeben, doch die Voraussetzung geschaffen, Reparationsforderungen in praktisch beliebiger Höhe anzumelden. Über die Frage, ob es überhaupt möglich sei, große Summen und erhebliche Sachlieferungen ohne Gegenleistung von Land zu Land zu transferieren, zerbrach sich zunächst kaum jemand den Kopf. Während sich aber in Großbritannien – nicht zuletzt unter dem

Eindruck des die Reparationen scharf kritisierenden Buches von John Maynard Keynes ›Die wirtschaftlichen Folgen des Friedensvertrages‹ (erste englische Ausgabe Dezember 1919) – die wirtschaftliche Vernunft relativ rasch wieder einstellte, zumindest in der Regierung und in den Kreisen der Sachverständigen, die immerhin zu der Erkenntnis kamen, daß die Reparationsansprüche in einem vertretbaren Verhältnis zur deutschen Leistungsfähigkeit stehen sollten, sahen die französischen Politiker nur die politischen Möglichkeiten, die in dem von Deutschland unterschriebenen Blankoscheck steckten. Solange Deutschland bis an die Grenze und über die Grenze seiner finanziellen Kraft Reparationen zahlte oder doch unter dem Druck entsprechend hoher Forderungen stand, konnten die Berliner Kabinette nicht daran denken, die wirtschaftlichen und finanziellen Reserven ihres Landes in den Dienst einer neuen – geheimen oder später auch offenen – Aufrüstung zu stellen; das deutsche Potential, das Frankreich so viel Sorgen machte, blieb Potential. Sollte Deutschland aber aus Unvermögen, aus Verzweiflung oder aus bösem Willen die festgesetzte Schuld nicht bezahlen – um so besser: dann konnten Sanktionen verhängt, deutsche Territorien besetzt, deutsche Unternehmen oder Geldquellen unter Aufsicht gestellt und, ganz allgemein, die Versailler Enttäuschungen korrigiert werden. Männer wie Poincaré müssen schon früh die Chance erkannt haben, die Reparationen als Machete zu benutzen, um den Weg zu den französischen Maximalzielen, d. h. zum Rhein, freizuschlagen. Anders ist es nicht zu erklären, daß Frankreich schon auf der Pariser Friedenskonferenz die, wirtschaftlich gesehen, unsinnige These verfocht, der Reparationskalkulation dürfe nicht die deutsche Leistungsfähigkeit zugrunde gelegt werden. Jedenfalls betrachtete man in Paris die Reparationen als das geeignete Mittel, Deutschland jahrzehntelang außer Atem zu halten, und damit als die gegebene Ergänzung des französischen Bündnissystems.

Unter dem Druck dieser französischen Konzeption ist die Reparationsfrage dem zu ihrer Erledigung vom Versailler Vertrag geschaffenen Organ, der Reparationskommission, immer wieder entzogen und auf die Tagesordnung der großen internationalen Konferenzen gesetzt worden. Frankreich hat auf diese Weise selbst dafür gesorgt, daß das Thema aus der relativen Abgeschiedenheit, in der Experten zu diskutieren pflegen, gezerrt und den Zusammenkünften der Regierungschefs überantwortet wurde, an denen die Öffentlichkeit sehr viel größeren Anteil nahm. Jedoch nicht getrieben, sondern unterstützt vom fordernden Geschrei ihrer Presse verwandelten Frankreichs Sprecher die meisten Konferenzen der Jahre 1920 und 1921 aus Beratungen über die drängenden Nachkriegsprobleme Europas in Gerichtsverhandlungen, in denen die Kriegsschuld und die Kriegsschulden Deutschlands festgestellt und tatsächliche oder angebliche Versäumnisse Deutschlands bei der Begleichung dieser Schulden abgeurteilt wurden. Obwohl der Versailler Vertrag bestimmt hatte, daß die deutsche Gesamtschuld allein von der Reparationskommission zu berechnen sei, und zwar bis zum 1. Mai 1921 – bis zu diesem Zeitpunkt sollte auch Deutschland einen Plan zur Erfüllung seiner Verpflichtungen innerhalb von dreißig Jahren vorlegen, außerdem in Gold und Sachlieferungen 20 Milliarden Goldmark Vorleistungen erbringen –, hat sich schon die erste Konferenz von Hythe (15. bis 17. Mai 1920) mit den Reparationen beschäftigt, und am 21. Juni 1920 ist in Boulogne vereinbart worden, daß Deutschland im Laufe von 42 Jahren 269 Milliarden Goldmark zu zahlen habe. Kaum hatten Besprechungen der Sachverständigen, die im Dezember 1920 in Brüssel stattfanden und auf denen sowohl Deutschland wie Frankreich ungewöhnlich gut vertreten waren – Frankreich durch Seydoux, den vernünftigen und sachlichen Leiter der Handelsabteilung im Pariser Außenministerium, Deutschland durch den als Finanzmann wie als Diplomaten gleich hervorragenden Staatssekretär Carl Bergmann –, zu der Einsicht geführt, daß eine Festsetzung der deutschen Gesamtschuld vorläufig unterbleiben und stattdessen eine temporäre Regelung getroffen werden müsse, die Deutschland fünf Jahresraten von 3 Milliarden Goldmark (in Sachlieferungen und Barzahlungen) auferlegen solle, da haben die Pariser Staatsmänner diese erste Regung wirtschaftlicher und politischer Vernunft schleunigst wieder erstickt. Auf der im Januar 1921 folgenden Pariser Konferenz des Obersten Rats sind die Brüsseler Empfehlungen gar nicht zur Kenntnis genommen worden, und der französische Finanzminister Doumer präsentierte als Vorschlag Frankreichs die nur als wahnwitzig zu charakterisierende Forderung, Deutschland solle 212 Milliarden Goldmark in Jahresraten von 12 Milliarden Mark bezahlen, welche Raten die damaligen Einnahmen des Reiches um das Dreifache überstiegen. In seiner Begründung sagte Doumer, und dieser Satz ist, wirtschaftlich genommen, in seiner schwer zu überbietenden Unlogik klassisch zu nennen: »Natürlich besteht die Möglichkeit des Bankrotts und des vollständigen Ruins in Deutschland; wenn es aber überhaupt irgendwo zum Bankrott kommen muß, dann finde ich es nicht gerecht, daß er in Frankreich kommen soll, damit Deutschland um die Bezahlung dieser 12 Milliarden jährlicher Kriegsschuld herumkommen kann.«[75] In einer sachlich so törichten Bemerkung ist die politische Zielsetzung der französischen Reparationspolitik mit Händen zu greifen, und Doumer hat denn auch Lord d'Abernon erklärt, wenn Deutschland tatsächlich nicht zahle, so müsse es eben, wie einst die Türkei, einem Kapitulationsregime unterworfen, also unter finanzielle – und damit politische – Zwangsverwaltung gestellt werden.[76] Ministerpräsident Briand machte sich zwar die von seinem Finanzminister verlangten Annuitäten nicht zu eigen, doch kam die Konferenz in den sogenannten Pariser Beschlüssen, die der deutschen Regierung am 29. Januar übermittelt wurden, sogar auf eine deutsche Gesamtschuld von 226 Milliarden Mark, die in 42 Jahren zu zahlen seien, wobei die Jahresraten von 2 auf 6 Milliarden ansteigen sollten; außerdem wurden 12 Prozent des Wertes der deutschen Ausfuhr beansprucht. Als Deutschland diese phantastischen Bedingungen Anfang März auf der Londoner Konferenz ablehnte, rückte Frankreich dem Ziel, doch noch seine Hand auf größere deutsche Territorien zu legen, einen Schritt näher: auf Grund der deutschen Ablehnung wurden am 8. März, unter Verletzung des Versailler Vertrags, Düsseldorf, Duisburg und Ruhrort besetzt, und die Grenze zwischen dem besetzten und dem übrigen Reichsgebiet verwandelte sich in eine Zollgrenze.

Etliche Wochen später, Ende April, übernahm der seit 30. März abermals in London tagende Oberste Rat die inzwischen von der Reparationskommission berechnete Schuldsumme von 132 Milliarden Goldmark, arbeitete jedoch bis zum 4. Mai selbst einen Zahlungsplan aus, den wiederum die an diesem Tag aus Paris nach London berufene Reparationskommission zu akzeptieren und als ihre eigene Leistung der deutschen Regierung zu übergeben hatte. Am 6. Mai erreichte der »Londoner Zahlungsplan« Berlin, begleitet von einem Ultimatum des Obersten Rats, das bei Nichtannahme die Besetzung des Ruhrgebiets androhte. In Paris spekulierten einflußreiche Kreise offensichtlich darauf, daß Deutschland auch die zwar stark reduzierte, aber immer noch unsinnige neue Forderung ablehnen und damit tatsächlich den Vorwand zur Okkupation der Ruhr liefern werde. Lord

Curzon glaubte nicht mehr daran, daß »diese Gefahr« abgewendet werden könne, und Lord d'Abernon notierte am 29. April: »Die Besetzung der Ruhr wird von gewissen Kreisen in Frankreich gefordert; von der Poincaré-Gruppe, und zwar teils aus politischen Gründen, teils zur Sicherstellung der Zahlungen, und von der Partei des Marschall Foch in der Annahme, daß sie zu einem Zusammenbruch Deutschlands und zu einer dauernden Festsetzung der französischen Grenze am Rhein führen wird.«[77] Es war bezeichnend, daß Frankreich das Londoner Ultimatum ursprünglich sofort angenommen oder abgelehnt haben wollte, doch hatte Lloyd George wenigstens eine Frist von sechs Tagen durchgesetzt, und am 11. Mai hat das erste Kabinett Wirth, das die bereits am 4. Mai aus innenpolitischen Gründen zurückgetretene Regierung Fehrenbach abgelöst hatte, den Londoner Zahlungsplan angenommen und die französischen Pläne noch einmal vereitelt. Der Plan selbst gliederte die deutsche Reparationsschuld in drei Teile: am 1. Juli 1921 hatte die deutsche Regierung der Reparationskommission sogenannte A-Bonds über 12 Milliarden Mark auszuhändigen, am 1. November 1921 B-Bonds über 38 Milliarden und ebenfalls am 1. November C-Bonds über 82 Milliarden. Deutschland wurde verpflichtet, bis zur Tilgung der Schuld jährlich 2 Milliarden, dazu 26 Prozent des Wertes der Ausfuhr (also etwa eine weitere Milliarde) zu zahlen, jedoch sollten die C-Bonds erst dann fällig werden, wenn die Reparationskommission zu der Überzeugung gekommen war, daß die deutschen Leistungen zur Abdeckung dieser Bonds ausreichen. Da das, wie jedermann wußte, nie der Fall sein konnte, verlangte der Londoner Plan praktisch 5 Prozent Zinsen und 1 Prozent Tilgung auf ein Kapital von 50 Milliarden, die von nun an als reale Reparationsschuld galten. Die erste Barmilliarde war bis zum 31. August 1921 zu zahlen. Die Diskussionen blieben freilich von der Zahl »132 Milliarden« beherrscht.

Es ist heute nur mehr schwer vorstellbar, mit welcher Erbitterung damals um solche rein fiktiven Milliarden gestritten wurde. Natürlich standen hinter den alliierten Forderungen nicht allein die vermeintlichen Notwendigkeiten der französischen Sicherheitspolitik. Die Liquidierung der wirtschaftlichen und finanziellen Kriegsfolgen strapazierte den französischen und belgischen Etat in einer Weise, daß beide Staaten naturgemäß danach strebten, sich durch finanzielle Leistungen und Sachlieferungen des geschlagenen Gegners Erleichterung zu verschaffen. Vor allem aber sahen sich die Alliierten vor die Tatsache gestellt, daß die Vereinigten Staaten keine Miene machten, ihren europäischen Schuldnern auch nur einen Cent nachzulassen. Schon im März 1919 hatte das amerikanische Schatzamt zu verstehen gegeben, daß diese Frage allein nach geschäftlichen Grundsätzen erledigt werden dürfe. Oberst House hatte dann zwar im Juli 1919 Wilson geschrieben: »Glauben Sie nicht auch, wir sollten unsere Leute darauf aufmerksam machen, daß keine vollständige Rückzahlung der Anleihen an die Entente zu erwarten ist? Sollten sie nicht aufgefordert werden, einen großen Teil dieser Anleihen als Beitrag zu unseren notwendigen Kriegsausgaben zu betrachten, und sollte nicht eine entsprechende Neuregelung von uns, statt von unseren Schuldnern, vorgeschlagen werden?«[78] Wilson wollte sich jedoch auf derartige Überlegungen nicht einlassen, und seine republikanischen Nachfolger dachten erst recht nicht daran, den Alliierten Geld zu schenken. Mit der kühlen Bemerkung: »They hired the money, didn't they?« brachte noch Präsident Coolidge den amerikanischen Standpunkt unmißverständlich zum Ausdruck.[79] Ohne daß Washington dies wollte oder zunächst sogar begriff, übten die amerikanischen Ansprüche einen ständigen Druck auf die Haltung der europäischen Staaten in der Reparationsfrage aus. Daß die Reparationen aber weit über solchermaßen begründbare Erfordernisse hinaus zu einem Problem von ungeheuerlichen Dimensionen und zum vorerst zentralen Thema der europäischen Außenpolitik aufgebläht wurden, ist trotzdem in erster Linie ihrer Instrumentalisierung im Dienste der französischen Deutschlandpolitik zuzuschreiben. Den besten Beweis dafür lieferten die französischen Politiker selbst, die mit ihrem hartnäckigen Bestehen auf unerfüllbaren Forderungen und mit der catonischen Formulierung dieser Forderungen wesentlich dazu beitrugen, daß die deutsche Stimmung wie die deutsche Währung in einen Zustand gerieten, der größere Zahlungen praktisch ausschloß. Wie jede Politik, die sich ausschließlich an nationalistischen Postulaten ausrichtet, an Postulaten, die gewiß logisch zu entwickeln sind, in Wahrheit aber auf Emotionen beruhen und nur in loser Verbindung zur Realität stehen, so hat auch der damalige französische Kurs nicht allein europäische, sondern zugleich konkrete Interessen Frankreichs opfern müssen: um der Fiktion totaler Sicherheit nachjagen zu können, haben die Pariser Politiker jahrelang die Wiederherstellung des europäischen Friedens verhindert und außerdem auf eine dringend notwendige Ergänzung des französischen Staatshaushalts verzichtet.

Frankreichs Fortsetzung des Krieges mit anderen Mitteln hat aber auch die internationale Stellung des Landes erheblich beeinträchtigt. Angelsächsische Autoren sind so weit gegangen, das wichtigste diplomatische Ergebnis der von Frankreich verpfuschten Konferenzära in der bis zum faktischen Bruch führenden Entfremdung zwischen Paris und London zu sehen.[80] Von »Bruch« zu sprechen, ist sicherlich übertrieben. Doch hat Großbritannien die französische Reparationspolitik aktiv bekämpft – anders als die französische Bündnispolitik, die nicht bekämpft, sondern lediglich mißbilligt werden konnte –, und der daraus entstandene britisch-französische Konflikt hat das im Grunde erst während des Krieges gewachsene Vertrauen und Verständnis zwischen den Ententepartnern in der Tat so schwer erschüttert, daß die Erholung bis in die Anfangsmonate des Zweiten Weltkrieges dauern sollte. Die Erinnerung an die aufreizende Unzugänglichkeit, mit der die französischen Politiker allen Argumenten finanzpolitischer Vernunft begegnet waren, an die egoistische Gleichgültigkeit, die Paris gegenüber dem Stocken des Welthandels und damit gegenüber den wachsenden britischen Arbeitslosenzahlen an den Tag gelegt hatte, war noch in den dreißiger Jahren durchaus lebendig und ein politischer Faktor. Allerdings befand sich Lloyd George, der eigentliche Träger des britischen Widerstands gegen die französische Reparationspolitik, in einer Position, die seinen Möglichkeiten zunächst relativ enge Grenzen setzte. Selbstverständlich hätte er ohnehin nicht verhindern können, daß Frankreich die Reparationskommission beiseite schob und den Obersten Rat zur entscheidenden Autorität in der Reparationsfrage machte. Aber vor der Konferenz von Boulogne hatte er diese Tendenz noch kräftig gefördert – freilich war damals Poincaré Präsident der Kommission gewesen, der aus Protest gegen die Beschneidung ihrer Rechte sogar zurückgetreten war – und so im Vertrauen auf seine persönliche Geltung wie auf sein taktisches Geschick selbst eine Entwicklung einleiten helfen, die ihm die Hände binden mußte. Die stärkere Einschaltung der Öffentlichkeit, die mit jener Verlagerung der Kompetenzen zwangsläufig verbunden war, kam seinen französischen Partnern zugute, während sie ihn, dessen Konzeption dem Milliardenrausch entgegengesetzt war, zumindest behinderte; denn auch in England gab es natürlich noch lange Zeit genügend

Leute in allen Schichten der Gesellschaft, die ähnlich dachten wie ein nationalistischer deutscher Autor, der 1918 im Hinblick auf einen von Deutschland zu diktierenden Frieden geschrieben hatte: »Wenn man auf den Straßen die unglücklichen Krieger mit den entsetzlichen Nervenverletzungen sieht, wo kein Glied des Körpers nur einen Augenblick ruhig bleibt, ein herzzerreißender Anblick, dazu die vielen Jünglinge ohne Arm und Bein und die gräßlichen Gesichtsentstellungen mit künstlichen Kiefern, soll man dann kaltherzig auf jede Kriegsentschädigung ... verzichten? Unsere heldenhaften Kriegsopfer sollen hungern und darben, die Hinterbliebenen betteln gehen und unser Wohlstand aufgezehrt sein...? Schamröte müßte diesen Verzichtlern auf ihres Volkes Kosten ins Gesicht steigen.«[81] Wichtiger war aber, daß Lloyd George in eine Lage geraten war, in der er stets auf die Erhaltung der Entente Rücksicht nehmen mußte. Hätte eine reparationspolitische Differenz, die ausschließlich zwischen Bradbury und Dubois, dem britischen und dem französischen Repräsentanten in der Kommission, ausgetragen wurde, als Meinungsverschiedenheit zweier Experten behandelt werden können, so verwandelte sich eine solche Differenz, sobald sie von Lloyd George und dem französischen Regierungschef diskutiert wurde, sogleich in ein Problem der britisch-französischen Beziehungen. Auch stand der britische Premier vor der Schwierigkeit, daß er ja ebenfalls von Deutschland Reparationen haben wollte, wenn auch in wirtschaftlich vertretbarem Umfang, und daher die französischen Forderungen nie grundsätzlich angreifen, sondern lediglich ihre Quantität kritisieren konnte. Im übrigen litt die Argumentation der britischen Politiker nicht zuletzt darunter, daß sie anfänglich das Motiv der französischen Reparationspolitik und damit deren Funktion in der Pariser Gesamtkonzeption falsch einschätzten. »Die Franzosen können sich nie darüber klar werden, ob sie Zahlungen wollen oder die Freude an der Demütigung Deutschlands durch die Besetzung der Ruhr oder irgendein anderes militärisches Gewaltmittel vorziehen. Es ist offensichtlich, daß sich beides nicht vereinigen läßt, und sie müßten sich deshalb klar werden, was sie wollen!« meinte Lloyd George noch im März 1921.[82] Mit anderen Worten: In London glaubte man, die Franzosen stünden nur in einem Konflikt zwischen unverarbeiteten Emotionen und wirtschaftlichen Interessen, weswegen man ihnen mit Argumenten, die auf wirtschaftlichem und finanziellem common sense beruhten, helfen müsse. Den

Zusammenhang zwischen Reparationspolitik und Sicherheitspolitik sah man zunächst nicht. Schließlich beging Lloyd George insofern noch einen taktischen Fehler, als er sich – freilich weitgehend auf Grund deutscher Vorstellungen – überhaupt auf die Erörterung der deutschen Gesamtschuld einließ und erst in der Endphase der Londoner Märzkonferenz, als es bereits zu spät war, den Gedanken einer provisorischen Regelung wieder aufgreifen wollte. Das entscheidende Handicap der britischen Politik bestand jedoch darin, daß Großbritannien, solange es sich nicht bereit zeigte, einen offenen Bruch der Entente zu riskieren, ohne offiziellen und energischen Beistand der Vereinigten Staaten nicht stark genug war, Frankreich zur Rückkehr auf den Pfad der wirtschaftlichen und politischen Tugend zu zwingen. Lord d'Abernon, der britische Botschafter in Berlin, hat Lord Curzon schon früh zu überzeugen versucht, daß etwas geschehen müsse, um Amerika erneut ins europäische Spiel zu bringen. Aber der britische Außenminister, der im Empire Kiplings lebte und die abtrünnige Kolonie nicht ohne Vorurteile betrachtete, hatte für derartige Anregungen vorerst kein Ohr.

Auch ein gefesselter Lloyd George handhabe das Instrument der Konferenzdiplomatie mit Meisterschaft, und so hat er – unterstützt von Lord d'Abernon, Lord Bradbury, Sir Eyre Crowe (vom Foreign Office) und seinen Kabinettskollegen Sir Robert Horne, Edwin Montagu, Worthington Evans, Winston Churchill – das französische Konzept doch recht erheblich beschneiden können. Daß Deutschlands Versäumnis, die bis zum 1. Mai 1921 in Gold und Sachlieferungen fälligen 20 Milliarden zu bezahlen – ein Versäumnis, das die Reparationskommission unter französischem Druck in drohender Sprache rügte –, nicht nur keine Sanktionen zur Folge hatte, sondern auf den Londoner Konferenzen des Frühjahrs 1921 völlig ignoriert wurde, war auch der britischen Haltung zu verdanken. Ähnlich verhält es sich mit der erstaunlichen Tatsache, daß Deutschland für die zwischen 1919 und 1921 gelieferte Reparationskohle zeitweise dringend benötigte Devisen erhielt, was eine spürbare Milderung der auf dem Reich liegenden wirtschaftlichen Last bedeutete, auch wenn diese Devisen vom Reparationskonto wieder abgezogen wurden. Anfang März 1921 hat Lloyd George zwar der Besetzung Düsseldorfs, Duisburgs und Ruhrorts höchst widerwillig zugestimmt, aber die Franzosen, die schon bei dieser Gelegenheit sehr viel weiter gehen wollten, immerhin dazu bewogen, sich mit der Besetzung jener Städte zu begnügen. Daß er sich mit dem Londoner Ultimatum erst einverstanden erklärte, als der deutschen Regierung wenigstens eine Frist zur Annahme zugestanden wurde, ist schon erwähnt worden – ein auf den ersten Blick bescheidener, damals aber in Wahrheit entscheidender Beitrag zur vorläufigen Verhinderung der Ruhrokkupation. Im übrigen glaubte Lloyd George auch dafür gesorgt zu haben, daß Deutschland das Ultimatum annehmen konnte. Wenn man von den rein fiktiven 82 Milliarden der C-Bonds einmal absieht, verlangte der Londoner Zahlungsplan genau die 50 Milliarden, die Deutschland unmittelbar vor dem Ultimatum selbst angeboten hatte, und zwar, mit der Bitte um Vermittlung, in Washington. Es hatte also durchaus seine Berechtigung, wenn der britische Premier gelegentlich betonte, er gebe sich redlich Mühe, den deutschen Standpunkt zu berücksichtigen, und wenn ihn britische Historiker später sogar als den Anwalt der Interessen Deutschlands im immer noch feindlichen Lager bezeichneten.[83] Freilich konnte auch Lloyd George nicht vermeiden, daß Frankreich den Kern der tatsächlich an Deutschland gestellten Forderungen stets mit offensichtlich unerfüllbaren Forderungen garnierte und den Obersten Rat im Verkehr mit Berlin zu einer Sprache nötigte, die in jedem Satz ein allerdings moralisch begründetes »vae victis« durchklingen ließ. Im Grunde mußte er konkrete französische Konzessionen damit erkaufen, daß zumindest der Anschein permanenten Drucks auf Deutschland gewahrt blieb und sich Frankreich wenigstens die Chance offenhielt, noch mehr politisches Kapital aus den Reparationen zu schlagen. So ist zwar die tatsächliche Wirkung der französischen Politik auf Deutschland, nicht aber ihre psychologische Wirkung in Deutschland gemildert worden.

Die psychopathologische Reaktion Deutschlands

Vermutlich wären jene französischen Politiker, die mit den Reparationen politische Geschäfte zu machen hofften, trotz der Abwesenheit Amerikas ernstlich in Verlegenheit geraten, wenn Lloyd George wenigstens die Unterstützung einer richtig operierenden Reichsregierung gehabt hätte. Davon konnte aber keine Rede sein. Voraussetzung eines erfolgreichen Angriffs auf unerfüllbare finanzielle Forderungen und damit einer erfolgreichen Abwehr der politischen Ambitionen Frankreichs wäre eine ernsthafte und sichtbare Anstrengung Berlins gewesen, zumindest halbwegs erfüllbaren Forderungen nachzukommen. Unter Berufung auf entsprechende deutsche Angebote hätte Lloyd George dem Ententepartner energischer entgegentreten und vor allem diejenigen französischen Politiker auf seine Seite ziehen können, die mehr an Geld als an der Rheingrenze interessiert waren. Es war überaus bezeichnend, daß sich auf der Brüsseler Sachverständigenkonferenz die anfänglich kühle Verhandlungstemperatur rasch erwärmte, daß eine Atmosphäre der Sachlichkeit entstand, die zu leidlich vertretbaren Ergebnissen führte, nachdem der deutsche Vertreter, Carl Bergmann, mit konkreten Vorschlägen gewissermaßen eine reale Goldmark in seiner Hand hatte aufblitzen lassen. Doch blieb Brüssel auch für die deutsche Haltung nur eine bedeutungslose Episode. Eine Denkschrift des Reichsschatzamtes – des späteren Reichsfinanzministeriums – war schon um die Jahreswende 1918/19 zu dem beruhigenden Schluß gekommen, daß es gänzlich unmöglich sei, die in ihr auf 30 Milliarden Mark geschätzten Reparationen in bar oder in Sachlieferungen zu bezahlen. Die einzige Möglichkeit zur Abdeckung der Schuld bestehe darin, daß Deutschland verpflichtet werde, die in Belgien und Frankreich entstandenen Schäden durch eigene Arbeit zu reparieren. Als die deutsche Delegation nach Versailles kam, waren ihre Mitglieder anscheinend ehrlich erstaunt, daß dieser geniale Einfall, der nun offensichtlich zur Belebung der deutschen und zur Lähmung der belgischen oder französischen Industrie beigetragen hätte, auf wenig Gegenliebe stieß. Das auf den ersten Blick eindrucksvolle – und von der rechten deutschen Presse mit wütendem Geschrei begrüßte – Angebot vom 29. Mai 1919, in dem die deutsche Delegation Reparationsleistungen in Höhe von 100 Milliarden in Aussicht stellte, bewegte sich bei näherer Betrachtung in ähnlichen Bahnen. Im Grunde lief es darauf hinaus, daß Deutschland seine Verpflichtungen durch Arbeit und durch die Lieferung von Kohle, Benzol, Farbstoffen und Arzneimitteln abdecken wollte; abgesehen davon, daß die Offerte an politische Bedingungen – etwa: Oberschlesien bleibt deutsch – geknüpft war, ist in ihr kein Satz zu entdecken, der Barzahlungen versprochen hätte. Auch das zwischen der Konferenz von Boulogne und dem Londoner Ultimatum amtierende Kabinett Fehrenbach ist offenbar nie von der Vorstellung abgegangen, daß es eine Möglichkeit geben müsse, wenigstens Barzahlungen auszuweichen. Zunächst hat sich kaum jemand in Berlin klar gemacht, daß die auf den Versailler Vertrag gesetzte Unterschrift auch insofern reparationspolitische Folgen haben mußte, als die Bezahlung größerer Summen, und zwar zusätzlich zu den seit der zweiten Hälfte des Jahres 1919 laufenden Sachlieferungen, nicht zu vermeiden war.

Gewiß war die Lage der Reichsregierung alles andere als einfach. Die unverantwortliche Propaganda der Rechten, deren Führer und Zeitungen der Bevölkerung pausenlos einhämmerten, das Unmögliche – der Widerstand gegen die Siegermächte – sei eine reine Willensfrage, schränkte die Bewegungsfreiheit des Kabinetts erheblich ein. Vom Kaiserreich, das einen Krieg geführt hatte, den es sich nicht leisten konnte und den es weitgehend über eine nicht mehr zu verarbeitende Erhöhung der schwebenden Schuld – d. h. des Notenumlaufs – finanziert hatte, erbte die Weimarer Republik eine Währung, die bereits im Augenblick der Übernahme schwer krank war. Als sich die finanziellen Beziehungen zur Außenwelt wieder normalisierten, wurde die Krankheit, die Inflation, sogleich sichtbar: die deutschen Sparer hatten Anfang 1920 bereits 90 Prozent ihrer Ersparnisse verloren. Man brauchte kein Finanzexperte zu sein, um zu sehen, daß jede neue Belastung die Währung, sofern sie nicht vorher geheilt werden konnte, noch tiefer in die Inflation stoßen würde. Indes lieferten derartige Schwierigkeiten der deutschen Reparationspolitik nicht die Motive, sondern lediglich die Argumente. Wenngleich die Führer und Abgeordneten der Regierungsparteien das Getrommel der Rechtsopposition oft als lästig empfanden und ihr den Wirklichkeitssinn absprachen, so haben sie andererseits die Existenz einer solchen Opposition nicht ungern als taktische – gegenüber Frankreich freilich völlig wirkungslose – Waffe in den Verhandlungen mit den Alliierten benutzt und vor allem das grundsätzliche Ziel der Rechten, nämlich nichts zu bezahlen, durchaus geteilt. Daher waren sie auch nicht in der Lage, die Behauptungen der Rechten überzeugend anzufechten. Schon zur Zeit der sogenannten »Erfüllungspolitik«, im März 1922, sagte Rathenau: »Die rechtsgerichteten Parteien Deutschlands (hätten) stets starke Argumente für sich gehabt, die man in der Öffentlichkeit nicht widerlegen durfte, um dem Feinde nicht Waffen zu schmieden.«[84] Der Wirklichkeitssinn des Kabinetts Fehrenbach drückte sich nicht darin aus, daß man den Alliierten ein für sie akzeptables Verhandlungsergebnis anbieten wollte, sondern erschöpfte sich darin, daß man wenigstens zu Verhandlungen bereit war.

Wer, wie etwa Bergmann, zu der Einsicht kam, daß den Realitäten Rechnung getragen und etwas bezahlt werden müsse, geriet sogleich, nicht anders als im wilhelminischen Deutschland, in den Ruf, weich oder »schlapp« zu sein. Was die Inflation angeht, so gibt es keine Beweise dafür, daß die Reichsregierung die deutsche Währung absichtlich ruinierte, um den Reparationen zu entgehen. Solche Beweise kann es auch gar nicht geben, da die Währung bei Kriegsende ja schon ruiniert war, und im übrigen spricht alles dafür, daß man in Berlin tatsächlich die zeitweise passive Handels- und Zahlungsbilanz als Hauptursache der Inflation angesehen hat. Jedoch muß Kabinett und Reichsbank klar gewesen sein, daß die Währung zumindest nicht kuriert werden konnte, solange man die breite Kluft, die im Staatshaushalt zwischen Einnahmen und Ausgaben klaffte – und die nur zum kleineren Teil von Versailler Lasten verursacht wurde –, nicht schloß, sondern lediglich mit einer Brücke aus frisch gedrucktem Papiergeld überspannte. Genau das geschah aber. Die Praktiken der Kriegskabinette wurden munter fortgesetzt, und es ist schwer zu glauben, daß zwischen der offenkundigen Unlust, den Haushalt in Ordnung zu bringen und die Währung zu stabilisieren, und der ebenso offenkundigen Unlust, Reparationen zu zahlen, kein Zusammenhang bestanden hat. Solange die Inflation dauerte, war es nicht einmal möglich, die Zahlungs- und Leistungsfähigkeit Deutschlands festzustellen, und die deutschen Unterhändler sind denn auch nicht müde geworden, ihren alliierten Gesprächspartnern diese Tatsache auseinanderzusetzen und hinzuzufügen, daß jede in bar erfolgende Reparationszahlung die Lage weiter verschlechtern werde. Wenn die Alliierten das zugaben, aber mit der Forderung antworteten, Deutschland müsse eben, um die Basis für eine realistische Reparationskalkulation und für ungefährliche Reparationszahlungen zu schaffen, die Druckerpresse stillegen und den Haushalt ausgleichen, wahrscheinlich auch durch drastische Steuererhöhungen, dann wurde eilig auf die passive Handelsbilanz hingewiesen, die wiederum auf die Reparationsleistungen zurückgehe. Mit anderen Worten, nachdem die Inflation einmal da war und der deutschen Industrie sogar einen gewissen Exportboom bescherte, hat man in Berlin nicht gezögert, eine negative deutsche Reparationspolitik hinter ihr zu verschanzen.

Jedenfalls hat das Kabinett Fehrenbach die Zeit zwischen Juni 1920 und Mai 1921, in der die Mark relativ stabil blieb, weder zu einer genügenden Senkung der Staatsausgaben noch zu einer ausreichenden Erhöhung der Steuern genützt, erst recht nicht zur Sammlung einer Devisenreserve, mit der die ersten Reparationsraten hätten bezahlt werden können. Da spätestens seit der Konferenz von Boulogne (Mai 1920) kein Zweifel über Höhe und Art der alliierten Forderungen bestehen konnte, ist diese Passivität (die dann dazu führte, daß jene Regierung, die das Londoner Ultimatum anzunehmen hatte, die für die erste Milliarde notwendigen Devisen kurzfristig beschaffen und damit der deutschen Währung tatsächlich einen schweren Stoß versetzen mußte) nur dadurch zu erklären, daß die Reichsregierung zu dem Versuch entschlossen war, vom Angelhaken wieder irgendwie herunterzukommen. Außenminister Simons erschien denn auch auf der Londoner Märzkonferenz, die Deutschland zur offiziellen Annahme der Pariser Beschlüsse vom Januar 1921 zwingen wollte (226 Milliarden in 42 Jahren), mit einem Angebot, das die Alliierten offiziell mit den realitätsfremden Hoffnungen Berlins konfrontierte. Zwar ging er von 50 Milliarden Gesamtschuld aus, doch zog er davon 20 Milliarden ab, die durch die deutschen Sachlieferungen bis zum Frühjahr 1921 abgegolten seien. Von den 30 Milliarden, die er als verbleibende und eigentliche deutsche Schuld anerkannte, sollten im Laufe der nächsten fünf Jahre 8 bis 10 Milliarden bezahlt werden – sofern sie durch eine von Deutschland zu verzinsende internationale Anleihe aufgebracht werden könnten und sofern Oberschlesien, wo wenige Wochen später die im Versailler Vertrag vorgesehene Volksabstimmung stattfand, deutsch bleibe. Die Zahlung der restlichen 20 oder 22 Milliarden in der weiteren Zukunft knüpfte Simons ebenfalls an diese beiden Voraussetzungen.

Auch wenn man das Problem der abgezogenen 20 Milliarden beiseite läßt – eine derartige Schätzung des Wertes der deutschen Sachlieferungen konnte natürlich nur der deutschen Bevölkerung eingeredet werden, nicht aber den Empfängern der Lieferungen, die das deutsche Rechenkunststück mit Recht als phantastisch bezeichneten – und von der politischen Bedingung hinsichtlich Oberschlesiens absieht, hätte schon das, was Simons bedingt als zunächst greifbare deutsche Eigenleistung anzubieten schien, nämlich die Zinsen für 8 Milliarden, auf die Alliierten als naiv oder herausfordernd wirken müssen. Nun wußten aber die Mitglieder der deutschen Delegation genauso gut wie die Vertreter der Alliierten, daß Deutschland auf dem internationalen Geldmarkt nicht einmal 800 Millionen, von 8 Milliarden ganz zu schweigen, aufbringen würde, solange der Haushalt nicht ausgeglichen und die Währung nicht stabilisiert war. Deutschland hatte also jede weitere Reparationsleistung von offensichtlich nicht zu realisierenden Voraussetzungen abhängig gemacht und damit den Alliierten in aller Form eröffnet, daß es gar nichts zu zahlen gedachte. Kein Wunder, daß die Versammelten während der Rede Simons' immer unruhiger wurden und daß schließlich der präsidierende Lloyd George die Sitzung brüsk abbrach. Die französischen Delegierten trugen offiziell Empörung über die deutsche »Unverschämtheit« zur Schau, jedoch brachten sie es, wie Lord d'Abernon überliefert hat, nicht fertig, ihre Befriedigung über die Haltung Deutschlands völlig zu unterdrücken: angesichts einer so deutlichen Demonstration deutscher Zahlungsunwilligkeit konnte Lloyd George die Zustimmung zu Sanktionen nicht mehr verweigern.[85] Eine moralische Verurteilung der Reichsregierung ist in diesem Zusammenhang durchaus fehl am Platze: Höhe und Form der alliierten Forderungen waren nicht geeignet, in Deutschland das Bewußtsein einer moralischen Reparationspflicht zu nähren. Man wird aber, auch bei Berücksichtigung aller inneren Schwierigkeiten, sagen dürfen, daß sich das Kabinett Fehrenbach einen schweren und schwer verständlichen politischen Fehler leistete, wenn es keinen ernsthaften Versuch unternahm, mit ein paar Milliarden die dringend benötigte politische Atempause zu erkaufen und Deutschlands Rückkehr in den Kreis der europäischen Staaten vorzubereiten, sich vielmehr nach Kräften bemühte, der französischen Politik in die Hände zu arbeiten.

Doch ist die Reichsregierung in dieser Periode den französischen Anstrengungen zur Instrumentalisierung der Reparationsfrage nicht allein durch ihre unrealistische politische Strategie, sondern auch durch eine der Strategie würdige Taktik entgegengekommen. Mit dem Argument, Wirtschaft und Währung Deutschlands könnten sich erst erholen, wenn man wisse, wie hoch die gesamte Reparationslast sein werde, trieb Berlin Lloyd George in die Schlacht um die Festsetzung der deutschen Gesamtschuld und lieferte damit einen wesentlichen Beitrag zu der von Paris gewünschten Politisierung des Problems. Freilich hätten Verhandlungen über ein Provisorium unweigerlich rasch zu konkreten Zahlungsverpflichtungen geführt, denen man durch endlose Auseinandersetzungen über die

Gesamtschuld zu entgehen hoffte. Hier liegt auch der Grund für die von Bergmann mit Recht kritisierte Neigung der Reichsregierung, die Reparationskommission zu übergehen und die direkte Verbindung zu den alliierten Regierungschefs zu suchen. Gewiß ist das zweifellos vorhandene Mißtrauen gegen ein Gremium verständlich, in dem Frankreich – nach dem Ausscheiden der Amerikaner – den Vorsitz führte und mit der Hilfe des belgischen und des italienischen Vertreters den britischen Repräsentanten jederzeit majorisieren konnte. Doch hätte sich die Kommission wohl stärker zu einem nicht ohne weiteres von der Pariser Regierung zu manipulierenden Expertenkonsilium entwickelt, wenn sie allein für die Reparationen zuständig geblieben wäre. Daß sie sich, wie nicht zu bestreiten ist, allmählich in eine Argumentelieferantin für die französische Reparationspolitik verwandelte, lag in erster Linie an der von Deutschland nachdrücklich geförderten Politisierung des Problems. Aber in Berlin wußte man sehr gut, daß der Weg über die Kommission bei festen Verpflichtungen enden würde, während man sich vom Weg über die großen Konferenzen den mit britischer Unterstützung zu erreichenden Verzicht der Alliierten auf jegliche Barzahlung versprach. Mit einer solchen Konzeption war es natürlich auch unmöglich, den Rechtsfehler auszubeuten, den sich die Alliierten mit den Pariser Beschlüssen zuschulden kommen ließen, als nicht, wie im Versailler Vertrag bestimmt, die Reparationskommission, sondern der Oberste Rat die deutsche Gesamtschuld festsetzte. Statt unter Berufung auf den Versailler Vertrag – was in Deutschland freilich nicht gerade populär gewesen wäre – die Beschlüsse als null und nichtig anzugreifen und das ganze Problem auf den Tisch der Reparationskommission zurückzuzwingen, auf welchen Tisch man allerdings bald einige Milliarden hätte legen müssen, ging Simons lieber nach London, um die Unannehmbarkeit der Beschlüsse zu beweisen und um die in Pariser Zahlen denkenden Alliierten mit dem nur schlecht verkleideten Vorschlag auf Abbruch der Reparationen zu verblüffen. Es war schon damals evident, daß die Reichsregierung mit dieser Taktik lediglich dazu beitrug, der Welt die Spanne zwischen den französischen Forderungen und der mangelhaften deutschen Erfüllungsbereitschaft vor Augen zu führen, und wenngleich man mittlerweile fast überall die französischen Forderungen als zu hoch ansah, so mußte doch, zwei oder zweieinhalb Jahre nach Kriegsende, die Kritik an der deutschen Haltung noch sehr viel schärfer sein;

mit eigener Hand half die deutsche Regierung, jene moralischen und politischen Hindernisse beiseite zu räumen, die Frankreich von der Rheingrenze trennten, die zwischen der französischen Armee und dem Ruhrgebiet standen. Der britische Botschafter in Berlin hat sich jedoch vergeblich bemüht, seinen deutschen Gesprächspartnern ihre wahre Lage klarzumachen und ihnen eine Taktik zu empfehlen, die dieser Lage entsprochen hätte.

Der Weg über die großen Konferenzen war für Deutschland aber noch aus einem weiteren Grunde falsch, den die damaligen Akteure wohl kaum erkennen konnten. Mancher taktische Fehler erklärt sich aus der Isolierung der deutschen Delegationen, die auf den Konferenzen stets einer – freilich nur äußerlich – geschlossenen Front der Alliierten begegneten; selbst wenn, wie in London, abseits der Hauptverhandlungen Geheimbesprechungen zwischen den Repräsentanten Deutschlands und Vertretern der Alliierten stattfanden, konnte es etwa Lloyd George noch nicht wagen, allein, ohne Zuziehung Briands, mit Simons zu reden. Auf den Tagungen der Experten war hingegen eine solche Isolierung, die von französischer Seite auch hier gelegentlich versucht wurde, schon praktisch unmöglich. Vor allem aber hätten die Fachleute und Beamten, die damals Deutschland vertraten, ihre unbestreitbaren Qualitäten – Gründlichkeit, Arbeitskraft, Fleiß, erschöpfende Argumentation – sehr gut in Expertengremien zur Geltung bringen können, während sie sich in den multilateralen Diskussionen der Konferenzdiplomatie, die politisches Denken und politisch wirksame Argumentation erforderten, mehr als hilflos ausnahmen. Standen die Franzosen diesem Versuch zur Parlamentarisierung der Außenpolitik immerhin nahe genug, um das neue Instrument im Dienste einer altmodischen außenpolitischen Konzeption geschickt zu mißbrauchen, so waren die Deutschen, aus der Tradition und der Atmosphäre eines unparlamentarischen und im Grunde unpolitischen Verwaltungsstaates kommend, nicht einmal zum Mißbrauch in der Lage. Zum Beispiel waren sie in der parlamentarischen Kunst, sowohl für die Emotionen der Wähler wie sachlich zum jeweils debattierten Problem zu sprechen, gänzlich unbewandert. Auf der Konferenz von Spa, die sich im Juli 1920 namentlich mit den deutschen Kohlelieferungen beschäftigte, gelang es dem als Sachverständiger teilnehmenden Ruhrindustriellen Hugo Stinnes, sich mit einer aggressiv auftrumpfenden und im schönsten wilhelminischen Stil gehaltenen Rede den begeisterten Beifall der nationalen Rechten in Deutschland zu sichern; den belgischen Außenminister Hymans aber riß er zu der Bemerkung hin: »Was wäre mit uns geschehen, wenn ein solcher Mann die Möglichkeit gehabt hätte, als Sieger aufzutreten!«[86] Die deutsche Verhandlungsbasis wäre ernstlich gefährdet gewesen, hätte sich nicht die deutsche Delegation schleunigst von ihrem Experten distanziert. Doch hat auch Außenminister Simons geglaubt, die Londoner Märzkonferenz dadurch vorbereiten zu müssen, daß er in Deutschland markige Reden hielt, in denen er die Pariser Beschlüsse als unannehmbar bezeichnete und gegen die »Kriegsschuldlüge« zu Felde zog. Abgesehen davon, daß die Franzosen die Konferenz nun schon am ersten Tag auf die Erwartung einstimmen konnten, mit den Deutschen werde nur in ultimativer Form umzugehen sein, und sich Simons ja in der Tat fast jeden Verhandlungsspielraum genommen hatte, war dieses Auftreten auch innenpolitisch selbstmörderisch, da es bei der deutschen Bevölkerung naturgemäß den Eindruck erweckte, die in Wahrheit unvermeidliche Kapitulation vor den Forderungen der Alliierten sei vermeidbar; als dann doch kapituliert werden mußte, amtierte zwar bereits eine andere Regierung, aber sie repräsentierte zum Teil die gleichen Parteien und jedenfalls den gleichen Staat, die jetzt den zwangsläufigen Prestigeverlust hinzunehmen hatten. Und die in Deutschland so überaus populäre Kampagne gegen die »Kriegsschuldlüge« war ebenfalls eine taktische Fehlleistung. Entsprechende Proteste deutscher Delegationen sorgten lediglich dafür, daß sich die Konferenzen zumindest partiell in Turniere moralischer Emotionen verwandelten, auf denen eine sachliche Erörterung der Reparationsfrage praktisch unmöglich, vielmehr jedesmal ein Stück Versailler Geist lebendig wurde. Vor allem aber hat man in Deutschland nie begriffen, daß diese Kampagne, die Graf Brockdorff-Rantzau mit seiner unseligen – aber natürlich in die Lesebücher der Schulen eingegangenen – Versailler Rede eröffnet hatte, alle Behauptungen, in Deutschland habe sich eine Wandlung vollzogen und das neue Deutschland verdiene Entgegenkommen, fragwürdig machte, daß sie zumindest Frankreichs Mißtrauen handliche Argumente lieferte. Was war von der künftigen deutschen Außenpolitik zu erwarten, wenn sich die Deutschen hartnäckig weigerten, einen klaren Trennungsstrich zur Vergangenheit zu ziehen, wenn sie sich mit der kaiserlichen Außenpolitik, für die sie nicht verantwortlich gewesen waren, sogar identifizierten, indem sie ihr mit einem inoffiziellen Plebiszit die nachträgliche demokratische Sanktionierung gewähren? Klima und Verlauf der Konferenzen sind von solchen Fragen durchaus beeinflußt worden.

Auf der anderen Seite haben es die deutschen Delegierten nicht selten verstanden, mit überaus gründlichen, aber auch überaus komplizierten und langen Darlegungen Unklarheit über ihre Absichten, dazu aber auch noch lähmende Langeweile zu verbreiten. Auch die regelmäßig angestimmten Klagen über die wirtschaftlichen und finanziellen Nöte des Reiches verfehlten ihren Zweck: erstens waren diese Nöte zumindest den Franzosen völlig gleichgültig; zweitens tat die deutsche Regierung praktisch nichts, um selbst mit ihren Schwierigkeiten fertig zu werden; und drittens konstatierten die Alliierten, daß sie zwar härtere Währungen besaßen, aber offensichtlich mehr Mühe hatten, ihre Industrie zu beschäftigen. Wenn Rathenau gegen die letzte Feststellung den Begriff »unsichtbare Arbeitslose« erfand[87], womit er meinte, daß es deutsche Arbeiter gebe, die ausschließlich im Dienste der Reparationen beschäftigt seien, so verkannte er ebenfalls, daß die Alliierten ja genau das von Deutschland verlangten. Derartige Argumente wurden dann durch Gesten unterstützt, die man in Berlin offenbar für nützlich hielt. So sind die Pferdelieferungen an Belgien, zu denen Deutschland vertraglich verpflichtet war, unmittelbar vor der Konferenz von Spa eingestellt worden, ohne daß die belgische Regierung überhaupt informiert worden war.

Letzten Endes sind wohl auch die strategischen und taktischen Mängel der deutschen Reparationspolitik daraus zu erklären, daß die Schicht, die in Deutschland die außenpolitische Willensbildung wie die praktische Außenpolitik bestimmte, einerseits in der Tat an den außenpolitischen Traditionen des Kaiserreiches festhalten und die Niederlage weder begreifen noch akzeptieren wollte, daher unwillkürlich zu Sprache und Haltung einer zur Weltmacht berufenen Großmacht neigte und alle Forderungen der Alliierten aufrichtig als ungerechte, ja unverschämte Zumutungen empfand, andererseits aber der ständigen Konfrontation mit der Realität der Niederlage doch nicht entgehen konnte. In einem solchen Zwiespalt ließ sich keine außenpolitische Konzeption entwickeln, die der veränderten Lage Deutschlands gemäß gewesen wäre, und ohne realistische Orientierung mußte Taktik durch hilflosen Eigensinn ersetzt werden.

Wie richtig eine geschmeidigere Politik gewesen wäre, lehrte die zweite Hälfte des Jahres 1921, in der sich eine positive Wandlung des politischen Klimas in Europa abzuzeichnen begann, die eine ihrer ersten Ursachen zweifellos in einem »Erfüllungspolitik« genannten neuen Kurs der Reichsregierung hatte. Das erste Kabinett Wirth hatte nämlich, unter dem Einfluß seiner beiden beherrschenden Persönlichkeiten, des Reichskanzlers selbst und des als Wiederaufbauminister in die Regierung eingetretenen Großindustriellen Walther Rathenau, das Londoner Ultimatum nicht einfach zähneknirschend angenommen, sondern nach der Annahme offiziell proklamiert, daß sich Deutschland ernstlich Mühe geben werde, die jetzt übernommenen Verpflichtungen zu erfüllen und überdies einen Abbau der europäischen Spannungen wie eine allmähliche Annäherung an die Westmächte anzustreben; zum Zeichen des guten Willens wurde die am 31. August 1921 fällige erste Reparationsmilliarde tatsächlich aufgebracht und bezahlt. Man wird dies nicht unbedingt als Ansatz zu einer grundsätzlichen Neuorientierung der deutschen Außenpolitik verstehen dürfen. Die Erfüllungspolitik war und blieb in erster Linie eine taktische Aushilfe, die den Einmarsch ins Ruhrgebiet, die Entfremdung des Rheinlands und französische Anläufe zur Abtrennung Süddeutschlands verhindern sollte; im Kabinettsrat (24. März 1922) hat Rathenau an der Priorität solcher Überlegungen keinen Zweifel gelassen. Auch das zweite und vor allem gegenüber der deutschen Öffentlichkeit ins Treffen geführte Motiv, das darauf hinauslief, durch befristete, und zwar sehr kurz befristete Erfüllung die Unmöglichkeit weiterer Erfüllung zu beweisen, zeigt den neuen Kurs eher als taktische Variante denn als prinzipielle Abkehr von der Politik des Kabinetts Fehrenbach. Immerhin war die taktische Variante ingeniös, und sie verriet zumindest, daß nun in Berlin realistischer denkende Männer amtierten. Und bereits der – von einer sehr realen Milliarde wirkungsvoll unterstützte – Anschein deutscher Erfüllungs- und Versöhnungsbereitschaft genügte, um Frankreichs Versuche zur politischen Instrumentalisierung der Reparationsfrage erheblich zu erschweren. Wenn sich Frankreich schon unbeliebt gemacht hatte, namentlich auch bei den neutralen Staaten, als es eine harte und auf Sanktionen drängende Politik gegen ein offensichtlich zahlungsunwilliges Deutschland verfolgte, so mußte es eine politisch bedenkliche Isolierung riskieren, wenn es diese Politik selbst gegen ein offensichtlich zahlungswilliges Deutschland fortsetzen wollte. Sogar das Bündnissystem konnte Schaden leiden, da zwar Polen, das bis Oktober 1921 mit Deutschland um Oberschlesien kämpfte und ohnehin in einen zunächst unüberbrückbaren Gegensatz zum Reich geraten war, bereit sein mochte, auch unter den veränderten Umständen an der bisherigen antideutschen Linie festzuhalten, nicht aber die Tschechoslowakei. Mit Masaryk und Benesch bestimmten kluge und weitblickende Staatsmänner die Prager Außenpolitik. Sie wußten sehr genau, daß die damals noch ungeschriebene Allianz mit Frankreich von vitaler Bedeutung für die Sicherheit der Republik war, übersahen aber andererseits nicht, daß es sich die Tschechoslowakei angesichts ihrer prekären geographischen und ethnischen Lage nicht leisten durfte, in jeder Situation als bloßer Vasall Frankreichs und Feind Deutschlands aufzutreten. Ein wieder erholtes Deutschland würde sich an entsprechende Akte Prags erinnern. So suchten Masaryk und Benesch schon frühzeitig Stimmung gegen die Politik der Sanktionen zu machen und in Paris bremsend zu wirken. Politiker wie Briand haben die Zeichen der Wandlung rasch erkannt und alsbald Anstrengungen unternommen, die französische Haltung in der Reparationsfrage mehr an den wirtschaftlichen Bedürfnissen als an den sicherheitspolitischen Interessen Frankreichs zu orientieren. Am 6. und 7. Oktober 1921 konnte Rathenau mit Loucheur, dem Vertreter Frankreichs, das sogenannte »Wiesbadener Abkommen« aushandeln, in dem Deutschland versprach, bis zum 1. Mai 1926 für den französischen Wiederaufbau Waren im Werte von 7 Milliarden Goldmark zu liefern (dafür sollte Deutschland pro Jahr eine Milliarde auf Reparationskonto gutgeschrieben und der Rest Frankreich bis zum 31. Dezember 1937, bei fünf Prozent Zinsen, gestundet werden; die Kohlelieferungen blieben von dem Abkommen unberührt). Der Vertrag hatte nur geringe praktische Folgen, da ihn Frankreich auf Grund des Widerstands der französischen Industrie kaum ausnützte. Jedoch schien diese erste nicht ultimativ erpreßte Vereinbarung die Demonstration eines neuen Geistes auf beiden Seiten und damit von eminenter politischer Bedeutung zu sein.

Großbritannien hat solche Ansätze zu einem Kurswechsel der französischen Reparationspolitik dadurch erleichtert, daß man in London allmählich das sicherheitspolitische Motiv der bisherigen Haltung Frankreichs begriff und eine gewisse Bereitschaft zeigte, die Entente wieder in eine festere Defensivallianz umzuwandeln. Die keimende Einsicht, daß Paris einen Ersatz für die 1919 zugesagte und dann verlorene amerikanisch-britische Garantie brauche, begegnete dem ausdrücklichen französischen Wunsch, einen eventuellen Verzicht auf die politische Ausbeutung der Reparationen durch ein stärkeres kontinentales Engagement Englands auszugleichen, und so begannen im Dezember 1921 französisch-britische Besprechungen über den Abschluß eines der Nachkriegslage angepaßten Sicherheitspaktes. Zwar haben diese Gespräche gleich zu Beginn eine fundamentale Meinungsverschiedenheit aufgedeckt, die eine Einigung in weite Ferne zu rücken schien. Briand verlangte von Lloyd George ein Bündnis, das Großbritannien nicht allein zur Verteidigung der französischen Ostgrenze, sondern bereits dann zu sofortigem militärischen Beistand verpflichtet hätte, wenn Deutschland die entmilitarisierte Zone des Rheinlands verletzen oder – dies vor allem – Polen angreifen sollte. Eine Allianz, die England nicht zum Eingreifen gegen eine »indirekte Aggression« Deutschlands in Osteuropa nötige, »schützt uns nicht«, wie der französische Botschafter in London, Comte de St. Aulaire, zu Lord Curzon sagte, »gegen ein polnisches Sadowa, das für Deutschland die beste Vorbereitung für ein neues Sedan wäre«[88]. Mit anderen Worten: Frankreich forderte jetzt von Großbritannien die 1919 verweigerte Festlegung auf den Status quo und praktisch den Anschluß an das von Paris gesteuerte Bündnissystem. Weder Lloyd George noch Lord Curzon wollten und konnten eine so weitgehende Verpflichtung übernehmen. Beide waren bereit – und schon das stellte die endgültige Aufgabe der britischen Distanz zum Kontinent dar –, die französische Ostgrenze zu garantieren. Eine militärische Intervention bei deutschen Verletzungen der entmilitarisierten Zone oder gar zugunsten Polens lehnten sie jedoch ab. Bis zum Frühjahr 1939 blieb gültig, was Lloyd George nun dem französischen Ministerpräsidenten als Maximen britischer Kontinentalpolitik darlegte: »Das englische Volk sei an den Ereignissen an der Ostgrenze Deutschlands nicht sehr interessiert; es sei nicht bereit, sich in Streitigkeiten verwickeln zu lassen, die wegen Polen, Danzig oder Oberschlesien entstehen könnten. Im Gegenteil bestehe eine allgemeine Abneigung, in diese Fragen irgendwie hineingezogen zu werden. Das englische Volk glaube, die Bevölkerung in jenem Teil Europas sei unbeständig und leicht erregbar, sie könnte jederzeit einen Kampf beginnen, und es könnte sehr schwer sein, Recht und Unrecht bei dem Streit zu entwirren.«[89] Da Frankreich noch nicht gewillt war, sich den Verzicht auf seine Spielart revisionistischer Politik mit weniger als einem umfassenden britischen Engagement für das Gesamtergebnis der Pariser Friedensverträge honorieren zu lassen, gerieten die Verhandlungen zunächst in eine Sackgasse. Aber allein schon die Tatsache, daß London das französische Sicherheitsbedürfnis zu verstehen und zu würdigen begann, hat in Paris beruhigend gewirkt und Briand in seiner Absicht bestärkt, Frankreich aus der sich offenbar anbahnenden europäischen Entspannung nicht auszuschließen.

Konferenz von Washington: erster gelungener Abrüstungsversuch und politische Auswirkung auf Europa

Den entscheidenden Anstoß zum ersten Versuch Europas, die erstarrten Fronten wenigstens etwas aufzulockern, gab jedoch ein außereuropäisches Ereignis, an dessen Effekt sich zugleich ablesen ließ, daß die europäischen Mächte ihre in der zweiten Hälfte des 19. Jahrhunderts innegehabte dominierende Position bereits verloren und sich mit einer polyzentrischen Entwicklung der Weltpolitik vertraut zu machen hatten. Als der amerikanische Präsident Harding am 12. November 1921 in Washington eine Konferenz eröffnete, auf der neun Mächte – Großbritannien, Japan, die Vereinigten Staaten, China, Frankreich, Italien, Belgien, die Niederlande und Portugal – nach Mitteln und Wegen zur Entschärfung der in Ostasien entstandenen Gefahrenherde und zur Beendigung des Wettrüstens der im Pazifik engagierten Seemächte suchen wollten, schien es zunächst lediglich um die Befriedung einer zwar riesigen, aber zumindest für Kontinentaleuropa – und damit, wie die Europäer gerne glaubten, für die Weltpolitik – nur sekundären Region zu gehen. Doch zeigte sich sogleich, daß pazifische Konstellationen auch die europäischen Verhältnisse nachhaltig beeinflußten und daß vor allem Probleme wie Sicherheit, Abrüstung und Frieden mittlerweile global geworden waren; wo immer sie behandelt werden mochten, war die Wirkung erfolgreicher oder erfolgloser Behandlung überall zu spüren.

Die Lage im Fernen Osten hatte sich während des Krieges und in den ersten Nachkriegsjahren bedrohlich genug entwickelt, um eine energische Anstrengung der Konferenzdiplomatie als dringende Notwendigkeit erscheinen zu lassen; sogar die Möglichkeit eines militärischen Konflikts zwischen Japan und den Vereinigten Staaten war am Horizont aufgetaucht. Daß sich Japan in China festsetzte und 1921 noch immer Truppen in Sibirien stationiert hatte, weckte das Mißtrauen und die Besorgnis Amerikas vor allem deshalb, weil die japanische Politik spätestens seit dem russisch-japanischen Krieg – der in der Dämmerung des 8. Februar 1904 mit dem Überfall auf Port Arthur begonnen hatte – alle Merkmale eines rücksichtslos aggressiven Imperialismus zeigte und schrittweise auf ein politisch wie wirtschaftlich unter japanischer Führung zusammen- und gegen die übrige Welt abgeschlossenes Großostasien zuzusteuern schien. Tatsächlich begannen einflußreiche Kreise der politischen Elite Japans schon damals in solchen Bahnen zu denken. Der japanische Imperialismus hatte – ähnlich wie der deutsche – seine besondere Form durch die eigentümliche Verbindung rascher Industrialisierung mit noch halbfeudaler Gesellschaftsstruktur gewonnen. Seine Exponenten konnten sich sowohl die Erschließung von Siedlungsgebieten für die rapide wachsende Bevölkerung wie die Sicherung von Rohstoffreserven und Absatzmärkten für die nicht weniger rapide wachsende Industrie – und nicht zuletzt die Verhinderung gesellschaftspolitischer Umwälzungen – nur als imperiale Expansion, als politische und militärische Eroberung vorstellen. Die Vereinigten Staaten bekundeten jedoch ihre Entschlossenheit, gegen derartige Tendenzen zumindest ihre nun schon traditionelle Chinapolitik der Offenen Tür durchzusetzen, d. h. die chinesische Republik für den Welthandel offen und als selbständigen Staat intakt zu halten. Natürlich dachte man in Washington auch daran, daß die Ambitionen Nippons, jedenfalls auf lange Sicht, zugleich die pazifischen Besitzungen der USA (z. B. die Philippinen) gefährden mußten. An kleineren Differenzen entzündeten sich in Japan wie in Amerika Leidenschaften, die deutlich verrieten, daß es zwischen den beiden Mächten bereits um die grundsätzliche Frage »Erhaltung des Status quo oder japanischer Großraum« ging. Ein solches Signal war der Streit um die ehemals deutsche Insel Jap. Wilson hatte auf der Pariser Friedenskonferenz die Internationalisierung des winzigen Eilands gefordert, da es als Verkehrsknotenpunkt wie als Landestelle der Kabel von San Francisco nach Schanghai und Guam von großer Bedeutung für die Verbindung zwischen Amerika und China bzw. den amerikanischen Pazifikinseln war. Die Konferenz aber hatte Jap – zusammen mit den übrigen nördlich des Äquator gelegenen pazifischen Besitzungen Deutschlands – als Völkerbundsmandat Tokio zugesprochen, und als nun Washington wenigstens bestimmte Sonderrechte für Amerika beanspruchte, weigerte sich die japanische Regierung, den amerikanischen Wünschen entgegenzukommen. Die Beamten des State Department und Teile der amerikanischen Öffentlichkeit haben die japanische Ablehnung sofort als diplomatische Geste interpretiert, mit der Japan dokumentieren wolle, daß es die Prinzipien der amerikanischen Chinapolitik grundsätzlich in Frage stelle, und in Tokio hatte man sie auch durchaus in diesem Sinne gemeint.

Wie stark beide Seiten die Spannung bereits empfanden, zeigte sich jedoch in erster Linie daran, daß sie sich auf ein fieberhaftes Wettrüsten eingelassen hatten, das nicht allein zur drückenden finanziellen Bürde wurde, sondern überdies allmählich als eigenständiger Krisenfaktor zu wirken begann. Zwischen 1917 und 1921 hatten sich Japans Ausgaben für die Marine fast verdreifacht; sie verschlangen jetzt ungefähr ein Drittel des gesamten Staatshaushalts. Die Vereinigten Staaten wiederum hatten das sogenannte »Programm von 1916«, das den Bau von zehn Schlachtschiffen und sechs Schlachtkreuzern vorsah, zwar bei ihrem Eintritt in den Krieg suspendiert, nach Kriegsende aber erneut in Kraft gesetzt und alsbald erweitert. Nun glaubte auch das britische Empire – mit Interessen im Pazifik und zur Wahrung der Flottenparität mit der jeweils stärksten Seemacht entschlossen –, dem Beispiel Tokios und Washingtons folgen zu müssen; im März 1921 gab die britische Regierung ein entsprechendes Bauprogramm bekannt. Diesen Schritt Londons benützten jedoch Sekuritätsfanatiker, wie sie in den USA ebenfalls nicht selten waren, um eine weitere Beschleunigung des amerikanischen Rüstungstempos zu begründen. Noch immer war Großbritannien durch eine ursprünglich gegen Rußland und Deutschland orientierte Allianz mit Japan verbunden, und da jene beiden Gegner keine Rolle mehr spielten, konnte das britisch-japanische Bündnis, so argumentierten die Eiferer für eine starke amerikanische Flotte, nur gegen die Vereinigten Staaten gerichtet sein. Zwar befürchtete die amerikanische Regierung – und mit ihr die Mehrheit der amerikanischen Bevölkerung – lediglich, das Bündnis werde Großbritannien immer wieder zu wohlwollender Tolerierung japanischer Forderungen zwingen, welche Befürchtung Washington freilich genügte, von London die

Lösung der Allianz zu verlangen. Aber es fanden sich noch zahlreiche anglophobe Amerikaner, die trotz einer im Dezember 1920 gegebenen Erklärung der britischen Regierung, das Bündnis mit Tokio gelte nicht bei einem japanisch-amerikanischen Krieg, der Hearst-Presse Glauben schenkten, wenn sie behauptete, für bestimmte Fälle müsse man die Flotten Japans und Großbritanniens addieren. So entstand ein Klima, das in den USA eine ganze Literatur über die japanische Bedrohung hervorbrachte – etwa Frederick McCormicks Buch ›The Menace of Japan‹ oder Walter Pitkins Untersuchung ›Must We Fight Japan?‹ – und an beiden Ufern des Pazifik die Vorstellung nährte, eines Tages werde geschossen.

Noch waren die Regierungen nicht gewillt, den Zusammenprall fatalistisch als unvermeidlich zu akzeptieren. Man wird aber bezweifeln dürfen, ob sie, wäre die Entscheidung ihnen allein überlassen geblieben, aus dem Teufelskreis herausgefunden hätten, den das Mißtrauen gegenüber den Absichten des Rivalen und die aus diesem Mißtrauen abgeleiteten Gebote der Staatsräson um ihre Handlungsfreiheit zogen. Daß die Kabinette trotzdem rasch auf den Weg der Vernunft fanden und eine energische Anstrengung zur politischen Bewältigung der Konfliktstoffe unternahmen, war dem glücklichen Zusammenspiel mehrerer Faktoren zu verdanken, von denen zumindest einer große Bedeutung für die künftige Entwicklung der Weltpolitik zu besitzen schien. Ging man allein vom wirtschaftlichen und finanziellen Potential aus, so mußte man zu dem Schluß kommen, daß die Vereinigten Staaten ohne weiteres in der Lage seien, das Rüstungstempo fast beliebig zu verschärfen und den Wettlauf zu gewinnen. Doch sah sich gerade der amerikanische Präsident vor der Notwendigkeit, den Flottenbau zu stoppen, sofern das ohne schwerere politische Nachteile geschehen konnte. Quer durch alle politischen und gesellschaftlichen Gruppierungen begann sich nämlich, seit der Jahreswende 1920/21, eine Volksbewegung zu formieren, die, ohne die japanische Gefahr zu leugnen, den Flottenbau als die sicherste Methode attackierte, eine potentielle in eine akute Bedrohung und eine Spannungszone in einen Kriegsschauplatz zu verwandeln, und die Bewegung erreichte eine solche Breite und Wucht, daß sie die Befürworter einer starken Flotte an den Rand der öffentlichen Meinung drängte und den Kongreß zur Berücksichtigung ihrer Auffassung zwang. Die Senatoren Lodge und Underwood informierten Außenminister Hughes, der Kongreß werde für die überflüssige und kostspielige Ehre der Seeherrschaft keinen weiteren Cent mehr bewilligen, und im Juni 1921 nahm der Senat einstimmig und das Repräsentantenhaus bei nur vier Gegenstimmen eine Resolution an, in der die Regierung aufgefordert wurde, eine Abrüstungskonferenz der drei pazifischen Seemächte anzustreben. Die Regierung hat sich diesem Druck aber nicht nur deshalb gebeugt, weil ihr, von der Kriegsgefahr ganz abgesehen, durchaus bewußt war, daß, wie eine Zeitung schrieb, »der Gedanke an eine Nationalschuld, die keiner anderen nachsteht, nicht ganz so erhebend ist wie der Gedanke an eine Flotte, die keiner anderen nachsteht«[90]. Die Führung Amerikas hatten ja inzwischen eben jene Republikaner übernommen, denen es gelungen war, den Eintritt der Vereinigten Staaten in den Völkerbund zu verhindern; als Konsequenz ihrer damaligen Haltung standen sie jetzt unter der moralischen Verpflichtung, wenigstens alles zu tun, um Rückfälle in einen unverhüllten außenpolitischen Darwinismus zu vermeiden. Natürlich wirkte auch der Ehrgeiz mit, den Amerikanern und der Welt zu beweisen, daß Abrüstung und Friedenssicherung sehr gut ohne Genf zu erreichen seien. So war es kein Zufall, daß die beiden Führer des Feldzugs gegen den Völkerbund, die Senatoren Lodge und Borah, in der gegen den Flottenbau gerichteten und auf eine Abrüstungskonferenz drängenden Kampagne eine hervorragende Rolle spielten.

Auch in Japan gewannen abrüstungsfreundliche Strömungen vorübergehend an Einfluß. Nicht allein die hohen Ausgaben für die Marine zehrten an der finanziellen Kraft des Landes, auch die sibirische Expedition erwies sich als überaus kostspieliges Abenteuer. Die Geschäftswelt verlangte eine Beschneidung des Militäretats und wandte sich erst recht gegen zusätzliche Belastungen. Zudem begann Tokio zu erkennen, daß die Allianz mit Großbritannien nicht gegen die Vereinigten Staaten orientiert werden konnte, wahrscheinlich sogar vor der Auflösung stand, und einem Japan ohne Bundesgenossen schien nur die Verständigung mit Washington zu bleiben. Auch kamen solche finanziellen und außenpolitischen Vernunftgründe im Augenblick gegen die imperialen Träume der Militärs besser zur Geltung, da sich gerade eine liberale Bewegung stärker in Szene setzte und das Kabinett zum ersten Mal in eine gewisse Verantwortung gegenüber dem Parlament zwang. Zwischen dieser Bewegung und den amerikanischen Abrüstungsfreunden entstand eine Art Bündnis, das auf die Regierungen der beiden Staaten, gegen die es faktisch gerichtet war, einen Druck ausübte, der es den Kabinetten erlaubte, auf einer Bahn innezuhalten, die unweigerlich in der finanziellen oder sogar militärischen Katastrophe enden mußte, und den Weg zum Konferenzsaal einzuschlagen.

Großbritannien war ebenfalls bereit, am Verhandlungstisch Platz zu nehmen. Das nach dem Krieg erschöpfte und an Amerika verschuldete Empire hatte im Grunde nicht mehr die Kraft zu größeren Anstrengungen im Flottenbau. London suchte denn auch eifrig nach einer Möglichkeit, entsprechenden Konsequenzen der Paritätsproklamation vom März 1921 auszuweichen. Ein Stillhalte-Abkommen zwischen Japan und den Vereinigten Staaten war – wie die Dinge lagen – am aussichtsreichsten. Im übrigen empfand England das Bündnis mit Japan, das nach der Niederlage Deutschlands und angesichts der Schwäche Rußlands im Pazifik keinen rechten Nutzen mehr zu haben schien, jedoch die Amerikaner verärgerte, zunehmend als Bürde. Andererseits wollte London, das im Pazifik und in China leicht verwundbare Interessen hatte, das Verhältnis zu Japan nicht durch eine brüske Kündigung der Partnerschaft verschlechtern. Eine klare Option mußte vermieden werden, zumal eine solche Option auch innerhalb des Empire zu Spannungen geführt hätte. Ein Dominion wie Kanada, das nicht in einen Loyalitäts- und Interessenkonflikt zwischen Großbritannien und den Vereinigten Staaten geraten wollte, drängte London zur Aufgabe der Allianz, während Australien und Neuseeland vor einer Entfremdung Japans warnten. Und doch stand der Tag, an dem England zur mindestens scheinbaren Option genötigt war, unmittelbar bevor. Am 1. Juli 1921 lief der Vertrag mit Japan ab, und die japanische Regierung hatte deutlich zu verstehen gegeben, daß sie an einer Erneuerung interessiert sei. Stimmte das britische Kabinett der Erneuerung zu, so mußte das jetzt sogar als anti-amerikanische Geste wirken und scharfe kanadische Kritik provozieren, verweigerte es die Erneuerung, so mußte das in Tokio als Parteinahme für Amerika aufgefaßt und von den pazifischen Dominien verurteilt werden. Die Reichskonferenz, die in der zweiten Junihälfte in London stattfand, hatte der britischen Regierung ihr Dilemma – mit entsprechenden Erklärungen der Premierminister Kanadas, Australiens und Neuseelands – noch einmal vor Augen gehalten. Als einziger Ausweg bot sich eine umfassendere Pazifikvereinbarung an, in der die britisch-japanische Allianz aufgehen konnte.

In dieser Lage trat die amerikanische Regierung, angespornt durch eine vom kanadischen Premier Meighen inspirierte britische Initiative, die Flucht nach vorne an. Am 8. Juli 1921 lud Hughes die Regierungen Großbritanniens, Japans, Frankreichs und Italiens zu einer Abrüstungskonferenz nach Washington ein, und im Laufe der folgenden Wochen sind durch britisch-amerikanische Vereinbarungen noch die Thematik des Treffens und der Teilnehmerkreis erweitert worden; die allgemeinen politischen Probleme Ostasiens sollten ebenfalls erörtert werden und deshalb auch die zwar an jenem Raum, aber nicht an Flottenfragen interessierten Staaten wie China, Belgien, Holland und Portugal vertreten sein. Die Einladungen wurden akzeptiert, und als die Konferenz am 12. November begann, gab der auf Vorschlag Balfours, des Leiters der britischen Delegation, zum Vorsitzenden gewählte Außenminister Hughes das Startsignal zur praktischen Arbeit mit einer Rede, die den versammelten Politikern den Atem verschlug. Hughes überraschte sie zunächst mit der Erkenntnis, daß es nur einen Weg zur Abrüstung gebe, nämlich abzurüsten, und daß man damit jetzt beginnen müsse, nicht irgendwann in der Zukunft. Dann schlug er einen zehnjährigen Baustopp für Großkampfschiffe – Schlachtschiffe und Schlachtkreuzer – vor und erklärte, die Vereinigten Staaten seien zusätzlich, damit die Stärken der amerikanischen, britischen und japanischen Flotte bei einer möglichst niedrigen Gesamttonnage auf ein Verhältnis von 5 : 5 : 3 festgelegt werden könnten, bereit, 30 bereits fertiggestellte oder im Bau befindliche Großkampfschiffe mit einer Gesamttonnage von 845 740 Tonnen zu verschrotten. Anschließend teilte er den Briten und Japanern mit, wieviel Schiffe sie zu verschrotten hätten, wenn sein Plan angenommen werde, nämlich 19 bzw. 17 Einheiten mit zusammen 1 878 043 Tonnen. In einer knappen Viertelstunde, so schrieb ein britischer Reporter, zerstörte Hughes mehr Schiffe »als alle Admirale der Welt in etlichen Jahrhunderten«[91].

Daß Großbritannien und Japan Hughes' Vorschläge im Prinzip sofort annahmen, war natürlich mehr den Faktoren zu verdanken, die das Zustandekommen der Konferenz ermöglicht hatten, und nicht so sehr der rhetorischen Leistung des amerikanischen Außenministers. Daß aber die grundsätzliche Annahme im folgenden Handel um Einzelheiten und Modifikationen nicht wieder zurückgenommen wurde, ist doch auch ein Verdienst der Rede Hughes' gewesen, die – gerade durch ihren erfrischenden Verzicht auf die diplomatische Verpackung eines bedeutsamen Programms – der Konferenz sogleich einen Elan gab, der nie mehr ganz verlorenging, und vor allem eine weltweite Welle lautstarker Zustimmung mobilisierte, von der die Teilnehmer des Treffens unter permanenter und nie zu ignorierender Pression gehalten wurden. Am 15. Dezember akzeptierten die Japaner, nachdem sie zunächst hartnäckig auf der Relation 10 : 10: 7 bestanden hatten, das von Hughes für Großkampfschiffe vorgeschlagene Stärkeverhältnis, wenn auch mit einer leichten Abwandlung (Gesamttonnage für USA und Großbritannien je 525000, für Japan 315000 Tonnen), während sich Washington und London verpflichteten, keine weiteren Befestigungen in ihren pazifischen Besitzungen (Hawaii ausgenommen, aber Hongkong eingeschlossen) zu errichten, und am 6. Februar 1922 konnte der fertige Vertrag unterzeichnet werden, dem auch Frankreich und Italien beitraten (mit einer erlaubten Gesamttonnage von jeweils 175000 Tonnen). Größe und Bewaffnung der Schlachtschiffe wurden ebenfalls begrenzt (auf 35000 Tonnen bzw. 40,6-cm-Geschütze) und ähnliche Regelungen für Schwere Kreuzer und Flugzeugträger vereinbart. Schon zuvor, am 13. Dezember, hatte ein Viermächte-Abkommen geschlossen werden können, in dem sich die USA, Großbritannien, Frankreich und Japan ihre Rechte und Besitzungen im Stillen Ozean garantierten; Streitigkeiten sollten auf diplomatischem Wege oder auf Konferenzen friedlich geregelt werden, bei aggressiven Akten fremder Mächte wollten sich die Vertragspartner über die wirksamsten Gegenmaßnahmen verständigen. Dieses Abkommen, das gewissermaßen einen pazifischen Völkerbund begründete, wurde tatsächlich zum Begräbnis der britisch-japanischen Allianz, und die Japaner nahmen das Unvermeidliche in guter Haltung hin, wenngleich einer ihrer Diplomaten klagte, Japan habe Whisky gegen Wasser getauscht[92]. Am 6. Februar 1922 unterschrieben die in Washington vertretenen neun Mächte ferner einen Vertrag, in dem sie die Souveränität wie die territoriale Integrität Chinas und das Open-Door-Prinzip zu respektieren versprachen, was Japan zur Räumung Schantungs nötigte, und noch im Januar erklärten sich die Japaner, nachdem sie den Amerikanern bereits im Dezember Sonderrechte auf Jap zugestanden hatten, bereit, ihre Truppen aus Sibirien abzuziehen. Alles in allem stellte die Konferenz von Washington einen großen Erfolg der pazifischen Status-quo-Partei dar, die allerdings, durch den Verzicht auf den

Ausbau ihrer pazifischen Stützpunkte, Japans Rückzug mit größerer Sicherheit honoriert hatte.

Daß die Konferenz überall und namentlich in Europa zu einer Renaissance des seit 1919 verschütteten politischen Optimismus führte, hatte jedoch im Grunde nichts mit ihrem realen politischen Ergebnis zu tun. Ihre Wirkung beruhte vielmehr auf drei allgemeinen Lehren, die sie zu erteilen schien. Washington hatte erstens demonstriert, daß Großmächte tatsächlich zu einer freiwilligen Rüstungsbegrenzung bereit sein konnten; an dieser Bereitschaft hatten offensichtlich breite öffentliche Bewegungen großen Anteil gehabt, und so war zweitens der Glaube an den wohltätigen politischen Einfluß der öffentlichen Meinung, gerade auch in der Außenpolitik, glänzend gerechtfertigt; drittens hatte sich gezeigt, daß die Konferenzdiplomatie sehr wohl in der Lage war, ein ganzes Bündel schwieriger politischer Probleme zu entwirren und für die einzelnen Probleme brauchbare Lösungen zu finden. Mit anderen Worten, die Konferenz präsentierte sich, wenngleich sie außerhalb des Völkerbunds und sogar – was die Amerikaner angeht – in einer gewissen Rivalität zu Genf stattgefunden hatte, als ein ermutigender Sieg jenes außenpolitischen Progressismus, der auch den Völkerbund zur Realität gemacht hatte, der in Begriffen wie kollektive Sicherheit dachte und der sich noch immer zumindest die Umwandlung der Konferenzdiplomatie in ein Vehikel des außenpolitischen Fortschritts erhoffte.

Lloyd Georges Projekt zur Stabilisierung Europas

Erst der Katalysator des pazifischen Beispiels vereinigte deutsche Erfüllungspolitik und britisch-französische Sicherheitsgespräche zu einem neuen politischen Element, das die Grundsubstanz weiterer Verbesserungen des kargen europäischen Bodens zu werden versprach. Vor allem in Großbritannien, wo sich wirtschaftliche Schwierigkeiten – seit 1920 schrumpften die britische Industrieproduktion und der britische Export – immer kräftiger bemerkbar machten, glaubte man die Zeit reif, eine ähnliche Anstrengung zur Normalisierung der europäischen Verhältnisse zu unternehmen. Vielleicht konnte jetzt eine Regelung des Deutschlandproblems gefunden werden, die dem Kern des Kontinents wirtschaftlichen Wohlstand und damit England einen zahlungsfähigen Handelspartner sicherte, wobei in erster Linie die eng zusammenhängenden Komplexe der deutschen Währung und der deutschen Reparationen zu klären waren; daß eine solche Regelung die Anerkennung der politischen Gleichberechtigung Deutschlands voraussetzte, verstand sich von selbst. Auch die aus dem gleichen Grunde gewünschte Rückkehr Rußlands in die europäische Staatengesellschaft und seine Wiedereingliederung in den Welthandel hielt London nun für möglich. Eine gewisse Vorarbeit war in dieser Hinsicht bereits geleistet worden. Am 16. März 1921 hatte Großbritannien mit der Sowjetunion einen Handelsvertrag geschlossen, der Londons De-facto-Anerkennung des Moskauer Regimes und andererseits einen ersten sowjetischen Schritt zur Aufnahme friedlicher Beziehungen mit der kapitalistischen Welt bedeutete. Deutschland war am 6. Mai 1921 gefolgt; das Abkommen, das die bestehenden wirtschaftlichen Verbindungen auf eine offizielle Grundlage stellte, hatte die beiderseitigen Handelsmissionen schon in den Rang diplomatischer »Vertretungen« erhoben. Die Bolschewiki sahen sich zu solchen Annäherungen durch die wirtschaftliche Entwicklung in Rußland genötigt, die allmählich katastrophale Züge anzunehmen begann. Bislang hatte jedoch gerade die wirtschaftliche Schwäche der Sowjetunion einen befriedigenden Ausbau der angeknüpften Kontakte verhindert, da die russische Industrie zu größeren Exporten unfähig und daher auch der russische Markt nur wenig aufnahmefähig war. Sollte Rußland ein vollgültiger Partner im internationalen Handel werden, mußte der Westen die russische Wirtschaft erst einmal durch umfangreiche Warenkredite kräftigen. So verdichteten sich in London Pläne für eine großzügige Hilfsaktion, die von einem internationalen Konsortium organisiert und gesteuert werden sollte, und wenngleich es keinen Zweifel geben konnte, daß sich die mißtrauischen und um den Charakter ihres Regimes fürchtenden Bolschewiki mit Zähnen und Klauen schon gegen das internationale Konsortium wehren würden, erst recht aber gegen eine Kontrolle der Verwendung jener Kredite und des Zinsendienstes, die man dem Konsortium vorbehalten wollte und die in der Tat einen starken kapitalistischen Einfluß auf ein kommunistisches Systen gesichert hätte, so bestand doch Grund zu der Annahme, daß die Situation der Bolschewiki verzweifelt genug war, um ihnen gar keine andere Wahl zu lassen, sofern die Einheitsfront der nichtkommunistischen Staaten gewahrt blieb und es Moskau nicht gelang, mit dem einen oder anderen Land Sondergeschäfte zu machen.

Auch gedachte man ja andererseits mit der Aufnahme diplomatischer Beziehungen zu locken, wofür von der Sowjetunion allerdings die Übernahme der russischen Kriegs- und Vorkriegsschulden, ferner die Respektierung ausländischen Besitzes in Rußland erwartet wurde, und Großbritannien konnte dem Moskauer Mißtrauen überdies entgegenhalten, daß es gerade einen nicht unwichtigen Beitrag zur Entlastung und damit zur Konsolidierung des Sowjetregimes leistete, indem es die Japaner zum Abzug ihrer Truppen aus Sibirien bewog und so für den endgültigen Abschluß des Interventionskapitels sorgte. Lloyd George, der die russische Hilfsaktion rasch zu seinem Lieblingsprojekt machte, erhoffte sich von ihr jedoch nicht allein eine – kurzfristige wie langfristige – Belebung der europäischen Wirtschaft und eine gewisse Einwirkung auf das kommunistische System. Die Beteiligung Washingtons sollte Amerika wieder stärker an Europa interessieren, die Beteiligung Deutschlands aber, die er aus wirtschaftlichen Gründen ohnehin als notwendig und selbstverständlich betrachtete, sollte das Prinzip der deutschen Gleichberechtigung verankern, eine vernünftige Behandlung der Reparationsfrage erzwingen und endlich die Normalisierung der deutsch-französischen Beziehungen fördern. Lloyd George verstand sein Rußlandprojekt durchaus auch als Schachzug im Rahmen seiner mitteleuropäischen Appeasement-Strategie. Als er im Januar 1922, auf einer Konferenz, die in Cannes stattfand, mit Rathenau über das internationale Konsortium sprach, hat der deutsche Minister die Chance, die dem Reich hier winkte, sofort erkannt und Deutschlands Bereitschaft zum Eintritt klar zum Ausdruck gebracht. Von solchen Motiven bewegt, von den europäischen Entspannungssignalen ermutigt und vom Beispiel wie von der Wirkung der Pazifik-Konferenz endgültig überzeugt, faßte Lloyd George den Entschluß zu einer großen europäischen Wiederaufbau-Konferenz, die, bei gleichberechtigter Teilnahme Deutschlands und Rußlands, alle Probleme des Kontinents im Geiste wirtschaftlicher und politischer Vernunft diskutieren und den Startschuß für die zu ihrer Lösung in Umrissen bereits fertigen oder noch auszuarbeitenden Pläne geben sollte. Nebenbei wollte der britische Premier, dessen Prestige in den enttäuschenden Nachkriegsjahren mürbe geworden war, mit einem eindrucksvollen Konferenzerfolg auch seine ernstlich gefährdete politische Zukunft retten. Die schon erwähnte Konferenz in Cannes nahm er zum Anlaß, offiziell für den April nach Genua einzuladen.

Jetzt war auch die französische Regierung, unter dem Einfluß des Ministerpräsidenten Briand, bereit, der britischen Entspannungspolitik selbst auf den Weg nach Genua zu folgen. Briand schätzte, ähnlich wie Clemenceau in Versailles, die Fragilität des französischen Bündnissystems und die langfristigen Möglichkeiten einer revisionistischen französischen Kontinentalpolitik zu realistisch ein, um nicht zu wissen, daß die Sicherheit Frankreichs letzten Endes vom freundschaftlichen Verhältnis zu den angelsächsischen Seemächten abhing, und Lloyd George hatte ihm in Cannes ein Memorandum übergeben, das unmißverständlich besagte, wichtigste Voraussetzung eines neuen britisch-französischen Sicherheitspaktes sei Frankreichs Mitarbeit am Wiederaufbau Europas; der Hinweis auf fast 2 Millionen britische Arbeitslose hatte nicht gefehlt. Auch die Konferenz von Washington hatte Briand demonstriert, in welch schlechten Ruf die französische Politik inzwischen geraten war. Die französische Delegation war zunächst offenbar des Glaubens gewesen, in Washington ebenso wie auf den europäischen Konferenzen agieren zu können. Sie hatte klar zu erkennen gegeben, daß Frankreich gar nicht daran denke, zu Lande abzurüsten, sie hatte wesentlich dazu beigetragen, daß kleinere Kriegsschiffe – leichte Kreuzer, Zerstörer, U-Boote usw. – von der Rüstungsbegrenzung ausgenommen blieben, und sie hatte schließlich mit der Forderung nach 350000 Tonnen Gesamttonnage für die französische Großkampfflotte – was die Verdoppelung der damals gegebenen Stärke, die Überrundung Japans und ähnliche Ansprüche Italiens bedeutet hätte – die Konferenz beinahe gesprengt. Die britische Delegation hatte die französische Forderung durch eine »gezielte Indiskretion« an die Öffentlichkeit gebracht, und vor dem weltweiten Entrüstungssturm, der sich sogleich erhoben hatte, wie vor einem persönlichen Telegramm Hughes' an Briand waren die Franzosen wieder zurückgewichen. Namentlich die amerikanische Presse hatte Frankreichs Haltung verurteilt. Frankreich sei »für die Begrenzung der U-Boote zu Lande und für die Begrenzung der Kavallerie zur See«, bemerkte ein texanisches Blatt, und ein Karikaturist der ›New York World‹ ließ »Marianne« gerade eine deutsche Pickelhaube aufprobieren.[93] Der Wind war umgeschlagen, und beinahe hatte sich Frankreich in die von Briand gefürchtete Isolierung schon hineinmanövriert. Am 6. Januar 1922 nahm der französische Ministerpräsident Lloyd Georges Einladung an.

Sechs Tage später war Briand gestürzt. Zwar nicht von einer
öffentlichen Meinung, die über seine Nachgiebigkeit gegen die
britische Appeasement-Politik empört gewesen wäre. Aber noch
gab es in Frankreich starke Kräfte, die mit der seit einem halben
Jahr zu beobachtenden Entwicklung in der Tat tief unzufrieden
waren, weil sie die Chancen einer auf die Rheingrenze und das
Ruhrgebiet gerichteten französischen Revisionspolitik versin-
ken sahen. Diesen Gruppen war es gelungen, Briand mit einer
von etlichen Blättern unterstützten Kammerintrige zu Fall zu
bringen und an seine Stelle ihren Exponenten Poincaré zu setzen; allerdings hatte Poincaré selbst, neben Staatspräsident Millerand, der dabei seine verfassungsmäßigen Kompetenzen weit
überschreiten mußte, in der Intrige die führende Rolle gespielt.
Als einer der konsequentesten Verfechter der französischen
Kontinentalhegemonie zeigte sich Poincaré, der sein Amt am
13. Januar übernahm, sogleich entschlossen, in der Deutschlandpolitik zu den schönen Tagen der Pariser Beschlüsse und
des Londoner Ultimatums zurückzukehren, und offensichtlich
war er von Anfang an gewillt, mit einer solchen Rückkehr die
Voraussetzung für die Exekutierung des französischen Maximalprogramms zu schaffen. Daß er mit diesem Kurs die Freundschaft Großbritanniens riskierte, vielleicht sogar die Feindschaft Londons provozierte und sein Land mit der Preisgabe der
Entente in die Isolierung steuerte, war ihm, anders als Briand,
völlig gleichgültig. Für den Fall einer militärischen Kraftprobe
mit Deutschland fühlte er sich des Beistands auch eines ernstlich
verärgerten Großbritannien ohnehin sicher, wie er dem britischen Botschafter in Paris sagte, »da, falls Umstände wie 1914
einträten ..., England in seinem eigenen Interesse dieselben
Maßnahmen wie damals werde ergreifen müssen«[94]. Seine Politik hingegen, die Politik eines Anwalts totaler Sicherheit,
wollte schon die Kraftprobe unmöglich machen, und dazu
mußte nicht die in Friedenszeiten weniger wichtige Freundschaft Großbritanniens erhalten, sondern Deutschland in einen
Zustand permanenter Ohnmacht versetzt oder doch nachhaltig
geschwächt werden. In wenigen Wochen hatte er den beginnenden Szenenwechsel auf der europäischen Bühne gestoppt
und gewissermaßen die Versailler Kulissen wieder aufstellen
lassen.

Zunächst ließ Poincaré die britisch-französischen Sicherheits-gespräche scheitern, indem er nicht allein an den schon von Bri-and genannten Forderungen festhielt, sondern überdies noch zusätzliche Bedingungen anmeldete, die für London, wie er sehr wohl wußte, vollends unannehmbar waren. Am 23. Januar verlangte in seinem Auftrag Comte de St. Aulaire von Lord Curzon eine Militärkonvention, die erstens zwanzig Jahre Lauf-zeit haben, zweitens bereits bei deutschen Verletzungen der Rheinlandbestimmungen des Versailler Vertrags in Funktion treten und drittens Frankreich das Recht einräumen sollte, einem nicht näher definierten »indirekten Angriff« Deutsch-lands zuvorzukommen. Damit waren die Verhandlungen, wenngleich sie sich noch ein halbes Jahr hinschleppten, prak-tisch erledigt und einer der Poincaré bremsenden Entspannungs-faktoren aus dem Wege geräumt. Ähnlich verfuhr der französi-sche Regierungschef mit Lloyd Georges Plänen zur Unterstüt-zung der Sowjetunion, indem er darauf bestand – und die fran-zösische Beteiligung war wichtig –, Kredite für Moskau davon abhängig zu machen, daß sich die Bolschewiki einer schon fast totalen wirtschafts- und finanzpolitischen Kontrolle unterwar-fen. Zugleich torpedierte er die restlichen Erfolgschancen der Konferenz von Genua, die er natürlich nicht mehr verhindern konnte, indem er der britischen Regierung mitteilte – und zwar in dem gleichen Memorandum vom 1. Februar, das die kaum erfüllbaren Bedingungen für die Rußlandhilfe formulierte –, die Konferenz dürfe sich mit keinem Problem befassen, das durch die Friedensverträge und die Konferenzen des Jahres 1921 bereits geregelt sei, und er ergänzte diese Forderung nach der Ausklammerung der Reparationsfrage durch die Erklärung, Frankreich werde ferner nicht zulassen, daß in Genua über eine allgemeine Abrüstung gesprochen werde. Das Grundprinzip seiner Politik umschrieb Poincaré mit der Formel, die Friedens-verträge stellten das öffentliche Recht Europas dar. Als ihn Lord Curzon in wohlgesetzten und noch zurückhaltenden Worten auf die Unvernunft der französischen Haltung aufmerksam machte, sagte Poincaré überdies seine persönliche Teilnahme an der Konferenz ab. Ein europäisches Washington war vor-erst unmöglich geworden, und Lloyd Georges Politik schien – da die Amerikaner ohnehin nicht nach Genua kommen wollten – unmittelbar vor dem Zusammenbruch zu stehen.

Indes war der britische Premier noch nicht völlig geschlagen. Etliche seiner Äußerungen, die er in den Monaten und Wochen vor dem Beginn der Konferenz machte, zeigten zwar, daß er selbst nicht mehr viel Optimismus aufbrachte, und schon am 23. Februar hatte er sich, als er mit Poincaré in Boulogne zusammentraf, gezwungen gesehen, die in dem Memorandum vom 1. Februar niedergelegten Auffassungen seines französischen Kollegen grundsätzlich zu akzeptieren. Andererseits war es ihm mit gewohntem taktischen Geschick gelungen, für seine grundsätzliche Annahme die Zustimmung Poincarés zu seiner Ansicht einzuhandeln, daß »es England als absurd betrachten würde, wenn man bei der Erörterung [in Genua] jede Bezugnahme auf alle Faktoren der wirtschaftlichen Unsicherheit, zu denen natürlich auch das Reparationsproblem gehört, ausschließen wollte«[95]. Auch was die Rußlandhilfe anging, traute sich Lloyd George durchaus zu, Poincaré Konzessionen abzumarkten, zumal er genau wußte, daß der französische Ministerpräsident seine Stellung in Frankreich gefährdete, wenn er starr auf einem Kurs blieb, der den Sowjets die Anerkennung der Auslandsschulden des zaristischen Rußland und der Ersatzpflicht für sozialisiertes ausländisches Eigentum von vornherein unmöglich machte; zu viele Franzosen waren an dieser Anerkennung finanziell interessiert. Als die Konferenz von Genua am 10. April »in einer Atmosphäre eisiger Kälte und Pracht«[96] eröffnet wurde, durfte daher zwar niemand mehr mit großen Erfolgen und mit der großen Stabilisierung Europas rechnen, doch brauchte die Hoffnung noch nicht aufgegeben zu werden, daß einige bescheidenere Erfolge vielleicht die Voraussetzungen für eine kleine europäische Stabilisierung retten oder wenigstens ein politisches Klima bewahren würden, das es Poincaré verwehren mußte, nach seinen eigentlichen Zielen, dem Ruhrgebiet und der Rheingrenze, zu greifen. Solange über die Prinzipien und Absichten Lloyd Georges verhandelt wurde, war die Politik des Premiers noch nicht gescheitert, und in diesem Sinne konnte es bereits als ein erster Erfolg gelten, daß sowohl eine deutsche wie eine sowjetische Delegation als gleichberechtigte Konferenzteilnehmer nach Genua gekommen waren und Poincaré immerhin seinen Justizminister Barthou geschickt hatte.

Aber wieder einmal restaurierte sich jene französisch-deutsche Union zur Verhinderung außenpolitischer Fortschritte, die schon 1920 und 1921 so ausgezeichnet funktioniert hatte. In Deutschland war zwischen Herbst 1921 und Frühjahr 1922 die Abneigung gegen die trotz ihrer taktischen Motivierung begreiflicherweise unpopuläre Erfüllungspolitik ständig gewachsen. Die Zunahme des Widerstands hatte objektive und subjektive Gründe. Den objektiven Grund lieferte die Tatsache, daß es der Reichsregierung, da auch das Kabinett Wirth keine energischeren Anstrengungen zum Ausgleich des Haushalts und zur Steuerung des Währungsverfalls unternahm, immer schwerer fiel, die finanziellen Mittel für die Erfüllungspolitik aufzutreiben. Rathenau wurde sogar zu einem der beredtesten Wortführer der finanzpolitischen Theorie, die als entscheidende Ursache der Währungskalamität die passive Zahlungsbilanz des Reiches bezeichnete und die laufende Vermehrung des Papiergeldes bagatellisieren zu dürfen glaubte. Für die Reparationspolitik folgte daraus, daß er nicht die Stabilisierung der Mark als Voraussetzung leidlich störungsfreier Reparationszahlungen oder einer für diesen Zweck aufzunehmenden internationalen Anleihe begriff, sondern umgekehrt die vollständige Liquidierung der Reparationen oder ihre Finanzierung über eine internationale Anleihe als Voraussetzung der Währungsstabilisierung. Die weitere Entwicklung sollte die Unhaltbarkeit wie die politische Undurchführbarkeit dieser in Deutschland Allgemeingut gewordenen Theorien beweisen; schließlich konnte und mußte das Reich die Mark stabilisieren, ehe die Reparationsfrage durch den Dawes-Plan entschärft wurde und Berlin eine Anleihe erhielt. Zunächst hatte das Dogma von der passiven Zahlungsbilanz jedoch die erfreuliche Konsequenz, daß es Bevölkerung und Reichsregierung in die Lage versetzte, die Reparationsgläubiger für den Zustand der deutschen Währung verantwortlich zu machen und gegen die fortschreitende Inflation keine eigenen finanzpolitischen Rezepte erfinden zu müssen. Andererseits unterwarf sich die Reichsregierung mit ihrem Dogma selbst dem Zwang, zwischen zwei im Augenblick gleichermaßen unerreichbaren reparationspolitischen Zielen wählen zu müssen: der internationalen Anleihe und dem vollständigen Abbau der Barzahlungen. Daß die Anleihe tatsächlich unerreichbar war, hatte das Scheitern der Verhandlungen bewiesen, die im Sommer 1921 mit der Bank von England geführt worden waren, um das Geld für die im Januar 1922 fällige zweite Rate des Londoner Zahlungsplans flüssig zu machen. So spürte das Kabinett immer stärker den Zwang zur zweiten Alternative, und zwar nicht nur deshalb, weil die Regierung, mangels innerer Heilversuche und ohne internationalen Kredit, die für die Reparationszahlungen erforderlichen Devisen mit Papiermark kaufen und damit einer bereits in Agonie liegenden Währung ständig neue Schocks versetzen mußte, sondern vor allem deshalb, weil sich die Regierung, nachdem sie behauptet hatte, die Rettung der Mark hänge von reparationspolitischen Erfolgen ab, angesichts des rapiden Wertverlusts der Mark naturgemäß genötigt sah, nun auch auf solche Erfolge hinzuarbeiten: der Wert eines Bankkontos von 50000 Mark, das im April 1921 noch 3333 Goldmark repräsentiert hatte, sank schon bis April 1922 auf 724 Goldmark. Das Kabinett Wirth begann sich mithin in eine Lage zu manövrieren, die der Lage des Kabinetts Fehrenbach recht ähnlich sah.

Am 14. Dezember stellte Berlin bei der Reparationskommission Antrag auf Stundung der Januarraten, worauf die Kommission am 13. Januar 1922 insofern ein vorläufiges Moratorium gewährte, als sie statt der Januarraten alle zehn Tage die Zahlung von 31 Millionen Goldmark verlangte. Am 21. März setzte die Kommission die deutsche Jahresleistung für 1922 auf 720 Millionen Goldmark in bar und 1,45 Milliarden in Sachlieferungen herab (wozu noch 200 Millionen Mark Besatzungskosten kamen), forderte dafür aber, daß Deutschland seinen Haushalt aus eigener Kraft in Ordnung bringen und daher neue Steuern in Höhe von 60 Milliarden – damals nicht ganz eine Milliarde Goldmark – erheben müsse; außerdem beanspruchte sie Kontrollbefugnisse über das Budget des Reiches. Offenbar glaubte jetzt das Berliner Kabinett, ermutigt durch die in der Zahlungsfrage entgegenkommende Haltung der Kommission, daß bald die Zeit gekommen sein werde, weitere Reduzierungen der Barleistungen zu verlangen, daß die Erfüllungspolitik ihren taktischen Zweck allmählich erreiche. Obwohl Poincaré ein deutlich sichtbares Warnsignal gegeben hatte, als er in seinem Memorandum vom 1. Februar, das ja auch in Berlin überreicht worden war, ausdrücklich das Recht Frankreichs anmeldete, »im Falle einer Verfehlung Deutschlands an seinen Reparationsverpflichtungen Zwangsmaßregeln zu ergreifen«, und obwohl man in Berlin wußte, daß Lloyd George auch diesen französischen Vorbehalt hatte anerkennen müssen, meinte Rathenau am 24. März im Kabinettsrat, man müsse nun beobachten, »wie weit das Eis tragfähig sei«[97]. Und die allerdings recht hochfahrend formulierten Forderungen der Reparationskommission sind von der Reichsregierung am 7. April in einer ebenfalls patzigen Sprache rundweg abgelehnt worden. Auch wenn Berlin noch keineswegs an einen brüsken Abbruch der Erfüllungspolitik dachte, stand somit, und zwar am Vorabend der Konferenz von Genua, immerhin fest, daß sich in der Reparationsfrage Deutschlands Haltung in absehbarer Zukunft verhärten mußte, daß jedenfalls der für die europäische Entspannung so wesentliche deutsche Beitrag nicht länger als sicherer Faktor betrachtet werden durfte.

Stärkere Motive der Ablehnung lagen jedoch außerhalb der vermeintlichen und tatsächlichen finanz- oder reparationspolitischen Notwendigkeiten. So spielte die für Deutschland enttäuschende Teilung Oberschlesiens, die den größeren Teil des oberschlesischen Industriegebiets Polen zusprach, eine gewichtige Rolle. Die Abstimmung vom 20. März 1921 hatte zwar für den gesamten Abstimmungsbezirk eine klare deutsche Mehrheit ergeben (707393 gegen 479365), bei genauerem Zusehen war aber das Resultat des Plebiszits weniger eindeutig. Abgesehen davon, daß rund 180000 deutsche Stimmen (gegen 10000 polnische) von Personen abgegeben worden waren, die nicht mehr in Oberschlesien lebten, wiesen Wahlkreise wie Rybnik, Tarnowitz oder Pleß starke polnische Majoritäten auf, und im eigentlichen Industriegebiet wurde die Lage dadurch kompliziert, daß sich wohl die Bevölkerung der Städte für Deutschland entschied, hingegen die umliegenden ländlichen Distrikte meist mehrheitlich für Polen optierten: z. B. zählte man in Beuthen-Stadt 29890 deutsche und 10101 polnische, in Beuthen-Land jedoch 63021 polnische und 43677 deutsche Stimmen; Kattowitz-Stadt wählte mit 22774 gegen 3900 Stimmen deutsch, Kattowitz-Land mit 66119 gegen 52892 Stimmen polnisch. Auf diese Unklarheiten gestützt und mit dem Argument, das Industriegebiet könne schon aus wirtschaftlichen Gründen nicht geteilt werden, wollten Polen und Frankreich die für die Grenzziehung zuständige Botschafterkonferenz bestimmen, neben den überwiegend polnischen Kreisen auch das Industrierevier aus dem Abstimmungsgebiet herauszulösen und als Ganzes Polen zuzuschlagen. Die Möglichkeit zu einem solchen Vorgehen bot der Versailler Vertrag, der eine Grenzziehung nach lokalen und regionalen Abstimmungsresultaten, außerdem die Berücksichtigung geographischer und wirtschaftlicher Gesichtspunkte gestattete. Deutschland, das sich der gleichen Argumente wie Polen bediente und sich zudem auf das Gesamtergebnis berief, beanspruchte natürlich ebenfalls das ganze Industrierevier, wobei Berlin wie gewöhnlich die Unterstützung Lloyd Georges fand. Da in der Botschafterkonferenz keine Einigung zwischen der französischen und der britischen Auffassung erreicht werden konnte, verfiel man schließlich auf den Ausweg, die Entscheidung dem Völkerbund zu übertragen, und die vom Völkerbundsrat eingesetzte Viererkommission kam zu dem Schluß, daß beide Lösungen, die französische wie die britische, zu ungerecht seien, um ernstlich in Erwägung gezogen zu werden, daß also eine Teilung nicht zu umgehen sei. Obwohl die Kommission zugleich einen von Polen und Deutschland am 15. Mai 1922 unterzeichneten Katalog von Vereinbarungen ausarbeitete, der dem politisch geteilten Industriegebiet die wirtschaftliche Einheit bewahren sollte, hat allein schon der Teilungsbeschluß – die Botschafterkonferenz akzeptierte die von der Viererkommission am 12. Oktober vorgelegten Empfehlungen sofort und übermittelte sie am 20. Oktober Berlin und Warschau – in Polen und Deutschland heftigste Ausbrüche nationaler Emotionen provoziert. In Deutschland brandete die Welle der Empörung noch höher, da Regierung und Presse mit zahllosen unrealistischen Äußerungen in der Bevölkerung die Überzeugung genährt hatten, daß die Kommission den deutschen Anspruch erfüllen werde; so kam der dann tatsächlich gefällte Spruch als Schock. Außerdem hatte die Völkerbundskommission – in der neben dem Spanier Quinones de Leon die Vertreter der ehemaligen Kriegsgegner Belgien, Brasilien und China saßen – ihrem Gerechtigkeitsgefühl nicht so weit nachgegeben, daß sie eine völlig unparteiische Entscheidung getroffen hätte; Polen erhielt den Löwenanteil am Industriegebiet, und Städte mit großen deutschen Majoritäten, z. B. Königshütte, lagen nun jenseits der deutschen Grenze. Daß andererseits Orte mit polnischer Mehrheit, etwa Groß-Strehlitz, diesseits der Grenze geblieben waren, wurde kaum zur Kenntnis genommen. Die Regierung Wirth trat am 22. Oktober zurück, freilich nur, um ohne die Demokratische Partei als zweites Kabinett Wirth sogleich wiederzukehren – ein völlig überflüssiges Schauspiel, das der Republik mehr Prestige kostete, als es eine allmähliche Vorbereitung der Bevölkerung auf das Unvermeidliche getan hätte –, und die Erfüllungspolitik geriet unter den Druck einer jetzt erst recht entente- und völkerbundsfeindlichen öffentlichen Meinung.

Die Öffnung nach Osten: Vorbereitung für Rapallo

Im Auswärtigen Amt, in der Heeresleitung und in den Geschäftszimmern bürgerlicher Mittel- und Rechtsparteien herrschte eine kühlere Atmosphäre. Hier gab die Teilung Oberschlesiens aber jenen Kräften Trümpfe in die Hand, denen die Erfüllungspolitik nicht etwa deshalb zunehmend unbehaglich wurde, weil die außenpolitische Lage Deutschlands nun »fast verzweifelt« gewesen wäre, wie in einer der neuesten Untersuchungen zur Konferenz von Genua gesagt wird (Th. Schieder), sondern ganz im Gegenteil deshalb, weil der Kurs Rathenaus unerwünschte Erfolge zu zeitigen begann. Die um General v. Seeckt oder im Auswärtigen Amt um den Leiter der Ostabteilung, Freiherrn Ago von Maltzan, gruppierten Revisions- und Restaurationspolitiker, zu denen im Reichstag die Deutschnationalen und die Deutsche Volkspartei, außerdem zahlreiche Mitglieder der demokratischen und der Zentrumsfraktion, z. B. Reichskanzler Wirth, gehörten, hatten sich zwar damit abfinden können, daß Deutschland, um an seiner Westgrenze eine gewisse Entlastung zu erreichen, in etwas besserer Haltung einige Reparationszahlungen leistete, widersetzten sich aber sofort, als die Erfüllungspolitik – was sich um die Jahreswende 1921/22 abzeichnete – über eine leichte Entspannung hinaus sogar in die Anfänge einer Annäherung Deutschlands an Frankreich zu münden schien. Mußte eine solche Annäherung nicht mit der Eingliederung in das System von Versailles und folglich mit der freiwilligen Anerkennung des Vertrags von Versailles enden? Und mußten Eingliederung wie freiwillige Anerkennung der neuen deutschen Grenzen, namentlich der im Osten, nicht den für die Zukunft unbeirrbar im Auge zu behaltenden Übergang zur praktischen Revisions- und Restaurationspolitik unmöglich machen oder doch erheblich erschweren? Nicht ein »der Zeit angepaßtes gleichgewichtspolitisches Denken«, wie Theodor Schieder meint, beherrschte also die Vorstellungen von Seeckt und Maltzan, wenn sie sich gegen eine einseitige Orientierung Deutschlands nach Westen sträubten. Das europäische Gleichgewicht war ihr Feind, und es kam ihnen auch nicht darauf an, Deutschland lediglich eine selbständige Position zwischen Ost und West wiederzugewinnen. So wichtig es ihnen sein mußte, nach Gegengewichten gegen die Hegemonie Frankreichs zu suchen, ging es ihnen in erster Linie doch darum, dem Reich für den Augenblick, da die Ketten von Versailles gefallen sein würden, die außenpolitische Handlungsfreiheit zur Realisierung revisions- und restaurationspolitischer Ambitionen zu retten. Daher lag es, wie sie glaubten, nicht im nationalen Interesse, daß sich Berlin, wenn sich jene Ketten lockerten, sogleich Fesseln falscher politischer Freundschaften überstreifen ließ, die im Grunde noch fester banden. Es ist überaus aufschlußreich, daß gerade jetzt immer häufiger die Forderung zu hören war, Deutschland müsse endlich wieder »aktive« Außenpolitik treiben. Die von Seeckt und Maltzan repräsentierten Kreise haben eine Verständigung mit den Westmächten offensichtlich nicht als »aktive« Politik angesehen; als aktiv galt ihnen deutsche Außenpolitik nur dann, wenn sie zur Korrektur der Kriegsergebnisse führte oder wenigstens, da daran noch nicht zu denken war, die Möglichkeit zu einer solchen Korrektur offenhielt. Eine Gleichberechtigung, die mit dem Verzicht auf den revisionistischen Anspruch oder mit dem Verzicht auf die für diesen Anspruch aufzusparende Bewegungs- und Bündnisfreiheit erkauft werden mußte, schien ihnen schlimmer als wertlos, nämlich gefährlich zu sein. Bezeichnenderweise ist im Reichstag ausgerechnet das erste konkrete positive Resultat der Erfüllungspolitik, die zwischen Lloyd George und Rathenau getroffene Absprache über eine deutsche Beteiligung am internationalen Konsortium, auf Kritik der Rechten gestoßen. Stresemann erklärte, Rußland dürfe »nicht etwa die Anschauung haben, daß es von uns mit als eine Ausbeutungskolonie des internationalen Kapitals angesehen würde«[98], und Abgeordnete wie Journalisten entdeckten eine deutsch-russische »Schicksalsgemeinschaft«[99].

Wenn diese Schicksalsgemeinschaft von Parlamentariern beschworen wurde, die eng mit der Industrie oder dem Großgrundbesitz verbundene Parteien vertraten, wenn auch hohe Beamte und Soldaten, die aus der Führungsschicht des kaiserlichen Deutschland kamen, plötzlich Sympathien für ein kommunistisches Moskau bekundeten, so konnte das seinen Grund natürlich nicht in irgendwelchen ideologischen Gemeinsamkeiten haben. Das Interesse an Geschäften mit Rußland war auf eine allzu kleine Gruppe von Industriellen beschränkt, als daß es einen gewichtigen Faktor dargestellt hätte, zumal jene Industriellen auch im Rahmen eines internationalen Syndikats auf ihre Rechnung kommen konnten; einige zeigten in der Tat, wie sich Maltzan in einem Brief an Karl Radek ausdrückte, »eine atavistische Neigung zur Syndikatsbildung«[100]. Zwar ist ein vages Gefühl, sowohl Deutschland wie Rußland seien von der Entente zu Parias der internationalen Staatengesellschaft degradiert worden, relativ weit verbreitet gewesen, doch sind derartige Empfindungen gerade bei den Verfechtern einer Annäherung an Rußland durch ihren kräftigen Abscheu vor dem Kommunismus mehr als kompensiert worden. Daß Maltzan oder Seeckt ihren Abscheu überwanden, eine deutsch-russische Schicksalsgemeinschaft erfanden und mit diesem Schlagwort – das sie in die Tradition früherer preußisch-russischer Allianzen stellen durften – jetzt praktische Außenpolitik machen wollten, ist vielmehr allein aus ihrer Überzeugung zu erklären, eine aktive Rußlandpolitik sei das einzig wirksame Rezept gegen die bedenklichen Folgen der Erfüllungspolitik. Nur eine separate Verständigung mit Moskau, so meinten sie, sei geeignet, den abschüssigen Weg zu blockieren, auf dem Deutschland in das System von Versailles zu gleiten drohe: als erster Schritt zur Sammlung unzufriedener und revisionistischer Staaten setze eine solche Verständigung den Beginn der restaurationspolitischen Alternative zu Versailles und Völkerbund, und sie stelle zugleich, als erster Schritt zu einem gegen Polen gerichteten deutsch-sowjetischen Bündnis, die Ouvertüre zu konkreter Revisionspolitik dar. Die Pause zwischen der Ouvertüre und dem ersten Akt mußte freilich, angesichts der außenpolitischen Impotenz beider Länder, sehr lange dauern, so lange, daß sich die Frage aufdrängte, ob es klug und opportun sei, mit der Ouvertüre auch schon das Stück zu verraten, das man zu spielen gedachte, ein Stück, das schließlich noch immer verboten werden konnte. Wurde die Intervention Frankreichs, das ohnehin Neigung zum Vorstoß an Rhein und Ruhr zeigte, nicht geradezu provoziert, wenn Berlin seine Absicht zu erkennen gab, eines Tages den wichtigsten Pfeiler des französischen Bündnissystems, Polen, umzustürzen? Setzte man nicht die – seit Jahren so wertvolle – britische Unterstützung gegen die sicherheitspolitischen Argumente Frankreichs aufs Spiel, wenn ein Akt des Berliner Kabinetts die Berechtigung jener Argumente augenfällig demonstrierte und überdies London kräftig vor den Kopf stieß, da Deutschlands Ausscheren aus der Einheitsfront gegenüber Rußland natürlich den britischen Befriedungsplan in Frage stellte? Handelte die Reichsregierung nicht töricht, wenn sie Lloyd George, Deutschlands einzigen Freund unter den verantwortlichen Staatsmännern des Westens – über dessen gefährdete Position Berlin durchaus unterrichtet war –, vermutlich sogar stürzen half, indem sie seine Kontinentalpolitik sabotierte und ihm damit den zur Befestigung seines Prestiges notwendigen Erfolg verwehrte?

Bis Ende 1921 waren die Anhänger einer aktiven Rußlandpolitik, wie 1919 oder 1920, selbst der Meinung, daß es noch zu früh sei, die Karten aufzudecken. Klug, fähig und keineswegs der Typ des konventionellen Diplomaten, aber eben doch Gefangener einer außenpolitischen Tradition, die lediglich hegemonialpolitische und das hieß nun restaurationspolitische Kategorien kannte, hat sich Maltzan zwischen Mai und Dezember 1921 zwar gleichsam zum Stabschef dieser Gruppe entwickelt und an der politischen Ausgestaltung des am 6. Mai mit Rußland geschlossenen Handelsvertrags gearbeitet, jedoch keine sonderliche Eile an den Tag gelegt und sich außerdem bemüht, bei der Annäherung an Rußland so lange wie möglich im Kielwasser der britischen Politik zu bleiben; schon der Handelsvertrag war bewußt erst einige Wochen nach dem entsprechenden britisch-sowjetischen Abkommen unterzeichnet worden. Auch stieß Maltzan auf den Widerstand des Außenministers im ersten Kabinett Wirth, Rosen, der überzeugt für eine westliche Orientierung der deutschen Außenpolitik eintrat und Maltzan sogar von der Leitung der Ostabteilung entband, um ihn als Gesandten nach Athen abzuschieben. Die Kontakte zwischen Reichswehr und Roter Armee, die sich im Herbst 1921 zu geheimen Verhandlungen zwischen Krassin, dem späteren Volkskommissar für Handel und Industrie, und General Hasse, Seeckts Nachfolger im Truppenamt, verdichteten – im Winter 1921/22 schaltete sich Seeckt persönlich ein –, standen zwar in einem gewissen inneren Zusammenhang mit der restaurationspolitischen Rußlandkonzeption, doch wurden sie, die auf eine eng begrenzte militärische und rüstungswirtschaftliche Kooperation zielten, unabhängig von der praktischen Berliner Außenpolitik und unabhängig vom Auswärtigen Amt angeknüpft; die Diskussion um West- oder Ostorientierung haben sie jedenfalls kaum beeinflußt. Ende Oktober 1921, als Wirth in seinem zweiten Kabinett das Außenministerium zunächst selbst übernahm, setzte der Kanzler aber Maltzan erneut an die Spitze der Ostabteilung, und der Regierungschef betrachtete diese Ernennung durchaus als Vorentscheidung über den grundsätzlichen Kurs der deutschen Außenpolitik. Maltzan schlüpfte denn auch sogleich wieder in seine Rolle als Zentralfigur der russophilen Gruppierung, und um die Jahreswende 1921/22 begann er seine Bemühungen um eine deutsch-sowjetische Verständigung plötzlich zu intensivieren. Die Ursache seiner Wendung zu lebhaftester Aktivität war offensichtlich Lloyd Georges Syndikatsplan. Daß der britische Premier Deutschland zum Eintritt in das internationale Konsortium aufforderte, stellte Berlin in der Tat schon jetzt vor die Notwendigkeit, Deutschlands künftige Außenpolitik prinzipiell festzulegen und vor der eigenen wie vor der europäischen Öffentlichkeit zu dekouvrieren. Akzeptierte Berlin das Londoner Angebot, so trieb es zwar Realpolitik im einzig vernünftigen Sinne des Wortes, d. h. Politik auf Grund der gegebenen Realitäten, ließ sich aber auf die Anfänge einer Interessenverflechtung mit den Westmächten ein, die Deutschland in logischer Entwicklung in den Völkerbund und in das System von Versailles ziehen mußte; vor allem hätte das Reich den Anschluß an eine Mächtekombination vollzogen, die ausdrücklich für eine gemeinschaftliche Rußlandpolitik geschaffen gewesen wäre, und damit ein besonderes deutsches Verhältnis zu Moskau, als Basis einer späteren antipolnischen Allianz, auf lange Zeit unmöglich gemacht. Auch dieser Weg hätte Deutschland rasch zu einem der führenden Staaten Europas aufsteigen lassen. Der Traum, das Kriegsergebnis zu korrigieren und zu jener kontinental- wie weltpolitischen Bewegungsfreiheit zurückzukehren, die das Kaiserreich zum Teil bereits besessen und in vollem Umfange angestrebt hatte, hätte freilich begraben werden müssen. Sollte hingegen der Traum gerettet und die Kontinuität deutscher Großmachtpolitik gewahrt werden, so war es nun unumgänglich geworden, die nicht rein reparationspolitische Tendenz der Erfüllungspolitik zu desavouieren und die Entente in wohldosiertem Maße zu brüskieren, in der Praxis also das Projekt Lloyd Georges, und zwar durch einen deutschen Separatvertrag mit Moskau, schleunigst zu Fall zu bringen. Maltzan, der seine politischen Lehrjahre nicht umsonst unter Staatssekretär v. Kiderlen-Wächter, dem Leiter des Auswärtigen Amtes zur Zeit der zweiten Marokkokrise (1911), absolviert hatte, war nicht allein auf Grund seiner außenpolitischen Konzeption – statt zwischen einem realpolitischen Neuansatz und der Kontinuität tradierter Utopien schien ihm Berlin natürlich zwischen Unterwerfungs- bzw. Verzichtpolitik und wahrer Realpolitik wählen zu müssen –, sondern zugleich auf Grund seiner diplomatischen Schulung und seines Charakters der geeignete Mann, das Steuer entschlossen herumzureißen. Allerdings glaubte er in der Situation zwei Elemente sehen zu dürfen, die das für notwendig gehaltene antiwestliche und prosowjetische Manöver auch möglich machten. So nahm er an, die Erfüllungspolitik habe die Spannung zwischen Deutschland und der Entente bereits so weit herabgesetzt, daß die von ihm beabsichtigte Brüskierung der Westmächte wohl ausreiche, um die unerwünschten politischen Erfolge der Erfüllung wieder zu liquidieren, daß aber die Verschärfung der Lage nicht gleich den französischen Einmarsch ins Ruhrgebiet provozieren werde. Außerdem baute er mit Recht darauf, daß die Bolschewiki ein alle übrigen Gesichtspunkte verdrängendes Interesse haben mußten, die mit Lloyd Georges Syndikatsplan drohende Einbuße an ideologischer und politischer Eigenständigkeit zu vermeiden, daß sie also, um die westliche Einheitsfront zu sprengen, jede Gelegenheit zu bilateralen Abkommen wahrnehmen würden und als sichere Partner seines Spiels gelten durften.

In Berlin stießen Maltzan und sein Protektor Wirth freilich auf erhebliche Schwierigkeiten. Die antikommunistische, in der politischen Vorstellungswelt des Westens beheimatete und die angebahnte Verständigung mit der Entente begrüßende Sozialdemokratie, die mit Friedrich Ebert immerhin noch den Reichspräsidenten stellte, lehnte die Politik Maltzans ab. Abgeordnete anderer Parteien, hohe Beamte und Diplomaten scheuten, so sehr sie die Aktivierung der Ostpolitik bejahen mochten, doch vor der Brüskierung Londons und Paris' zurück, meist ohne zu begreifen, daß für die Strategie Maltzans diese Brüskierung mindestens ebenso wichtig war wie die Anknüpfung der Fäden nach Moskau; auch wenn sie nicht an eine sofortige Intervention Frankreichs dachten, befürchteten sie eine abermalige Verhärtung der eben gelockerten alliierten Reparationspolitik, die schließlich bei Sanktionen enden konnte. Um solche Widerstände zu lähmen, arbeitete Maltzan mit recht gewagten Argumenten. So wies er, den wahren Kern seiner Behauptung weidlich übertreibend, nicht nur darauf hin, daß Paris, um die Bolschewiki zur Anerkennung der russischen Kriegs- und Vorkriegsschulden bzw. der Entschädigungspflicht für sozialisiertes französisches Eigentum zu bewegen, Moskau verführen wolle, den Artikel 116 des Versailler Vertrags in Anspruch zu nehmen, der einer russischen Regierung – wobei man 1919 natürlich eine nichtkommunistische Regierung im Auge gehabt hatte – das Recht vorbehielt, von Deutschland Reparationen zu fordern; er stellte es sogar als sehr leicht möglich hin, daß sich die sowjetische Führung tatsächlich verführen lasse. Er selbst, der Ideologie und Denkweise der Bolschewiki genauer kannte und weniger voreingenommen beurteilte als fast alle anderen Angehörigen des Auswärtigen Amtes, wußte jedoch ganz gut, daß diese Revolutionäre, die den Frieden ohne Annexionen und Kontributionen zu einem Kernpunkt ihres öffentlich verkündeten Programms erhoben hatten und im übrigen Reparationen für eine typisch kapitalistisch-imperialistische Erfindung hielten, noch nicht lange genug an der Macht waren, um sich ohne äußerste Notlage einen ideologisch nicht begründbaren Verrat an ihren Prinzipien zu leisten, zumal der fiktive Anspruch, den der Verrat eingebracht hätte, gar nicht als Verlockung wirkte; daß Deutschland schon die Rechnung der Entente nicht bezahlen konnte, von zusätzlichen Posten ganz zu schweigen, war in Moskau ebenso bekannt wie in Berlin. Auch lag es auf der Hand, daß sich die neuen Herren des Kreml in den Augen der deutschen Arbeiterklasse hoffnungslos diskreditiert hätten, wenn sie sich Arm in Arm mit der französischen und britischen Bourgeoisie als Reparationsgläubiger und folglich Ausbeuter präsentierten. Die finanzielle Schwäche Deutschlands sprach aber auch dagegen, daß man in Paris ernstlich daran dachte, mit der Sowjetunion derartige Tauschgeschäfte zu machen. Solange überhaupt noch die Chance bestand, daß Moskau finanzielle Verpflichtungen gegenüber den Westmächten anerkannte, wären die französischen Politiker ungewöhnlich schlechte Geschäftsleute gewesen, hätten sie die Realisierung russischer Schulden mit den deutschen Reparationen verquickt, ob sie die Eintreibung des Stapels nie einlösbarer deutscher Wechsel, den sie auf den bereits vorhandenen Berg gleicher und gleich wertvoller Papiere geschichtet hätten, nun selbst versuchen oder den Russen zuschieben wollten; sie hätten sich damit nur die einzige Möglichkeit genommen, aus einer sowjetischen Schuldenanerkennung tatsächlich Geld zu schlagen, nämlich die direkte und nicht von dritten Faktoren abhängige russische Leistung. Trotzdem verbreitete Maltzan mit Bedacht die Ansicht, das Verhältnis zwischen Paris und Moskau werde ständig besser, und er nährte sogar das Gerücht, Frankreich sei im Werben um die Sowjets so weit gegangen, ihnen die »Opferung« Polens anzubieten. Erst ein Jahr war vergangen, seit Polen mit französischer Unterstützung gegen die Sowjetunion Krieg geführt hatte; Warschau kam im französischen Kontinentalsystem eine entscheidende Funktion zu, die in Paris schon deshalb niemand der Sowjetunion übertragen wollte, weil dieses Land offensichtlich noch geraume Zeit kein außenpolitischer Machtfaktor sein konnte; Frankreichs Defensivbündnis mit Polen war noch keine zwölf Monate alt, und die ebenfalls mit Warschau verbundene Kleine Entente hätte zu einer »Opferung« Polens auch etwas zu bemerken gehabt. Daß dennoch zahlreiche Berliner Politiker jenes Gerücht ernsthaft diskutierten, läßt ihre politische Urteilsfähigkeit wie ihre Vorstellungen von Vertragstreue in einem eigentümlichen Licht erscheinen. Jedenfalls gelang es Maltzan, die Furcht vor einer irgendwie auf Deutschlands Kosten gehenden Verständigung zwischen der Entente und Moskau zu einem politischen Faktor zu machen und als richtiges Gegenmittel ein separates deutsch-sowjetisches Abkommen überzeugend zu empfehlen.

Am 16. Januar 1922 traf Radek, der Moskau auf Einladung Maltzans am 10. Januar verlassen hatte, erstmals mit dem Leiter der Ostabteilung zusammen, und ein paar Tage später wurde er auch von Reichskanzler Wirth empfangen. Die Verhandlungen, an denen von sowjetischer Seite schließlich auch noch Krassin und Rakowsky, der Präsident der Ukrainischen Sowjetrepublik, beteiligt waren, zogen sich jedoch bis in die zweite Februarhälfte, ohne in dieser Phase zu konkreten Vereinbarungen zu führen. Die Stagnation ging nicht auf die finanzielle Schwäche des Reiches zurück, auch nicht auf den Interessenkonflikt zwischen verschiedenen deutschen Industriellengruppen. Zwar haben solche Faktoren Berlin daran gehindert, den sowjetischen Unterhändlern ein in wirtschaftlicher Hinsicht befriedigendes Angebot zu machen, aber die Besprechungen zeigten deutlich, daß es den Vertretern Moskaus vor allem darauf ankam, ein politisches Abkommen zu erreichen, das Deutschland aus der nichtkommunistischen Einheitsfront herausbrach und den Syndikatsplan torpedierte. Ausschlaggebend war vielmehr die Haltung Rathenaus, der am 31. Januar das Auswärtige Amt übernommen hatte. Wie einige seiner Äußerungen schon aus dem Jahre 1919 beweisen, war Rathenau der Gedanke, Deutschland müsse zur Förderung revisions- und restaurationspolitischer Ambitionen auf die Sammlung aller Feinde des Status quo und des Völkerbunds hinarbeiten, weder fremd noch unsympathisch. Obwohl er manche Repräsentanten des neuen Moskauer

Regimes herzlich verabscheute – von Radek sagte er: »Er ist zweifellos klug und witzig, aber ein schmieriger Kerl, der echte Typus eines gemeinen Judenjungen«[101] –, besaß er genügend geistige Unabhängigkeit und intellektuelle Neugier, um das sowjetische Experiment doch mit großem Interesse zu verfolgen, und so störte die Tatsache, daß jene Sammlung Deutschland zur Kooperation mit einem kommunistischen Rußland nötigte, den Großindustriellen weniger, als man damals noch hätte erwarten dürfen. Auch mochte es ihm angebracht scheinen, einen zweiten Pfeil im Köcher zu haben, wenn seine an London und Paris orientierte Politik scheitern sollte. Daher hat er, der nun auch die unmittelbare Verantwortung für die deutsche Außenpolitik trug, Maltzan gewähren lassen und ruhig zugesehen, wie ein Torpedo in ein gegen seine eigene Politik gerichtetes Rohr geschoben wurde. Nur er selbst konnte ja den Feuerbefehl geben, und damit ließ er sich nun freilich Zeit. Offensichtlich hielt er, zumindest in der gegebenen Situation, die Verständigung mit der Entente für den im Grunde doch richtigeren Kurs, und sein persönlicher Erfolg bei Lloyd George hat ihn gewiß in seiner Auffassung bestätigt. Schließlich hatte er dem britischen Premier die deutsche Beteiligung am Syndikatsprojekt bereits zugesagt, und wenngleich er noch nicht formell gebunden war, fühlte er sich mit Recht moralisch verpflichtet. So bestand er darauf, daß in den deutsch-sowjetischen Vertrag ein Passus eingefügt werde, der Berlin den Beitritt zum internationalen Konsortium vorbehielt, und das genügte, um die deutsch-sowjetischen Separatgespräche auf Sparflamme zu halten; weder Maltzan noch Radek waren an einem Abschluß auf solcher Basis interessiert. Im März aber, in dem die stagnierenden Verhandlungen nach der Rückreise der sowjetischen Emissäre unterbrochen wurden, brachte es Maltzan fertig, den Widerstand seines Ministers allmählich zu ermüden, dem er bereits im Januar und Februar mit Berichten über Frankreichs russischen Flirt zu Leibe gerückt war; Radek, der seine deutschen Partner vertragswilliger zu stimmen suchte, hatte sich der französischen Avancen bei jeder Gelegenheit gerühmt, und Maltzan, viel zu schlau, um von Radeks Tiraden beeindruckt zu werden, hatte sich doch Rathenau gegenüber sehr beeindruckt und auch recht besorgt gegeben. Im Reichstag beantwortete der Außenminister die Kritik am Syndikatsprojekt mit Formulierungen, die zweideutig klangen, ja schon ein Abrücken anzukündigen schienen, und er meinte,

»das Wesentliche unserer Aufbauarbeit wird zwischen uns und Rußland selbst zu besprechen sein«[102]. Endlich hatte ihn Maltzan dem Plan Lloyd Georges so weit entfremdet und so weit auf den Boden der »aktiven Rußlandpolitik« gezogen, daß er am 5. April im Ministerrat sagen konnte, »wir ständen de facto und de jure zu Rußland anders als die anderen Mächte«; eine Anerkennung der Sowjetregierung durch Frankreich und England sei für Deutschland nicht angenehm.[103]

An diesem Tag, kurz vor Beginn der Konferenz von Genua, war die zweite Etappe der deutsch-sowjetischen Verhandlungen bereits abgeschlossen, die nur vom 2. bis zum 4. April gedauert hatte. Auf dem Wege nach Italien hatte die sowjetische Delegation, geführt von Tschitscherin und Litwinow, in Berlin Station gemacht, und in den wenigen Tagen ihres Aufenthalts verzeichnete Maltzan einen entscheidenden Fortschritt. Die Sowjets reagierten auf einen deutschen Vertragsentwurf mit einem eigenen Vorschlag, der – anders als das deutsche Dokument, aber wahrscheinlich auf Maltzans Empfehlung – einen Artikel enthielt, in dem Deutschlands Beteiligung am internationalen Konsortium von der sowjetischen Zustimmung abhängig gemacht wurde, und Maltzan konnte, ohne von Rathenau desavouiert oder wenigstens intern kritisiert zu werden, Tschitscherin mitteilen, daß die deutsche Regierung diesen Artikel unbedenklich finde. Zwar hat Maltzan seinen letzten Wunsch, nämlich die sofortige Unterzeichnung des Vertrags und damit die Sprengung der bevorstehenden Konferenz, nicht durchgesetzt. Rathenau ließ das nicht zu, da er vor einer solchen Konsequenz wie überhaupt vor einer allzu schroffen Brüskierung Lloyd Georges doch noch zurückscheute und offensichtlich nach wie vor zwischen Erfüllungspolitik und Ostpolitik schwankte. Aber die separate deutsch-sowjetische Verständigung war nun nahezu perfekt, und Maltzan verabschiedete sich von seinen russischen Partnern mit den optimistischen Worten, er glaube, »daß die italienische Sonne uns vielleicht neue Eingebungen für eine neue Formulierung, die beiden akzeptabel sei, geben würde«[104]. Als die Konferenz von Genua am 10. April 1922 begann, war mithin nicht allein Deutschlands finanzieller Beitrag zur europäischen Entspannung ungewiß geworden. Vielmehr gehörte der deutschen Delegation eine kleine, jedoch einflußreiche, aktive und taktisch geschickt operierende Minorität an, die auf die Liquidierung gerade des außenpolitischen Aspekts der Erfüllungspolitik drängte und daher, nicht anders

als die Franzosen, auf eine Gelegenheit lauerte, mit einem Mißerfolg der Konferenz das Ende der Kontinentalpolitik Lloyd
Georges zu besiegeln. Zwischen dieser Minorität, die von
Reichskanzler Wirth und Maltzan repräsentiert wurde, und einer Majorität, die von den Fragen, um die es ging, keine klare
Vorstellung besaß, stand die wichtigste Persönlichkeit der
deutschen Delegation, Außenminister Rathenau, und wenngleich sich Rathenau noch nicht eindeutig festgelegt hatte, so
neigte er doch bereits dazu, endgültig zu den Gegnern seiner
eigenen Politik überzugehen; einige Bedenken lagen noch
im Wege, aber Maltzan durfte hoffen, seinen Minister im gegebenen Augenblick auch über die letzten Hindernisse zu
treiben.

Genua und Rapallo

In der Tat kam Maltzans Stunde schon wenige Tage nach dem
Beginn der Konferenz, und er konnte nun zeigen, daß er der
deutschen Republik nicht allein den Geist und die Ziele, sondern zugleich den Stil und die Gestik der wilhelminischen Außenpolitik zu vermitteln bereit war: hatte Kiderlen 1911 den
»Panthersprung nach Agadir« inszeniert, so ließ 1922 sein Schü-
ler die Gelegenheit zu einem ähnlichen Coup nicht ungenützt.
Zwei Momente trafen zusammen, um Rathenau in Genua für
eine kurze, aber entscheidende Zeitspanne ganz auf die Linie
Maltzans zu stoßen. Man wird wohl annehmen dürfen, daß es
Lloyd Georges persönlicher Suggestion und taktischem Geschick nicht schwer gefallen wäre, Rathenau wieder zu seiner
Politik zu bekehren, sofern der britische Premier seinen deutschen Partner in gleicher Weise wie bei den letzten Unterredungen ausgezeichnet hätte. Statt dessen sah sich Rathenau, der freilich kurz zuvor den am 23. Februar in Boulogne ausgehandelten
britisch-französischen Kompromiß öffentlich und »taktvoll« als
»Zurückweichen« des Briten vor Poincaré kritisiert hatte, von
Lloyd George, der überdies bei den Franzosen nicht den Eindruck einer speziellen britisch-deutschen Freundschaft aufkommen lassen wollte, kühl behandelt und in jene relative Isolierung verwiesen, die zunächst auch in Genua das Los der deutschen Delegation war, wenngleich ihre Mitglieder an der eigentlichen Konferenzarbeit von Anfang an gleichberechtigt teilnahmen. Das mußte einen Mann hart treffen, der in sich die Ei-

telkeit des erfolgreichen Industriellen, des erfolgreichen Politikers und des erfolgreichen Intellektuellen vereinigte. So war der Boden psychologisch gut vorbereitet, als ein mehr politischer Faktor zu wirken begann. Daß am 14. und 15. April in der Villa de Albertis, dem Wohnsitz Lloyd Georges, Sondergespräche zwischen den Alliierten und den Sowjets stattfanden, hat die deutsche Delegation tatsächlich tief beunruhigt, zumal ja in Berlin seit vier Monaten ständig von der französisch-sowjetischen Verständigung auf Kosten Deutschlands die Rede gewesen war. Kam es jetzt zu dieser Verständigung? Auch der schwer gekränkte Rathenau scheint eine solche Möglichkeit nun ernstlich befürchtet und mit Unbehagen an eine wenig rühmliche Rückkehr nach Berlin gedacht zu haben. Die Beunruhigung steigerte sich zur Panik, als am Abend des 14. April Giannini, der Sekretär des italienischen Außenministers, bei Wirth erschien – in wessen Auftrag oder mit welchem Zweck, ist bis heute ungeklärt – und ihm sagte, daß die Verhandlungen zwischen der Entente und den Sowjets günstig verliefen. Giannini erweckte bei vielen deutschen Delegierten sogar den Eindruck, daß die Besprechungen in der Villa de Albertis vor dem Abschluß stünden, und zwar auf der Basis des sogenannten Londoner Memorandums. In diesem Dokument, das Lloyd George zur Eröffnung der Konferenz überraschend vorgelegt hatte, waren die britischen Vorstellungen über die Prozedur der europäischen Rußlandhilfe formuliert, und wenn einerseits der unter französischem Einfluß aufgestellte Katalog westlicher Bedingungen tief in die russische Souveränität eingreifen wollte, so wurde den Sowjets neben manchen anderen Lockmitteln in der Tat auch der ominöse Artikel 116 offeriert.

In Berlin hatte Rathenau noch geglaubt, die Sowjets »brauchen uns mehr als wir sie«[105], und daher angenommen, er könne die russische Karte beliebig lange im Ärmel verstecken und, wenn überhaupt, zu einem Deutschland genehmen Zeitpunkt ausspielen; jetzt schien solchen Rechnungen die Grundlage entzogen zu werden, und Maltzan, der die sowjetische Interessenlage zu gut kannte, um von den Behauptungen Gianninis beeindruckt zu sein, gelang es, seinem Minister zu suggerieren, in der nun entstandenen Situation sei der Separatvertrag mit Moskau ein Akt der Notwehr – sofern die Sowjets noch zum Abschluß bereit seien. In seiner Bestürzung gab Rathenau denn auch Maltzan den Auftrag, »nunmehr mit den Russen eine Verbindung zu suchen, um die in Berlin unterbrochenen Besprechungen wieder aufzunehmen«[106]. Daß Rathenau den ganzen folgenden Tag noch immer in der Vorstellung lebte, in der Villa de Albertis werde gleichsam der Dreiverband restauriert, zeigt aber, daß Maltzan nicht allein eine Chance geschickt ausnützte, sondern sich die Chance künstlich erhielt, indem er seinen Minister bewußt falsch informierte. Am Morgen des 15.April traf nämlich Maltzan, wie von Rathenau gewünscht, mit den sowjetischen Delegierten Joffe und Rakowsky zusammen, und selbst Maltzans eigener Bericht über die Geschehnisse – der in seiner raffinierten Mischung von Fakten und Fiktionen wiederum an Kiderlen erinnert, etwa an dessen Rechtfertigung des »Panthersprungs nach Agadir« in der Budgetkommission des Reichstags (17. 11. 1911) – läßt erkennen, daß diese Unterredung unabweisbar auf das Fortbestehen grundsätzlicher Differenzen zwischen der Entente und den Sowjets schließen ließ. Hätte sich eine für Moskau befriedigende Lösung auch nur abgezeichnet, wäre es schwer zu erklären gewesen, daß ausgerechnet Joffe und Rakowsky jetzt den Vorschlag machten, im Sinne von Maltzans Berliner Abschiedsworten zu handeln und die schon Anfang April erreichte Verständigung unter der italienischen Sonne vertraglich zu fixieren. Allerdings konnte das russische Angebot dahin gedeutet werden, daß die Vertreter Moskaus, an westlicher Wirtschaftshilfe brennend interessiert, das Ende ihres Widerstands gegen zumindest einige der alliierten Forderungen, vielleicht sogar gegen die französisierte Form des internationalen Konsortiums, kommen sahen, wenn die nichtkommunistische Einheitsfront erhalten blieb, und daß sie Deutschland aufforderten, die Einheitsfront zu verlassen und der Sowjetunion einen Ausweg aus ihrer Klemme zu eröffnen. Tatsächlich beweisen die heute zur Verfügung stehenden Dokumente, gerade auch die russischer Provenienz, daß die Gespräche bei Lloyd George zwar günstiger verliefen, als anfänglich anzunehmen war, aber die entscheidende Frage, nämlich das Konsortium, noch gar nicht berührt hatten und im übrigen als ganz normale Vorbesprechungen zur Schaffung einer brauchbaren Verhandlungsbasis betrachtet werden müssen; vom Artikel 116 war keine Rede gewesen. Maltzan sorgte jedoch dafür, daß Rathenau weiterhin an die Notwendigkeit der Notwehr glaubte, und als sich Joffe in der Nacht vom 15. zum 16. April um 1.15 Uhr telefonisch meldete, um eine deutsche Abordnung für den 16. (Ostersonntag) nach Rapallo, dem Wohnsitz der sowjetischen

Delegation, einzuladen – abermals ist Maltzans Bericht zu entnehmen, daß er vielleicht nicht den Zeitpunkt dieser Nachricht, wohl aber die Einladung selbst mit Joffe bereits verabredet hatte –, kam es zu einer letzten dramatischen Konfrontation zwischen Maltzan und Rathenau, in der die skrupellose Düpierung des Ministers vollendet wurde: Rathenau stimmte der Fahrt nach Rapallo und damit dem Abschluß des Abkommens zu. Am 16. April um 18.30 Uhr setzten Rathenau und Tschitscherin ihre Unterschrift unter den Vertrag von Rapallo, in dem die Reichsregierung die sofortige Aufnahme diplomatischer Beziehungen zusagte, auf jeden Ersatz für Kriegs- oder Sozialisierungsschäden verzichtete und sich vor allem verpflichtete, aus eigener Kraft wirtschaftliche Unterstützung zu gewähren, in das internationale Konsortium hingegen nur mit Billigung der Sowjetunion, also nie, einzutreten. Die Sowjets opferten der Sprengung der nichtkommunistischen Einheitsfront einen Anspruch, den sie ohnehin nicht zu stellen gedachten, nämlich den Anspruch auf Reparationen, und zahlten ansonsten mit der Aussicht auf ein Bündnis gegen Polen.

Noch bis zum 19. Mai wurde in Genua über Probleme der europäischen Wirtschafts- und Finanzpolitik, der Rußlandhilfe und sogar der Reparationen debattiert. Aber diese Debatten produzierten nicht ein einziges konkretes Ergebnis, waren das Papier ihrer Protokolle nicht wert. Das deutsche Solo hatte nicht allein den Syndikatsplan erledigt, sondern vorerst jede engere Zusammenarbeit zwischen den Westmächten und der Sowjetunion unmöglich gemacht, da es die Sowjets in die Lage versetzte, jenen harten Bedingungen auszuweichen, die von den britischen und französischen Politikern gestellt werden mußten, wenn sie vor ihren Kollegen und Wählern eine Kooperation mit den Bolschewiki rechtfertigen wollten. Damit hatte der Vertrag von Rapallo den einzigen offiziellen und in der Tat wichtigsten Punkt der Genueser Tagesordnung hinfällig gemacht und die Konferenz gleichsam sterilisiert. Das internationale Konsortium war aber zugleich das Vehikel der umfassenden kontinentalen Entspannungspolitik Lloyd Georges gewesen, und da es Maltzan gelungen war, das Vehikel entgleisen zu lassen, stand der britische Premier nun vor den Trümmern seiner Gesamtkonzeption. Wahrscheinlich hätte sich Poincaré noch etwas einfallen lassen, um im weiteren Verlauf der Konferenz für ein ähnliches Ergebnis zu sorgen. Doch hat ihn die dramatische Aktion der deutschen Delegation jeder eigenen Mühe enthoben. Wenn Lloyd George diese sogleich vor aller Augen liegenden Konsequenzen zu ignorieren und nach einer gewissen Frist sogar wieder relativ freundschaftliche Beziehungen zur deutschen Abordnung zu unterhalten schien, so deshalb, weil er nur allzu gut wußte, was Genua für seine politische Zukunft bedeutete. Veteran zahlloser politischer Konflikte und überdies – bei größter taktischer Wendigkeit – in der Sache starrsinnig wie ein Maulesel, stürzte er sich sogleich ins Gefecht, um die Katastrophe seiner Politik in eine ordinäre Niederlage zu verwandeln oder wenigstens umzufälschen. Der britische Außenminister Lord Curzon, der Lloyd Georges Nachfolger zu werden hoffte, beobachtete von seinem Landsitz Hackwood aus mit grimmiger Genugtuung, wie sich sein Rivale vergeblich bemühte, der Konferenz neues Leben einzuhauchen; das »Débacle in Genua« mußte das politische Ende des »kleinen Walisers« zur Folge haben. Tatsächlich wurde Lloyd George ein halbes Jahr später von seinen konservativen Kritikern gestürzt, und wenn sie auch zu diesem Zeitpunkt die verfehlte Politik des Premiers in Kleinasien als Vorwand benutzten, so hätte Lloyd George ihren Angriff mühelos abwehren können, wäre ihm nicht von Maltzan sein kontinentalpolitischer Erfolg aus der Hand geschlagen worden.

Die Abkühlung der deutsch-alliierten Beziehungen nach Rapallo

Die mittelbare Wirkung von Rapallo reichte freilich noch weiter. In Deutschland bedeutete der Vertrag mit Moskau einen entscheidenden Sieg der Revisions- und Restaurationspolitik, und von diesem Sieg sollten sich Deutschland wie Europa nie mehr erholen. Nicht allein Seeckt hat nach Rapallo triumphierend davon geträumt, Polen, dessen Existenz »unvereinbar mit den Lebensbedingungen Deutschlands« sei, gemeinsam mit Rußland von der Landkarte zu streichen, auf solche Weise »eine der stärksten Säulen des Versailler Friedens« wie der »Vormachtstellung Frankreichs« zu stürzen und Deutschland wie Rußland in den Grenzen von 1914 wiederherzustellen.[107] Auch Reichskanzler Wirth sprach mit Tschitscherin über die Grenzen von 1914, und zu Graf Brockdorff-Rantzau, der nun als Botschafter nach Moskau ging, sagte er, nachdem er sich über den Spruch »Nie wieder Krieg« lustig gemacht hatte: »Polen muß erledigt werden...« In diesem Sinne gelte es den Vertrag von

Rapallo auszubauen.[108] Wie ohnmächtig die Demokraten in Deutschland inzwischen geworden waren, zeigt ein Blick auf die Reaktion des Reichspräsidenten Ebert, der die wahren Hintergründe der Rußlandpolitik sehr wohl erkannte, obwohl ihn weder Wirth noch Seeckt oder Brockdorff entsprechend informierten; er konnte lediglich in Gesprächen bemerken, er würde Maltzan am liebsten in Pension schicken.[109]

Frankreich war in der Lage, kräftiger zu reagieren. Gewiß ist die Annahme berechtigt, daß Poincaré ohnehin gewillt war, das Ruhrgebiet zu besetzen und die linksrheinischen Gebiete in irgendeiner Form vom Reich zu lösen. Aber der Vertrag von Rapallo lieferte ihm zwei Voraussetzungen, ohne die ihm praktische Versuche zur Realisierung seiner Absichten sehr viel schwerer, wenn nicht sogar unmöglich geworden wären. Maltzans kalkulierte Brüskierung ist in ganz Frankreich mit vollem Recht als vordatierte Kriegserklärung an den Status quo aufgefaßt worden, und wenngleich es sich offensichtlich erst um Träume des deutschen Nationalismus handelte, war es doch, nachdem die deutschen Nationalisten ihre Träume gleichsam auf den europäischen Marktplätzen erzählt hatten, unvermeidlich, daß das Ende 1921 schon etwas beruhigte französische Sicherheitsfieber abermals zu steigen und die Stimmung der Bevölkerung im Sinne Poincarés zu beeinflussen begann. Selbst französische Pazifisten schrieben damals, man hätte Rathenau sofort verhaften müssen[110], und als Poincaré am 24. April in Bar le Duc, nachdem er den deutsch-sowjetischen Vertrag als Zeichen deutscher Unverbesserlichkeit in schärfsten Worten verurteilt hatte, drohend konstatierte, Frankreich habe das Recht, die Mittel und den Willen zur militärischen Intervention, falls Deutschland seine Versailler Verpflichtungen nicht erfülle, da fand er, von wenigen Ausnahmen abgesehen, den lauten Beifall der gesamten französischen Presse. Maltzan und Rathenau hatten ihm also für die gewünschte sicherheitspolitische Instrumentalisierung der Reparationen die bislang höchst ungewisse Zustimmung der öffentlichen Meinung verschafft. Natürlich mußte es Poincaré, auch wenn er seine Gleichgültigkeit gegenüber Londoner Auffassungen bei jeder Gelegenheit betonte, ebenso willkommen sein, daß Maltzans Akt – nicht anders als die Marokkopolitik seines Lehrmeisters Kiderlen – auch die in den Monaten vor Genua an den Grenzen ihrer Belastbarkeit angelangte Entente wieder fester kittete. London war nach wie vor gegen französische Abenteuer an Rhein und Ruhr; Poincarés Rede vom 24.

April stieß bei Lloyd George wie bei den meisten britischen Zeitungen auf heftige Kritik. Aber der französische Regierungschef durfte nun doch, wenn er sich tatsächlich zu drastischen Aktionen entschloß, mit der passiven Toleranz seiner britischen Kollegen rechnen. Auch in London war man von der antipolnischen Tendenz des deutsch-sowjetischen Vertrags überzeugt – wem sollte es denn sonst gelten, wenn ausgerechnet jene beiden Nachbarn Polens ein durch keine anderen Interessen gestiftetes besonderes politisches Verhältnis begründeten, die an Warschau territoriale Ansprüche stellten und vor kurzem noch mit Polen gekämpft hatten –, und da die britischen Politiker trotz Rapallo keine Möglichkeit sehen wollten, ihre Ablehnung eines britisch-französischen Sicherheitspaktes zu revidieren, der England zugleich für Polen engagierte, konnten sie Frankreich nicht in den Arm fallen, wenn es sein Sicherheitsbedürfnis auf andere Weise befriedigte. Im übrigen war Poincaré nicht zuletzt deshalb an der britischen Duldung gelegen, weil sie seine innenpolitischen Gegner entwaffnete, die eine Politik der Sanktionen stets mit dem Hinweis auf die Gefährdung der Entente angegriffen hatten. Und schon damals war klar zu sehen, daß die deutschen Konservativen, die bereits zum Gelingen der Revolution Lenins einen wesentlichen Beitrag geleistet und die Bolschewiki nun abermals aus einer üblen Klemme befreit hatten, im Falle französischer Gewalt nicht auf effektive sowjetische Unterstützung bauen konnten; einige Monate vor Rapallo hatte Rathenau in einer Unterhaltung mit Lord d'Abernon die Auffassung vertreten, als außenpolitischer Machtfaktor sei der sowjetische Staat noch gar nicht vorhanden.[111] General v. Seeckt notierte im April 1922 befriedigt, Rapallo bedeute eine »erste ... sehr wesentliche Stärkung des deutschen Ansehens in der Welt«[112]. In Wirklichkeit hatten die deutschen Politiker eine Taube in der Hand entschlüpfen lassen, um sich nach einem Spatzen auf dem Dach zu strecken; da aber das Dach doch zu hoch war, hatten sie die Balance verloren und sich zwischen sämtliche Stühle gesetzt. Nachdem Maltzan die bereits von Poincaré so erfolgreich bekämpfte europäische Entspannung endgültig liquidiert hatte, warf die deutsche Selbstisolierung Europa auf jene Lage zurück, die vor dem Londoner Ultimatum bestanden hatte, und da jetzt in Paris ein Mann amtierte, den die Skrupel und Bedenken seines Vorgängers Briand nicht plagten und dank Rapallo auch nicht mehr zu plagen brauchten, war Frankreichs Griff nach totaler Sicherheit nur noch eine

Frage der Zeit und der Gelegenheit. In diesem Sinne hatte Lloyd George durchaus recht, als er 1929 einmal sagte: »If there had been no Rapallo there would have been no Ruhr.«[113]

Die neuerliche Erfolglosigkeit der britischen Entspannungspolitik

Indes ist selten ein politischer Kurs mit solcher Zähigkeit verfolgt worden, wie zwischen 1919 und 1939 Londons kontinentale Befriedungspolitik, konkret also die Appeasement-Politik gegenüber Deutschland. Freilich sind die Schwierigkeiten der britischen Wirtschaft, die man vor allem auch mit der Wiederherstellung der europäischen Wirtschaft zu überwinden hoffte, ständig größer geworden. Da die politische Entspannung, die man in London nach wie vor als Voraussetzung einer Belebung von Produktion und Handel betrachtete, durch eine aggressive Deutschlandpolitik Frankreichs auf unbestimmte Zeit vertagt werden mußte, setzte Lloyd George die Suche nach einem Mittel zur Zähmung Poincarés trotz der Katastrophe von Genua unverdrossen fort. Das Rußlandprojekt war gescheitert; auch die Genua folgende Konferenz im Haag (Juni/Juli 1922) hat das in Rapallo zerschlagene Porzellan nicht mehr zu leimen vermocht, und die Westmächte konnten zunächst nicht einmal die diplomatischen Beziehungen zur Sowjetunion aufnehmen. Aber der taktische Einfallsreichtum des britischen Premiers war noch keineswegs erschöpft. Nachdem seine eigenen Anstrengungen und damit die Anstrengungen der Konferenzdiplomatie kein Ergebnis gezeitigt hatten, erinnerte er sich an den Völkerbund. Vielleicht war der aufgeregte Ententepartner, dem sich Großbritannien jetzt nicht mehr direkt in den Weg stellen wollte, und zugleich der nach Rapallo zwar erkannte, aber in London doch gelassener beurteilte deutsche Revisionismus zu bändigen, wenn Deutschland in den Völkerbund eintrat. Was den Status quo anging, so hätte Deutschland beim Eintritt bestimmte Verpflichtungen übernehmen müssen, und abgesehen davon, daß ein solchermaßen gebundenes Reich in Paris weniger gefährlich erschienen wäre, hätte Frankreich gegen ein dem Völkerbund angehörendes Deutschland nur dann mit Sanktionen vorgehen können, wenn ernsthafte Verletzungen des Versailler Vertrags vorlagen; jedenfalls wäre eine politische Manipulation der Reparationen erheblich erschwert worden. So begann Lloyd George nach Genua die Bedeutung des Völkerbunds zu unterstreichen, und er wie andere Mitglieder des britischen Kabinetts machten öffentlich und intern klar, daß London einen deutschen Aufnahmeantrag begrüßen und nachdrücklich unterstützen würde. Durch die britische Haltung ermutigt, intensivierten so angesehene Politiker wie Lord Robert Cecil, der Schwede Branting oder der Schweizer Motta ihre Bemühungen um die Sammlung einer Partei derjenigen Staaten, die sich bereit zeigten, auf die selbstverständliche französische Opposition keine Rücksicht zu nehmen, und noch bevor Lord d'Abernon, von Lloyd George beauftragt, der Reichsregierung den Rat gab, die Aufnahme in den Völkerbund zu beantragen, konnte er am 21. Juni 1922 in seinem Tagebuch notieren: »In den [Londoner] Regierungskreisen glaubt man, daß Deutschlands Eintritt entweder einstimmig oder mit großer Mehrheit beschlossen werden würde.«[114] Schon im September hätte die Vollversammlung einen deutschen Antrag billigen können.

Wenn ein Ertrinkender den ihm zugeworfenen Rettungsring verweigern wollte, weil er mit einem Aktionär der Herstellerfirma in Fehde lebt, so würde man ein solches Verhalten mit Recht unklug nennen. Lord d'Abernon gab sich in Berlin alle Mühe, aber die Reichsregierung blieb spröde. Sie stellte Bedingungen. Ehe sie ihren Antrag präsentiere, müsse ihr garantiert werden: daß es 1. keine Opposition gebe; daß man 2. Deutschland kein neues Versprechen abverlangen werde, den Vertrag von Versailles zu erfüllen; daß 3. Deutschland sofort einen ständigen Ratssitz erhalte; daß das Reich 4. aus der militärischen Kontrolle entlassen werde und von jeder weiteren Drohung, die alliierte Okkupation zu erweitern, verschont bleibe und daß 5. die Lösung der Reparationsfrage nicht dem Völkerbund übertragen werde. F. P. Walters' Bemerkung, die deutsche Haltung habe Poincaré zum Herrn der Lage gemacht[115], ist durchaus zutreffend. Poincaré brauchte es nur abzulehnen, die geforderten Garantien zu geben, und der deutsche Antrag wurde nicht gestellt. Hätte Berlin auf Garantien verzichtet, wäre einem weiterhin opponierenden Poincaré eine schwere Niederlage in Genf, sozusagen in offener Feldschlacht, und damit eine öffentliche Demonstration der französischen Isolierung nicht erspart geblieben, weshalb er höchstwahrscheinlich sein Veto rechtzeitig zurückgezogen hätte. Vielleicht hätte Rathenau die Chance genützt, aber der Außenminister wurde am 24. Juni von nationalistischen Fanatikern ermordet, und so dominierte der

Einfluß des Auswärtigen Amtes, das starr an seinen Bedingungen festhielt und auf diese Weise sein Desinteresse am Völkerbund deutlich genug bekundete. In Unterhaltungen mit Lord d'Abernon verschanzten sich die Beamten der Wilhelmstraße, wenn der britische Botschafter ihre Argumente gegen Deutschlands Eintritt in den Völkerbund widerlegte – »und es ist nicht schwer, sie zu widerlegen«, schrieb er[116] –, zuletzt stets hinter der öffentlichen Meinung, die eben völkerbundsfeindlich sei. In Wahrheit wollten sie der mit dem Eintritt verbundenen Anerkennung des Status quo ausweichen und eine Verstimmung der gerade erst gewonnenen Moskauer Freunde vermeiden, die einen deutschen Aufnahmeantrag in der Tat als Anfang einer zu Rapallo in Widerspruch stehenden Westorientierung der deutschen Außenpolitik angesehen und deshalb übel vermerkt hätten; schon jetzt zeigte sich, daß ein revisionspolitisch verstandenes Verhältnis zur Sowjetunion, ohne adäquate Vorteile oder gar Schutz gegen Frankreich zu bieten, die außenpolitische Bewegungsfreiheit Deutschlands erheblich einschränkte. Als das Auswärtige Amt im Herbst – die Genfer Vollversammlung war bereits eröffnet – doch noch zu der Ansicht gelangte, eine Mitgliedschaft im Völkerbund könne sich unter Umständen auch als vorteilhaft erweisen, war es zu spät. In London hatte man jetzt andere Sorgen, und Cecil oder Branting hatten ihre prodeutsche Aktivität, von der hochmütigen Reaktion des amtlichen Berlin enttäuscht und von der verständnislosen Völkerbundskritik offiziöser deutscher Blätter abgestoßen, längst aufgegeben. Allerdings hatte die Regierung den Entschluß zum Antrag ohnehin nicht gefaßt, und etliche Wochen später sollte die Entwicklung derartige Fragen vorerst gegenstandslos machen.

Zunächst hat die Katastrophe von Genua auch die britische Suche nach einer finanzpolitischen Kur für die Reparationskrankheit nicht stoppen können. Zur gleichen Zeit, da Lloyd George Deutschland die Tür zum Völkerbund öffnen wollte, arbeitete man in London an einem Projekt, das mit einer umfassenden Regelung aller internationalen Schulden, soweit sie mit dem Krieg zusammenhingen, auch das Problem der Reparationen endgültig bereinigen sollte, wobei sich die britische Regierung von finanzpolitischen Fortschritten natürlich neue Impulse für ihre kontinentale Entspannungspolitik versprach; was ihr vorschwebte, hätte Poincaré die politische Instrumentalisierung der Reparationsfrage sogar ein für allemal unmöglich gemacht. In »einer großen Transaktion« sollten nämlich sämtliche interalliierten Schulden, dazu die Reparationen, einfach gestrichen und auf diese elegante Weise die offenbar wichtigsten Ursachen der wirtschaftlichen wie politischen Nöte aus der Welt geschafft werden. Der Gedanke war vernünftig und sogar im wahren Sinne des Wortes staatsmännisch, aber er fand, wie die meisten staatsmännischen Gedanken, keineswegs eine enthusiastische Aufnahme, sondern wurde im Gegenteil von einem Hagel wütender Kritik erschlagen. Die Vereinigten Staaten und Frankreich lehnten die britische Anregung rundweg ab. Zweifellos verlangte der Vorschlag von Amerika erhebliche finanzielle Opfer bzw. die nachträgliche Umwandlung der Kriegskredite in Wirtschaftshilfe. Immerhin war Großbritannien in einer moralischen Position, die eine derartige Forderung erlaubte. Zwar schuldete London den Vereinigten Staaten rund 850 Millionen Pfund, da aber England eigenes Geld und einen beträchtlichen Teil der in Amerika aufgenommenen Summen an seine europäischen Verbündeten weiterverliehen hatte, durfte es darauf hinweisen, daß es von Frankreich, Italien, Jugoslawien, Rumänien, Portugal und Griechenland insgesamt etwa 1300 Millionen Pfund zu bekommen, also bei einer Realisierung seiner Idee – den Verzicht auf 650 Millionen Pfund russischer Schulden und auf einen Anteil an den deutschen Reparationen in Höhe von 1450 Millionen Pfund noch gar nicht eingerechnet – ebenfalls ein fühlbares Opfer zu bringen hatte. Doch war der Bankier der Alliierten von der wirtschaftlichen und politischen Rationalität etwa des Marshall-Plans noch weit entfernt. Kurz zuvor, im Februar 1922, hatte der amerikanische Kongreß eine Kommission zur Eintreibung der alliierten Kriegsschulden gebildet und die Kommission angewiesen, mit den einzelnen Schuldnern eine Zahlungsfrist bis längstens 1947 und einen Zinssatz von mindestens viereinhalb Prozent zu vereinbaren; niemand in Washington und New York dachte daran, diesen Standpunkt wesentlich zu modifizieren. Poincaré wiederum war nicht gewillt, sich auf solche Art das vor allem und gerade jetzt politisch verwendbare Instrument der Reparationen entwinden zu lassen. Als London seinem Gläubiger und seinen Schuldnern am 1. August 1922 die sogenannte Balfour-Note überreichte, in der dargelegt war, daß die amerikanische Haltung England zwinge, nun ebenfalls die ausgeliehenen Gelder zurückzufordern, in der aber andererseits erneut die »große Transaktion« skizziert und als richtige Lösung des Problems empfohlen wurde, da füllten sich die Spalten der amerikanischen und französischen Presse erst recht mit grimmigen Klagen über die verstiegenen oder hinterlistigen Pläne Albions, und das Projekt mußte endgültig begraben werden. Anfang 1923 reisten Schatzkanzler Stanley Baldwin und Montagu Norman, Leiter der Bank von England, nach Washington und akzeptierten dort eine Schuldsumme von 4,6 Milliarden Dollar, die bei einem Zins von dreieinhalb Prozent in 62 Jahren zu bezahlen war. Daß London eine derartige Verpflichtung übernehmen müsse, stand jedoch schon seit August 1922 fest, und so zeichnete sich bereits im Herbst ab, daß der amerikanische Druck auf die Reparationspolitik der europäischen Staaten erhalten bleiben und künftig überdies noch durch britischen Druck ergänzt werden würde.

Abbruch der Erfüllungspolitik und die Ruhrbesetzung

Ausgerechnet diesen Zeitpunkt hielt die deutsche Regierung für geeignet, die Erfüllungspolitik abzubrechen. Nachdem sämtliche britischen Versuche, die heile Vorkriegswelt zu restaurieren oder wenigstens Frankreich von einer abenteuerlichen Rheinpolitik abzudrängen, an den Manövern Poincarés, den Intrigen Berliner Politiker und der unpolitischen Unvernunft Amerikas gescheitert waren, nachdem folglich die Alte Welt – statt ein europäisches Washington zu erleben – in eine wirtschaftliche und politische Krise gestürzt worden war, die einen französischen Gewaltakt zur Erzwingung totaler Sicherheit und totaler Hegemonie jederzeit möglich machte, löste die Reichsregierung in aller Unschuld die letzte Angel, an der das Tor noch hing, das der französischen Armee den Einfall ins Ruhrgebiet lange verwehrt hatte. Schon am 12. Juli erhielt die Reparationskommission eine Note des Berliner Kabinetts, in der die Aussetzung der 1922 fälligen Restzahlungen verlangt und außerdem gleich mitgeteilt wurde, Deutschland werde auch 1923 und 1924 keine Barzahlungen leisten können. Poincaré nahm die gebotene Chance sofort wahr. Noch ehe die Kommission über den deutschen Antrag entschieden hatte, traten die alliierten Regierungschefs am 7. August in London zusammen, und Poincaré machte nun unmißverständlich klar, daß er gar nicht daran denke, einem Moratorium zuzustimmen, daß er sich vielmehr von Deutschland, das nur nicht zahlen wolle, »produktive Pfänder« nehmen werde, worunter er – einen ursprünglich

etwas anders gemeinten Vorschlag von Jacques Seydoux auf-
greifend und verändernd – die direkte alliierte Kontrolle der
staatlichen Kohlengruben im Ruhrgebiet und der linksrheinischen staatlichen Forsten, ferner die unmittelbare Einziehung
von Zöllen im besetzten Gebiet verstand. Die britische Regierung, die sich bereit zeigte, ein Moratorium für den Rest des
Jahres 1922 zu gewähren, lehnte die Politik der »produktiven
Pfänder« ab, und die Konferenz ging am 14. August ohne Ergebnis auseinander. Doch war deutlich geworden, daß das britische Verständnis für die deutschen Nöte und die deutsche Haltung abnahm; da Großbritannien nach der unfreundlichen Reaktion auf die Balfour-Note selbst mit einem erheblichen Geld-
bedarf zu rechnen hatte und außerdem entschlossen war, seine
amerikanischen Verpflichtungen – ob Deutschland nun zahlte
oder nicht – zu erfüllen, begegnete man in London den Berliner
Versuchen, die Krise der deutschen Währung als Krise der
deutschen Zahlungskraft darzustellen, mit wachsender Ungeduld. Jedenfalls stand fest, daß auch London einem längerfristigen Moratorium nur unwillig zustimmen und Poincaré zwar
nicht folgen, aber ebensowenig in den Weg treten werde. Noch
im August sagte Bradbury, der britische Vertreter in der Reparationskommission, seinen deutschen Gesprächspartnern, daß
sich Großbritannien an einem isolierten Vorgehen Frankreichs
nicht beteiligen, sondern eine »surly neutrality« beobachten
werde.[117] In Berlin sind solche Winke merkwürdigerweise als
Ermutigung aufgefaßt worden, noch längere Moratoriumsfri-
sten zu fordern; niemand scheint den Schluß gezogen zu haben,
daß die Briten also eine Sonderaktion Poincarés bereits einkal-
kulierten und daß in diesem Falle die britische Neutralität, ob
wohlwollend oder verstimmt, zunächst mehr für Frankreich als
für Deutschland zu Buche schlagen mußte.

Nachdem Belgien, dem die deutschen Restzahlungen für
1922 zustanden (vom 15. August bis zum 15. Dezember 270
Millionen Goldmark), wenigstens die Vertagung der Sommerkrise möglich gemacht hatte, indem es statt Bargeld sechsmo-
natige deutsche Schatzwechsel akzeptierte, die von der Reichsbank zu garantieren waren, kehrte die Reichsregierung
endgültig zur Reparationspolitik des Kabinetts Fehrenbach
zurück. Um ein Gegengewicht gegen die Reparationskommission zu schaffen, hatte die Reichsregierung Anfang November etliche unabhängige und international anerkannte Sachverständige nach Berlin gebeten, die an Ort und Stelle den Zustand

der deutschen Finanzen studieren und Vorschläge zur Stabilisierung der Mark wie zur Lösung des Reparationsproblems formulieren sollten. Bei der Auswahl der Experten war dafür gesorgt worden, daß sich unter ihnen so scharfe Kritiker der alliierten Reparationspolitik wie Cassel (Schweden) und Keynes (Großbritannien) befanden, und so erhofften sich die Gastgeber offensichtlich eine verwendbare Rechtfertigung der deutschen Währungstheorien wie der deutschen Haltung in der Reparationsfrage. Es ist nun entweder für das taktische Geschick des Kabinetts oder aber für das Vertrauen in die eigenen Argumente bezeichnend, daß die Regierung das Ergebnis dieser unabhängigen Untersuchung nicht abwartete, sondern der Reparationskommission am 4. November erklärte, Voraussetzung einer Stabilisierung der Mark sei eine internationale Anleihe in Höhe von 500 Millionen Goldmark, und der Kommission am 8. November auseinandersetzte, solange das internationale Konsortium amtiere, das die Anleihe aufzubringen habe, und solange die Anleihe selbst zurückgezahlt werde, müsse Deutschland natürlich von allen Reparationslasten befreit werden; lediglich relativ bescheidene Sachlieferungen für den Aufbau der zerstörten Gebiete könnten weiterhin geleistet werden. Wenn diese Bedingungen erfüllt seien, werde Deutschland eigene Anstrengungen zur Sanierung des Haushalts und der Währung unternehmen. Zur gleichen Zeit legten die Sachverständigen ihr Gutachten vor, das, wie zu erwarten, weder dem deutschen noch dem französischen Standpunkt entsprach. In Paris wird man nicht gerne gehört haben, daß die Experten in der Tat ein mehrjähriges Reparationsmoratorium für notwendig hielten, andererseits sah sich Berlin der unangenehmen Tatsache konfrontiert, daß das Gutachten eine vernichtende Kritik der deutschen Finanzpolitik darstellte: Cassel, Keynes, dazu Brand (Großbritannien) und Jenks (USA) hatten die so oft strapazierte Passivität der Handelsbilanz nicht zu entdecken vermocht und vor allem nachdrücklich unterstrichen, daß die Stabilisierung der Mark vor der Regelung des Reparationsproblems und aus Deutschlands eigener Kraft erreicht werden könne; angesichts der großen Goldreserve der Reichsbank, der Knappheit an Zahlungsmitteln und der Differenz zwischen der äußeren und der inneren Kaufkraft der Mark sei es sogar leicht, die Herrschaft über den Geldmarkt zu gewinnen – noch keine Währung sei angesichts einer so großen unausgenutzten Tragkraft zusammengebrochen.

Hätte die Reichsregierung das Gutachten einfach übernommen und zum offiziellen Programm der künftigen deutschen Politik erhoben, so hätte selbst jetzt noch eine gewisse Chance bestanden, erneut eine ernsthafte Diskussion der Reparationsfrage in Gang zu setzen und die Besetzung des Ruhrgebiets zu verhindern. Großbritannien wäre wahrscheinlich auf den Boden des Gutachtens zu ziehen gewesen – Lord d'Abernon stimmte mit den Experten überein –, und auch Poincaré wäre es nicht leicht gefallen, ein vernünftiges Programm beiseite zu schieben, das nicht von deutschen Autoren, sondern von unabhängigen Fachleuten stammte. Das Kabinett Wirth brachte es jedoch nicht übers Herz, eine finanzpolitische Kehrtwendung zu vollziehen, und übermittelte der Reparationskommission am 13. November eine Note, die lediglich als Ergänzung und Erläuterung der Erklärungen vom 4. und 8. November interpretiert werden konnte. Abermals wurde als Voraussetzung der Währungssanierung eine Befreiung von sämtlichen Versailler Lasten gefordert, und zwar nun für drei bis vier Jahre, und als weitere Bedingung abermals der internationale Bankkredit genannt; von eigenen Bemühungen war kaum und jedenfalls nur als Folge alliierter Konzessionen die Rede. Die Erfüllungspolitik war zu Ende. Daß die Regierung ihrer Note das Gutachten der Sachverständigen wenigstens beilegte, fügte zur verfehlten Strategie nur eine höchst eigentümliche Taktik; mit den Ausführungen der Experten lieferte man Poincaré zahlreiche Argumente zur Erschütterung der Prämissen des deutschen Standpunkts, doch brauchte der französische Regierungschef, da das Gutachten ja keine amtliche Äußerung Berlins darstellte, gar nicht zu bemerken, daß in dem Dokument immerhin auch ein Reparationsmoratorium verlangt worden war. Das Kabinett Wirth trat unmittelbar nach der Unterzeichnung seiner Note zurück, aber der Regierungswechsel hat die deutsche Reparationspolitik nicht beeinflußt.

Das neue Kabinett, das sich – der erste derartige Fall in der Geschichte des Weimarer Staates – als ein von Parlamentsmajoritäten gelöstes »Geschäftsministerium« von Fachleuten und beinahe schon als eine Regierung der nationalen Konzentration gerierte, mochte zwar, wie sie selbst es zu sehen liebten, Männer mit »diskontfähiger Unterschrift« aufzuweisen haben, so den Reichskanzler Cuno, bislang Generaldirektor der HAPAG. Doch hatten diese Männer nicht die Absicht, irgendwelche Verpflichtungen mit ihrer Unterschrift zu diskontieren. Am 24.

November erklärte Cuno im Reichstag, sein Kabinett trete »ohne Einschränkung auf den Boden dieser Note« vom 13. November und sei fest entschlossen, das in ihr enthaltene Programm zu verfechten.[118] Ein Unterschied zur vorhergehenden Regierung bestand nur insofern, als einige der neuen Leute, namentlich der Reichskanzler selbst, noch weniger fähig waren, in den Kategorien liberal-demokratischer Politik zu denken und mit den Faktoren dieser Politik, etwa der öffentlichen Meinung, zu rechnen; es charakterisiert ihre Versuche in internationaler Psychologie, daß Cunos Außenminister, der bisherige Gesandte v. Rosenberg, auf westeuropäische Gesprächspartner einen positiven Eindruck zu machen glaubte, wenn er ihnen erzählte, er betrachte seine Teilnahme an den Verhandlungen von Brest-Litowsk als einen der Höhepunkte seiner Karriere.[119]

Jetzt hatte Poincaré Handlungsfreiheit. Zunächst ließ er eine wieder in London stattfindende Konferenz der alliierten Regierungschefs (9. bis 11. Dezember) scheitern, was ihm Cuno dadurch erleichterte, daß er der Konferenz am 9. Dezember einen etwas komplizierten Plan unterbreitete, der in seinen erkennbaren Grundzügen den deutschen Noten vom November entsprach, jedoch bereits eine Moratoriumsfrist von fünf Jahren zu verlangen schien. Daß Cuno in seinem Schreiben an den britischen Premier Bonar Law, der im Oktober Lloyd George abgelöst hatte, immerhin in Aussicht stellte, Deutschland werde sich, falls die internationale Anleihe nicht zu realisieren sei, vielleicht doch bemühen, seine Währung aus eigener Kraft zu stabilisieren, hat den Eindruck, die deutschen Vorschläge seien unannehmbar, nicht aufheben können und die schillernde Unzuverlässigkeit der deutschen Reparationspolitik eher noch unterstrichen; schließlich hatte Berlin bislang jeden derartigen Versuch als unmöglich bezeichnet. Auch Cunos gleichzeitiger Vorschlag, alle am Rhein interessierten Staaten sollten einen Sicherheitspakt schließen, konnte in diesem Stadium keine Wende mehr bringen. Poincaré fiel es nicht schwer, Cunos Idee als bloßes Ablenkungsmanöver zu diskreditieren, und da der Reichskanzler keinen bedingungslosen Gewaltverzicht offerierte, sondern die eventuell beteiligten Staaten, also auch Deutschland, lediglich dazu verpflichten wollte, einen Krieg nur nach vorhergegangener Volksabstimmung zu beginnen, konnte der französische Regierungschef überdies geltend machen, daß Cunos Vorschlag mit der französischen Verfassung – die ein solches Referendum nicht kenne – unvereinbar und außerdem, angesichts der in zahlreichen deutschen Zeitungen täglich demonstrierten kriegerischen oder doch revisionistischen Gesinnung einer Mehrheit der deutschen Bevölkerung, ein recht plumper Trick zur Irreführung der europäischen Öffentlichkeit sei. Ende Dezember erreichte Poincaré, der sich inzwischen die Mitwirkung Belgiens und die Unterstützung Italiens gesichert hatte, einen Beschluß der Reparationskommission, in dem gegen die englische Stimme festgestellt wurde, Deutschland sei mit seinen vertraglich festgelegten Holzlieferungen in Rückstand geraten, und am 9. Januar 1923, nachdem nochmals eine Konferenz der Alliierten (1. bis 4. Januar in Paris) an der französischen Entschlossenheit zum Handeln zerschellt war, konstatierte die Kommission wunschgemäß noch ein ähnliches deutsches Versäumnis in den Kohlelieferungen.

Auf diese lächerliche juristische Begründung gestützt und von der vorerst noch freundschaftlichen Kritik der britischen Regierung wenig beeindruckt, stürzte sich Poincaré in sein Abenteuer an der Ruhr. Am 11. Januar rückten fünf französische Divisionen, begleitet von einer belgischen, ins Ruhrgebiet ein, um, so lautete die offizielle Begründung, die Mission interalliée de contrôle des usines et des mines (MICUM), der auch italienische Ingenieure angehörten, zu schützen, und die MICUM wiederum sollte die Kontrolle über das Kohlensyndikat übernehmen, die strikte Durchführung der von der Reparationskommission festgelegten Lieferprogramme überwachen und den regelmäßigen Fluß von Barzahlungen sichern. Poincaré hat mit seinem Unternehmen in der Tat auch reparationspolitische Ziele verfolgt, doch kam es ihm zweifellos in erster Linie darauf an, die politische Voraussetzung für die Zurückdrängung der deutschen Grenze an den Rhein zu schaffen. Um das für Frankreichs Sicherheit als notwendig betrachtete französische Übergewicht auf eine weniger unsichere Basis zu stellen, schickte er sich an, die in Versailles, wie er glaubte, versäumte permanente Schwächung Deutschlands jetzt nachzuholen. Die Jahre der künstlichen Hegemonie Frankreichs hatten also, gerade wegen der Künstlichkeit der Pariser Position, mit dem Übergang zu aktiver französischer Revisionspolitik geendet, und die Aufnahme der Revisionspolitik führte sogleich, wie das bei jedem revisionistischen Akt zu erwarten stand, zum Wiederbeginn des Krieges, allerdings in einer Form, die es zwischen 1914 und 1918 nicht gegeben hatte. Die Reichsregierung, unfähig, sich mit Waffengewalt zur Wehr zu setzen, ant-

wortete nicht allein mit der Einstellung sämtlicher Reparationsleistungen und der Abberufung ihrer Botschafter aus Paris und
Brüssel, sondern auch mit einem zunächst im gesamten besetzten Gebiet befolgten Aufruf zum passiven Widerstand.

Wie immer es um die juristische und politische Motivierung
der französischen Aktion bestellt sein mochte, in Methode und
Zielsetzung war Poincarés Vorgehen ohne Frage, gemessen an
der Idee des Völkerbunds und der kollektiven Sicherheit, ein
schwerer Rückfall in die internationale Anarchie der Vorkriegsjahre, ein Rückfall, der um so ernster beurteilt werden mußte,
als hier eine der führenden europäischen Mächte simples internationales Faustrecht praktizierte. Einen Augenblick lang sah
es denn auch so aus, als wolle sich der Völkerbund eine so ver-
hängnisvolle Sünde wider seinen Geist nicht bieten lassen. In
den Wochen zwischen dem 11. und dem 29. Januar, an welchem
Tag eine Sitzung des Völkerbundsrates fällig war, erschienen in
der schwedischen Presse Berichte, Branting werde das Ruhrprob-
lem vor den Rat bringen und den Versuch wagen, zumindest
eine Verurteilung Frankreichs durchzusetzen. Diese Meldungen wurden von einem erheblichen Teil der öffentlichen Meinung in aller Welt – auch in Frankreich selbst – beifällig aufgenommen, weil die französische Handlungsweise, vier Jahre
nach Kriegsende, schockierend gewirkt hatte und weil sich eine
Chance zu bieten schien, die Autorität des Völkerbunds gegenüber einer Großmacht geltend zu machen. Aber solche Hoffnungen erwiesen sich sogleich als Illusionen. Ohne die Unterstützung der britischen Regierung, die lediglich erklärte, einer
Einschaltung des Völkerbunds nichts in den Weg legen zu
wollen, konnte Branting den Widerstand Frankreichs nicht
überwinden. Obwohl er bei seiner Abreise zur Ratssitzung noch
ausdrücklich bestätigt hatte, daß er Frankreich vor das Genfer
Tribunal ziehen werde, mußte er seine Absicht wieder aufgeben.
Poincaré, dem es gelungen war, die Verlegung der Ratssitzung
von Genf nach Paris zu erreichen, wirkte in persönlichen Gesprächen auf den schwedischen Staatsmann ein und setzte die
Stockholmer Regierung unter Druck; zugleich drohten offi-
ziöse französische Blätter, Frankreich werde, sollte sein Verhalten als eine Gefahr für den Frieden verurteilt werden – und
jede schwächere Feststellung des Völkerbunds wäre sinnlos gewesen –, nicht davor zurückschrecken, den Bund zu verlassen. So beschied sich Branting schließlich mit der formalisti-
schen Auffassung, die Ruhraktion gehöre zur Reparationspro-

blematik und falle daher nicht unter die Zuständigkeit des Völkerbunds, da die Vollversammlung beschlossen habe, sich mit den Reparationen nur nach einer entsprechenden Bitte der alliierten Mächte zu beschäftigen, und eine solche Bitte sei ja nicht ausgesprochen worden.

Die Frustration des Völkerbunds

Frankreichs Rückkehr zum internationalen Faustrecht blieb ungeahndet und sogar ungerügt. Zum ersten Mal war auf dramatische Weise die Tatsache illustriert worden, daß das Parlament der Staatengesellschaft die Bewegungsfreiheit der Großmächte noch kaum zu beschränken vermochte und daß die führenden Staaten Europas in der Tat noch immer bedenkenlos jeden Schritt unternahmen, den eine durchaus egoistisch verstandene Interessenpolitik vorzuschreiben schien. Der Völkerbund selbst hat das Recht oder doch die Möglichkeit der Großmächte, unter bestimmten Umständen neben und auch gegen Genf zu handeln, stillschweigend zugegeben, als er die Ruhraktion passiv hinnehmen mußte. Poincaré hatte also, was die internationalen Beziehungen angeht, das Prinzip der Macht weitgehend restauriert und das Prinzip des Rechts erheblich geschwächt. Insofern reichte die Bedeutung seines Abenteuers an der Ruhr weit über das deutsch-französische Verhältnis hinaus. Hatte sich der Völkerbund schon bislang recht mühsam entwickelt, weil die hegemoniale Position Frankreichs steinschwer auf dem europäischen Kontinent lastete, so zeigte sich jetzt in aller Schärfe, daß jeder Akt bewußter Hegemonialpolitik, ob es sich um deutsche oder, wie im Augenblick, um französische Hegemonialpolitik handelte, die Idee und das System der kollektiven Sicherheit an den Rand des Ruins brachte.

Gewiß ist der Völkerbund selbst in den Jahren der künstlichen französischen Hegemonie nicht ohne Erfolge geblieben. Wenn sich die Großmächte für eine internationale Streitfrage nicht besonders interessierten, konnte der Völkerbund bereits die Rolle des Schiedsrichters übernehmen. So schlichtete der Völkerbundsrat einen Konflikt, der zwischen Finnland und Schweden wegen der Aalands-Inseln ausgebrochen war. Im Juni 1921 wurden die Inseln gegen den Protest ihrer schwedischen Bewohner und natürlich gegen den Protest Stockholms Finnland zugesprochen, zu dessen Staatsgebiet sie seit langem gehörten, da Genf den bemerkenswerten Grundsatz aufstellte, bestehende Grenzen und alte politische Loyalitäten dürften nicht einfach deshalb revidiert und aufgelöst werden, weil die betreffende Bevölkerung dies wünsche. Die Annahme eines allen übrigen Gesichtspunkten übergeordneten nationalen Selbstbestimmungsrechts führe zu internationaler Anarchie – territoriale Abtrennung sei eine extreme Maßnahme, die nur dann gerechtfertigt werden könne, wenn einer Minorität ernste und permanente Ungerechtigkeit widerfahre. Schweden akzeptierte den Genfer Spruch, ohne später Versuche zu seiner Revision zu unternehmen, und so konnte der Völkerbund immerhin einen Präzedenzfall setzen, der für die Entwicklung der Institution hoffen ließ. Die Rolle des Schiedsrichters fiel dem Bund aber auch schon bei Problemen zu, die für die gesamte europäische Szenerie von Bedeutung waren, dann nämlich, wenn sich die Großmächte zwar nicht einigen konnten, jedoch von einer unparteiischen Lösung auch keine ernsthafte Schmälerung ihrer Interessen befürchten mußten: bei der Teilung des oberschlesischen Industrieriviers hatte der Völkerbund sowohl Deutschland wie Polen, die ja beide mit der Genfer Entscheidung höchst unzufrieden gewesen waren, zur Anerkennung seines Urteils gezwungen, und wenngleich dieser Erfolg nur möglich wurde, weil sich die Botschafterkonferenz zur Vollstreckung des Urteils bereit fand, hat gerade die Tatsache, daß das Organ der Siegermächte in gewisser Weise als Instrument des Völkerbunds diente, einen, wie es schien, für die Zukunft bedeutsamen Autoritäts- oder doch Prestigegewinn eingebracht. Selbst territoriale Verantwortung hat Genf übernommen. Zwar nicht in Danzig, wo der Vertreter des Völkerbunds keineswegs regierungsähnliche Kompetenzen besaß, vielmehr bestimmte Kontrollaufgaben zu erfüllen hatte, wohl aber im Saargebiet, wo der Bund für mindestens fünfzehn Jahre, nämlich bis zu der im Versailler Vertrag vorgesehenen Volksabstimmung über das weitere Schicksal des Landes, die Regierungsgeschäfte auszuüben hatte; da im Saargebiet nicht etwa eine Koalition von Siegermächten als Träger der Herrschaft auftrat, sondern der allein Genf Rechenschaft schuldige Repräsentant des Völkerbunds und damit der Bund selbst als oberste politische Instanz fungierte, war hier in der Tat das erste wahrhaft internationale Regime der Geschichte Realität geworden – ein Novum, das um so mehr Eindruck machte und die internationale Stellung des Völkerbunds um so mehr festigte, als das

von Genf eingerichtete Regime nach einigen Anfangsschwierig-
keiten und trotz der von Deutschland wie von Frankreich immer
wieder lancierten Störmanöver ausgezeichnete Arbeit leistete.
Im übrigen hatte der Bund hervorragenden Anteil an dem
1922/23 zunächst gelungenen Versuch, Währung und Wirtschaft Österreichs vor der totalen Katastrophe zu retten und
Wien einen neuen Start auf halbwegs solider Basis zu ermöglichen. Daß der Genfer Institution und den von ihr verkörper-
ten Prinzipien jedenfalls eine politisch bereits relevante moralische Autorität zukam, zeigte sich am augenfälligsten, als Albanien nicht zuletzt durch die rasche Aufnahme in den Bund
davor bewahrt wurde, dem Appetit seiner Nachbarn Italien,
Griechenland und Jugoslawien gänzlich zum Opfer zu fallen.

Die Liste der Mißerfolge war indes noch länger, und diese
Mißerfolge handelte sich der Bund regelmäßig bei wirklich
wichtigen Fragen ein. Zwar konnte sich Genf überraschend
schnell in jenen Lücken etablieren, die von den Organen der
Alliierten – dem Obersten Rat, der Botschafterkonferenz und
der Reparationskommission – oder von der separaten Aktivität der Großmächte – der französischen Hegemonialpolitik wie der britischen Interessenpolitik – auf dem Felde
rechtlicher und machtpolitischer Zuständigkeiten nicht besetzt,
wieder geräumt oder einfach übersehen worden waren. Wo
immer der Bund aber auf die gemeinsamen Einrichtungen der
Siegermächte und auf den nationalen Egoismus der führenden
europäischen Staaten, namentlich auf die Interessen des französischen Hegemonialsystems, stieß, blieb seine Wirkung ausgeschaltet oder eng begrenzt. Was die Reparationen betraf, so
hatte die Vollversammlung, wie schon erwähnt, selbst darauf
verzichtet, den Gang der Dinge zu beeinflussen. Doch sind auch
die recht energischen Ansätze Genfs, an der kontinentalen Befriedungspolitik Lloyd Georges beteiligt zu werden und bei
Rußlands Rückkehr in die Staatengesellschaft mitzuwirken,
völlig fehlgeschlagen; vergebens bemühte sich das Sekretariat,
die Konferenz von Genua wenigstens partiell in eine Veran-
staltung des Bundes umzuwandeln. Die Arbeit an Plänen für
eine allgemeine Abrüstung, also an der ureigenen Aufgabe des
Bundes, zu deren Lösung er auf Grund des Artikels 8 seiner
Satzung verpflichtet war, kam gegen den offenen und versteck-
ten Widerstand vor allem Frankreichs, Polens und Belgiens –
der Staaten, die einen künftigen Angriff Deutschlands fürchteten – so zäh in Gang, daß allenthalben der Eindruck entstand,

der Bund werde ausgerechnet in dieser für die Zukunft Europas entscheidenden Frage ebenfalls am kurzsichtigen Egoismus seiner Mitglieder scheitern.

Wie selbstverständlich die Großmächte noch immer ohne jede Rücksicht auf Genf handelten, hatte noch vor Poincarés Ruhraktion die französisch-britische Front gegen eine Einmischung des Völkerbunds in den griechisch-türkischen Konflikt bewiesen. Der Versuch Griechenlands, sich mit britischer Unterstützung in Kleinasien festzusetzen, war im Herbst 1922, nachdem Kemal die Widerstandskraft der Türkei gestärkt hatte, endgültig zusammengebrochen, als in Genf gerade die dritte Vollversammlung tagte. Die Kemalisten bedrohten das von Briten, Franzosen und Italienern besetzte Konstantinopel, und es war klar geworden, daß Kemal nicht allein die griechische Armee geschlagen, sondern auch den harten Vertrag von Sèvres zerrissen hatte, mit dem die Alliierten sowohl das Osmanische Reich zertrümmern wie dem türkischen Kerngebiet einen semikolonialen Status geben wollten. Entweder mußte ein Kompromiß mit der neuen Türkei gefunden oder wieder Krieg geführt werden. Frankreich und Italien zogen es vor, ihre schon 1921 aufgenommenen Bemühungen um eine Verständigung mit Kemal – die nicht zuletzt auf die Schwächung der britischen Position im Nahen Osten zielten – zu intensivieren; Poincaré berief sogar das französische Kontingent von Tschanak ab, wo es zusammen mit britischen Truppen den Angriff der Kemalisten erwartet hatte. Die Briten aber blieben, London gebrauchte eine drohende Sprache, und einen Augenblick lang schien ein britisch-türkischer Krieg unvermeidlich zu sein. In dieser Lage stellte Fridtjof Nansen, der Norwegen auf der Vollversammlung vertrat, den Antrag, der Völkerbund solle sich für den Konflikt zuständig erklären und eine friedliche Lösung vermitteln. Poincaré und Lord Curzon, so uneinig sie in der Streitfrage selbst waren, schlossen jedoch sofort eine Allianz zur Abwehr eines solchen Eingriffs in die Rechte der Großmächte, und sie setzten ihren Standpunkt durch, obwohl Rumänien, Bulgarien und Jugoslawien, deren Interessen von jeder Regelung des türkischen Problems berührt wurden, den Antrag Nansens unterstützten, obwohl die britischen Dominien, die wenig Lust zur Teilnahme an einem neuen Krieg des Mutterlandes verspürten, die gleiche Haltung einnahmen und obwohl auch die Kemalisten ihre Bereitschaft zur Einschaltung des Völkerbunds erkennen ließen. Nachdem die beiden Großmächte, gemeinsam mit Italien, die Türkei zu einer neuen Friedenskonferenz eingeladen hatten, die im November 1922 in Lausanne begann, begnügte sich die Vollversammlung mit der Versicherung, das Problem werde dem Völkerbundsrat unterbreitet, sofern die Konferenz ergebnislos bleiben sollte; am 24. Juli 1923 ist der Frieden von Lausanne unterzeichnet worden, ohne daß Genf noch einmal bemüht worden wäre.

Selbst kleinere und mittlere Staaten konnten den erklärten Willen des Völkerbunds ignorieren, wenn sie den Schutz einer stärkeren Macht genossen. So hatte Frankreich, das Polen für sein Sicherheitssystem brauchte, dafür gesorgt, daß der polnische Handstreich in Wilna ebenso unbestraft blieb wie das gewaltsame Vorgehen Polens in Oberschlesien, und es war abermals Frankreich, das nach Beginn, aber im Interesse seiner Ruhraktion – die eine Sünde wider den Genfer Geist zog weitere Sünden nach sich – maßgeblichen Anteil daran hatte, daß der Völkerbund auch die in jenen Jahren wohl dramatischste Konfrontation mit brutaler nationaler Machtpolitik verlor. Am 27. August 1923, am Vorabend der vierten Vollversammlung, wurde General Tellini, das italienische Mitglied einer von der Botschafterkonferenz bestellten Kommission zur Festlegung der albanischen Grenzen, zusammen mit drei Angehörigen seines Stabes und einem Dolmetscher auf griechischem Territorium ermordet. Die Botschafterkonferenz ließ daraufhin am 31. August in Athen eine Note überreichen, in der sie, wie billig, eine gründliche Untersuchung, Bestrafung der Mörder und eine finanzielle Entschädigung für die Familien der Opfer forderte. Mussolini aber, mit dem im Herbst 1922 tatsächlich jene Kräfte die Macht in Italien übernommen hatten, die bereits durch den Fiume-Raid als bedenkenlose Friedensstörer in Erscheinung getreten waren, zog es vor, das Attentat als griechischen Angriff auf Italien zu verstehen und die solchermaßen selbstgeschaffne Gelegenheit zu einer Demonstration der imperialen Ambitionen des Faschismus zu benutzen. Ohne daß die Nationalität der Mörder bekannt gewesen wäre, von einer Beteiligung der griechischen Regierung ganz zu schweigen – es hätte sich sehr wohl, wie man in Athen behauptete, um Albaner handeln können, doch sind die Attentäter und ihre Motive bis heute nicht festgestellt worden –, überraschte Mussolini die griechische Regierung am 29. August mit einem Ultimatum, das jedermann an das österreichische Ultimatum an Serbien erinnerte, mit dem im Juli 1914 der Weg in den Krieg eingeschlagen worden war: er verlangte von Athen eine demütigende Entschuldigung und eine Untersuchung, die nicht allein vom italienischen Militärattaché beaufsichtigt werden, sondern auch in fünf Tagen abgeschlossen sein und mit der Exekution der Schuldigen enden müsse; binnen fünf Tagen habe Griechenland außerdem, zur Strafe, 50 Millionen Lire – damals etwa 10 Millionen Goldmark – an die italienische Regierung zu bezahlen. Griechenland, nach dem kleinasiatischen Abenteuer zu erschöpft, um an einen Krieg mit Italien zu denken, nahm etliche der italienischen Forderungen an, lehnte jedoch die Beteiligung Roms an der Untersuchung ab und wollte sich zu einer finanziellen Kompensation erst dann verstehen, wenn eine griechische Verantwortung nachgewiesen sei; sollte Italien die griechische Replik ungenügend finden, werde Athen die Frage dem Völkerbund vorlegen und sich der Entscheidung Genfs beugen.

Jetzt sandte Mussolini ein Geschwader seiner Flotte nach Korfu und ließ die unverteidigte griechische Insel, nach einer kurzen Beschießung, die einer Anzahl griechischer Flüchtlinge aus Kleinasien das Leben kostete, am 31. August besetzen. Diese barbarische Aktion, mit der Mussolini Italiens Ruhm und Macht zu mehren glaubte, erregte nicht nur allenthalben Empörung, sie stellte zugleich eine dreiste Herausforderung des Völkerbunds dar, zumal Griechenland, ein Mitglied des Bundes, die Autorität Genfs ausdrücklich angerufen hatte, und zwar nicht allein in der Antwort auf das italienische Ultimatum, sondern auch in Genf selbst, wo Politis, Chef der griechischen Delegation, den Rat, dessen Sitzung die vierte Vollversammlung einleitete, am 31. August offiziell ersuchte, das italienische Vorgehen im Lichte von Artikel 12 und Artikel 15 der Völkerbundssatzung zu prüfen. Die meisten Ratsmitglieder, erst recht die meisten Delegierten der Vollversammlung, betrachteten denn auch Mussolinis Willkürakt als eine dreiste Herausforderung, und ihre Entschlossenheit, Athen Gerechtigkeit zu verschaffen, dadurch gleichzeitig die Autorität des Bundes gegenüber der Selbstherrlichkeit und den imperialistischen Tendenzen einzelner Staaten zu stabilisieren, nahm noch zu, als Mussolini, den die allgemeine Erregung über den Tod einiger griechischer Frauen und Kinder höchlichst erstaunt, aber auch etwas erschreckt hatte, einen Schritt zurück oder eigentlich zur Seite machte und erklärte, der Vorfall solle zwar von einem unparteiischen Gremium untersucht werden, jedoch nicht vom Völkerbund, sondern von der Botschafterkonferenz; schließlich sei Tellini ein Beauftragter der Konferenz gewesen – der Standpunkt Italiens provozierte nämlich, da die Botschafterkonferenz durchaus Miene zeigte, den Fall an sich zu ziehen, den ersten unmittelbaren Kompetenzkonflikt zwischen Genf und einem Organ der Alliierten. Die Vollversammlung lehnte es ab, einen Italiener zu einem ihrer zwölf Vizepräsidenten zu wählen – das einzige Mal in der Geschichte des Bundes, daß einem ständigen Ratsmitglied diese Höflichkeitsgeste verweigert wurde –, und im Rat, der sich mit dem Problem selbst zu befassen hatte, kam es zu schonungslosen Duellen mit Salandra, dem italienischen Vertreter. Am 4. September etwa, in öffentlicher Sitzung, ließ Lord Robert Cecil, nachdem Salandra wieder einmal als »unwiderrufliche Meinung« Roms die Zuständigkeit des Bundes bestritten hatte, den Dolmetscher die Artikel 12, 13 und 15 der Völkerbundssatzung verlesen, und Italien erlebte, da nichts besser geeignet war, die Unhaltbarkeit der italienischen Auffassung darzutun, eine bittere Stunde. Der Dolmetscher bezeichnete die Artikel als Artikel der Völkerbundssatzung. »Nein«, verbesserte ihn Cecil, »des Vertrags von Versailles.«[120] Denn Frankreich, das Italien als Verbündeten in der Ruhr- und Reparationsfrage brauchte, gab Rom sowohl in der Botschafterkonferenz wie im Völkerbundsrat Hilfestellung, und Cecils feiner Hinweis sollte Poincaré daran erinnern, daß der Versailler Vertrag nicht nur die deutsche Reparationsverpflichtung enthielt, deren Erfüllung Frankreich gerade mit Gewalt durchsetzen wollte, sondern auch die Satzung des Bundes einschloß, die Frankreich gerade mit Mussolini gröblich verletzen wollte. Aber alle derartigen Anstrengungen blieben vergebens. Mit kräftiger französischer Nachhilfe gelang es Mussolini tatsächlich, nachdem auch noch Lord Curzon umgefallen war, der zunächst Cecil gestützt hatte, dem Rat die Zustimmung zur Überweisung der Streitfrage an die Botschafterkonferenz abzuhandeln, und die Konferenz zwang Griechenland, wie Mussolini erwartet hatte, als er diesen Kurs wählte, einen Kompromiß auf, der Italiens Gesicht wahrte und Athen erheblich benachteiligte: zwar mußte Mussolini Korfu wieder räumen, doch wurde Griechenland zur sofortigen Zahlung der 50 Millionen Lire verurteilt, obwohl weder eine griechische Verantwortung für das Attentat noch ein griechisches Versäumnis bei der ergebnislosen Untersuchung des Verbrechens festgestellt worden war. Wohl hatte man eine formalistische Begründung für den Transfer des Problems gefunden – woran die griechische Regierung nicht unbeteiligt war, da sie in den ersten Tagen nach dem Mord ihre Bereitschaft erklärt hatte, auch die Botschafterkonferenz als schiedsrichterliche Instanz anzuerkennen –, aber das änderte nichts am politischen Resultat der Kontroverse. Der Völkerbund hatte sich, dank der egoistischen Haltung Frankreichs und der schwächlichen Inkonsequenz Großbritanniens, weder gegen Italien noch gegen die Botschafterkonferenz durchgesetzt und seinen ersten wirklich ernsthaften Prestigeverlust erlitten. In einem Europa, in dem die französische Hegemonialpolitik dominierte, war dies freilich ein logisches Resultat.

3. Kapitel
Zwischenspiel der Verständigung (1924–1929)

Neue Impulse aus dem Chaos

Gerade der französische Gewaltakt an der Ruhr und das mehrmalige Versagen des Völkerbunds haben aber mächtige Impulse freigesetzt, die auf eine Besserung der europäischen Zustände drängten. Daß Frankreichs Besatzungsregime, gegen den passiven Widerstand der deutschen Bevölkerung, von Woche zu Woche drückender wurde und sich zu einer üblen Militärdiktatur entwickelte – mit zahllosen Ausweisungen, mit barbarischen Haftstrafen und sogar mit Erschießungen –, hat in der Öffentlichkeit Europas wie Amerikas den Schock des 11. Januar wachgehalten und in permanente Kritik an Paris verwandelt. In Berlin konstatierten die ausländischen Diplomaten mit zunehmender Besorgnis, daß der französische Kurs in ganz Deutschland den ohnehin vorhandenen Nationalismus unangreifbar zu machen begann und die ebenfalls ohnehin herrschende Vorstellung, in den internationalen Beziehungen entscheide lediglich die Macht, zu dogmatisieren drohte; jedenfalls war immer deutlicher zu sehen, daß eine längere Fortsetzung der französischen Gewaltpolitik nicht die Versöhnung Deutschlands mit dem Status quo erzwingen würde, sondern eher einen künftigen Ausbruch deutscher Gewaltpolitik vorbereitete. Daß der Völkerbund den gewohnten und sozusagen normalen Egoismus der großen wie der kleineren Mächte noch nicht zu bändigen vermochte, daß Genf auch der Bedrohung durch den neuartigen faschistischen Imperialismus, der sich mit Mussolinis Korfuaktion anmeldete, kaum wirksame Mittel entgegensetzen konnte, zeigte gewiß, wie fragil, unvollkommen und schon wieder gefährdet das System der kollektiven Sicherheit war. Aber die Schrecken des Krieges waren noch zu nahe und die nach seinem Ende im Völkerbund organisierten Hoffnungen auf einen dauerhaften Frieden noch zu lebendig, als daß die Enttäuschung über die ständigen Demonstrationen Genfer Schwäche bereits in Resignation hätte münden können. In der Presse, in den Parlamenten und in den Kabinetten vieler europäischer Länder, doch auch in Genf selbst, mehrten sich Manifestationen des Willens, der Wieder-

kehr des internationalen Dschungels, in dem überdies bislang
unbekannte Raubtiere zu streifen schienen, nicht tatenlos zu-
zuschauen. Am Ende der Korfukrise, als der Völkerbundsrat
schon vor der Botschafterkonferenz zurückgewichen war, erreichten Lord Robert Cecil und Branting eine Stellungnahme
des Rats, in der das Recht des Bundes, internationale Streitfragen schiedlich zu regeln, nachdrücklich bekräftigt wurde;
damals mußten viele Beobachter diese Stellungnahme als eine
Geste werten, die das Versagen Genfs notdürftig kaschieren
sollte, in Wirklichkeit aber kündigte sich in ihr die Mobilisierung jener Kräfte an, die in der Niederlage die Überzeugung
gewannen, daß eben eine zusätzliche Anstrengung nötig und
möglich sei.

Das politische Chaos, in das Europa 1923 vor allem durch
Frankreich gestürzt worden war, erwies sich mithin insofern
als fruchtbar, als sich im Laufe des Jahres die Erkenntnis
durchsetzte, daß die europäische Politik, wenn sich der Kontinent die Möglichkeit einer Serie kleiner Kriege oder gar eines
neuen allgemeinen Krieges ersparen wolle, zwei konkrete Aufgaben bewältigen müsse: die deutsch-französische Verständigung und eine Reform des Völkerbunds. Gelang eine Annäherung zwischen Paris und Berlin, so mochte das französische Sicherheitsbedürfnis seine hysterische Aggressivität und
das französische Hegemonialsystem seine jede vernünftige Außenpolitik ausschließende Präponderanz im Denken des Quai
d'Orsay verlieren, andererseits der deutsche Revisionismus absterben oder doch, wie vor 1914 Frankreichs Wunsch nach der
Rückgewinnung Elsaß-Lothringens, als langfristiger Traum
aus der praktischen Außenpolitik verschwinden. Gelang außerdem eine mit der Lösung des ersten Problems eng verknüpfte
Reform des Völkerbunds, die dem Staatenkollektiv tatsächlich
die Fähigkeit zu kollektivem Handeln verlieh, und zwar gegen
jeden Friedensstörer, so konnte erwartet werden, daß die Unruhe der revisionistischen oder der in neuer Form imperialistischen Staaten allmählich ersticken und dementsprechend bei
den übrigen Staaten die sicherheitspolitisch motivierte, aber
der kollektiven Sicherheit nicht weniger gefährliche Neigung
zum Rückgriff auf die Mittel traditioneller Bündnis- und Hegemonialpolitik abnehmen würde. Nach oder vielleicht schon
während erfolgreicher Arbeit an diesen beiden Aufgaben bestand auch eine reale Möglichkeit, der allgemeinen Abrüstung
näherzukommen; sie war nur als Folge gestiegenen Vertrauens

in eine friedliche Zukunft Europas denkbar, doch durfte von ihr, wenn sie Fortschritte machte, eine zusätzliche Beschleunigung der Vertrauenszunahme erhofft werden. Im Grunde ging es darum, eine generelle Anerkennung des Status quo zu erreichen; da bereits die begründete Aussicht auf künftige Konflikte, die ihre Wurzel in der prinzipiellen Anfechtung des Status quo hatte, Europa in seinem gegebenen Zustand festzuhalten drohte, erschien die Akzeptierung der Ergebnisse des letzten Konflikts, ob sie nun mehr oder weniger gerecht waren, als wichtigste Voraussetzung einer positiven Entwicklung.

Allerdings präsentierte sich Europa nach dem 11. Januar 1923 in einer derart desolaten politischen Verfassung, daß zunächst nicht recht zu sehen war, wo die auf Verbesserung gerichteten Impulse Ansätze zur praktischen Verwirklichung finden sollten. Dringlichste Aufgabe war ohne Zweifel die Beendigung des »Kriegszustands« zwischen Frankreich und Deutschland. Aber wenn einerseits ein solcher Friedensschluß, sollte er von Dauer sein und zur gewünschten Annäherung führen, gewissermaßen die Kapitulation beider Seiten bedingte, so schien andererseits das politische und emotionale Engagement der Kontrahenten, das in Frankreich wie in Deutschland die Wiederkehr der kriegsüblichen Haltung »Alles oder Nichts« bewirkt hatte, eine Kapitulation auszuschließen bzw. lediglich die Kapitulation einer Partei zuzulassen; die letztere Möglichkeit mußte die Verständigungsbereitschaft des Stärkeren, also Frankreichs, bremsen, ihre Realisierung jedoch die Feindschaft Deutschlands und das Mißtrauen Frankreichs verewigen, mithin der Versöhnungsbereitschaft den Gnadenstoß versetzen.

Deutschlands Rückkehr zur Erfüllungspolitik und die Amtsübernahme Stresemanns

Die Kapitulation Berlins war in der Tat nur eine Frage der Zeit. Da Deutschland nicht mehr über die Produktions- und Finanzkraft seines wichtigsten Industriegebiets verfügte, vielmehr die Bewohner der Okkupationszone, um den Boykott der Franzosen zu ermöglichen, finanziell unterstützte, außerdem das für diesen Zweck benötigte Geld nicht etwa durch eine der extremen Situation angemessene Besteuerung der Bevölkerung im unbesetzten Reich, sondern im wesentlichen durch eine enorme Produktionssteigerung der Druckerpresse aufbrachte, konnte das Ende des passiven Widerstands mit fast mathematischer Sicherheit bestimmt werden. Nach britischer Ansicht bestand zwar die Möglichkeit, ein Ende zu vermeiden, das Poincaré eine Chance zur Verwirklichung seiner sicherheitspolitischen Pläne zuspielen mußte: Berlin sollte zunächst einmal seine Haltung in der Reparationsfrage revidieren und damit dem französischen Regierungschef die offizielle Begründung der Ruhraktion aus der Hand schlagen – und daran war gewiß richtig, daß, so wie die Dinge lagen, die Rückkehr zur Erfüllungspolitik eine unvermeidliche Voraussetzung jeder Besserung darstellte. Am 20. April 1923 gab Lord Curzon der Reichsregierung einen entsprechenden Wink, als er im Oberhaus erklärte: »Ich kann nicht umhin zu glauben, daß, wenn Deutschland irgendein Anerbieten seiner Bereitschaft und seiner Absicht zu zahlen machte und seinen Wunsch kundgäbe, die Summe durch eigens mit dieser Aufgabe betraute Autoritäten festsetzen zu lassen, und wenn ferner dieses Anerbieten gleichzeitig genaue Bürgschaften für die Festsetzung der Zahlungen enthielte, ein Fortschritt erzielt werden könnte.«[121] Zugleich machte Lord Curzon darauf aufmerksam, daß der amerikanische Außenminister Hughes am 29. Dezember 1922 in einer Rede zu verstehen gegeben hatte, Washington werde nichts dagegen einwenden, wenn »ein prominenter Bürger der Vereinigten Staaten einem aus Sachverständigen zusammengesetzten Untersuchungsausschuß seine Dienste zur Verfügung stelle«; Lord Curzon war also endlich bereit, dem langen Drängen Lord d'Abernons nachzugeben und sich gegen die Pariser Reparationspolitik der jetzt förmlich angebotenen amerikanischen Unterstützung zu bedienen. Berlin reagierte prompt, jedoch zunächst unglücklich. Am 2. Mai übermittelte die Reichsregierung den Alliierten und den Vereinigten Staaten eine Note, in der die Möglichkeit einer »unparteiischen Untersuchung« lediglich versteckt angedeutet, konkret aber wiederum eine – in französischen Augen ungenügende – Gesamtsumme (30 Milliarden) offeriert und als Zahlungsmodus abermals eine internationale Anleihe in phantastischer Höhe (20 Milliarden sofort, 10 Milliarden bis 1931) vorgeschlagen wurde. Frankreich und Belgien lehnten dieses Angebot schroff ab (6. Mai), und Lord Curzon brachte seine Überzeugung zum Ausdruck (13. Mai), die Reichsregierung werde es im eigenen Interesse vorteilhaft finden, »eine größere Bereitwilligkeit zur Auseinandersetzung mit der tatsächlichen Lage« zu zeigen und ihre »Vorschläge noch einmal zu erwägen und so zu erweitern, daß sie in eine brauchbare Grundlage für eine weitere Erörterung umgewandelt werden«[122]. Einige Wochen später gab Berlin nach. Am 7. Juni teilte die Reichsregierung den Alliierten und den Vereinigten Staaten ohne weitere Vorbehalte mit, daß Deutschland willens sei, »die Entscheidung einer unparteiischen internationalen Instanz über Höhe und Art der Zahlungen anzunehmen«, die festgesetzten Summen aus eigener Kraft aufzubringen und den Gläubigern entsprechende Garantien zu bieten (Verpfändung der Reichsbahn, bestimmter Zölle und Verbrauchssteuern).[123] Der vom Kabinett Wirth begonnene und vom Kabinett Cuno fortgesetzte Versuch, die Verpflichtung zu Barzahlungen wieder abzuschütteln, war endgültig gescheitert, und Cuno selbst hatte das Scheitern nun zugeben müssen.

Indes ist die britische Rechnung nicht aufgegangen. Da Poincaré darauf bestand, Deutschland müsse, ehe er in neue Verhandlungen mit Berlin eintrete, erst den passiven Widerstand abbrechen, blieb der Reichsregierung die totale Kapitulation nicht erspart. Zwar ist der Wille zum Widerstand immer wieder durch Hoffnungen genährt worden, die gewiß vor allem aus der jetzt wirklich verzweifelten Situation zu erklären, in zweiter Linie aber doch auch für die in Deutschland nach wie vor dominierenden außenpolitischen Grundvorstellungen bezeichnend waren. Nicht allein ein politischer Ignorant wie der gleichwohl nicht einflußlose Oswald Spengler hat damals einen baldigen britisch-französischen Krieg für selbstverständlich gehalten und seine Freunde in der Großindustrie oder in den nationalen Verbänden davon zu überzeugen versucht, daß ein deutsch-britisches Bündnis durchaus möglich sei, wenn man den Engländern eindringlich genug die wahre Lage klar mache, die darin bestehe, daß Frankreich mit der Ruhraktion »einer Operationsbasis für U-Boote und Flugzeuge an der Nordseeküste gegen England«[124] näher kommen und schon in nächster Zukunft »mit Sowjetrußland zusammen England in der Nordsee und in Asien« angreifen wolle[125]. Auch in Denkschriften, die in der Umgebung Seeckts entstanden, wurde die These vom »unvermeidlichen« britisch-französischen Krieg entwickelt, und selbst im Auswärtigen Amt wie im Kabinett und in den bürgerlichen Parteien schwankte man zwischen tiefer Enttäuschung über britische Tatenlosigkeit und der belebenden Hoffnung auf eine britisch-deutsche Allianz.

Maltzan betonte in Gesprächen mit Lord d'Abernon »immer wieder die Gefahr eines russisch-französisch-japanischen Zusammenschlusses« – »es ist sein altes Steckenpferd, aber er scheint es mir zuschanden zu reiten«, kommentierte der Brite[126] –, und »ein führender deutscher Staatsmann« setzte dem britischen Botschafter auseinander, daß Großbritannien nur vor der Frage stehe, ob es den in absehbarer Zeit unumgänglichen Kampf gegen Frankreich allein oder mit Verbündeten führen wolle; d'Abernon bezeichnete diese Prognose als »ein charakteristisches Beispiel der hier vorherrschenden Ansichten oder besser gesagt der Auffassungen, zu denen deutsche Politiker uns bekehren möchten«[127].

Am 11. August 1923 stürzte jedoch das Kabinett Cuno, und mit Gustav Stresemann, dem Führer der Deutschen Volkspartei, nahm in Berlin zum ersten Mal seit Bismarck wieder ein Politiker die Zügel in die Hand – zunächst als Leiter einer Regierung der von SPD bis DVP reichenden Großen Koalition –, der einen ungewöhnlich ausgeprägten Sinn für Realitäten besaß, zugleich die Entschlossenheit und die Fähigkeit, einen an realistischen Einsichten orientierten Kurs auch durchzusetzen. In den Kriegsjahren war Stresemann, der damals als Ludendorffs »junger Mann« gegolten hatte, Monarchist und Verfechter einer imperialen Expansionspolitik gewesen. Inzwischen hatte er sich aber zum »Vernunftrepublikaner« gewandelt, und an dieser Wandlung hatte sein Wirklichkeitssinn mindestens ebenso viel Anteil wie – neben seinem gesunden Ehrgeiz – eine aus großer Begabung folgende Neigung zu parlamentarischer Politik. Aus seinem außenpolitischen Denken war der blinde Nationalismus verschwunden und von einem Patriotismus abgelöst worden, der ihn zu der Überzeugung brachte, daß der wahrhaft nationale Staatsmann nicht zur Realisierung möglichst weit gespannter Macht- und Herrschaftsansprüche seiner Nation, sondern zur nüchternen und vor allem erfolgreichen Wahrung ihrer konkreten Interessen, d. h. ihrer Wohlfahrt und Sicherheit, verpflichtet ist. Erfolgreiche Interessenpolitik aber setzte in seinen Augen das sowohl zur Berücksichtigung zwingende wie Benutzung erlaubende Verständnis für die tatsächlichen Interessen und Absichten der Partner und Gegenspieler voraus – Erkenntnis und abermals die für den Politiker noch wichtigere Fähigkeit zu entsprechendem Handeln legen wiederum den Vergleich mit Bismarck nahe. Daß Stresemann die primitive nationalistische Egozentrik abschüttelte, die in der politischen Führungsschicht Deutschlands Tradition geworden und sogar zur staatsbürgerlichen Tugend stilisiert worden war, hat ihn freilich weder die Revision zumindest der deutsch-polnischen Grenzen vergessen noch gar im modernen Sinn des Wortes »europäisch« denken lassen, doch lernte er Deutschland im europäischen Zusammenhang sehen, und so begriff er, daß der Wiederaufstieg und eine dauerhafte Sicherung der politischen Existenz Deutschlands niemals gegen die Entente erreicht werden konnten, vielmehr die Verständigung mit den Alliierten und gerade auch mit Frankreich bedingten. Der in Versailles und seit Versailles versäumte Friedensschluß mußte nachgeholt werden, das auf einen solchen Friedensschluß gegründete Verhältnis zum Westen permanente Priorität vor den Problemen des Status quo genießen. Im Vorjahr hatte Stresemann noch Maltzans Rußlandpolitik begrüßt und unterstützt. Die Erfahrung der französischen Ruhraktion befreite aber seinen Realismus von den letzten Spuren der Illusion, Deutschland könne das Ende des Krieges ignorieren, und vermittelte ihm die Einsicht, daß der besonders im deutschen Interesse liegende Friedensschluß jetzt nicht mehr ohne vorhergegangene Kapitulation zu haben war.

So begann der erste Akt eines erstaunlichen Schauspiels: ausgerechnet der Führer einer prononciert nationalen Rechtspartei, der die emotionsgeladene Sprache des deutschen Nationalismus meisterhaft beherrschte und intern jeden seiner Schritte weiterhin in dieser Sprache erklärte, steuerte Deutschland auf den Kurs einer rationalen und konsequenten Erfüllungspolitik. Reichskanzler Stresemann, der die Hoffnung auf ernste britisch-französische Konflikte als Hirngespinst beiseite schob, hielt das bereits von Cuno gemachte Angebot einer reparationspolitischen Kapitulation aufrecht, und am 26. September 1923, nachdem sich herausgestellt hatte, daß London in der Ruhrfrage auch keinen stärkeren diplomatischen Druck auf Paris mehr ausüben wollte, brach er außerdem den passiven Widerstand im besetzten Gebiet ab, was natürlich die Wiederaufnahme unbehinderter Reparationsleistungen an Belgien und Frankreich zur Folge hatte. In den letzten Monaten des Jahres 1923 beseitigte das Kabinett Stresemann noch ein weiteres Hindernis, das einer neuen und nun leidlich vernünftigen Regelung des Reparationsproblems nach wie vor den Weg zu versperren drohte. Mit der Schaffung der Rentenmark und dem Ausgleich des Haushalts wurden die Grundlagen für eine stabile Währung gelegt, und mit dem Ende der Inflation stellten sich sogleich drei entscheidende Voraussetzungen eines reparationspolitischen Neubeginns ein: Erstens zerriß die erfolgreiche Finanzreform den Zahlenschleier, der bislang die deutsche Zahlungskraft verdeckt hatte, und machte so eine realistische Reparationskalkulation möglich; zweitens schuf sie die Vertrauensbasis für eine internationale Anleihe in vertretbarer Höhe; und drittens ließen sich jetzt die finanztechnischen Mechanismen konstruieren, die es gestatteten, deutsche Reparationsgelder ohne Gefährdung des Kurswertes der Mark zu transferieren. Gewiß hatte die Finanzierung des passiven Widerstands die Mark in so bodenlose Tiefen gestürzt, daß die lange verzögerte Sanierung der Währung schon aus wirtschaftlichen Gründen unumgänglich geworden war. Aber Stresemann betrachtete die Liquidierung der Inflation mit Recht zugleich als Teil jener kalkulierten außenpolitischen Kapitulation, die er als deutschen Beitrag zur Überwindung des chaotischen Zustands Europas und in diesem Rahmen als ersten Schritt Deutschlands zur Rückkehr in die europäische Staatengesellschaft verstand.

Der Beginn der französischen Deeskalation: Aufgabe des rheinischen Pufferstaat-Projekts

Poincaré hingegen hat in der Tat geraume Zeit geglaubt, die nicht weniger notwendige Kapitulation Frankreichs verweigern zu können. Der passive Widerstand hatte den französischen Regierungschef in eine überaus peinliche moralische wie in eine höchst unbequeme politische Position manövriert und die Ruhrbesetzung aus einem finanziell lohnenden Geschäft in ein kostspieliges Unternehmen verwandelt; allzu lange war eine solche Politik weder den anderen Mächten noch den französischen Finanzen und den französischen Steuerzahlern zuzumuten. Insofern war der passive Widerstand nicht allein eine verständliche, sondern auch eine richtige und begrenzt erfolgreiche Reaktion Berlins. Aber Poincaré wußte, daß sich die deutsche Widerstandskraft erschöpfen mußte, und er war entschlossen, bis zu diesem Zeitpunkt jeglicher Kritik die Stirn zu bieten. Wohl hat Großbritannien, nach Lord Curzons Erfolg auf der Konferenz von Lausanne aller kleinasiatischen Sorgen ledig und nun zur Restaurierung des britischen Einflusses auf dem europäischen Kontinent bereit, wieder und wieder den Versuch gemacht, Poincaré zur Annahme der reparationspolitischen Kapitulation Deutschlands zu bewegen und ihn an den Verhandlungstisch zu zerren. Das diplomatische Duell, das sich Lord Curzon und Poincaré im Sommer 1923 lieferten, und zwar mit Noten, deren Sprache sie von Mal zu Mal schärfer zuschliffen, hat jedoch den französischen Regierungschef, den Curzons Degen freilich in ernste Bedrängnis brachte, nicht zur Räumung seiner Stellung nötigen können. Selbst der letzte britische Hieb, eine am 11. August überreichte Note, die Stresemann als »eines der stärksten und klarsten Staatsdokumente« bezeichnete, das je geschrieben worden sei[128], prallte an Poincaré ab, obwohl Lord Curzon und Sir Eyre Crowe, die beiden Verfasser der Note, jetzt keinen Zweifel mehr daran ließen, daß die britische Regierung den Londoner Zahlungsplan vom Mai 1921, dessen Exekutierung Poincaré mit der Ruhrbesetzung zu erzwingen vorgab, nur noch als Makulatur ansah, daß die führenden juristischen Autoritäten Großbritanniens den Einfall ins Ruhrgebiet als Verletzung des Versailler Vertrags werteten und daß Frankreichs Vorgehen eine Lage geschaffen hatte, »die, um die Worte von Artikel 11 der Völkerbundssatzung zu gebrauchen, den internationalen Frieden und das gute Einvernehmen zwischen den Nationen, von denen der Friede abhängt, zu stören« drohte.[129] In Poincarés indignierter Replik hieß es: ». . . wenn Deutschland, weit davon entfernt, den Friedensvertrag auszuführen, nur bestrebt war, seine Verpflichtungen zu umgehen, so lag der Grund darin, daß Deutschland noch nicht zum Bewußtsein seiner Niederlage gelangt ist . . . Tatsächlich haben die Alliierten niemals etwas von Deutschland erhalten, außer wenn sie gemeinsam mit Gewaltanwendung gedroht haben.«[130] Einen Verzicht auf den Londoner Zahlungsplan und die Zustimmung zur Bildung einer Kommission unabhängiger Experten lehnte Poincaré in dieser Note vom 20. August ebenso ab wie einen französischen Rückzug aus dem Ruhrgebiet.

Daß Lord Curzon Poincarés Fiktion, die französischen Truppen seien lediglich aus reparationspolitischen Gründen in Essen erschienen, bewußt akzeptierte, um dann mit einer deutschen Offerte, wie sie am 7. Juni gemacht wurde, den Abzug jener Truppen und eine rationale Erörterung des Reparationsproblems zu fordern, war als taktisches Rezept sicherlich nicht völlig unwirksam; Poincaré verriet seine Verlegenheit, als er, ebenfalls in der Note vom 20. August, seinen Unmut über die Veröffentlichung der vorangegangenen britischen Noten recht deutlich zu erkennen gab. Aber noch hatte es der französische Ministerpräsident nur mit Argumenten zu tun, die nicht durch politische Pressionen unterstützt wurden, und Argumente allein vermochten ihn nicht von seinem sicherheitspolitischen Ziel abzudrängen. Außerdem bot ihm London die Chance zur Erholung. Am 21. August zog sich der erkrankte Lord Curzon nach Bagnolles zurück, wo er sich, wie Harold Nicolson mißbilligend bemerkte, »damit vergnügte, sein Buch über ›Britische Herrschaft in Indien‹ zu schreiben«[131]. Wenig später begann die Korfukrise, und die Schwächung seiner Stellung in Kabinett und Foreign Office, die der britische Außenminister seiner schwankenden Haltung in dieser Krise verdankte, ist von Poincaré wie von einigen Kollegen und Mitarbeitern Curzons – die eine Rückkehr Frankreichs zur Vernunft offenbar erst nach dem Abbruch des passiven Widerstands für möglich und daher einen kräftigen Wink an die deutsche Adresse für nötig hielten – sogleich zu einem Coup ausgenützt worden, der auch die geringen Erfolge des britischen Drucks auf Paris wieder zunichte machte. Der französische Botschafter in London arrangierte mit der Hilfe jener britischen Kritiker Curzons eine Begegnung zwischen Poincaré und Stanley Baldwin, der im Mai den erkrankten Bonar Law als Premier abgelöst hatte, und als Ergebnis des Gesprächs, das am 19. September in Paris stattfand, wurde der Öffentlichkeit ein Kommuniqué präsentiert, in dem die beiden Politiker feststellten, »daß in keiner einzigen Frage eine verschiedene Auffassung über die Ziele noch eine grundsätzliche Divergenz besteht, welche die Zusammenarbeit der beiden Länder ... gefährden kann«[132]. Lord Curzon, der dem Treffen selbst zugestimmt hatte, zeigte sich über die in diesem Satz formulierte Verleugnung seiner Politik entsetzt und empört, fügte sich jedoch, und während Poincaré nun beruhigt die totale Kapitulation Deutschlands abwarten konnte, schien eine Wendung Frankreichs zu friedlicher Politik unwahrscheinlicher denn je.

Tatsächlich hat Poincaré die Nachgiebigkeit Baldwins und die Einstellung des passiven Widerstands nicht etwa, wie von ihm zuvor behauptet, als ausreichende Anlässe für französische Verständigungsbereitschaft behandelt, vielmehr als Beweise dafür aufgefaßt, daß jetzt die Briten gleichgültig und die Deutschen weich genug seien, um die Realisierung seiner eigentlichen Absichten hinzunehmen. So lancierte er im Oktober und November die Gründung einer »Rheinischen Republik« und einer »Autonomen Pfalz«, um entweder einen von Frankreich abhängigen Pufferstaat durchzusetzen oder wenigstens von Preußen und Bayern gelöste autonome Gebilde einzurichten, die zwar weiterhin zu Deutschland gehören, aber in irgendeiner Form neutralisiert und von Paris beeinflußt werden sollten. Jedoch hatte Poincaré sowohl die Haltung der deutschen Bevölkerung wie die Reaktion Londons völlig falsch eingeschätzt, und so geriet er gerade durch seinen Versuch, die Grenzen Deutschlands an den Rhein zurückzuschieben, in eine Lage, die ihn zur Verständigung und folglich ebenfalls zur Kapitulation zwang. Die Separatisten fanden nirgends Gefolgschaft, und selbst massivster Druck, wie ihn die französischen Militärbehörden namentlich in der Pfalz ausübten, konnte den separatistischen Putschisten – zu denen überaus zweifelhafte Gestalten gehörten – weder die Fügsamkeit noch gar die Loyalität der Bevölkerung sichern; die zumeist passive Ablehnung steigerte sich da und dort zu terroristischen Widerstandsakten, und wenn in ganz Deutschland die Mehrheit der Bevölkerung mit Abscheu reagiert hatte, als im Juni 1922 Walther Rathenau ermordet worden war, so meinte eine ähnliche Mehrheit, der am 9. Januar 1924 in Speyer ermordete Pfälzer Separatistenführer Heinz habe sein Schicksal verdient. Das Urteil über die Separatistenbewegung war damit bereits gefällt. Aber Poincaré hätte seine Anerkennung des Spruchs ohne Zweifel länger verzögert und seine auf jener Bewegung basierenden Pläne zäher verfolgt, wäre ihm nicht auch die britische Regierung unerwartet energisch in die Parade gefahren.

Der französische Ministerpräsident hat offenbar angenommen, er müsse und könne sich die britische Tolerierung seines neuesten Streichs mit der Zustimmung zur Bildung jener Expertenkommission erkaufen, die nach britischer und mittlerweile auch deutscher Ansicht das Reparationsproblem realistisch lösen sollte; nachdem die Aktion zur Schaffung der rheinischen Pufferzone zu laufen begonnen hatte, schien der Londoner Zahlungsplan, der Poincarés Ruhrpolitik bisher decken mußte und der mit der Billigung einer unparteiischen Untersuchung naturgemäß preisgegeben wurde, ohnehin überflüssig oder doch entbehrlich geworden zu sein. Poincaré brachte jedenfalls eine Woche nach den ersten Putschversuchen der Separatisten, am 28. Oktober, seine – freilich noch immer verklausulierte – Bereitschaft zum Ausdruck, die deutsche Zahlungsfähigkeit durch ein Gremium prüfen zu lassen, dem auch amerikanische Sachverständige angehörten. Diesmal machte die britische Regierung jedoch klar, daß Poincaré sein Konto überzogen hatte und ein Ausgleich durch eine reparationspolitische Konzession nicht mehr in Frage kam.

London informierte die Belgier, in deren Besatzungszone (Aachen) die »Rheinische Republik« zuerst ausgerufen worden war, daß sich Großbritannien der Abtrennung des Rheinlands vom Deutschen Reich widersetzen werde, und am 31. Oktober, während sich die eingeschüchterte belgische Regierung bereits jeder weiteren Unterstützung der Separatisten enthielt, bedachte Lord Curzon seinen alten Feind in Paris, »diesen fürchterlichen kleinen Mann«[133], der ihn ein Jahr zuvor, während der Tschanak-Krise, an den Rand eines Nervenzusammenbruchs getrieben hatte, mit einer Note, in der kühl auseinandergesetzt war, durch eine Zerstückelung des Rheinlandes werde der »Status Deutschlands als eines Unterzeichners des Versailler Vertrags« berührt, »so daß hinsichtlich bestimmter wichtiger Aspekte der letztere automatisch zu bestehen aufhören und eine vollkommene Revision erforderlich werden würde«[134]. Natürlich antwortete Poincaré (2. November), die französische Regierung verhalte sich gegenüber der Separatistenbewegung neutral und sehe überdies keine Gründe, »deretwegen die spontane Errichtung unabhängiger Staaten in Deutschland notwendigerweise eine Revision des Versailler Vertrags nach sich ziehen müßte«; der Vertrag garantiere nicht die derzeitigen Grenzen des Reiches, und »irgendeine Änderung der Reichsverfassung und selbst eine Auflösung der Reichseinheit« könne »die Alliierten nicht von der Verpflichtung entbinden, die sie als Unterzeichner des Vertrages gegenseitig auf sich genommen hätten«.[135] Aber hier ging es nicht um Rechtsfragen. Wenn die britische Regierung Poincaré den zerrissenen Versailler Vertrag vor die Füße warf, was der französische Ministerpräsident nicht verhindern konnte, so wurden, wie immer die Rechtslage sein mochte, Frankreichs internationale Position und Poincarés innenpolitische Stellung unhaltbar. Und Lord Curzon ließ keine Zweifel an seiner Entschlossenheit aufkommen. Von Poincarés Argumenten unbeeindruckt, konstatierte der britische Außenminister am 11. November, und zwar in öffentlicher Rede, die separatistische Bewegung sei »eine durch und durch schlechte Bewegung«, in »ihrem Ursprung und in ihren angeblichen Kundgebungen künstlich und in hohem Maße für anderweitige und eigennützige Zwecke angestiftet«; abermals wies er auf die Möglichkeit hin, daß der Friedensvertrag »vernichtet« werden könne.[136] Zur gleichen Zeit zeigte die britische Haltung in der Kronprinzen-Affäre, daß Londons Geduld tatsächlich erschöpft war. Stresemann hatte nämlich Kronprinz Wilhelm gerade im Herbst 1923 die Rückkehr nach Deutschland gestattet – gegen das Versprechen politischer Enthaltsamkeit –, und als daraufhin Frankreichs Vertreter in der Botschafterkonferenz, Jules Cambon, nicht nur weitere territoriale Sanktionen zur Bestrafung Stresemanns forderte, sondern am 19. November sogar erklärte, Paris werde, wenn sich seine Alliierten an solchen Sanktionen nicht beteiligen wollten, eben allein handeln, da stellte der Repräsentant Großbritanniens, Lord Crewe, fest, im Falle unabhängiger Schritte Frankreichs werde die britische Regierung seinen eigenen Rücktritt als Mitglied der Botschafterkonferenz wie die Abberufung der britischen Delegierten aus allen interalliierten Körperschaften, auch aus der interalliierten Kontrollkommission in Deutschland, in Betracht ziehen. Was die »autonome Pfalz« anging, die sich unter der Protektion des regionalen französischen Befehlshabers, des Generals de Metz, als zählebigstes Projekt Poincarés erwies, so sagte Lord Curzon im Oberhaus, daß dieses »Scheinbild einer Regierung« nicht anerkannt werden könne[137], und er teilte Poincaré mit, daß Robert Clive, der britische Generalkonsul in München, der für die Pfalz ebenfalls zuständig war, Weisung erhalten habe, die Verhältnisse an Ort und Stelle zu studieren und einen entsprechenden Bericht auszuarbeiten. Als Poincaré behauptete, das Exequatur eines Konsuls gelte nicht für besetztes Gebiet, bedeutete ihm Lord Curzon, Clive werde trotzdem in die Pfalz reisen und sein Bericht dem Parlament vorgelegt werden. Vor der Festnahme eines britischen Generalkonsuls scheute Poincaré denn doch zurück, und so mußte er es hinnehmen, daß der Clive-Bericht am 21. Januar 1924 tatsächlich im Unterhaus verlesen wurde; das Dokument besagte klar und bündig, daß die »autonome Regierung« der Pfalz ein Geschöpf der französischen Militärbehörden sei und die Bevölkerung jeden Separatismus ablehne. Um die Jahreswende 1923/24 wies Montagu Norman, Präsident der Bank von England, überdies die Aufforderung einer französischen Bankengruppe ab, sich an der Rheinischen Goldnotenbank zu beteiligen, die in diesem Stadium für die separatistische Politik von entscheidender Bedeutung war, und versprach statt dessen britische Kredithilfe für die geplante – und am 19. März 1924 gegründete – Golddiskontbank des Reiches; Hjalmar Schacht, damals Reichswährungskommissar, hat Normans Akt als Stoß »ins Herz des Separatismus«[138] angesehen.

Die Entente stand nun in der Tat vor dem Zerfall, und die Kronprinzen-Affäre hatte dargetan, daß Frankreich auch seine bisherigen Verbündeten nicht mehr länger an seiner Seite zu halten vermochte: sowohl Belgien wie – trotz der französischen Schützenhilfe in der Korfukrise – Italien hatten für London Partei genommen. Wenn Poincaré eine totale Isolierung vermeiden wollte, mußte er schleunigst umkehren. Er begriff denn auch, daß sein revisionistisches Abenteuer gescheitert war, und gab die Unterstützung der Separatisten auf, die sogleich endgültig von der Bildfläche verschwanden. Poincaré wäre jetzt, im Februar 1924, gewiß gerne auf den Londoner Zahlungsplan zurückgekommen, um Deutschland weiterhin unter Druck zu halten, doch fand er diesen Weg ebenfalls versperrt. Zwar traf er noch keine Anstalten, das Ruhrgebiet zu räumen. Aber er konnte die Zustimmung zur Bildung einer unabhängigen Expertenkommission, die er Ende Oktober 1923 ausgesprochen und den interessierten Mächten am 2. November offiziell mitgeteilt hatte, nicht mehr rückgängig machen, und er wußte sehr wohl, daß die Sachverständigen den Londoner Zahlungsplan in den Papierkorb werfen und damit der Ruhrbesetzung auch noch ihre Pseudorechtfertigung nehmen würden. Nachdem die Reichsregierung am 24. Oktober die Reparationskommission formell ersucht hatte, die deutsche Zahlungsfähigkeit prüfen zu lassen, war jenes Expertengremium im übrigen noch im Dezember berufen worden, um unter dem Vorsitz des amerikanischen Bankiers Charles G. Dawes, der während des Krieges das Nachschubwesen der amerikanischen Armee geleitet hatte, schon im Januar 1924 mit seiner Arbeit zu beginnen, und im Grunde blieb Poincaré kaum eine andere Wahl, als die Tätigkeit der Fachleute mißvergnügt zu verfolgen und resigniert ihre Vorschläge abzuwarten, die unweigerlich Frankreichs Kapitulation fordern mußten. Wahrscheinlich hat sich der französische Regierungschef mit der Überlegung getröstet, daß die Ruhrbesetzung politisch sinnlos geworden war, nachdem sie sich als untauglich zur Sprengung oder doch Lockerung der Reichseinheit erwiesen hatte, und daß Frankreich überhaupt auf die sicherheitspolitische Instrumentalisierung der Reparationen verzichten konnte, nachdem sich der Hauptzweck dieser Instrumentalisierung, die Korrektur der Versailler Enttäuschungen, als unerreichbar herausgestellt hatte; mit einer wirtschaftlich vertretbaren Lösung des Reparationsproblems war dann wenigstens noch Geld aus Deutschland herauszuholen. Im Zusammenbruch seiner Gesamtpolitik war das allerdings nur ein schwacher Trost, und es ist unverkennbar, daß sich Poincaré, während er das Ruhrgebiet weiter besetzt hielt und seit dem Abbruch des passiven Widerstands auch beachtliche materielle Gewinne für Frankreich, Belgien und Italien verbuchen durfte – was freilich seine Beziehungen zu den übrigen Reparationsgläubigern nicht gerade verbesserte –, ernsthaft mit dem Gedanken trug, die Ergebnisse der Expertenarbeit abzulehnen und mit einer solchen Ablehnung schließlich doch noch die Rückkehr zu einer harten, im revisionistischen Sinne manipulierbaren Reparationspolitik durchzusetzen. Als die Fachleute ihre fertigen Pläne im April 1924 vorlegten, hatte Poincaré aber noch immer keine Möglichkeit zur Obstruktion. Die Faktoren, die ihn zur Aufgabe seiner revisionistischen Politik und zur Tolerierung der Sachverständigen genötigt hatten, waren nach wie vor im Spiel, und die finanziellen Sorgen, die ihn mittlerweile plagten, zwangen ihn erst recht zum Verzicht auf die Vorstellung, er könne den Tisch, auf dem die Kapitulationsurkunde zur Unterschrift bereitlag, wieder verlassen und sich durch eine Hintertür davonstehlen. Der Franc hatte nämlich, wie sich Lord d'Abernon ausdrückte, die »Unhöflichkeit« besessen[139], zwischen Januar 1923 und März 1924 erheblich zu fallen – weil die französische Finanzpolitik, wie die deutsche, mit einer laufenden Erhöhung der schwebenden Schuld, statt mit Steuern, arbeitete –, und als Poincaré jetzt in London und New York Kredite zur Stützung des Franc aufnehmen wollte, stellten ihm die Geldgeber allem Anschein nach die Bedingung, sich in Zukunft keine außen- und reparationspolitischen Extravaganzen mehr zu leisten.

Der Dawes-Plan

Nachdem am 17. April die deutsche Regierung den sogenannten Dawes-Plan, wie die Vorschläge der Sachverständigen genannt wurden, grundsätzlich angenommen hatte und am 24. April die

Kabinette Großbritanniens, Italiens und Belgiens gefolgt waren, mußte Poincaré am 25. April in den sauren Apfel beißen und eine Regelung der Reparationsfrage akzeptieren, die das Problem, dessen Mißbrauch Europa in eine lange wirtschaftliche und politische Krise gejagt hatte, endlich aus der europäischen Politik verbannte – jedenfalls für die nächsten Jahre. Poincaré gab sich redlich Mühe, dieses Resultat als einen Sieg seiner Politik zu deuten, und das war insofern gar nicht falsch, als Deutschland weder zur Erfüllungspolitik zurückgekehrt wäre noch – zu diesem Zeitpunkt – seine Währung saniert hätte, wenn es nicht durch die Ruhrbesetzung und ihre wirtschaftlichen Konsequenzen zu beiden Schritten gezwungen worden wäre; auch die Annahme des Dawes-Plans war nicht zuletzt der fortdauernden Anwesenheit französischer Truppen im Ruhrgebiet zu verdanken, da Stresemann ohne das Argument, nur die Annahme werde den Abzug der Franzosen bewirken, den Widerstand der nationalen Rechten gegen die mit dem Dawes-Plan eingeleitete Erfüllungspolitik schwerlich hätte ausmanövrieren können. Andererseits hatte sich Frankreich einer Reparationspolitik anschließen müssen, die Poincaré Anfang 1923 als unzumutbar charakterisiert hatte, und diese Wendung besiegelte zugleich – niemand wußte das besser als Poincaré – das Ende französischer Revisionspolitik, sogar das Ende der französischen Anstrengung, Deutschland im Zustand von Versailles zu halten.

Der Dawes-Plan selbst, an dem der amerikanische Bankier Owen D. Young größeren Anteil hatte als General Dawes, umging die Frage der deutschen Gesamtschuld wie das Problem der Dauer der deutschen Belastung – formell wurden die Londoner Beschlüsse von 1921 nicht außer Kraft gesetzt – und regelte lediglich Höhe, Zusammensetzung und Sicherung deutscher Annuitäten. Deutschland sollte im ersten Zahlungsjahr nach der Annahme des Plans eine Milliarde Mark bezahlen, im zweiten Jahr 1,22 Milliarden, im dritten Jahr 1,2 Milliarden und im vierten Jahr 1,75 Milliarden. Im fünften Jahr wollte man zu den Annuitäten des Londoner Zahlungsplans zurückkehren, also zu 2,5 Milliarden Mark, aber Stresemann hoffte, daß nach vierjähriger Reparationserfüllung und nach erfolgreichen Bemühungen um die Restaurierung der politischen Gleichberechtigung Deutschlands eine Lage entstanden sein würde, die eine solche Rückkehr ausschloß; in England, Frankreich und den übrigen Gläubigerstaaten stand es für die meisten Politiker ebenfalls außer Zweifel, daß der Dawes-Plan faktisch nur eine Übergangsregelung darstellte und daß nach vier Jahren nicht etwa die Londoner Beschlüsse automatisch wiederkehren, sondern neue Verhandlungen notwendig sein würden. Was die Zusammensetzung der Zahlungen betraf, so sollte die erste Rate aus einer im Ausland aufzunehmenden Anleihe von 800 Millionen Mark und aus 200 Millionen Mark Eisenbahngelder bestehen. In den folgenden Jahren war die Hauptlast wiederum der Bahn zugedacht, ferner der Industrie und der Verkehrssteuer. Der Reichshaushalt hingegen sollte in den beiden ersten Jahren ein Moratorium genießen, im dritten Jahr lediglich 110 Millionen und dann im vierten Jahr 500 Millionen aufbringen. Als Sicherheit hatte das Reich Eisenbahn- und Industrieobligationen, dazu bestimmte Verbrauchssteuern und Zölle zu verpfänden, und als Kontrollorgan war ein Ausschuß ausländischer Fachleute vorgesehen; die Reichsbank sollte von der Regierung unabhängig und einem zur Hälfte mit Ausländern besetzten Aufsichtsgremium untergeordnet werden, »damit sie nicht wieder als bequemes und die Währung ruinierendes Kreditinstrument herangezogen werden konnte«[140]. Derart tiefe Eingriffe in die Souveränität Deutschlands wurden jedoch durch wichtige finanzielle und politische Vorteile gelindert. So endete die deutsche Verantwortung, wenn das Reich die Reparationsgelder aufgebracht hatte; für den Transfer, der die Stabilität der deutschen Währung nicht gefährden durfte, war ein in Berlin zu installierender und als Leiter des erwähnten ausländischen Kontrollorgans praktisch an die Stelle der Reparationskommission tretender Generalagent – als solcher amtierte dann der Amerikaner Parker Gilbert – allein zuständig. Vor allem aber formulierte der Dawes-Plan den Grundsatz, daß die wirtschaftliche und steuerliche Einheit Deutschlands wiederhergestellt werden müsse und nicht mehr angetastet werden dürfe. De facto lief dieses Prinzip auf eine Garantie der Reichseinheit hinaus, die im Vergleich zur politischen Situation des Vorjahres und noch der Vormonate einen ungeheuren Fortschritt bedeutete. Auf der Londoner Konferenz (16. Juli bis 16. August 1924), die den Dawes-Plan endgültig billigte, ist überdies vereinbart worden, daß Sanktionen – erst recht Sanktionen wie die Ruhrbesetzung – lediglich im Falle schwerwiegender deutscher Versäumnisse zulässig seien, und auch dann nur auf Grund eines einstimmigen Beschlusses aller Gläubiger Deutschlands.

Nachdem das Reparationsproblem auf diese Weise entgiftet und endlich aus der Außenpolitik ausgeklammert worden war, schien auch die politische Verständigung zwischen Deutschland und den Alliierten oder, anders ausgedrückt, die Versöhnung Deutschlands mit dem Status quo in greifbare Nähe zu rücken. Beobachter wie Lord d'Abernon haben die Entspannung der politischen Atmosphäre, die im Sommer 1924 Deutschlands Rückkehr zur Erfüllungspolitik und Frankreichs Verzicht auf die politische Manipulierung der Reparationen folgte, beinahe körperlich zu spüren vermeint. Schon während der Londoner Konferenz – übrigens die letzte der großen internationalen Konferenzen, an der eine deutsche Delegation erst nach Vorbesprechungen der Alliierten teilnahm (seit dem 5. August) – dominierte zwischen Siegern und Besiegten ein Geist freundschaftlicher Kooperation, den solche Veranstaltungen bislang nicht gekannt hatten. Allerdings konferierten in London Politiker, die nicht zu den »Kriegshäuptlingen« ihrer Nationen gehört, vielmehr die Geschäfte erst jetzt, und zwar bereits im Zeichen der neuen Tendenzen, übernommen hatten. Stresemann, als Reichskanzler inzwischen gestürzt, aber bis zu seinem Tod im Jahre 1929 als Außenminister beherrschende Gestalt der wechselnden Weimarer Kabinette und Personifizierung der deutschen Abkehr von den Stimmungen der Kriegszeit, saß am Londoner Konferenztisch nicht etwa Poincaré gegenüber, sondern dem Radikalsozialisten Herriot. Im Mai 1924 hatten die französischen Wähler Poincaré den Laufpaß gegeben, und der Ausgang dieser Wahlen gab, da er zweifellos auch eine Entscheidung gegen die bisherige französische Außenpolitik darstellte, den siegreichen Linksparteien geradezu den Auftrag, eine Verbesserung der deutsch-französischen Beziehungen – ohne Gefährdung der Sekurität Frankreichs, versteht sich – anzustreben. Poincaré blieb dadurch freilich die Demütigung erspart, jene internationale Zurechtweisung Frankreichs, die auf der Londoner Konferenz ausgesprochen wurde, persönlich in Empfang zu nehmen. In England amtierte seit Januar 1924 die erste Labourregierung der britischen Geschichte, und wenngleich das neue Kabinett im Grunde nur die kontinentale Entspannungspolitik fortzusetzen brauchte, die von Lloyd George begonnen und unter

Bonar Law bzw. Baldwin von Lord Curzon ebenfalls verfolgt worden war – allerdings, der Situation entsprechend, mit anti-französischer Spitze –, so versprach man sich von ihm, namentlich von seinem Premier Ramsay MacDonald, immerhin eine bessere Fahrt auf dem alten Kurs, da die Labourpolitiker, die jetzt das Steuer hielten, unverbraucht waren, an der unerfreulichen Entwicklung seit 1918 keinen persönlichen Anteil gehabt hatten und nach ihrer progressiven Gesamthaltung ebenfalls einen gewichtigen Beitrag zur Ordnung der europäischen Verhältnisse zu gewährleisten schienen. Es charakterisiert das Klima der Londoner Konferenz, daß es Stresemann, der ein französisches Versprechen, das Ruhrgebiet bald zu räumen, dringend brauchte, um die innerdeutschen Widerstände gegen den Dawes-Plan mattzusetzen, tatsächlich gelang, Herriot die Räumung der Ruhr binnen Jahresfrist und die sofortige Räumung Dortmunds und Offenburgs abzuhandeln, obwohl der französische Ministerpräsident in die britische Hauptstadt mit einem Beschluß seines Kabinetts gekommen war, noch nicht über die Ruhr zu diskutieren; MacDonald hatte, beide Seiten mit freundschaftlichem Wohlwollen behandelnd, erfolgreich vermittelt. Daß die Labourregierung schon kurz darauf wieder abtreten mußte und im November abermals ein konservatives Kabinett unter Baldwin ans Ruder kam, hat aber keinen Rückschlag gebracht. Im Gegenteil. Die Leitung des Foreign Office übernahm im zweiten Kabinett Baldwin nicht mehr Lord Curzon, den viele Franzosen mittlerweile als Feind Frankreichs ansahen, sondern Austen Chamberlain, der als frankophil und als Anhänger der Entente galt. Die Labourführer hatten in Paris nie den Verdacht zerstreuen können, sie sähen die internationalen Beziehungen durch eine allzu idealistische Brille und kämen insbesondere Deutschland allzu vertrauensselig entgegen. Auch die zur Verständigung mit Berlin geneigten französischen Politiker fühlten sich wohler, wenn sie bei einem solchen Kurs von einem Großbritannien begleitet wurden, dessen Außenpolitik in den Händen eines Konservativen lag, dem sie mehr Realismus zutrauten, eines Konservativen jedoch, von dem sie zu wissen glaubten, daß er, anders als der Liberale Lloyd George oder Poincarés konservativer Gegenspieler Curzon, seine kontinentale Orientierung nicht in Berlin, sondern in Paris suchte und für das französische Sicherheitsbedürfnis ein aus tiefer Sympathie stammendes Verständnis aufbrachte.

Den Anstoß zur praktischen Entspannungspolitik gab denn auch der Wiederbeginn britisch-französischer Gespräche über einen Sicherheitspakt. Es entsprach der Logik, die in der damaligen europäischen Situation steckte, daß sich alle Ansätze, die bereits in der zweiten Hälfte des Jahres 1921 zu beobachten gewesen waren, 1924 wiederholen mußten; jetzt, am Ende der von Poincaré bestimmten Periode, entwickelten sie sich aber in einer Lage, die ihre Stabilisierung und Weiterführung erlaubte. Nachdem Frankreich zum Verzicht auf die sicherheitspolitische Instrumentalisierung der Reparationen gezwungen worden war, hielt es jedenfalls Austen Chamberlain für selbstverständlich, daß Paris Anspruch auf eine diplomatische Kompensation habe und daß dieser Ersatz von London angeboten werden müsse. So schlug er dem Kabinett, kaum hatte er sein Amt angetreten, eine britisch-französische Defensivallianz vor, die, unter Einschluß Belgiens, naturgemäß gegen Deutschland gerichtet sein sollte. Jedoch wurde sogleich deutlich, wie anders seit 1921, als Briand und Lord Curzon über einen Sicherheitspakt verhandelt hatten, das Klima zwischen den europäischen Mächten geworden war. Während damals niemand ernsthaft an eine Einbeziehung Deutschlands gedacht hatte, hielt jetzt Lord Curzon, der dem Kabinett Baldwin als Lordpräsident angehörte, Chamberlain entgegen, daß Vereinbarungen ohne oder gegen Deutschland nicht mehr in Frage kämen, da sie nichts zur Überwindung der auf dem Kontinent bestehenden Gegensätze beitrügen, diese Gegensätze eher noch vertieften. Der britische Botschafter in Berlin vertrat die gleiche Ansicht. Lord d'Abernon betrachtete die »balance-of-power«-Doktrin als ein vernünftiges Prinzip britischer Außenpolitik, und so hatte er die Hegemonialpolitik Poincarés mit wachsendem Unbehagen verfolgt, zumal ihm in Berlin die militärische und politische Schwäche Deutschlands zum täglichen Erlebnis und daher jede übertriebene Ausdrucksform des französischen Sicherheitsbedürfnisses vollends unverständlich geworden war; auch reagierte der Botschafter, der ja eigentlich Finanzmann war, auf politisch motivierte wirtschaftliche Unvernunft sehr empfindlich, weshalb ihn die Finanzpolitik der vor Stresemann amtierenden deutschen Kabinette höchlichst befremdet und verdrossen, andererseits aber die französische Reparationspolitik geradezu enerviert und empört hatte. Die Ruhrbesetzung festigte seine Überzeugung, daß Frankreich an die Kette gelegt werden müsse, doch glaubte er, eine britisch-französische Verbindung, die sich gegen Deutschland richte, werde England nicht etwa die Zügelung Frankreichs ermöglichen, sondern umgekehrt London so fest an Paris fesseln, daß die französischen Politiker, falls ihnen neue Abenteuer einfallen sollten, ihre britischen Verbündeten hinter sich herziehen könnten. Allerdings verstand es sich für Lord d'Abernon von selbst, daß Frankreichs Sicherheitsbedürfnis im Kern berechtigt war, und deshalb verstand es sich für ihn, der diese Ursache der französischen Unvernunft nie verkannt hatte, ebenfalls von selbst, daß im Interesse der Befriedung Europas sowohl Großbritannien wie Deutschland verpflichtet waren, die französischen Ängste zu beschwichtigen: London durch eine Garantie der französischen Ostgrenze, Berlin durch eine freiwillige Anerkennung des – in den Augen d'Abernons für Deutschland durchaus erträglichen – Status quo, zumindest aber der deutschen Westgrenzen.

Der Botschafter hatte schon Cunos Paktvorschlag vom Dezember 1922 als grundsätzlich erwägenswert angesehen, freilich nicht daran gezweifelt, daß der Vorschlag von ungeeigneten Leuten zu früh und außerdem in psychologisch ungeschickter Form gemacht worden war. Inzwischen hatte Lord d'Abernon in Stresemann einen deutschen Partner gefunden, der die gegebene Lage Europas realistisch beurteilte und daher begriff, wie vorteilhaft eine realistische Politik für alle Beteiligten zu werden versprach. In einer der ersten Unterredungen, die Stresemann als Reichskanzler mit dem britischen Botschafter führte, unterstrich der neue Regierungschef nachdrücklich, daß er nicht in der Illusion lebe, Deutschland könne Großbritannien gegen Frankreich ausspielen, daß er vielmehr sehr wohl wisse, Berlin müsse sich auch mit Paris verständigen und im eigenen Interesse sogar um ein gutes Verhältnis zwischen England und Frankreich bemüht sein; nachdem er jahrelang ausschließlich auf nationales Selbstmitleid gestimmten Rezitativen gelauscht hatte, die er in Berlin von unpolitischen Wirtschaftskapitänen wie von naiven linken oder chauvinistischen rechten Parlamentariern, von weltfremden Beamten wie von selbstbewußten, aber als Vertreter eines schwachen Staates praktisch hilflosen Diplomaten fortwährend zu hören bekam, bestätigte eine solche Eröffnung den Eindruck, den d'Abernon bereits aus früheren Gesprächen gewonnen hatte, den Eindruck, daß er hier endlich die Stimme eines politisch denkenden Deutschen vernahm. Sehr rasch erkannte der Botschafter ferner, daß Stresemann nicht nur richtige Einsichten, sondern auch die erforderliche parlamentarische und diplomatische Geschicklichkeit besaß; mit einem derartigen Partner konnte eine intimere Zusammenarbeit, trotz der schwierigen internationalen und innerdeutschen Situation, gute Resultate bringen. Nachdem Poincarés Politik gescheitert und das Reparationsproblem durch den Dawes-Plan vorläufig erledigt war, schien dem Botschafter auch der rechte Zeitpunkt zum Handeln gekommen zu sein. Im Juni 1924, als der Dawes-Plan grundsätzlich akzeptiert und an seiner endgültigen Billigung kaum mehr zu zweifeln war, begann er jenen deutschen Politikern und Diplomaten, die kraft ihrer Stellung beteiligt werden mußten, vorsichtig eine deutsche Initiative in der Sicherheitsfrage nahezulegen. Im Dezember aber, als ihn aus London beunruhigende Nachrichten über Chamberlains Idee eines britisch-französischen Pakts erreichten, begann er Stresemann zu drängen.

Daß Maltzan, mittlerweile zum Staatssekretär im Auswärtigen Amt aufgestiegen, auf d'Abernons Sondierungen ausweichend reagierte, war zu erwarten. Zwar ist Maltzan klug genug gewesen, um zu sehen, daß die Wiederaufnahme der finanziellen Erfüllungspolitik unvermeidlich war. Aber eine politische Annäherung an die Westmächte stieß 1924 ebenso auf den Widerstand des Vaters der Rapallopolitik wie 1921/22. Im Sommer und Herbst 1924 hat jedoch auch Stresemann noch gezögert. Nicht daß der Botschafter Stresemann von der Richtigkeit seiner Gedanken hätte überzeugen müssen. Die Regelung der Sicherheitsfrage, wie sie d'Abernon vorschwebte, stellte ja nur eine Form der praktischen Verwirklichung von Stresemanns Grundkonzeption dar. Anders als die meisten seiner Landsleute, hatte Stresemann zudem eingesehen, daß Frankreich in erster Linie an Sicherheit interessiert war. Obwohl er noch 1925 einmal bemerkte, im französischen Sicherheitsbedürfnis stecke ein gut Teil Heuchelei (fast alle seiner Kollegen hätten gesagt, in der französischen Heuchelei sei vielleicht irgendwo tatsächlich eine Spur Sicherheitsbedürfnis zu entdecken), war ihm schon 1924 klar geworden, daß Frankreich den Vertrag von Versailles und die nach Versailles betriebene Außenpolitik – selbst in der extremen Steigerung, die Poincaré exerziert hatte – lediglich als Mittel zum sicherheitspolitischen Zweck auffaßte. Von dieser Einsicht führte simple politische Logik zu der Annahme, daß Frankreich auf den Friedensvertrag und die permanente Schwächung Deutschlands weniger Wert legen, vielleicht sogar verzichten würde, wenn Deutschland glaubhaft machen konnte, daß es die französische Sicherheit nicht länger bedrohe. Ein Sicherheitspakt, an dem Deutschland beteiligt war, erschien als das geeignete Beruhigungsmittel, und stand Paris erst einmal unter der Wirkung einer solchen Medizin, würde es sich vermutlich nicht mehr zu ernsthaften Anstrengungen aufraffen, wenn sich Deutschland anschickte, die Versailler Einbußen im Osten und Südosten auszugleichen. Stresemann hat nur wenig später diese Ziele seiner Verständigungspolitik in zahllosen Reden, Aufsätzen und Briefen erläutert, und so besteht nicht der geringste Zweifel daran, daß er mit einem Sicherheitspakt den Vertrag von Versailles aus den Angeln heben und einen Weg einschlagen wollte, der zur Beseitigung des Korridors, zur Wiedergewinnung Danzigs wie eines Teils von Oberschlesien – nicht aber Posens – und schließlich zum Anschluß Österreichs wie zur Rückgabe der ehemaligen deutschen Kolonien führen sollte. Selbstverständlich war die Beruhigung Frankreichs und die – auf der nachfolgenden Verständigung mit Paris basierende – französische Tolerierung einer östlichen deutschen Revisionspolitik nur mit der unzweideutigen Anerkennung des Status quo im Westen zu erkaufen. Aber war es, so argumentierte Stresemann, nicht richtig, ein mit Sicherheit unerreichbares Ziel preiszugeben, wenn man dadurch wenigstens den wahrscheinlich erreichbaren Zielen näher kam? Die Frage, ob nicht auch eine solchermaßen halbierte Revisionspolitik Europa allzusehr erschüttern und ob nicht auch ein lediglich im Osten und Südosten arrondiertes Reich die imperialen Traditionen des kaiserlichen Deutschland wie der Donaumonarchie fortsetzen würde, glaubte Stresemann verneinend beantworten zu dürfen. Er war der Meinung, daß die Erstarkung Deutschlands nicht eine umstürzende Veränderung der europäischen Verhältnisse zu bewirken brauchte und daß ein wieder Großmacht gewordenes Deutschland, das in der europäischen Politik gewiß eine gewichtige Stimme haben mußte, keine hegemonialen Ambitionen entwickeln, sondern sich in die europäische Staatengesellschaft einfügen sollte; selbst im Hinblick auf Polen hatte er sich, wie seine Aufgabe Posens zeigt, von der These Seeckts, die Existenz dieses Staates sei mit den deutschen Interessen unvereinbar, bereits weit entfernt und aus Rücksicht auf das französische Interesse an Warschau entfernen müssen. Es lag ihm sehr daran – und dem Realisten Stresemann war klar, daß ihm daran zu liegen hatte –, den Prozeß so bedachtsam zu inszenieren und das Resultat so maßvoll zu nützen, daß die übrigen europäischen Mächte beides erträglich fanden. Zunächst ging es ohnehin um bescheidenere Dinge. Nahm Deutschland seinem westlichen Nachbarn das Gefühl der Bedrohung, so stand mindestens zu hoffen, daß Paris 1928 oder 1929 einer weiteren Reduzierung der deutschen Reparationen zustimmen, zur Räumung der auf Grund des Versailler Vertrags besetzten deutschen Gebiete bereit sein und sich mit der Liquidierung der alliierten Kontrolle über das deutsche Militär, später dann auch mit der vollen militärischen Gleichberechtigung Deutschlands abfinden würde. Ein Sicherheitspakt eröffnete also vorerst die Aussicht auf die Wiederherstellung der deutschen Souveränität und damit der außenpolitischen Bewegungsfreiheit des Reiches. Schon ein solcher Erfolg lohnte den Verzicht auf Elsaß-Lothringen und Eupen-Malmedy. D'Abernon fand daher in Stresemann einen willigen Zuhörer, und die Informationen über Chamberlains Allianzprojekt haben den deutschen Außenminister, dem ein britisch-französisches Bündnis den Weg in eine verheißungsvolle Zukunft zu verbarrikadieren drohte – ein Pakt ohne Deutschland sei ein Pakt gegen Deutschland, erklärte er –, ebenfalls aufgestört; an sich war er zu der von d'Abernon gewünschten deutschen Initiative durchaus geneigt.

Aber Stresemann hatte mit zwei Schwierigkeiten zu rechnen. Einmal war gegen eine Annäherung Deutschlands an die Westmächte scharfer sowjetischer Widerspruch zu befürchten. Zwar hatten Großbritannien und Frankreich die Sowjetunion Anfang Februar bzw. Ende Oktober 1924 de jure anerkannt; Moskau begann sich sogar, im Zeichen der nach Lenins Tod (21. Januar 1924) von Stalin eingeleiteten Normalisierung der sowjetischen Außenpolitik, an der Arbeit von Völkerbundskommissionen zu beteiligen. Doch blieb das Verhältnis zu London und Paris weiterhin schlecht – Großbritannien brach die Beziehungen bald wieder ab –, und an der grundsätzlichen Ablehnung der Genfer Institution wie am tiefen Mißtrauen gegen jede Verbindung kapitalistischer Staaten änderte sich nichts. Es war unvermeidlich, daß die Sowjets engere Westkontakte Berlins als Beginn der Wiederaufnahme Deutschlands in den Kreis der kapitalistischen Länder interpretieren und daraus auf ein nahes Ende der deutschen Rapallopolitik schließen würden. Verloren sie aber ihren einzigen kräftigeren

Freund in Europa, so drohten sie in eine Isolierung zurückgedrängt zu werden, die ihre wirtschaftliche und politische Position gegenüber der Außenwelt erheblich erschweren mußte; die Lage von 1921/22 und die Syndikatspläne Lloyd Georges, denen man damals nur mit knapper Not hatte entrinnen können, waren in Moskau noch unvergessen. Im übrigen hatten auch die Sowjets den Vertrag von Rapallo mit einem hungrigen Seitenblick auf Polen abgeschlossen; wenn Deutschland unter dem Einfluß der Westmächte den Kurs von Rapallo verlassen und den Status quo anerkennen sollte, so verwandelte sich zugleich die namentlich in der Roten Armee lebendige Hoffnung auf eine Revanche für die Schlacht an der Weichsel und auf eine Revision des Friedens von Riga in pure Illusion. Es bedurfte keiner Prophetengabe, um gegen eine deutsche Politik, die für Moskau so unangenehme Aussichten eröffnete, höchst unfreundliche sowjetische Reaktionen zu erwarten, und aus solchen Reaktionen mochte wiederum eine ernste, ja, trennende Verstimmung zwischen den Partnern von Rapallo entstehen. Nun war aber Stresemann sehr daran gelegen, eine derartige Entwicklung zu vermeiden. Auch wenn er inzwischen von der Ansicht abgekommen war, Deutschland könne Außenpolitik oder gar revisionistische Außenpolitik allein mit der Sowjetunion und gegen die Westmächte machen, verkannte er doch nicht, daß sich das besondere deutsch-sowjetische Verhältnis bei der Realisierung der revisionistischen Forderungen des Reiches als überaus nützlich erweisen konnte. Paris ließ sich vielleicht dazu bewegen, Korrekturen der deutsch-polnischen Grenze zu dulden, kam aber nicht als Partner einer sicherlich notwendigen gemeinsamen Pressionspolitik gegen Warschau in Frage; diese Rolle war vielmehr Rußland auf den Leib geschrieben, das selbst revisionistische Ansprüche an Polen hatte. Daher durfte der Draht nach Moskau nicht abreißen.

Eine Abkehr von der Rapallopolitik hätte sich Stresemann freilich auch aus innenpolitischen Gründen nicht leisten können. Wenn er einem Sicherheitspakt beitrat, der die neuen deutschen Westgrenzen garantierte, und zugleich die Freundschaft Moskaus opferte, so wäre das im ganzen Land als Ausdruck des endgültigen und freiwilligen Verzichts auf jede Revisionspolitik verstanden worden, und eine solche Anerkennung von Versailles hätte den Außenminister mit Sicherheit die politische Existenz, vielleicht sogar das Leben gekostet. Selbst die Bescheidung auf östliche und südöstliche Revisionspolitik setzte Stresemann – hier lag sein zweites und eigentliches Problem – dem gleichen Schicksal aus. Rathenau war 1922 ermordet worden, obwohl er seiner erzwungenen Erfüllungspolitik lediglich den Anschein der Freiwilligkeit gegeben, sie zunächst auf die Reparationsfrage beschränkt und dann ihre wohltätige Wirkung im Westen durch einen revisionspolitischen Akt wieder zerstört hatte. Die Ruhrbesetzung war seither gewiß ein drastischer Anschauungsunterricht gewesen, der viele Deutsche gelehrt hatte, die wahre außenpolitische Lage des Reichs klarer als in den ersten Jahren nach 1918 zu sehen. Auch hatte während der Inflation eine fiebrige Atmosphäre geherrscht, die Aufgeregtheiten aller Art erzeugte oder begünstigte, und die Stabilisierung der Mark vermochte die aufgewühlten politischen Emotionen in bemerkenswerter Weise zu beruhigen. Aber eine grundlegende Änderung der Denkweise konnte fast nirgends festgestellt werden, und wenn die Ruhrbesetzung Deutschlands Ohnmacht demonstriert hatte, so waren von ihr und von Frankreichs Unterstützung der Separatisten naturgemäß antifranzösische Leidenschaften mobilisiert worden, die den Begriff »Erbfeind« zur gängigen Münze machten und jeden Versuch zur Überwindung des »natürlichen« deutsch-französischen Gegensatzes zu einem ebenso vergeblichen wie verächtlichen Unternehmen stempeln wollten. Nach wie vor war es sehr gefährlich, gegen derartige Stimmungen Politik zu treiben, zumal die von d'Abernon angeregte deutsche Initiative nicht mit irgendeiner Zwangslage begründet werden konnte, sondern als freier Entschluß der Reichsregierung wirken mußte.

War eine solche Politik überhaupt möglich? Vom Auswärtigen Amt, von der Heeresleitung und von den bürgerlichen Fraktionen des Reichstags brauchten gewiß keine Kugeln befürchtet zu werden, aber selbstverständlich war hartnäckigste Opposition zu erwarten. Niemand wußte besser als Stresemann, daß gerade diese Kreise noch immer gewillt waren, die politische Landschaft Europas lediglich im Lichte des Deutschland angeblich geschehenen Unrechts zu sehen – ihre entsprechenden Klagen standen übrigens in einem seltsamen Kontrast zu ihrem Glauben an die alleinige Geltung der Macht in den internationalen Beziehungen –, und daß sie daher darauf beharrten, deutsche Außenpolitik dürfe als Ziel nur die totale Wiedergutmachung jenes Unrechts kennen. Nicht weniger gut wußte er, daß der hier noch völlig unerschütterten nationalisti-

schen Egozentrik jedes Verständnis für nichtdeutsche oder gar
gesamteuropäische Interessen fehlte und damit das Verständnis
für die politische Wirkung der Anmeldung oder der Preisgabe
revisionistischer Forderungen Berlins. In seinem Amt und
nicht zuletzt in seiner Partei begegnete der Außenminister zudem tagtäglich den Äußerungen eines realitätsblinden Starrsinns, der so ausschließlich in deutschen Ansprüchen dachte,
daß er ohne Zögern bereit war, die Möglichkeit ständiger Be-
tonung deutscher Ansprüche mit dem Verzicht auf die Wahr-
nehmung konkreter deutscher Interessen zu erkaufen, daß er
den Verzicht oft gar nicht mehr bemerkte. Stresemann hatte
seine ganze taktische Geschicklichkeit aufbieten müssen, um
seine politischen Freunde von der Notwendigkeit des Dawes-
Plans zu überzeugen; außerhalb der von ihm geführten Partei
galt er seit der Annahme dieser Reparationsregelung und schon
seit dem Abbruch des passiven Widerstands – der ebenfalls eine
simple Notwendigkeit gewesen war – weithin als »Verräter«.
Wie sollte er da die Richtigkeit einer freiwillig initiierten Außenpolitik begreiflich machen, die revisionspolitische mit verständigungspolitischen Elementen mischte?
    Innerhalb des allgemeinen Problems sah sich Stresemann
aber noch einem speziellen Problem konfrontiert. Seit 1919
hatten sich die Führer der Deutschnationalen Volkspartei,
einer in ihren innenpolitischen wie außenpolitischen Vorstellungen extrem »wilhelminischen« Partei, als Sprecher des
nationalen Gewissens Deutschlands aufgespielt und alle Krisen, in denen die Kapitulation der amtierenden Kabinette
vor den Ultimaten der Entente unausweichlich gewesen war,
ungewöhnlich zynisch für parteipolitische Zwecke ausgenützt.
Stresemann hatte daher schon geraume Zeit die Ansicht vertreten, daß die DNVP durch Beteiligung an der Regierung zur
Mitverantwortung vor allem für die Außenpolitik des Staates
und so allmählich zur Integration in die Republik gezwungen
werden sollte. Nun war aber die DNVP – politische Vertrete-
rin einflußreichster Schichten der deutschen Gesellschaft und
mit mehr als hundert Reichstagsmandaten auch zahlenmäßig
recht mächtig – die hervorragendste Repräsentantin jenes realitätsblinden Starrsinns. Die Partei hatte den Dawes-Plan erbittert bekämpft und beinahe, da einige der mit dem Plan zusammenhängenden Gesetze als verfassungsändernd einer Zweidrittelmehrheit im Reichstag und mithin einer Anzahl DNVP-
Stimmen bedurften, zu Fall gebracht; erst der Druck ihres an

ausländischen Anleihen interessierten industriellen Flügels hatte einen Teil der deutschnationalen Abgeordneten im letzten Augenblick zur Annahme veranlaßt. Ihre totale Verständnislosigkeit für die tatsächliche Situation Deutschlands, erst recht für die Erfordernisse der Situation, enthüllten jene revisionspolitischen »Diehards« jedoch am deutlichsten, als sie im Frühjahr 1924, in Verhandlungen über ihren Regierungseintritt, erstmals einen eigenen Kandidaten für das Reichskanzleramt präsentierten. Ihre Wahl fiel auf Großadmiral v. Tirpitz, den Schöpfer der kaiserlichen Kriegsmarine. Diese Idee, kommentierte d'Abernon, »konnte nur in einem deutschnationalen Hirn entstehen. Tirpitz hat sowohl in der Vorkriegszeit als auch während des Krieges die schwersten Fehler begangen. Er war der Hauptbefürworter der deutschen Flottenpolitik, die einen Konflikt mit England unvermeidlich machte. Während des Krieges setzte er sich für den rücksichtslosen U-Boot-Krieg ein, obwohl er vor dem Krieg unter den letzten war, die die Vorteile einer Unterseebootflotte erfaßten. Wenn die Deutschen eine geschlossene feindliche Front vorfinden wollen, können sie nichts Besseres tun, als Tirpitz mit dem Reichskanzleramt zu betrauen.«[141] Wie sollte eine solche Partei für eine Außenpolitik gewonnen werden, die auf einer partiellen Anerkennung des Vertrags von Versailles beruhte? Bot Deutschland einen Sicherheitspakt im Sinne d'Abernons und Stresemanns an, so mußte damit gerechnet werden, daß die DNVP den Eintritt in die Regierung verweigerte oder aber aus der Koalition wieder ausschied, wenn sie schon in der Regierung saß, wie es dann seit Januar 1925 im ersten Kabinett Luther der Fall war. Die Überlegung, daß mit einer zu früh erfolgenden außenpolitischen Initiative eine Chance zur inneren Stabilisierung der Republik geopfert werden konnte, wog für Stresemann nicht leicht.

Die Botschafterkonferenz hat den deutschen Außenminister jedoch aller Zweifel enthoben. Ende Dezember 1924 stellte die Konferenz nämlich fest, daß die Räumung der Kölner Besatzungszone, die nach dem Versailler Vertrag am 10. Januar 1925 fällig war, nicht erfolgen könne, weil Deutschland, wie aus einem Gutachten der Interalliierten Militärkontrollkommission hervorgehe, die Abrüstungsklauseln des Friedensvertrags nicht erfüllt habe. Das Sündenregister, das die Kontrollkommission vorgelegt hatte, sah in der Tat recht eindrucksvoll aus: von der Wiederherstellung des Großen Generalstabs war da die Rede, von der Ausbildung kurzfristig einberufener Freiwilliger, vom Versäumnis, Rüstungswerke auf nicht-militärische Produktion umzustellen, vom Verzögern einer Umorganisation der staatlichen Polizei, vom Ausbleiben des Ein- und Ausfuhrverbots für Waffen und von der Duldung rechtsradikaler Wehrverbände. Die Neigung der Armee, den Versailler Vertrag zu ignorieren, war gewiß verständlich. Doch wären die Berliner Kabinette gut beraten gewesen, wenn sie selbst Ausweichmanöver unterlassen und von der Reichswehr – im Namen nationaler Disziplin – ebenfalls den Verzicht auf Spielereien verlangt hätten, deren militärischer Wert besten-falls zweifelhaft, deren außenpolitische Schädlichkeit aber un-bestreitbar war; allerdings gab es auch unvermeidliche Ver-stöße gegen den Vertrag, z. B. die Tätigkeit eines General-stabs. In diesem Falle wirkten sich die Vertragsverletzung und die von der Botschafterkonferenz gezogene Konsequenz frei-lich positiv aus. Denn die Note, in der die Reichsregierung am 5. Januar 1925 offiziell über die Absichten der Botschafterkon-ferenz unterrichtet wurde, stellte für Stresemann insofern den letzten Anstoß zum Handeln dar, als er erkannte, daß die Er-gebnisse der Interalliierten Militärkontrollkommission und die Verlängerung der Besetzung, wenn Deutschland nur mit ver-balen Protesten reagierte und politisch passiv blieb, die Ent-stehung der französisch-belgisch-britischen Allianz beschleu-nigen und ihre antideutsche Spitze noch schärfer zuschleifen konnten. War eine solche Entwicklung erst einmal Tatsache ge-worden, so mußte eine lange Zeit vergehen, ehe Deutschland wieder eine Gelegenheit fand, seine Isolierung zu durchbrechen und den von Stresemann für richtig gehaltenen Kurs einzu-schlagen. Die Note verschaffte ihm aber zugleich die Möglich-keit, eine Bresche in die innerdeutsche Opposition zu schlagen. Jetzt war der Außenminister imstande, eine deutsche Initiative in der Sicherheitsfrage nicht allein mit der ungewissen Aussicht auf künftige Gewinne zu begründen, sondern in erster Linie als notwendigen Schritt zur Befreiung des Rheinlands und zur Abwendung der französisch-britischen Allianz, als Folge einer Zwangslage, zu rechtfertigen.

Von der unmittelbaren Antwort an die Botschafterkonferenz abgesehen, replizierte Stresemann – der bezeichnenderweise schon im Dezember Maltzan als Botschafter nach Washington abgeschoben und sich als Staatssekretär den einer westlichen Verständigungspolitik zugeneigten Carl v. Schubert geholt hatte – auf die Mitteilung vom 5. Januar mit einer vorerst nur der britischen Regierung übermittelten Note (20. Januar), in der er die freiwillige Anerkennung der deutschen Westgrenze anbot und einen die Anerkennung dokumentierenden wie garantierenden Sicherheitspakt zwischen den interessierten Mächten vorschlug. Daß er in Deutschland selbst seine Offerte jetzt mit der Zwangslage des Reiches verteidigen konnte, verleitete ihn freilich nicht dazu, das Kabinett über seinen Schritt zu informieren; mit Recht fürchtete er, daß die sichere Opposition zumindest der deutschnationalen Minister des Kabinetts Luther – der Reichskanzler war natürlich unterrichtet – das Projekt in diesem frühen Stadium wieder abgewürgt hätte. Die britische Regierung nahm das Dokument nicht ohne Skepsis entgegen. Die Skepsis galt jedoch nicht eigentlich dem Vorschlag Stresemanns, sondern der deutschen Aufrichtigkeit und nicht weniger der Bereitwilligkeit Frankreichs, das Bündnis mit London gegen das deutsche Projekt einzutauschen; auch schien eine gewisse Zurückhaltung am Platze zu sein, um in Paris nicht den Verdacht auf eine deutsch-britische Konspiration zu wecken. So ließ das britische Kabinett erst einige Tage verstreichen, ehe es Ende Januar zu verstehen gab, daß die deutsche Note nicht ungünstig aufgenommen worden sei, und mit dem Hinweis, in derartigen Fragen könne England nicht ohne seine Alliierten verhandeln, einen ähnlichen deutschen Schritt in Paris empfahl. Stresemann folgte dem Wink und unterbreitete seine Vorschläge am 9. Februar 1925 auch der französischen Regierung. Mit diesem Akt hatte er die Auseinandersetzung um einen deutsch-französischen Friedensschluß offiziell eröffnet.

Aus Paris kam lange Zeit überhaupt keine interpretierbare Antwort. Nicht daß die französische Regierung eine Wahl gehabt hätte. Es gab theoretisch zwei Alternativen zur Aufnahme der Verhandlungen mit Berlin, und beide waren nicht mehr zu realisieren. Einer Rückkehr zur harten Deutschlandpolitik Poincarés stand schon der Dawes-Plan im Wege, und unter dieser Voraussetzung machte Stresemanns Angebot eine solche Rückkehr endgültig unmöglich. Die Ablösung der Politik Poincarés durch eine französisch-britische Allianz schien aber ebenfalls blockiert zu sein. Stresemann hatte den einzigen Punkt der Tagesordnung, die deutsche Gefahr, effektvoll vom französisch-britischen Konferenztisch gezaubert, und die unverkennbare Neigung der britischen Regierung, die deutsche

Gefahr tatsächlich als verschwunden zu betrachten und dem Artisten, dem ein derartiges Kunststück gelungen war, einen Platz am Tisch anzubieten, mußte Frankreich davon abhalten, Stresemanns Leistung zu ignorieren. Auch waren die auf Poincaré folgenden französischen Kabinette einfach nicht mehr bereit, in Europa die Rolle des ständigen Störenfrieds zu spielen, und die Pariser Regierung wäre natürlich abermals zum Störenfried, zum Erben des kaiserlichen Deutschland, erklärt worden, wenn sie eine offenbar ernstgemeinte deutsche Friedensofferte von vornherein als hinterlistiges Manöver abgelehnt hätte. Schließlich konnten sich die französischen Politiker der vom Dawes-Plan geschaffenen Atmosphäre, in der Worte wie »Vertrauen«, »Verständigung« und »Versöhnung« voller und verheißender klangen als zuvor, ebenfalls nicht entziehen, und im übrigen leuchtete es auch in Paris ein, daß eine freiwillige deutsche Anerkennung des Status quo, sofern sie tatsächlich aufrichtig war, die Sicherheit Frankreichs besser verbürgte als ein Bündnis mit Großbritannien; auf der Londoner Konferenz, die über die Annahme des Dawes-Plans entschied, hatte Herriot zudem den Eindruck gewonnen, daß der derzeitige deutsche Außenminister ein vertrauenswürdiger Gesprächspartner sei. Unter diesen Umständen blieb der französischen Regierung – Herriot mußte im April dem Kabinett Painlevé weichen, dem als Außenminister Aristide Briand angehörte – im Grunde gar nichts anderes übrig, als die deutsche Friedenstaube, die da plötzlich sanft gurrend auf dem Fenstersims des Quai d'Orsay saß, freundlich zu streicheln, obwohl der Argwohn, zu Hause dressierten die Deutschen nach wie vor Raubvögel, noch keineswegs geschwunden war. Aber am 28. Februar 1925 starb der deutsche Reichspräsident Friedrich Ebert, und die französischen Politiker fürchteten oder hofften, je nach Standpunkt, daß unter dem Nachfolger die Stimmung in Berlin wieder umschlagen werde. Als Ende April mit dem Feldmarschall v. Hindenburg ein allem Anschein nach typischer Repräsentant des alten Deutschland zum Reichspräsidenten gewählt wurde, schien es erst recht richtig, noch etwas zu warten. Außerdem suchte man in Paris nach Mitteln und Wegen, Deutschland die totale Anerkennung des Status quo, d. h. die Einbeziehung der deutschen Ostgrenzen in das geplante Garantiesystem, aufzuzwingen; wurde der auf den Westen beschränkte deutsche Vorschlag akzeptiert, so konnte das ja in Warschau oder Prag als Rückzug Frankreichs aus seinen osteuropäischen Verpflichtungen aufgefaßt werden und eine Krise des französischen Bündnissystems provozieren. Die Bemühungen, sich für eine entsprechende Forderung an Berlin der britischen Unterstützung zu versichern, kosteten aber Zeit. Erst als festzustehen schien, daß sich in Berlin kein Kurswechsel abzeichnete – tatsächlich hat Hindenburg, als er Stresemann erstmals zum Bericht über die außenpolitische Lage empfing, keine Einwendungen gegen den Sicherheitspakt erhoben –, und erst als sich die Briten, obwohl nach wie vor jedem Engagement in Osteuropa abgeneigt, immerhin mit einer Aufforderung an Deutschland einverstanden erklärten, auch den östlichen Nachbarn einen Sicherheitspakt anzubieten, war Paris zum Handeln bereit. Am 16. Juni erhielt die Reichsregierung eine französische Note, in der Verhandlungen über die deutschen Vorschläge grundsätzlich zugestimmt und zugleich eine östliche Ergänzung des Garantiesystems angeregt – nicht verlangt – wurde; um das Reich mit weiteren Fäden an den Status quo zu binden, war – in bezeichnendem Kontrast zur Haltung Poincarés – Deutschlands Eintritt in den Völkerbund als conditio sine qua non genannt.

Jetzt, da Berlin wieder am Zuge war und Stresemann seine Politik nicht länger sekretieren konnte, sondern in offener Feldschlacht behaupten mußte, setzte in Deutschland eine Kampagne gegen den Sicherheitspakt ein, die dem Feldzug gegen die Erfüllungspolitik Rathenaus kaum etwas nachgab. Natürlich waren schon zwischen Februar und Juni Gerüchte über den deutschen Vorschlag an die Öffentlichkeit gedrungen, und Stresemann hatte sich schließlich genötigt gesehen, die Führer der Parteien genauer zu informieren. Doch hatte in Berlin offenbar die Ansicht vorgeherrscht, Frankreich werde sich ablehnend verhalten, und so war zunächst der Widerstand selbst der Deutschnationalen nicht sehr energisch gewesen. Die positive Reaktion Frankreichs zwang aber nun jedermann zur Stellungnahme, und sogleich zeigte sich, daß der Außenminister fast allein stand. Daß die Presse der noch rechts von der DNVP angesiedelten nationalistischen Parteien und Organisationen den Sicherheitspakt als glatten Landesverrat attackierte, war selbstverständlich und dürfte Stresemann wenig erschüttert haben. Bedenklicher war, daß die an sich ebenfalls erwartete Opposition der Deutschnationalen von Tag zu Tag stärker wurde und koalitionsgefährdende Züge anzunehmen begann; wenn selbst die Sprecher des gemäßigten Flügels der Partei anfänglich darauf bestanden, Stresemann müsse, sofern er auf die weitere Unterstützung der Deutschnationalen Wert lege, von England und Frankreich als Preis für den deutschen Verzicht auf Elsaß-Lothringen die sofortige Räumung aller besetzten rheinischen Gebiete, die ausdrückliche Anerkennung der deutschen Revisionsansprüche im Osten und einen ebenso ausdrücklichen Widerruf des Versailler Kriegsschuldartikels verlangen, so blieb, da sogar den Deutschnationalen die Unannehmbarkeit solcher Forderungen klar war, nur der Schluß, daß die DNVP das Projekt Stresemanns zu Fall bringen oder aber aus dem Kabinett ausscheiden wolle. Noch unbequemer war, daß auch ein Teil der Deutschen Volkspartei, Stresemanns eigener Partei, wieder einmal meuterische Tendenzen verriet. General v. Seeckt formulierte seine und damit der Armee Ablehnung in unmißverständlichen Worten. Am 24. Juni hielt er dem Minister in einer Kabinettssitzung entgegen, Deutschland dürfe »unter keinen Umständen z. B. auf Elsaß-Lothringen verzichten«[142], habe vielmehr stets und ausschließlich an die Wiedergewinnung der verlorenen Territorien zu denken, und die Wiedergewinnung werde nicht durch Verträge, sondern lediglich durch die Waffen erreicht; es mag, wie Seeckts Biograph (Meier-Welcker) meint, zweifelhaft sein, ob der General bei dieser Gelegenheit tatsächlich, wie sich Stresemann notierte, gesagt hat, Deutschland müsse wieder Macht bekommen und werde, sobald es die Macht habe, selbstverständlich alles zurückerobern, was es verloren habe, doch faßt diese schlichte Formel ohne Zweifel den Sinn der Bemerkungen Seeckts zusammen. Stresemann wird wohl etwas überrascht und unangenehm berührt gewesen sein, als in der erwähnten Kabinettssitzung nicht nur die deutschnationalen, sondern auch die vom Zentrum ins Kabinett entsandten Minister auf die Seite Seeckts traten und einhellig erklärten, eine Preisgabe des Anspruchs auf Elsaß-Lothringen und Eupen-Malmedy komme nicht in Frage; eine Politik, wie sie der Außenminister eingeleitet habe, sei – auch darin waren sie mit dem General einig – allein dann statthaft, wenn man wisse, daß sie scheitern werde, oder die Absicht habe, sie scheitern zu lassen. Maßvolle Politiker – und die Minister Frenken (Zentrum), Brauns (Zentrum), Geßler (Deutsche Demokratische Partei) oder Krohne (DVP) können wirklich nicht als Radikalinskis bezeichnet werden; selbst die Deutschnationalen Schiele und Neuhaus mußten im Vergleich zur Mehrheit ihrer Parteifreunde als vernünftig gelten –, maßvolle Politiker demonstrierten also mit jedem Satz, wie tief die politische Führungsschicht Deutschlands in außenpolitischem Illusionismus gefangen war und wie leicht ihr der europäische Frieden oder gar die Verständigung mit Frankreich gegenüber den territorialen Ansprüchen des Reiches wog. Reichskanzler Luther, den Stresemann nicht einfach informiert, sondern auch überzeugt gehabt hatte, verlor im Protestgeschrei vorübergehend die Nerven und machte Miene, aus der Nähe des Außenministers zu desertieren; Stresemann konnte ihn nur mit der Drohung eines öffentlichen Skandals von der Behauptung abhalten, er habe die Noten des Auswärtigen Amts an London und Paris weder gebilligt noch gekannt. Schließlich sah sich Stresemann noch dem massiven Druck ausgesetzt, mit dem Moskau nun in der Tat Deutschlands Annäherung an den Westen zu verhindern suchte.

Daß Stresemann diesen Anprall der Emotionen überstand und seine Konzeption durchsetzte, muß in erster Linie einer eindrucksvollen Leistung politischer Taktik zugeschrieben werden. Von dem wieder beruhigten Luther trefflich unterstützt, brachte er den kühleren Naturen in den Regierungsparteien – links von der DNVP – bei, daß es zu seiner Politik nicht die kleinste praktikable Alternative gab und daß vor allem eine Desavouierung der deutschen Noten, nachdem sie einmal abgegangen waren, in den westlichen Hauptstädten als klare deutsche Absage an jede Verständigungspolitik aufgefaßt und die Wiederkehr einer harten Deutschlandpolitik provozieren würde; die anfängliche Geheimhaltung der deutschen Vorschläge machte sich jetzt bezahlt. Was die Deutschnationalen anging, so hatten jedenfalls die von ihnen gestellten Minister aus politischen wie persönlichen Gründen Geschmack an der Regierungsbeteiligung gefunden; eine vorzeitige Sprengung der Koalition lag daher, zumal die Ablösung durch Vertreter der DDP oder der SPD nicht allzu schwierig gewesen wäre, nicht in ihrer Absicht. Stresemann und Luther nützten das geschickt aus. Indem sie ihren deutschnationalen Kollegen die Überzeugung vermittelten, als Mitglieder des Kabinetts Einfluß auf den Gang der Dinge ausüben zu können, und indem sie die Hoffnung nährten, die Verhandlungen über den Sicherheitspakt würden auch ohne deutsche Schuld noch scheitern, gelang es ihnen, die DNVP zu einer abwartenden Haltung zu bewegen, die es ihnen erlaubte, die angeknüpften Fäden weiterzuspinnen. Die Sowjets wiederum, im Augenblick ohnehin noch ohne sonstige außenpolitische Möglichkeiten, ließen sich von Stresemann überzeugen, daß Berlins Anerkennung der deutschen Westgrenzen keine Abkehr von der Rapallopolitik bedeute, sondern lediglich einen Schritt darstelle, der in der gegebenen Lage Deutschlands eben eine unangenehme Notwendigkeit sei, jedoch, einmal getan, sogar die Voraussetzung für eine energischere Verfolgung der mit Rapallo angedeuteten deutschen und sowjetischen Ziele schaffe. Allen Partnern und Gegenspielern aber erläuterte Stresemann, nachdem er betont hatte, daß ohne den Sicherheitspakt kein Ende der Besetzung deutschen Territoriums abzusehen und die Wiederherstellung der vollen Souveränität Deutschlands undenkbar sei, mit unerschöpflicher Geduld den revisionspolitischen Aspekt seiner Aktion, und es ist unverkennbar, daß diese Argumentation den stärksten Eindruck machte. Freilich war er, um überhaupt gehört und verstanden zu werden, gezwungen, so häufig und so eindringlich von den revisionspolitischen Chancen zu reden, daß der verständigungspolitische Aspekt, dem in Stresemanns Denken eigentlich eine gleichrangige, ja, übergeordnete strategische Funktion zukam, zur taktischen Finte degenerierte; der Außenminister mußte es in Kauf nehmen, daß selbst diejenigen seiner Kollegen und Freunde, die ihm um der Revisionspolitik willen zustimmten, wenn er den Verzicht auf Elsaß-Lothringen als unumgänglich bezeichnete, sogleich hinzufügten, der Verzicht dürfe natürlich nur mit einem »inneren Vorbehalt«[143] für die Zeit der deutschen Schwäche geleistet werden. Und Stresemann sah sich überdies genötigt, mit der Vorspiegelung zu arbeiten, die temporäre Anerkennung der Westgrenze werde schon sehr bald erste Gelegenheiten zur Korrektur der Ostgrenze bescheren. Schließlich trieb ihn auch die Moskauer Opposition zu Versprechungen, die ohne Zweifel weiter gingen, als er anfänglich beabsichtigt hatte. So sicherte er den Sowjets zu, er werde unter keinen Umständen Verpflichtungen übernehmen, die Deutschland in antisowjetische Kombinationen oder Aktionen verwickeln könnten, selbst dann nicht, wenn das Reich in den Völkerbund eintreten werde; was die Sowjetunion angehe, werde sich Deutschland an den Sanktionsartikel der Völkerbundssatzung nicht gebunden fühlen und über diesen Punkt weder Genf noch London und Paris in Zweifel lassen. Zudem zogen ihn die Sowjets sogleich in vorbereitende Gespräche über einen Vertrag, der das in Rapallo begründete Verhältnis nicht allein ausdrücklich bekräftigen, sondern zu einem förmlichen deutsch-sowjetischen Bündnis vertiefen sollte.

Die Antwort, die Stresemann am 20. Juli auf die französische Note gab, ließ bereits deutlich erkennen, daß die Rücksicht, die er auf jene innerdeutschen und außenpolitischen Pressionen nehmen mußte, seine Bewegungsfreiheit, die schon durch seine eigenen revisionspolitischen Intentionen begrenzt war, noch mehr eingeengt hatte. In einer Sprache, deren selbstbewußter Klang eher für deutschnationale als für französische Ohren berechnet war, verlangte Stresemann als Preis für die Anerkennung der deutschen Westgrenzen alliierte Konzessionen, z. B. im Hinblick auf die Besetzung rheinischer Gebiete, und wenngleich er die französische Forderung, der Sicherheitspakt müsse mit Deutschlands Eintritt in den Völkerbund gekoppelt werden, grundsätzlich akzeptierte, so machte er zugleich klar, daß sich Deutschland weigern werde, die in Artikel 16 der Völkerbundssatzung formulierte Verpflichtung zur Beteiligung an Sanktionen zu übernehmen. Auf die französische Anregung, auch die deutschen Ostgrenzen in die kommenden Vereinbarungen einzubeziehen, ging Stresemann überhaupt nicht ein; hier verließ er sich darauf, daß die französischen Absichten schließlich an der britischen Abneigung gegen osteuropäische Bindungen scheitern würden. Immerhin hatte er den Dialog mit den Westmächten fortsetzen können, und sowohl Großbritannien wie Frankreich betrachteten seine Antwort als ausreichende Grundlage für weitere Verhandlungen. Mitte September erhielt die Reichsregierung, nach einigem diplomatischen Geplänkel, die Einladung zu einem Treffen der Außenminister, das Anfang Oktober in der Schweiz, und zwar in Locarno, beginnen sollte.

Die Konferenz von Locarno

Nachdem die Grundzüge einer Einigung schon vorher geklärt worden waren, führte die Konferenz von Locarno (5. bis 16. Oktober 1925), an der neben den deutschen Vertretern Luther und Stresemann die Außenminister Englands, Frankreichs, Belgiens, Polens, der Tschechoslowakei und Italiens (ab 14. auch Mussolini) teilnahmen, relativ rasch zu konkreten Resultaten. Zwischen Deutschland, Großbritannien, Frankreich, Belgien und Italien wurde ein Garantiepakt ausgehandelt, der Deutschland zur Anerkennung der in Versailles gezogenen deutsch-französischen bzw. deutsch-belgischen Grenze wie der im Versailler Vertrag (Artikel 42 und 43) festgelegten Entmilitarisierung des Rheinlands verpflichtete und in dem sich Deutschland und Belgien bzw. Deutschland und Frankreich zusagten, »in keinem Falle zu einem Angriff oder zu einem Einfall oder zum Kriege gegeneinander zu schreiten«[144]; Waffengewalt blieb nur zur Selbstverteidigung, d. h. zum Widerstand gegen eine Verletzung des Garantiepakts, und im Rahmen einer vom Völkerbund beschlossenen Aktion erlaubt. Als Garantiemächte hatten England und Italien zu fungieren, die bindend versprechen mußten, bei einer deutschen Vertragsverletzung Belgien und Frankreich, bei einer französischen oder belgischen Vertragsverletzung hingegen Deutschland Beistand zu leisten; die Rückkehr Frankreichs zu einer Politik im Stile Poincarés war also, da sie Vertragsbruch und Interventionsgrund gewesen wäre, bis zur Unmöglichkeit erschwert. Mit Belgien und mit Frankreich schloß Deutschland außerdem Abkommen, die eine schiedsgerichtliche Regelung aller auftauchenden und nicht auf diplomatischem Wege lösbaren Streitfragen obligatorisch machten. Natürlich versuchte Briand, auch eine vertragliche Fixierung des Status quo in Osteuropa zu erreichen. Aber Austen Chamberlain lehnte es, wie Stresemann erwartet hatte, rundweg ab, Großbritannien für Polen zu engagieren, und so konnte Stresemann nicht zu einer förmlichen und freiwilligen Anerkennung der deutsch-polnischen Grenze veranlaßt werden. Er mußte sich lediglich dazu verstehen, mit der Tschechoslowakei und Polen Schiedsverträge zu schließen, die nicht obligatorisch, von niemandem garantiert und damit praktisch bedeutungslos waren.

Auch seine zweite Absicht, nämlich die Befreiung Deutschlands von der Last des Sanktionsartikels, vermochte Stresemann zu realisieren. Nach längeren Diskussionen, in denen er mit der militärischen Schwäche Deutschlands operierte, die angesichts der geographischen Lage des Reiches doppelt fühlbar sei, akzeptierten seine Gesprächspartner die künftig als offizielle Völkerbundsdoktrin geltende Formel, daß Deutschland, wie jedes Bundesmitglied, nur »in dem Maße, das mit seiner militärischen Situation vereinbar ist und das seine geographische Lage in Betracht zieht«[145], zur Beteiligung an Sanktionen gehalten sei. Stresemanns andere Forderung, Deutschland müsse zur Bestätigung seines Großmachtstatus sofort einen ständigen Sitz im Völkerbundsrat erhalten, war schon vor der Konferenz zugestanden worden. Zwar löste gerade diese Forderung eine Krise in Genf aus, die zur Vertagung der zunächst für März 1926 vorgesehenen Aufnahme Deutschlands in den Bund führte. Aufgereizt durch nationalistische Gruppen in Frankreich, die dem Geist von Locarno mit der Provozierung entsprechender deutscher Reaktionen den Garaus machen wollten, und anfänglich sowohl von Briand wie von Chamberlain unterstützt, die nach einem billigen Ersatz für das ausgebliebene Ost-Locarno Ausschau hielten, verlangte nämlich Polen plötzlich einen ständigen Ratssitz, und dem Warschauer Beispiel folgten dann auch noch Spanien und Brasilien. Aber die Erfüllung des deutschen Anspruchs auf einen permanenten Sitz allein für Deutschland, von Stresemann ebenso zäh wie zurückhaltend verfochten, war nie ernsthaft gefährdet. Polen wurde mit einem ad hoc geschaffenen temporären, doch durch die Möglichkeit ständiger Wiederwahl faktisch perpetuierten Ratssitz abgefunden, Brasilien und Spanien – das seinen Entschluß später rückgängig machte – erklärten verärgert ihren Austritt, und als Deutschland am 8. September 1926 offiziell in den Bund aufgenommen wurde, womit vereinbarungsgemäß die in Locarno paraphierten und am 1. Dezember 1925 in London unterzeichneten Garantie- und Schiedsverträge völkerrechtliche Gültigkeit erlangten, hatte Stresemann alle Vorbehalte und Bedingungen durchgesetzt, die das sowjetische Unbehagen über Deutschlands Eintritt in den Völkerbund dämpfen und dem Reich größtmöglichen Einfluß in Genf sichern sollten. Selbst die alliierte Kontrolle der deutschen Armee und Rüstung konnte er lockern: im Januar 1927 wurde die alliierte Kontrollkommission zurückgezogen und durch eine rein fiktive Völkerbundskontrolle ersetzt.

Allein in zwei Punkten blieb Stresemann in und nach Locarno der volle oder doch rasche Erfolg versagt. So bemühte er sich vergebens um eine Abmachung, die Frankreich und Großbritannien zu einer baldigen Räumung der besetzten rheinischen Gebiete verpflichtet hätte. Wenn er Briand auseinandersetzte, daß er zur Beschwichtigung der nationalistischen Opposition gegen den Garantiepakt, namentlich zur Beruhigung der DNVP, gerade in dieser Frage französische Konzessionen brauche, erwiderte ihm sein Pariser Partner, daß auch der französische Außenminister mit einer intransigenten Rechten zu rechnen habe und durchaus von Poincaré gestürzt werden könne, falls Frankreich jetzt allzu viele sichtbare Zugeständnisse mache. Die zu Beginn der zwanziger Jahre so wirkungsvoll operierende Union zwischen deutscher und französischer Unvernunft war im Augenblick zwar nicht mehr in der Lage, den Regierungen negative Politik zu oktroyieren, aber noch immer stark genug, manche Schritte einer positiven Politik zu verhindern. Schließlich mußte sich Stresemann mit dem Versprechen Briands bescheiden, daß er versuchen werde, die Räumung, die nicht als französische Konzession mit dem Pakt verbunden werden könne, nach seiner Rückkehr in Paris als freiwillige Geste Frankreichs durchzusetzen. Was die Kölner Zone betraf, deren Räumung Anfang 1925 verschoben worden war, so vermochte Briand sein Wort zu halten. In den ersten Novembertagen, noch ehe die Locarno-Verträge in London unterzeichnet wurden, teilte er Stresemann mit, daß die Evakuierung der Zone demnächst eingeleitet werden und bis spätestens Februar 1926 abgeschlossen sein würde. Außerdem kündigte er etliche Maßnahmen an, die in den verbleibenden zwei Zonen die Last der Besatzung erleichtern sollten. Aber erst im August 1929, wenige Monate vor seinem Tode, erhielt Stresemann die Zusage, daß auch in diesen beiden Zonen die Okkupation im Laufe des Jahres 1930 (bis zum 30. Juni) enden würde. Briand hatte sein Versprechen gewiß guten Glaubens gegeben, doch war er mit den französischen Sekuritätsfanatikern nicht fertiggeworden, und selbst die Zusage vom August 1929 konnte er nur machen, nachdem Frankreich die Aussicht auf ein vorzeitiges Ende der Besetzung als eines der Lockmittel benutzt hatte, die Berlin zur Annahme einer die deutschen Erwartungen enttäuschenden Regelung des Reparationsproblems bewegen sollten.

Der Young-Plan

Stresemann hatte nie daran gezweifelt, daß der Dawes-Plan, wenn er im fünften Jahre seiner Laufzeit in das Stadium hoher Annuitäten (2,5 Milliarden) trat, modifiziert werden müsse, und natürlich hegte der deutsche Außenminister die Hoffnung, Locarno werde für eine so fühlbare Entspannung des politischen Klimas sorgen, daß er eine ebenso fühlbare und vor allem der deutschen Bevölkerung sichtbare Modifizierung des Plans herausschlagen könne. Die finanzielle Bürde war schon unter dem Dawes-Plan nicht mehr allzu schwer, da die Jahresraten im wesentlichen mit Geldern aus ausländischen Krediten bezahlt wurden; die im Plan für die erste Rate vorgesehene Zahlungsweise hatte sich in eine ständige Praxis verwandelt. Aber davon abgesehen, daß Deutschland auch den auf Reparationskonto abgeleiteten Teil des namentlich aus Amerika fließenden Kreditstroms gerne nutzbringender angelegt hätte, konnten die Anleihequellen aus irgendwelchen Gründen eines Tages versiegen, und dann mußten die Reparationsverpflichtungen wieder zur drückenden Last werden. Außerdem war Berlin naturgemäß daran interessiert, die finanziellen Kontrollen möglichst bald abzuschütteln, mit denen der Dawes-Plan die Souveränität des Reiches beschränkt hatte. Als Ende 1927 Parker Gilbert, der in Berlin residierende Reparationsagent, eine erneute Prüfung der Reparationsfrage forderte, weil er glaubte, Deutschland werde die höheren Annuitäten des Dawes-Plans nicht aufbringen können, und als Gilbert im Laufe des Jahres 1928 mit seiner Forderung durchdrang – von Frankreich unterstützt, das um seiner amerikanischen Schulden willen eine größere deutsche Devisenleistung und daher eine teilweise Aufhebung des im Dawes-Plan verankerten Transferschutzes anstrebte –, da hielt die Reichsregierung den Augenblick für gekommen, jene fühlbare Modifizierung zu verlangen. Die Kommission internationaler Sachverständiger, die unter dem Vorsitz Owen D. Youngs Anfang Februar 1929 in Paris ihre Arbeit aufnahm, präsentierte jedoch am 7. Juni 1929 einen Plan, den sogenannten Young-Plan, der den Berliner Hoffnungen bei weitem nicht entsprach, obwohl in der Kommission, anders als im Dawes-Ausschuß, deutsche Experten wie Hjalmar Schacht gesessen hatten. Der Young-Plan, der die Höhe der deutschen Reparationen an den alliierten Kriegsschulden orientierte und dazu eine relativ bescheidene Leistung zur Behebung von Kriegsschäden addierte, bestimmte erstmals eine zeitliche Grenze der deutschen Belastung. Bis 1988 hatte Deutschland 36 ½ Jahre lang von 1,6 auf 2,3 Milliarden Mark ansteigende Annuitäten und dann 21 Jahre lang konstante Jahresraten in Höhe von 1,6 bzw. 1,7 Milliarden zu bezahlen. Im Vergleich zum Dawes-Plan stellte diese Regelung ohne Zweifel eine beträchtliche Erleichterung dar, zumal die Kontrolle der deutschen Finanzpolitik – freilich auch weitgehend der Transferschutz – tatsächlich abgebaut werden sollte. Stresemann hat deshalb den Young-Plan durchaus als objektiven Fortschritt betrachtet und gegen eine Annahme keine objektiven Gründe geltend gemacht. Aber es war ihm klar, daß sowohl die Höhe der Annuitäten wie die lange Dauer der Belastung – beides wieder einmal eine Folge der kategorischen Weigerung Amerikas, den Alliierten einen weiteren Schuldennachlaß zu gewähren – in Deutschland eine ungünstige optische Wirkung haben mußten. Daß er dem Plan auf der ersten Haager Konferenz (6. bis 31. August 1929) zustimmte – die endgültige Annahme erfolgte auf der zweiten Haager Konferenz (3. bis 20. Januar 1930), die er nicht mehr erlebte – und damit gleichzeitig eine Verringerung der Reparationslast wie die Räumung der zwei letzten Besatzungszonen erreichte, erschien seinen nichtdeutschen Zeitgenossen und erscheint angelsächsischen Historikern noch heute als »ein bedeutender Erfolg Stresemanns«[146]. Er selbst wußte damals sehr wohl, daß, wie immer der objektive Befund sein mochte, die Räumung zu spät kam, um innenpolitisch von Nutzen zu sein, und der Young-Plan in der deutschen Öffentlichkeit kaum als Erfolg erkannt wurde, wenngleich ein »Volksbegehren« gegen die Annahme, von der antirepublikanischen Rechten inszeniert, fehlschlug.

Objektiv betrachtet, waren Dinge wie die Vertagung des Okkupationsproblems jedoch in der Tat nur winzige Schönheitsfehler. Großbritannien und Frankreich hatten Deutschlands freiwillige Anerkennung seiner Westgrenzen mit Konzessionen honoriert, die wenige Jahre zuvor für unmöglich erklärt worden wären. Noch immer war Deutschlands Souveränität eingeengt, seine militärische Schwäche evident. Aber mit den Verträgen von Locarno hatte Deutschland nicht allein die moralische und politische Isolierung der ersten Nachkriegsperiode endgültig durchbrochen, sondern gleich die Wiederaufnahme in den Klub der führenden europäischen Mächte erreicht, und wenig später sollte es sich, als Inhaber eines ständigen Sitzes im Völkerbundsrat, auch ein deutlich sichtbares Abzeichen dieser Mitgliedschaft anheften dürfen. In Locarno glaubten Stresemanns Partner sicherlich, daß sich das Geschäft gelohnt habe. Deutschland schien die internationale Gleichberechtigung ganz und die außenpolitische Aktionsfreiheit fast ganz zurückgewonnen zu haben, ohne daß die kollektive Sicherheit gefährdet und die Handlungsmöglichkeit der beiden derzeitigen Garanten des europäischen Gleichgewichts, der Westmächte und des französischen Bündnissystems, merklich verringert worden wäre. In Wirklichkeit war aber erheblich mehr geschehen.

Daß Stresemann einer Anerkennung der deutschen Ostgrenze ausweichen durfte, bedeutete nämlich keineswegs, daß man Berlin die bloß theoretische Wahrung eines bloß theoretischen Anspruchs zugebilligt hatte. Als die in Locarno vertretenen Großmächte Deutschlands Weigerung, die deutsch-polnische Grenze zu garantieren, akzeptierten und sich mit einer Garantie des westeuropäischen Status quo begnügten, hatten sie, ungeachtet ihrer wahren Beweggründe, stillschweigend anerkannt, daß die moralische und gewiß die politische Fundierung der osteuropäischen Neuordnung unsolide war, daß daher von Deutschland die freiwillige Hinnahme dieser Verhältnisse nicht verlangt werden konnte. Das Reich hatte aber seine östlichen Grenzen bereits unmißverständlich in Frage gestellt, und indem sie die deutsche Haltung widerspruchslos zur Kenntnis nahmen, stimmten die Großmächte, wie R. A. C. Parker mit Recht gesagt hat, sogar einer »Rangordnung der Grenzen« zu, die den »weniger vornehmen« östlichen Grenzen schon jetzt die Permanenz absprach.[147] Stresemann hatte also in der Tat eine feste Basis für die aktive Revisionspolitik der Zukunft geschaffen, und da nicht allein Großbritannien, sondern offenbar auch Frankreich jene Basis respektierte, zeigten sich in Warschau erste Zweifel an der Zuverlässigkeit des französischen Schutzes, die auf die polnisch-französischen Beziehungen nicht ohne Einfluß blieben. In den osteuropäischen Ländern glaubte jedoch kaum jemand, daß sich Deutschland, einmal auf revisionistischem Kurs, mit einigen Quadratmetern polnischen Territoriums abfinden lassen würde. Daß deutsche Revisionspolitik in weiter greifende Expansionspolitik münden würde – woran Stresemann selbst gar nicht mehr dachte –, galt in den osteuropäischen Hauptstädten als politischer Gemeinplatz, zumal es sich hier von selbst verstand, daß der deutsche Revisionismus – woran Stresemann nun wirklich dachte – seine Hand auf Österreich legen und dann in habsburgische Bahnen einlenken würde. So lief nach Locarno, als zunächst Polen ins deutsche Visier rückte und sowohl Chamberlain wie Briand der Zielübung recht gelassen zuschauten, ein noch schwaches, aber doch deutlich spürbares Zittern durch ganz Ost- und Südosteuropa. Die Warschauer Politiker fanden die beruhigend gemurmelte Versicherung ihrer Pariser Freunde, der deutsche

Schütze habe ja nur Platzpatronen im Lauf, wenig tröstlich, weil sie meinten, statt »nur« müsse es »noch« heißen, und sie wiesen besorgt darauf hin, daß die Westmächte überdies die deutschen Bedingungen für den Eintritt in den Völkerbund geschluckt und damit Polen auch der Protektion des Völkerbundes, faktisch also Frankreichs, gegen die Sowjetunion beraubt hatten. Jedermann wußte, daß der deutsche Vorbehalt gegen den Sanktionsartikel in erster Linie auf Konflikte gemünzt war, in denen die Sowjetunion eine Rolle spielte. Wie, so fragte man sich in Warschau, sollte der Völkerbund – oder Frankreich im Auftrage Genfs – Polen in einem von Moskau provozierten Streit wirksame Hilfe leisten, wenn sich Deutschland an antisowjetischen Sanktionen nicht beteiligte, d. h. praktisch neutral blieb? Schon im polnisch-sowjetischen Krieg von 1920 war die materielle französische Unterstützung nicht zuletzt auf Grund der deutschen Neutralität, die eine nur langfristig überwindbare geographische Barriere zwischen Polen und Westeuropa errichtet hatte, ziemlich dürftig ausgefallen. Angesichts der sowjetischen Schwäche hatte das damals keine entscheidenden Folgen gehabt. Stieß Polen aber mit einem wieder stärker gewordenen Rußland zusammen, konnte sich die deutsche Neutralität katastrophal auswirken.

Die polnischen Besorgnisse nahmen noch zu, als Stresemann das den Sowjets gegebene Versprechen einlöste und am 24. April 1926 mit der Sowjetunion einen Freundschaftsvertrag schloß, der das in Rapallo begründete Verhältnis in der Tat wesentlich verfestigte. Die beiden Partner dieses sogenannten Berliner Vertrags sicherten sich, falls sie in kriegerische Auseinandersetzungen verwickelt werden sollten, Neutralität zu, und sie brachten ihren Willen zum Ausdruck, Koalitionen fernzubleiben, die »zu dem Zwecke geschlossen werden, gegen einen der vertragschließenden Teile einen wirtschaftlichen oder finanziellen Boykott zu verhängen«[148]. Zwar hatten die Sowjets von Stresemann nicht das Offensivbündnis bekommen, das ihnen an sich vorschwebte – in Berlin bemühte man sich naturgemäß, da noch nicht einmal die Aufnahme in den Völkerbund vollzogen war, um einen Vertragstext, der wenigstens dem Buchstaben nach nicht gegen die Völkerbundssatzung verstieß –, aber mit einer umfassenden Konsultationsklausel erfüllte das Abkommen doch alle Merkmale einer politischen Allianz. Ohne daß die Westmächte erkennbar opponierten, hatte Deutschland wiederum die hinter der Ablehnung des Sanktionsartikels stehende politische Intention dick unterstreichen und abermals seine gegen Polen gerichteten revisionspolitischen Ambitionen dokumentieren wie praktisch fördern können; wider Erwarten – die in London und Paris stationierten deutschen Diplomaten hatten mit scharfen westlichen Protesten gerechnet und vor dem Pakt mit Moskau gewarnt – war Stresemann die aller Welt evidente Verbindung westlicher Verständigungs- mit östlicher Revisionspolitik reibungslos gelungen, war seine Konzeption in vollem Umfang realisiert. Kein Wunder, daß in Warschau ängstliche Gemüter und weitblickende Geister bereits die Zeichen einer neuen Teilung Polens an der Wand erscheinen sahen. Der praktische Politiker mußte jedenfalls schon jetzt, da Deutschland für eigene militärische Abenteuer noch zu schwach und allzusehr von den Westmächten abhängig war, die Möglichkeit einkalkulieren, daß Berlin, sollte es zu einer polnisch-sowjetischen Auseinandersetzung kommen, für eine effektive Isolierung Polens sorgte, um am Ende von der dann unausweichlichen polnischen Katastrophe zu profitieren. Je mehr die Kraft und die Bewegungsfreiheit Deutschlands zunahmen, desto größer wurde die Gefahr, so fürchteten die polnischen Politiker, daß Deutschland die Sowjets in solche antipolnischen Unternehmen trieb oder schließlich selbst die Spitze nahm. Daß Frankreich diese Entwicklung duldete, obwohl es stark genug war, hemmend einzugreifen, hat die ersten Warschauer Zweifel an der französischen Politik in ein tiefes Mißtrauen verwandelt, das nie mehr verschwand. Wenn polnische Politiker in den folgenden Jahren immer wieder Versuche zur Besserung der Beziehungen bald zu Deutschland – so Ende 1927 Pilsudski – und bald zur Sowjetunion unternahmen, ohne sich dabei um die Interessen ihres französischen Bundesgenossen zu kümmern, wenn sie mit ihrer Rücksichtslosigkeit den Eindruck erweckten, daß sie für ihr schwaches Land die Aktionsfreiheit einer Großmacht beanspruchten, so lag das nicht allein an dem zweifellos vorhandenen außenpolitischen Dünkel der damaligen polnischen Führungsschicht, sondern doch auch an der aus jenem Mißtrauen stammenden Nervosität. Gewiß hatte Frankreich in Locarno – am Rande der eigentlichen Konferenz – mit Polen und der Tschechoslowakei Verträge geschlossen, die erneut gegenseitige Hilfsversprechen enthielten. Aber die Versprechen brauchten nur eingehalten zu werden, wenn Deutschland gegen seine in Locarno übernommenen Verpflichtungen sündigte, und da sie mithin die Situationen nicht deckten, denen man in Warschau mit Sorgen entgegensah, konnten sie – die überdies der britischen Garantie ermangelten – das Mißtrauen nicht zerstreuen, zumal Frankreich nach Locarno mit dem Bau der Maginot-Linie begann. Wie sollte man in Osteuropa ein solches Vorhaben deuten? Wenn man die ungewohnte französische Nachsicht gegenüber revisionspolitischen Gesten Berlins mit dem Entschluß zu einer gewaltigen Befestigung an der französischen Ostgrenze addierte, lag der Verdacht nahe, daß Frankreich, nachdem es in Locarno auf die kontinentale Hegemonie verzichtet hatte und die osteuropäischen Verbündeten nicht länger als Stützen Pariser Hegemonialpolitik benötigte, seine Allianzen nicht mehr als Vorteil, vielleicht nicht einmal mehr als zusätzliche Bürgen der eigenen Sicherheit empfand, sondern als Bürde, die eines Tages zu schwer werden konnte, als Verpflichtung, die unnötige Konflikte mit dem stärkeren deutschen Nachbarn heraufbeschwören mochte, und daß Frankreich daher Anstalten traf, seine Sicherheit im Rückzug hinter einen uneinnehmbaren Betonwall zu suchen. Derartige Spekulationen waren unvermeidlich. Da das französische System auf der Schwäche Deutschlands beruhte, mußten schon die ersten Anzeichen deutscher Erholung an die Künstlichkeit und Verletzlichkeit des Systems, an die mangelnde Kraft seiner führenden Macht, erinnern; die Folge war Unsicherheit.

Die Staatsmänner der Westmächte haben nicht völlig übersehen, daß Locarno dem Glauben an die Vertretbarkeit und Haltbarkeit des Status quo einen Stoß versetzte, und sowohl die entsprechenden deutschen Hoffnungen wie die osteuropäischen Ängste waren ihnen keineswegs angenehm oder auch nur gleichgültig. Großbritannien lehnte es zwar ab, sich auf die Pflicht, Änderungen des osteuropäischen Status quo zu verhindern, einschwören zu lassen, wünschte aber solche Änderungen nicht und hatte mitnichten die Absicht, Deutschlands revisionistische Tendenzen zu ermutigen. Frankreich hatte zwar in Locarno tatsächlich auf die kontinentale Hegemonie verzichtet, aber natürlich nicht den Weg für eine deutsche Revisionspolitik freigeben wollen, die zur Hegemonie Deutschlands führen mußte, zumal in Paris noch immer die – ja nicht unbegründete – Doktrin galt, das Deutsche Reich werde sich, nachdem es seine osteuropäischen Ziele erreicht habe, mit einem neuen Sedan auch die Erfüllung seiner westlichen Ansprüche zu verschaffen suchen. So dachte in Frankreich noch niemand ernstlich, die bündnispolitische Verbindung mit Ost- und Südosteuropa könne sich einmal als nachteilig erweisen, und die Maginot-Linie hatte zunächst lediglich den Sinn, für eine Zeit, in der Deutschlands militärische Gleichberechtigung Tatsache geworden sein würde – was nach Locarno wirklich nur eine Frage der Zeit war –, einen zusätzlichen militärischen Trumpf bereitzuhalten. Wenn Briand und Chamberlain die weithin vernehmbare Ankündigung der revisionistischen Ambitionen Deutschlands und ihre Konsequenzen trotzdem hinnahmen, so lag das einfach daran, daß sie keine andere Wahl hatten. Sie verstanden, daß in Deutschland derzeit bestenfalls die Anerkennung des westlichen Status quo durchzusetzen war. Entschlossen sie sich nicht zu einer Verständigungspolitik auf dieser schmalen Basis, blieb ihnen nur die Rückkehr zum Kurs Poincarés, der, wie das Jahr 1923 bewiesen hatte, Europa in den wirtschaftlichen und politischen Ruin steuerte. Sie zogen eine partielle Verständigungspolitik vor, die Konflikte nicht zwangsläufig, sondern nur möglich machte. In und nach Locarno glaubten sie außerdem darauf bauen zu dürfen, daß sich Deutschland – vor allem unter der Leitung eines Realisten wie Stresemann – auch an seine östlichen Grenzen gewöhnen und so seine Revisionslust allmählich verlieren würde. Wie Ärzte, die bei der Behandlung eines Nervenkranken mit ihren therapeutischen Mitteln am Ende sind, vertrauten sie auf die heilende Wirkung der Zeit.

Selbst wenn man vom Berliner Vertrag absah, in dessen Schatten die wirtschaftliche und militärische Kooperation zwischen Deutschland und der Sowjetunion enger wurde, boten die Haltung des amtlichen Berlin und die Stimmung eines ständig wachsenden Teils der deutschen Bevölkerung kaum einen Anlaß zu solchem Optimismus. Im Kabinett und im Auswärtigen Amt, in allen Stellen, die mit Außenpolitik zu tun hatten, betrachtete man Locarno mit einer derartigen Selbstverständlichkeit als Startschuß zu aktiverer Verfechtung der deutschen Revisionsansprüche, daß die Hoffnung auf ein Abklingen dieser Tendenzen schon fast grotesk wirkte. Stresemann hätte lieber bedachtsamer operiert. Da er aber den Abschluß der Locarno-Verträge zuletzt ausschließlich mit der Behauptung verteidigt hatte, er werde mit ihnen sehr bald revisionspolitische Möglichkeiten öffnen, war er zum Gefangenen seiner eigenen Kampagne geworden, der dem Drängen seiner Kollegen, Mitarbeiter und Parteifreunde keine Argumente entgegensetzen konnte.

Ob er selbst mit Briand sprach, ob Staatssekretär v. Schubert mit Lord d'Abernon konferierte, ob Reichsbankpräsident Schacht mit dem Leiter der Bank von England oder mit amerikanischen Finanzleuten verhandelte – wieder und wieder unterstrichen sie die Unhaltbarkeit der deutschen Ostgrenzen, wieder und wieder brachten sie die Behauptung vor, jetzt sei der rechte Moment, da sich England und Frankreich mit Deutschland verbinden müßten, um jene unhaltbaren Zustände zu ändern; andere Forderungen, wie die nach der Rückgabe der Kolonien, sind ebenfalls nicht vergessen worden. Als in Amerika und England Ende 1925/Anfang 1926 eine großzügige Stützungsaktion für die katastrophalen polnischen Finanzen erwogen wurde, erklärte Legationsrat Dufour-Feronce im ersten Gespräch, das er am 28. Februar 1926 mit Montagu Norman über das Projekt führte, spontan, die von England gewünschte deutsche Beteiligung komme nur in Frage, wenn Polen zur Herausgabe der ehemals deutschen Territorien gezwungen werde, und im Mai 1926 nahm Schacht, als er Norman in London besuchte, die gleiche Haltung ein. Auch Stresemann scheint eine Gelegenheit gesehen zu haben. In einer Instruktion, in der er sagte, die deutsch-polnische Grenzfrage sei »nicht nur die wichtigste Aufgabe unserer Politik, sondern vielleicht die wichtigste Aufgabe der europäischen Politik«[149] – er kannte Rückfälle in nationale Egozentrik –, wies er am 13. April 1926 den deutschen Botschafter in London, Sthamer, an, die von Dufour genannte Bedingung als Bedingung der Reichsregierung zu vertreten, und zwar mit dem intern klar ausgesprochenen Hintergedanken, die Polenhilfe mindestens lange zu verzögern, da von Warschau erst dann Konzessionsbereitschaft zu erwarten sei, wenn »die wirtschaftliche und finanzielle Notlage Polens den äußersten Grad erreicht ... hat«[150]. Maltzan, der in ostpolitischen Dingen keiner Ermunterung bedurfte, hatte schon im Dezember 1925 aus Washington melden können, es sei ihm gelungen, die Wallstreet zur »Zurückhaltung in polnischer Anleihefrage zu veranlassen«[151]. Im übrigen suchte Deutschland – seit Sommer 1925 – die polnische Wirtschaft durch zoll- und sonstige handelspolitische Maßnahmen zu schädigen, eine vernünftige Zusammenarbeit zwischen Polen und Danzig zu verhindern, obwohl sich dadurch die wirtschaftliche Lage der Stadt von Monat zu Monat verschlechterte, und die Arbeit der Industrie im jetzt polnischen Oberschlesien nach Kräften zu stören, obwohl dadurch in erster Linie die dort lebenden deutschen Arbeiter und Angestellten ihre Arbeitsplätze verloren. Berichtete Graf Brockdorff aus Moskau (4. März 1926), Tschitscherin habe ihm »mit großer Lebhaftigkeit« versichert, »er werde sich hüten«, eine Garantie für die polnischen Westgrenzen zu übernehmen, jedoch hinzugesetzt, die Sowjetunion werde wohl um die Anerkennung der polnischen Ostgrenzen nicht herumkommen[152], so schrieb Ministerialdirektor Wallroth, Leiter der Ostabteilung im Auswärtigen Amt, prompt (6. März), die Übereinstimmung in der polnischen Frage sei »immer die Hauptgrundlage der deutsch-russischen politischen Interessengemeinschaft« gewesen und Tschitscherin müsse sich »zu verbindlicher und grundsätzlicher Aufgabe jeder Grenzgarantie Polen gegenüber verstehen«[153]. Graf Brockdorff hat denn auch den sowjetischen Außenminister daran erinnert, daß die deutsch-sowjetischen Verhandlungen von Anfang an »auf der Grundlage des gemeinsamen deutsch-russischen Interesses an dem Zurückdrängen Polens in seine ethnographischen Grenzen basiert gewesen seien« und daß Deutschland bereits eine kurzfristige Lockerung des sowjetischen Drucks auf die polnischen Ostgrenzen als ernste Beeinträchtigung seiner Interessen werten werde[154]; Tschitscherin, der mit seinem Hinweis, Moskau könne sich mit Warschau auch verständigen, vermutlich nur die Besprechungen für den Berliner Vertrag beschleunigen wollte, ließ sich die von Berlin verlangte Erklärung schließlich entreißen.

Alle zeitgenössischen Aufzeichnungen und internen Korrespondenzen des Auswärtigen Amts zwingen zu dem Schluß, daß die Beamten der Wilhelmstraße das Vertragssystem von Locarno ausschließlich als Instrumentarium zu einer revisionspolitisch nutzbaren Machtverschiebung in Europa und als Mittel zur Isolierung Polens gesehen haben; verständigungspolitische Gedanken, die Stresemann in seinem Sinne aufrichtig mit den westeuropäischen Kollegen diskutierte und deren interne Erwähnung wenigstens auf eine beginnende Modifizierung des rein machtpolitischen Denkens gedeutet hätte, tauchen allenfalls in taktischer Funktion auf. Selbst der Eintritt in den Völkerbund und die künftige Rolle Deutschlands in Genf sind gerade vom Völkerbundsreferat des Amtes – Maltzan hatte seine Einrichtung einmal, in einer Unterhaltung mit Lord d'Abernon, als Zeichen wachsender deutscher Aufgeschlossenheit für Genfer Ideen angeführt – lediglich als machtpolitischer Vorgang und als machtpolitische Aufgabe interpretiert worden. Bernhard v. Bülow, der Leiter des Referats, sagte in einer Denkschrift (12. Dezember 1925) mit entwaffnender Naivität, die Vertreter Deutschlands in Genf müßten – da dort jeder deutsche Schritt mit »Argusaugen verfolgt werden wird« und die Welt die Frage stelle, »ob wir in den letzten . . . Jahren etwas hinzugelernt bzw. umgelernt haben« – die eigentlichen deutschen Bestrebungen durch Reden verschleiern, denen sie einen »salbungsvollen Ton« zu geben hätten[155]. Der Heeresleitung war die Neigung zu einem Wandel der außenpolitischen Vorstellungswelt erst recht fremd. Oberst v. Stülpnagel überreichte dem Auswärtigen Amt ein Schriftstück (6. März 1926), in dem er – Seeckt hatte die Aufzeichnung gelesen – als »nächste Ziele« der deutschen Politik die Beseitigung der entmilitarisierten Zone nannte – der Garantiepakt war noch nicht einmal in Kraft getreten –, ferner die Liquidierung des Korridors, die Wiedergewinnung »Polnisch-Oberschlesiens« und den Anschluß Deutsch-Österreichs. Habe Deutschland auf diese Weise seine europäische Stellung restauriert und nach einer »erneuten Lösung der deutsch-französischen Frage auf friedlichem oder kriegerischem Wege« befestigt, werde das Reich, so prophezeite der Oberst, wieder um seine »Weltstellung« kämpfen müssen, und es sei »ohne weiteres anzunehmen«, daß ein abermals in die Weltpolitik eingreifendes Deutschland »bei seinem späteren Kampfe um die Rohprodukte und Absatzmärkte in Gegensatz zum amerikanisch-englischen Machtkreise kommen und dann über ausreichende maritime Kräfte wird verfügen müssen«[156]. Wenngleich dem Diplomaten die auf solcher Bahn liegenden Hindernisse sehr viel deutlicher vor Augen standen, schrieb Bülow, er sei mit Stülpnagels Programm, das mit seltener Klarheit die ungebrochene Kontinuität des wilhelminischen Geistes verrät, »im wesentlichen einverstanden«[157].

Vielleicht war noch bemerkenswerter, daß schon die Halbierung der deutschen Revisionspolitik – und zwar eine, wie außer Stresemann fast alle annahmen, nur temporäre Halbierung – wichtige Gruppen der deutschen Gesellschaft in endgültige Opposition zu einer Republik trieb, die nun mit dieser »Verzichtpolitik« identifiziert wurde. Bereits im August 1925 hatte die von Alfred Hugenberg kontrollierte Presse der DNVP gegen Stresemanns Außenpolitik eine Kampagne begonnen, die wieder einmal bewies, daß es sowohl um den politischen Horizont wie um die politische Moral Hugenbergs und des von ihm repräsentierten Flügels der Deutschnationalen ungewöhnlich schlecht bestellt war, die aber dem Außenminister vor allem zeigte, daß eine erfolgreiche Fortsetzung seiner Politik vermutlich die Regierungsbeteiligung der DNVP kosten würde. Als Stresemann aus Locarno zurückkehrte, waren die vernünftigeren deutschnationalen Führer, wie Innenminister Schiele, bereit, das Verhandlungsergebnis zu akzeptieren, doch konnten sie sich gegen die intransigenten Elemente, die den Parteiapparat beherrschten, nicht durchsetzen. Schiele suchte die Situation zu retten und Locarno seinen Parteifreunden schmackhafter zu machen, indem er Luther den seltsamen Vorschlag unterbreitete, die Reichsregierung möge offiziell erklären, daß der Sicherheitspakt eine friedliche Rückgewinnung Elsaß-Lothringens nicht ausschließe. Der Reichskanzler nahm den Vorschlag sogar an – was das Verständnis des zweitwichtigsten Trägers der Locarnopolitik für diese Politik in einem merkwürdigen Lichte erscheinen läßt –, aber Stresemann sorgte dafür, daß der Einfall, der die französische Unterzeichnung der Verträge zweifellos verhindert hätte, rasch und unauffällig begraben wurde. Am 23. Oktober beschloß das Führungsgremium der DNVP, die deutschnationalen Minister aus dem Kabinett Luther zurückzuziehen und die Reichstagsfraktion der Partei anzuweisen, gegen die Ratifizierung der Verträge von Locarno zu stimmen; am 26. Oktober schieden Martin Schiele, Otto v. Schlieben (Finanzminister) und Albert Neuhaus (Wirtschaftsminister) aus der Regierung aus. Als der Reichstag über die Verträge abstimmte, stellte einer der DNVP-Sprecher, Graf Westarp, fest, daß seine Partei nicht allein die Ratifizierung ablehne, sondern sich weigere, die Gültigkeit des Garantiepakts und der Schiedsabkommen anzuerkennen. Eine Partei also, die sich als die politische Vertretung einflußreicher Kreise der Industrie, erheblicher Teile der agrarischen Großgrundbesitzer, der Masse des Offizierskorps und einer Mehrheit der höheren Beamten fühlen durfte, hatte zwar Miene gemacht, sich mit der republikanischen Staatsform abzufinden und sich der parlamentarischen Regierungsform anzubequemen, kündigte jedoch Regierung und Staat sogleich die Gefolgschaft auf, als beide eine Mäßigung der deutschen Außenpolitik einzuleiten schienen. Während sich Stresemann in seinem Tagebuch über die »unvorstellbare Dummheit« der Deutschnationalen empörte[158], machte sich die Hugenberg-Publizistik, deren Wirkung weit über die Grenzen der Partei reichte, ernstlich daran, Politik und Person des Außenministers zu diskreditieren, und sie brachte es tatsächlich fertig, daß eine Außenpolitik, die der Revision von Versailles vorarbeitete, aber die Tür zur Verständigung mit Europa nicht zuschlug, die jedenfalls zunächst Deutschlands internationale Gleichberechtigung erreicht und der Weimarer Republik ihren ersten ganz großen Erfolg verschafft hatte, von breiten Schichten der deutschen Bevölkerung bestenfalls als eine neue Kapitulation vor dem Druck der Entente und folglich als ein weiterer Mißerfolg der Republik, doch ebenso häufig als glatter Verrat an Deutschland begriffen wurde. Ein entscheidender Augenblick in der Geschichte Weimars: Dem Staat war eigentlich nur diese eine Chance vergönnt, ein Minimum an Prestige, Selbstbewußtsein und damit Stabilität zu gewinnen, und diese eine Chance ist nicht etwa von der Republik vertan, sondern von ihren Gegnern in einem Sturzbach von Unverständnis, Ressentiments und simplen Lügen ersäuft worden. Zugleich schlug die DNVP einen Weg ein, an dessen Ende das jetzt logische Bündnis mit den schlimmsten Feinden der Republik stand, mit jenen rechtsradikalen Parteien und Organisationen, in denen der emotionale Nationalismus und nationalistische Ansprüche in noch gröberer Form, dementsprechend das Verständnis für die Lage Deutschlands oder gar der Sinn für internationale Verständigung noch weniger zu Hause waren; ihr wichtigster Führer stellte sich gerade eben als beredtester Apostel einer konsequenten deutschen Eroberungspolitik vor (der 1. Band von ›Mein Kampf‹ erschien am 18. Juli 1925, der 2. Band am 11. Dezember 1926). Der Widerstand gegen Locarno manövrierte die DNVP Hugenbergs in den Bruch mit der Weimarer Republik und über den danach selbstverständlichen Widerstand gegen den Young-Plan in die »Harzburger Front« (11. Oktober 1931) mit der NSDAP Adolf Hitlers.

Die Anfänge italienischer Expansionspolitik im Mittelmeerraum

Daß Locarno unter diesen Umständen keine »Trennungslinie zwischen den Jahren des Krieges und den Jahren des Friedens« zog, wie Austen Chamberlain zunächst meinte, sondern lediglich die noch unmittelbar am letzten Krieg leidende Periode von einer Zeit oberflächlicher Entspannung schied, die der Zukunft mehr kriegerische als friedliche Möglichkeiten vererbte, ist außerhalb Deutschlands nirgends früher und schärfer gesehen worden als in den anderen potentiell revisionistischen oder imperialistischen Staaten. Die Realisierung ihrer eigenen Wünsche hing davon ab, ob die Zustände in Europa flüssig blieben oder sich verfestigten, und so wurde die Entwicklung der Beziehungen zwischen Deutschland und den Siegermächten mit gespannter Aufmerksamkeit beobachtet. Ein wirklicher Friedensschluß lag nicht im Interesse jener Staaten. Mussolini etwa gehörte zwar zu den Partnern von Locarno, aber er hatte die Verständigungspolitik nur mitgemacht, um sich nicht das Wohlwollen Londons zu verscherzen und natürlich um – als Garant der Verträge – den Großmachtstatus Italiens zur Schau zu stellen. In Wahrheit litt der Führer des faschistischen Italien im ersten Jahrzehnt seiner Herrschaft schwer unter der ihm aufgezwungenen Tatenlosigkeit. Einerseits war sein Appetit schier grenzenlos. Mussolini träumte von der Restauration des Imperium Romanum, die das Mittelmeer in eine italienische See verwandeln sollte, und so gab es an der nordafrikanischen und kleinasiatischen Küste kein Land, von Tunis über Ägypten bis Syrien, das er nicht dem kulturellen, wirtschaftlichen und politischen Einfluß Italiens unterwerfen wollte. Das galt selbstverständlich erst recht für die Adria, und wo immer auf dem Balkan und im Donauraum römische Legionen einst ihre Adler gezeigt hatten, sah Mussolini naturgegebenes italienisches Interessengebiet. Freilich traf er fast überall, von Tunis über Ägypten bis Syrien, auf fest etablierte französische und britische Interessen, und auf dem Balkan hatte er nicht allein mit der Kraft eines jungen Staates wie Jugoslawien zu rechnen, sondern wiederum mit der Gegnerschaft Frankreichs, der Schutzmacht der Kleinen Entente. Außerdem bot ihm das Italien des 20. Jahrhunderts nur eine schwache Machtbasis, und alle Versuche, die Italiener mit massivster nationalistischer und militaristischer Propaganda in imperial empfindende, denkende und handelnde Römer zu verwandeln, zeitigten höchst unvollkommene Erfolge. Mussolini mußte begreifen, daß er gegen das französisch-britische Übergewicht nichts auszurichten vermochte. Aus der Korfukrise hatte er gelernt, daß er nicht einmal in der Lage war, eine politisch unwichtige griechische Insel in Besitz zu nehmen, wenn London die Zustimmung versagte, und so gelang es den konservativen Diplomaten, die im Palazzo Chigi, dem Sitz des italienischen Außenministeriums, amtierten, ihren unruhigen

Duce auf Italiens traditionellen Kurs freundschaftlicher Kooperation mit Großbritannien zurückzulotsen. Bald verstand Mussolini auch, daß die Zusammenarbeit mit London nicht allein seine Einmischung in britischen Interessengebieten verbot, sondern ihn zugleich zur Vorsicht gegenüber Frankreich zwang. Zwar geriet er an allzu vielen Stellen – in Tunis, in Syrien, auf dem Balkan, in Korsika und an der französisch-italienischen Grenze – mit Frankreich aneinander, als daß eine gute Atmosphäre zwischen Rom und Paris möglich gewesen wäre; seit Ende 1923 verschlechterten sich die Beziehungen von Monat zu Monat, und Mussolini hätte gewiß gerne, auch darin Caesars Beispiel folgend, seinen ›Gallischen Krieg‹ geschrieben. Doch einen ernsthaften Zusammenstoß schloß weniger die Überlegenheit Frankreichs aus – Italien mochte sich zur See eine gewisse Chance geben, und die Landfront wäre schmal und schwierig genug gewesen, um den Schwächeren zu begünstigen – als die Überlegung, daß hinter Frankreich Großbritannien stand, und da die zahlreichen britisch-französischen Differenzen jener Jahre nicht auf die Kollision von Interessen zurückgingen, sondern lediglich auf Meinungsverschiedenheiten beruhten, durfte Mussolini nicht hoffen, die außenpolitische Partnerschaft zwischen Paris und London zu sprengen.

So hatte er sich mit den Gewinnen zu bescheiden, die ihm Großbritannien zugestand und die noch keinen Konflikt mit Frankreich heraufbeschworen. In Nordafrika wurde von 1923 bis 1928 lediglich Libyen (Tripolis und Cyrenaika), das Italien während des Weltkrieges praktisch verloren gehabt hatte, zurückgewonnen. Im Juli 1924 trat London Transjubaland an Italienisch-Somaliland ab, und 1925 konnte Italien mit britischer Unterstützung eine »friedliche Durchdringung« Abessiniens beginnen, die im Juni 1928 zu einem Freundschafts-, Handels- und Schiedsvertrag führte, der zwar den italienischen Einfluß stärkte, aber die Tatsache eher unterstrich, daß Mussolini die Souveränität und die territoriale Integrität des Kaiserreiches respektieren mußte. An der Adria stieß der Drang nach imperialer Aktivität ebenfalls auf enge Grenzen. Vom Erwerb Fiumes abgesehen (1924), brachten Mussolinis Anstrengungen zunächst nur einen Freundschaftsvertrag mit König Achmed Zogu von Albanien zustande (November 1926), und wenngleich der Pakt Italien zum Protektor Albaniens machte, war Mussolini seinem eigentlichen Ziel, der Verwirklichung dalmatinischer Aspirationen, keinen Schritt näher gekommen. Als er sich nun zum Anwalt des ungarischen und bulgarischen Revisionismus aufschwang, um Jugoslawien in die Zange zu nehmen und um den italienischen Einfluß bis zum Schwarzen Meer auszudehnen, wurde er sogleich auf den Boden der Tatsachen zurückgeholt. Den ersten Versuch zur Sammlung der südosteuropäischen Revisionisten, einen am 5. April 1927 geschlossenen Freundschaftsvertrag mit Ungarn, beantwortete die Kleine Entente sogleich mit einer energischen Bekundung ihrer Solidarität und beantwortete am 11. November 1927 vor allem Frankreich mit einem demonstrativen französisch-jugoslawischen Beistandspakt. Auch wenn Mussolinis rasche Replik in einem Militärbündnis mit Albanien bestand (22. November 1927), das König Zogus Land endgültig zu einem italienischen Protektorat stempelte, war dem Duce doch klar, daß er im Grunde nur mit einem Lufthieb reagiert hatte und daß, solange ein durch Großbritannien gedecktes Frankreich für stabile Verhältnisse eintrat, er allein nicht die Kraft besaß, den Status quo grundlegend zu verändern und das in seiner Phantasie existierende Imperium in die Landkarten der Realität einzuzeichnen.

Mussolini hat frühzeitig erkannt, daß sein Brosamen-Imperialismus, den er nur mit leeren Gesten und militanter Rhetorik beleben durfte, erst dann durch eine Eroberungspolitik abgelöst werden konnte, die seinen Visionen entsprach, wenn der potentiell stärkste revisionistische Staat, Deutschland, fähig und willens war, den Status quo anzugreifen. Lediglich Deutschland war in der Lage, das feindliche Frankreich und die lästigen britischen Freunde so zu beschäftigen, daß Italien freiere Hand im Mittelmeer erhielt, und lediglich Deutschland vermochte die französische Schirmherrschaft über die Kleine Entente aufzuheben. Gewiß sagte er sich – und sagten ihm seine Diplomaten –, daß ein Deutschland, das expansionistische Politik machte, zwar im Hinblick auf die Westmächte für den gewünschten Neutralisierungseffekt gut war, doch andererseits auch Italien bedrohlich werden mochte. Es war nicht anzunehmen, daß sich Berlins Intentionen auf Polen und Frankreich beschränken würden, und wenn Deutschland seine Faust auf Österreich legen sollte, geriet nicht allein Südtirol in den Blick Berlins und damit die Brennergrenze in Gefahr, vielmehr mußte dann mit der Möglichkeit oder sogar Wahrscheinlichkeit gerechnet werden, daß das Deutsche Reich als Erbe Habsburgs auf dem Balkan und an der Adria erschien. Jedenfalls ließ sich nicht verkennen, daß ein expansionistisches Deutschland, mit seinen vielfältigen Revisionszielen und Eroberungsmöglichkeiten, zum Hegemon Europas aufsteigen und Italien in die Reihe der zweitklassigen Staaten verweisen konnte. Bis 1936 hat daher der Palazzo Chigi an der Doktrin festgehalten, daß die Unabhängigkeit Österreichs, der in diesem Zusammenhang in der Tat eine Schlüsselfunktion zukam, zu den vitalen Interessen Italiens zähle. Indes lagen Mussolinis scharfer Verstand und nüchternes Urteil in ständiger Fehde mit der Ruhm- und Großmannssucht, mit der Kriegslust und Ländergier des Duce. Schon in den zwanziger Jahren gab es eigentlich keinen Zweifel, welche Eigenschaften unter bestimmten Voraussetzungen die Oberhand behalten würden. Im September 1923, als er sich mit Jugoslawien um Fiume stritt, hatte er bei Stresemann vorgefühlt, um sich für einen italienisch-jugoslawischen Krieg die Rückendeckung Deutschlands zu verschaffen, was zur Zeit der Ruhrbesetzung natürlich vergebliche Liebesmüh sein mußte. Daß Deutschland eines Tages kräftig genug sein würde, um aktive Revisionspolitik zu treiben, stand für ihn jedoch außer Frage, und die Entwicklung des deutschen Nationalismus, aus der er die Gewißheit schöpfte, daß Deutschland auch den Willen zu revisionistischer Politik konservierte, verfolgte und förderte er seither mit einem Wohlwollen, das als überzeugender Beweis der Hoffnungen gelten darf, die er selbst auf jenen Tag setzte. Bereits zu Beginn der dreißiger Jahre sollte er einen Augenblick lang erkennen lassen, daß ihn die Aussicht, an der Seite eines revisionistischen Deutschland Beute zu machen, schließlich auch zur Opferung der Unabhängigkeit Österreichs hinreißen wird. Naturgemäß hatte Mussolini die verständigungspolitischen Ansätze Stresemanns mit Unbehagen beobachtet. Aber die Haltung Berlins wie die Reaktion der nationalistischen deutschen Parteien und Organisationen erlaubten ihm bald den Schluß, daß Locarno kein Anlaß war, seine Prognose, der deutsche Nationalismus werde die Weimarer Republik zerstören und dann die Versailler Ordnung zerschlagen, zu revidieren und seine eigenen Ambitionen zu begraben. Die Vertragspartner von Locarno hatten lediglich, wie er ausdrücklich konstatierte, einen Waffenstillstand geschlossen, und zwar einen Waffenstillstand, dem kein Frieden folgen werde; inzwischen »müssen wir uns kriegsbereit machen, müssen wir eine starke Armee und eine starke Marine haben, eine Luftwaffe, die den Himmel beherrscht, und vor allem in sämtlichen Bevölkerungsschichten einen Geist, der zu Opfern bereit ist«.[159]

Reform des Völkerbunds und Ansätze zu einer europäischen
Abrüstungsvereinbarung

Wenn aber die Sonne von Locarno nur blaß war, wie Churchill sagte, und niemanden wärmte, wenn eine allseitige und totale Anerkennung des Status quo nicht zu erreichen war, dann mußten auch die von dieser Anerkennung abhängigen beiden Aufgaben, die Reform des Völkerbunds und die Abrüstung, ungelöst bleiben. Zwei Versuche, kollektive Aktionen gegen Friedensstörer besser als durch die Völkerbundssatzung zu sichern, sind allerdings schon vor Locarno und ohne unmittelbaren Zusammenhang mit der kontinentaleuropäischen Problematik gescheitert. Lord Esher, neben Lord Robert Cecil das zweite britische Mitglied der sogenannten Zeitweiligen Gemischten Kommission, die im Auftrag des Völkerbunds das Abrüstungsproblem studieren sollte, hatte Anfang 1922 einen Plan entwickelt, der die Prinzipien der Flottenkonferenz von Washington schematisch auf die Landstreitkräfte übertragen und jedem Staat einfach eine bestimmte Zahl von 30000 Mann starken Einheiten zuteilen wollte (Frankreich sechs solcher Einheiten, Italien und Polen je vier, Großbritannien drei usw.). Nachdem der Esher-Plan, von der militärisch-technischen Kritik abgesehen, vor allem dem Einwand begegnet war, eine materielle Reduzierung der Streitkräfte sei erst möglich, wenn die Sicherheit zugenommen habe, d. h. wenn jedes angegriffene Land mit Gewißheit auf die Hilfe der Staatengesellschaft bauen dürfe, hatten Lord Robert Cecil und Colonel Réquin, ein französisches Mitglied der Gemischten Kommission, in den folgenden Jahren den Entwurf für einen »Vertrag zur gegenseitigen Hilfeleistung« ausgearbeitet, mit dem sie jenem Einwand Rechnung zu tragen und die Effektivität der kollektiven Sicherheit zu erhöhen hofften. Der Entwurf, der im September 1923 der Vollversammlung des Völkerbunds vorgelegt wurde, hätte die Signatarstaaten verpflichtet, jedem angegriffenen Unterzeichner militärische Unterstützung zu gewähren, sofern der angegriffene Unterzeichner zuvor nach einem vom Völkerbundsrat aufzustellenden Plan abgerüstet hatte; der Rat sollte außerdem die Befugnis erhalten, den Aggressor zu bezeichnen, die Sanktionen festzulegen und die eventuellen militärischen Operationen zu organisieren. Die militärische Hilfspflicht der Signatarstaaten war von Cecil und Réquin geographisch begrenzt worden – jedes Land sollte nur bei Konflikten auf dem eigenen Kontinent zur Intervention gehalten sein –, dafür hatten sie in ihren Entwurf ausdrücklich die Erlaubnis zum Abschluß regionaler Sekuritätssysteme eingebaut. Der Vertrag zur gegenseitigen Hilfeleistung, der also auf dem an sich beachtenswerten Gedanken basierte, einerseits die Abrüstung von einer zuverlässigen Sicherheitsgarantie, andererseits die Sicherheitsgarantie von der Abrüstung abhängig zu machen, fand aber wenig Beifall. Viele Anhänger der kollektiven Sicherheit und vor allem die neutralen europäischen Staaten vertraten wohl mit Recht die Ansicht, daß die Ermutigung regionaler Allianzen in der Praxis zu einer Renaissance eben jener Militärbündnisse führen müsse, die mit dem Völkerbund allmählich überflüssig werden sollten, und Länder, die, wie Italien, kein Interesse daran hatten, bestehende Bündnisgruppen, etwa die Kleine Entente, auch noch zusätzlich sanktioniert zu sehen, bedienten sich mit Vergnügen des gleichen Arguments. Das Schicksal des Vertrags ist jedoch durch die Haltung der britischen Dominien entschieden worden, die, selbst unbedroht, jede Interventionsverpflichtung ablehnten, die über den Wortlaut der Völkerbundssatzung hinausging, weil damit, wie sie sagten, die Möglichkeit der Verwicklung in irgendwelche Konflikte erhöht und so ihre eigene Sicherheit faktisch vermindert würde. Die Rücksicht auf diesen Standpunkt zwang Anfang 1924 ausgerechnet Ramsay MacDonald, der gerade britischer Premier geworden und seit Jahren als überzeugter Anwalt der kollektiven Sicherheit aufgetreten war, den Vertrag im Namen der britischen Regierung zu verwerfen. Ohne die Beteiligung Londons waren weitere Diskussionen sinnlos geworden, zumal die Vereinigten Staaten und die Sowjetunion, die, obwohl sie nicht dem Völkerbund angehörten, ebenfalls zur Unterzeichnung aufgefordert worden waren, schon vorher abgewinkt hatten.

MacDonald fühlte sich indes verpflichtet, einen Ersatz für das durchgefallene Projekt zu finden, und bis zur nächsten Genfer Vollversammlung bereiteten er und der französische Ministerpräsident Herriot, beflügelt von der Hoffnung auf eine Periode internationaler Zusammenarbeit, die der Dawes-Plan geweckt hatte, einen neuen Anlauf vor. Gestützt auf die Vorarbeit zweier Amerikaner, General Bliss und Professor Shotwell, schlugen sie der Vollversammlung, die im September 1924 begann, vor, dem Sicherheitsproblem mit einem neuen Prinzip beizukommen, und zwar mit dem Prinzip der obligatorischen Schiedsgerichtsbarkeit. Eine der Schwächen des von Cecil und Réquin skizzierten Vertrags hatte ja darin bestanden, daß seine Kritiker darauf hinweisen konnten, wie schwierig und langwierig die Feststellung eines Aggressors, wie ungewiß und wie verspätet daher die kollektive Hilfsaktion sein mußte, wenn die Bezeichnung des Angreifers allein dem Völkerbundsrat zufiel. Unterwerfe man jedoch, so erklärten MacDonald und Herriot, alle internationalen Streitfragen, bei denen bilaterale Diplomatie versage, einem schiedsgerichtlichen Verfahren, so sei das Dilemma mit einem Schlage behoben: als Aggressor habe dann in jedem Falle der Staat zu gelten, der das Verfahren ablehne oder den gefällten Schiedsspruch nicht anerkenne und statt dessen Gewalt anwende; sei aber für die Feststellung des Aggressors dieses Kriterium allgemein akzeptiert und folglich keine längere Prozedur mehr erforderlich, so könne auch die kollektive Hilfsaktion der Staatengesellschaft ohne Verzögerung beginnen und mithin einer der ernstesten Zweifel am Funktionieren der kollektiven Sicherheit als ausgeräumt betrachtet werden. Erst wenn sich jedes Land darauf verlassen dürfe, daß es, falls angegriffen, rasche Unterstützung erhalten werde, habe, so schloß Herriot seine Rede, eine Abrüstungskonferenz Aussicht auf guten Erfolg. Die Formel »Schiedsverfahren, Sicherheit, Abrüstung« schien in der Tat brauchbar zu sein und die, wie es jetzt hieß, »Lücken« in der Völkerbundssatzung – die den Krieg als Mittel der Politik nicht völlig verbot – zu schließen. Ein Ausschuß, dessen Leitung Benesch und der griechische Delegierte Politis übernahmen, machte sich sogleich ans Werk, die Formel in einen praktikablen Vertragstext zu fassen, und nach wochenlangen Debatten, in denen die Teilnehmer einen Eifer und eine Konzentration zeigten, die an die Tage von 1919 erinnerten, als die Satzung des Bundes entstand, konnten Benesch und Politis der Vollversammlung am 1. Oktober 1924 ihr »Protokoll für die friedliche Beilegung internationaler Streitfragen« präsentieren, mit dem sie ein so dichtes Netz völkerrechtlicher Verfahrensregeln geknüpft hatten, daß der Krieg tatsächlich, wenn das Protokoll in Kraft getreten wäre, keine juristische Chance mehr gehabt hätte, die zwischenstaatlichen Beziehungen zu beunruhigen. So sollten alle internationalen Kontroversen, die nicht beim Internationalen Gerichtshof anhängig waren, dem Völkerbundsrat vorgelegt werden, und die Entscheidung des Rats sollte, falls einstimmig getroffen, bindend sein. Kam der Rat aber nicht zu einem einstimmigen Beschluß, so gab das den Kontrahenten nicht wie bisher – dies stellte die wichtigste Ergänzung der gültigen Genfer Prozedur dar – die Freiheit zurück, nach einer dreimonatigen Abkühlungsperiode Krieg zu führen. Vielmehr hatte der Rat in einem solchen Falle unabhängige Schiedsrichter zu ernennen, an deren Spruch dann alle Beteiligten gebunden waren. Ein Staat, der sich nicht an diese Regeln hielt, hatte dem Protokoll zufolge als Aggressor zu gelten – es sei denn, der Rat formulierte einstimmig eine andere Auffassung –, und sämtliche Signatarstaaten waren zur Unterstützung des angegriffenen Landes verpflichtet, allerdings nur insoweit, als es ihre geographische Lage und der Stand ihrer Rüstung zuließ. Schließlich wollten die Verfasser des Protokolls seine Unterzeichner noch auf das Versprechen festlegen, an einer Abrüstungskonferenz teilzunehmen, die der Völkerbundsrat für den 15. Juni 1925 nach Genf einberufen sollte.

Die Vollversammlung hat das Protokoll mit Enthusiasmus aufgenommen. Zehn Staaten, darunter Frankreich, Polen, die Tschechoslowakei und Jugoslawien, unterzeichneten sofort, und die Sprecher fast aller übrigen Länder, einschließlich Großbritanniens, brachten ihre vorbehaltlose Zustimmung zum Ausdruck; meist äußerten sie die Hoffnung, daß auch ihre Regierungen bald unterschreiben würden. In Wirklichkeit hatte dieser frühe Versuch, die internationalen Beziehungen einer umfassenden Judikatur zu unterstellen und fast schon zu entpolitisieren, nicht die geringste Chance. Nachdem der erste Enthusiasmus verrauscht war, erkannten etwa die Briten, daß das Protokoll sie in eben jenes Engagement steuern würde, dem sie seit Jahren zu entgehen trachteten, nämlich in das Engagement für die osteuropäischen Grenzen, und diese Erkenntnis setzte sich in London um so rascher durch, als dort seit November 1924 wieder Konservative amtierten, die sich an MacDonalds Ideen nicht gebunden fühlten. »Für den polnischen Korridor«, schrieb Austen Chamberlain am 16. Februar 1925, »kann und wird keine britische Regierung je die Knochen eines britischen Grenadiers riskieren.«[160] Die Entscheidung brachte jedoch eine andere Sorge der Seemächte, also auch der britischen Dominien, die aus dem Protokoll herauslasen, daß ihre Flotten einmal zur Unterbrechung des Handels zwischen einem Aggressor und den Vereinigten Staaten verpflichtet sein könnten. Einen Konflikt mit Amerika wollte aber niemand ins Auge fassen, nicht einmal als theoretische Möglichkeit, und der amerikanische Außenminister teilte dem britischen Botschafter in Washington überdies mit, man solle sich ruhig darauf verlassen, daß die Vereinigten Staaten bei kriegerischen Verwicklungen irgendwelcher Art auf der vollen Respektierung ihrer Neutralitätsrechte bestehen würden. Wieder zeigte sich, daß kollektive Aktionen der Staatengesellschaft auf kaum überwindbare Hindernisse stoßen mußten, solange Washington die Rolle eines desinteressierten Außenseiters zu spielen beliebte. Großbritannien übernahm die Führung der negativen Partei, und im März 1925 informierte Chamberlain den Völkerbundsrat, daß die britische Regierung das Protokoll ablehne. Wenngleich Briand die Argumente des Foreign Office, in denen die wahren Motive nicht auftauchten, mit einer ebenso temperamentvollen wie dialektisch geschickten Rede zerpflückte, hatte Chamberlains Absage das Prinzip der obligatorischen Schiedsgerichtsbarkeit vom Tisch gewischt. Doch blieben die jahrelangen Diskussionen um die »Lücken« der Völkerbundssatzung nicht ganz ohne Ergebnis. Nachdem die Lücken weder durch den Vertrag zur gegenseitigen Hilfeleistung noch durch das Genfer Protokoll geschlossen worden waren, gab es jetzt, da man ihre Bedeutung begriffen zu haben glaubte, nur noch wenige Politiker, die nicht die zweifelnde Frage stellten, ob die Staatengesellschaft in ernsteren Lagen tatsächlich zu kollektivem Handeln fähig sei.

Bei dem engen Zusammenhang, der zwischen dem Vertrauen in kollektive Sicherheit und der Bereitschaft zur Abrüstung bestand, mußte ein solches Resultat auf alle Fälle künftige Abrüstungsgespräche negativ beeinflussen; der Zusammenhang ist sogleich demonstriert worden, als mit dem Genfer Protokoll auch die für Juni 1925 angesetzte Abrüstungskonferenz platzte. Aber Locarno löste eine neue Welle der Zuversicht aus, und als es dem Völkerbund gelang, einen von General Pangalos, dem damaligen griechischen Diktator, am 23. Oktober 1925 auf Grund eines Grenzzwischenfalls vom Zaun gebrochenen griechisch-bulgarischen Krieg sofort zu stoppen und Griechenland im Dezember zur Zahlung einer Entschädigung zu zwingen, hatte die Genfer Institution zumindest ihr Prestige wieder restauriert. Der Rat betrat nun abermals – die Satzung ließ ihm gar keine andere Wahl – den steinigen Pfad zur Abrüstung, und zwar wollte er jetzt die direkte Methode benützen, nämlich die Reduzierung der Heeresstärken und der Bewaffnung unter Verzicht auf die Schaffung günstiger politischer Voraussetzungen. Nach der Ablehnung des Protokolls – nur gelegentlich wurden noch halbherzige Wiederbelebungsversuche angestellt – kehrte Genf notgedrungen zu der in den angelsächsischen Ländern verbreiteten Theorie zurück, die bereits Rüstung an sich als Kriegsursache wertete und daher schon von einer Beschränkung oder Herabsetzung der Rüstung eine Verringerung der Kriegsgefahr erhoffte. Am 12. Dezember 1925 rief der Rat eine »Vorbereitungskommission für die Abrüstungskonferenz« ins Leben, die zunächst einmal die grundsätzlichen und praktischen Probleme der direkten Methode studieren sollte: Wie kann Rüstung definiert werden? Wie kann die militärische Schlagkraft zweier Länder verglichen werden? Wie sind Offensivwaffen von Defensivwaffen zu unterscheiden? Dürfen lediglich Truppenzahl und Ausrüstung verschiedener Länder in Beziehung gebracht werden oder müssen auch industrielle Leistungsfähigkeit, Verkehrsnetz und geographische Lage berücksichtigt werden? Ist eine internationale Kontrolle der Abrüstung notwendig und möglich?

Als die Vorbereitungskommission im Mai 1926 erstmals zusammentrat, beschloß sie, diese und ähnliche Fragen vorerst den militärischen Experten der einzelnen Staaten zu unterbreiten. Die Vollversammlung des Völkerbunds, die im September 1926 tagte, wiegte sich noch in der Illusion, daß die Abrüstungskonferenz selbst im Sommer 1927 beginnen könne. Bis zum März 1927, als die Vorbereitungskommission ihre nächste Sitzung abhielt, setzte sich aber in ganz Europa die in den Außenministerien schon früher gewonnene Erkenntnis durch, daß Locarno keinen grundlegenden Wandel der europäischen Situation bewirkt hatte. Nach wie vor standen sich Verteidiger und Gegner des Status quo unversöhnt gegenüber. Niemand vermag zu sagen, ob eine wirkliche Abrüstung erreicht worden wäre, wenn Revisionismus und faschistischer Imperialismus nicht ihre Schatten auf die politische Landschaft Europas geworfen hätten. Jedoch ist die tatsächliche Entwicklung zweifellos von dieser am Horizont sichtbaren Bedrohung bestimmt worden. In den Ländern, die an der Erhaltung des Status quo interessiert waren, namentlich in

Frankreich, erstickte nun die Angst vor der Zukunft alle zuvor immerhin wahrnehmbaren Ansätze zur Abrüstungsbereitschaft, und so kam die im März 1927 eröffnete Sitzung der Vorbereitungskommission, die bereits ganz im Zeichen des neubelebten französischen Sicherheitsbedürfnisses stand, keinen Schritt weiter. Die Gespräche zerfaserten in endlose Debatten über jene grundsätzlichen und technischen Abrüstungsprobleme, die man im Grunde nicht mehr lösen, hinter denen man sich vielmehr verschanzen wollte, und die französischen Vertreter forderten zusätzlich politische Sicherheitsgarantien, die ihnen, wie sie sehr wohl wußten, niemand geben konnte. Bis zum November 1930 dehnte die Vorbereitungskommission dieses bedrückende – in den potentiell revisionistischen und imperialistischen Staaten freilich mit schlecht verhehlter Genugtuung verfolgte – Schauspiel aus, und als sie dann den Entwurf einer Abrüstungskonvention vorlegte, handelte es sich mitnichten um ein Programm der Abrüstung, sondern lediglich um ein Programm zur Einfrierung des militärischen Status quo. Außerhalb des Völkerbunds unternommenen Versuchen war kein besserer Erfolg beschieden. Von Juni bis August 1927 konferierten in Genf Repräsentanten der Vereinigten Staaten, Großbritanniens und Japans, um für die leichten Seestreitkräfte (Kreuzer, Zerstörer, U-Boote) ähnliche Vereinbarungen auszuhandeln, wie sie 1921/22 in Washington für Großkampfschiffe erreicht worden waren; die Konferenz endete ohne konkretes Ergebnis. Als die drei führenden Seemächte im April 1930 den Londoner Flottenvertrag unterzeichneten, der die Erweiterung des Abkommens von Washington doch noch zu bringen schien, hatten sie in Wahrheit nicht einer Reduzierung ihrer Kreuzergeschwader und Zerstörerflottillen zugestimmt, sondern nur beschlossen, sich nicht auf ein maritimes Wettrüsten einzulassen. Frankreich und Italien, die Staaten mit den beiden nächststarken Flotten, hatten die Teilnahme an den Genfer Gesprächen vom Sommer 1927 rundweg abgelehnt und den Londoner Flottenvertrag zwar unterschrieben, aber seine Erfüllung an Bedingungen geknüpft, die ihre Unterschrift praktisch wertlos machten. Daß Mussolini auf die künftige mediterrane Vorherrschaft Italiens hoffte und Frankreich solche Ambitionen Roms fürchtete – schon wegen der Verbindung nach Nordafrika –, hatte eine französisch-italienische Flottenrivalität entfesselt, die lebhaft an die britisch-deutsche Konkurrenz der Vorkriegsjahre erinnerte und kaum mehr Spielraum für Verhandlungen ließ.

Als Briand, nach einer Initiative Washingtons, dem amerikanischen Außenminister Kellogg im Sommer 1927 einen Vertrag vorschlug, in dem sich Frankreich und die Vereinigten Staaten zusichern sollten, nie Krieg gegeneinander zu führen, leitete ihn nicht Optimismus, der seine Rechtfertigung aus den Erfolgen einer Ära internationaler Verständigung geschöpft hätte, sondern die Erkenntnis, daß die Periode der Annäherung, die mit dem Dawes-Plan, mit Locarno und mit Ansätzen zur Abrüstung verheißungsvoll begonnen hatte, ohne dauerhafte Resultate zu bleiben drohte: ein bloßes Zwischenspiel. Von der Entwicklung des Völkerbunds enttäuscht und von den Zweifeln am bestehenden System der kollektiven Sicherheit tief beunruhigt, wollte Briand mit einem neuen Anlauf die Dinge wieder in Bewegung bringen. Es entsprach der generellen Einsicht in die Notwendigkeit und Richtigkeit solcher Schritte, daß Kellogg im Dezember 1927 antwortete, der Vertrag müsse aus einem bilateralen in ein multilaterales Unternehmen verwandelt werden, und daß am 27. August 1928 die Vertreter von fünfzehn Staaten – in Paris – tatsächlich ihre Unterschrift unter ein Abkommen setzten, das zum Verzicht auf den Krieg als Instrument nationaler Politik verpflichtete; bis 1933 traten dem Briand-Kellogg-Pakt nicht weniger als fünfundsechzig Nationen bei. Der ebenso generellen Überzeugung, derartige Verpflichtungen seien im Grunde doch kein ausreichender Schutz vor Konflikten und vor Angriffen, entsprach es freilich auch, daß sich die Signatarstaaten weder auf Sanktionsklauseln noch auf neue Abrüstungsversprechen eingelassen hatten, der Pakt also rein deklaratorischen Charakter besaß und damit die noch immer gegebene Unfähigkeit, nationale Staatsräson in eine kollektive Friedensordnung einzuschmelzen, eher unterstrich. Briand setzte seine Suche nach zusätzlichen Sicherheitsgarantien jedoch fort, und im Herbst 1929 regte er – um die Heilung der europäischen Spaltung, in der er eine entscheidende Ursache der internationalen Unruhe sah, vielleicht doch etwas zu fördern – an, erste organisatorische Stützen eines europäischen Staatenbundes zu schaffen: eine regelmäßig tagende Konferenz der Staaten Europas, einen permanenten politischen Ausschuß als Exekutivorgan und ein kleines Sekretariat. Die Anregung fand eine höfliche Aufnahme, ohne die Stagnation der internationalen Verhältnisse beenden zu können. Allein Stresemann, dem seit Locarno wohl nicht das Ziel des deutschen Revisionismus, sicherlich aber ein Geist, der ausschließlich revisionistische Ziele verstand, völlig fremd geworden war, griff Briands Gedanken mit lebhafter Zustimmung auf, allerdings sprach er in dieser Frage nicht für sein Land. Kurz darauf, am 3. Oktober 1929, ist er nach einem Schlaganfall gestorben. Briands Europaplan aber versackte in den Diskussionen der Völkerbundsversammlung vom Herbst 1930 und hinterließ lediglich eine Genfer Studienkommission für europäische Vereinigung.

Kein Zweifel, die Mehrheit der Bevölkerung Europas verlangte nach kollektiver Sicherheit, auch die Mehrheit – von bestimmten Gruppen in bestimmten Staaten abgesehen – der europäischen Politiker. Aber noch hatte niemand ein wirksames Mittel gegen das allgemeine Mißtrauen gefunden, das der öffentlichen Meinung wie den verantwortlichen Staatsmännern der einzelnen Länder, wenn konkrete Entschlüsse zur Debatte standen, immer wieder einflüsterte, die Gebote der nationalen Sicherheitsbedürfnisse müßten den Geboten des kollektiven Sicherheitsbedürfnisses übergeordnet werden. Die internationale Anarchie sollte verschwinden, doch die Annahme, sie sei tatsächlich verschwunden, schien allzu riskant zu sein, und so glaubte kein Land seine Waffen verringern oder gar weglegen zu dürfen. Die Staatengesellschaft war mit dem Völkerbund Realität geworden. Im ersten Jahrzehnt seiner Geschichte hatte es der Völkerbund indes nicht vermocht, innerhalb der Staatengesellschaft kollektive Sicherheit zu einer Realität zu machen. Im Völkerbund war die kollektive Sicherheit offensichtlich erst eine institutionalisierte Hoffnung.

1. Kapitel
Das Ende der kollektiven Sicherheit (1930–1933)

Die internationale Finanz- und Wirtschaftskrise als Auslöser
nationalpolitischer Restaurationstendenzen

Die Frage, ob jene Kräfte und Faktoren, die um die Jahreswende
1929/30 nach wie vor ein funktionsfähiges System kollektiver
Sicherheit und eine allgemeine Abrüstung verhinderten, allein
stark genug gewesen wären, Europa endgültig in die internationale Anarchie der Vorkriegsjahre zurückzustoßen, ist nicht zu beantworten. Sicher ist nur, daß der Rückfall unvermeidlich wurde,
nachdem die Weltwirtschaftskrise dem Geist internationaler
Verständigung und Zusammenarbeit, wie er im Völkerbund
manifest geworden war, eine vernichtende Niederlage bereitet
und der hemmungslosen Entfaltung des Egoismus der einzelnen
Staaten die letzten Hindernisse aus dem Wege geräumt hatte.
Als im Herbst 1929 die Hochkonjunktur in den Vereinigten
Staaten zusammenbrach und einer tiefen Depression Platz
machte, die sich – mit den in anderen Ländern seit Kriegsende
schwelenden oder, wie in Deutschland, gerade wieder beginnenden Krisen verschmelzend und sie verschärfend – rasch zu einer
alle bisherigen Erfahrungen sprengenden Katastrophe der
Weltwirtschaft entwickelte, fühlten sich jedenfalls die Regierungen praktisch aller Staaten zu der unvernünftigen – wenngleich verständlichen – und nur auf die eigene Rettung bedach-
ten Rücksichtslosigkeit getrieben, wie sie auch bei einer von
Panik ergriffenen Menschenmenge auftritt.

Die ersten Symptome zeigten sich naturgemäß auf wirtschafts-
politischem Felde. In den Jahren 1927 und 1928 waren durchaus
hoffnungsvolle Versuche unternommen worden, den internationalen Handel endlich von den Fesseln zu befreien, in denen er

seit dem Kriege lag und die eine Wiederherstellung des Vor-kriegsvolumens, erst recht eine der jetzt gegebenen Produktionskraft gemäße Ausweitung ausschlossen. Allein 1927 hatten – unter den Auspizien des Völkerbunds – vier große Expertentreffen stattgefunden, die sich mit derartigen Fragen beschäftigten. Die erste Weltwirtschaftskonferenz, die im Mai 1927 eröffnet wurde, kam zu dem Schluß, daß eine angemessene Zunahme der Prosperität vornehmlich an der von den meisten Kabinetten noch immer getriebenen Zollpolitik scheitere, und ein im Oktober 1927 einberufener Kongreß arbeitete eine Konvention aus, die einen umfassenden Plan zum Abbau der allenthalben existierenden Beschränkungen von Import und Export anbot; bis Juli 1928 war die Konvention von fast dreißig Staaten unterzeichnet, allerdings erst von siebzehn ratifiziert worden. Noch im Herbst 1929, auf der zehnten Genfer Vollversammlung, schlug die britische Delegation einen auf zwei Jahre befristeten Waffenstillstand im Zollkrieg vor, einen Waffenstillstand, den die Regierungen und der Völkerbund zur Lösung jener Probleme benützen sollten, die eine energische Verwirklichung der 1927 und 1928 angeregten Reformen des internationalen Wirtschaftsverkehrs erschwerten.

Der britische Vorschlag fand nur mehr »grundsätzliche« Zustimmung, und das erste Krisenjahr hat alle diese Ansätze wieder zerstört. Den Anfang machten die Vereinigten Staaten. Zwischen Frühjahr und Juni 1930 schleuste Präsident Hoover die Hawley-Smoot-Bill durch den Kongreß, ein Gesetz, das die ohnehin schon hohen amerikanischen Zölle noch höher schraubte und die europäischen Handelspartner der USA, nicht zuletzt Deutschland, schwer traf. Nicht weniger als 1028 amerikanische Wirtschaftler, meist Akademiker, appellierten gemeinsam an den Präsidenten, die Zollerhöhung durch sein Veto zu blockieren, weil sie die Partner Amerikas vor den Kopf stoßen und zu entsprechenden Gegenmaßnahmen provozieren, den Trend zu vernünftigen Zöllen beenden und alles in allem die Depression verschlimmern werde. Präsident Hoover ging jedoch, offenbar von der Richtigkeit seines Kurses überzeugt und unter dem Einfluß bestimmter Produzenteninteressen, über die Proteste hinweg, die Hawley-Smoot-Zölle wurden Gesetz und die Prophezeiungen der Wirtschaftler erfüllten sich Punkt für Punkt; Washington hatte es sich nicht nehmen lassen, zu dem wirtschaftlichen und politischen Chaos, das in der Folgezeit in Europa herrschen sollte, einen wesentlichen Beitrag zu leisten. Das Beispiel, das die Vereinigten Staaten gegeben hatten, ließ den Genfer Liberalisierungsprojekten in der Tat keine Chance mehr. Der allgemeinen Flucht in den wirtschaftlichen Isolationismus, die nun einsetzte, fiel die Import-Export-Konvention ebenso zum Opfer wie der Waffenstillstand im Zollkrieg. Im März 1930 endete die Konferenz, die eine auf Grund der britischen Vorschläge vom Herbst 1929 entworfene Vereinbarung billigen sollte, mit einem völligen Mißerfolg, und die meisten Kabinette zogen um ihre Länder jetzt stattliche Zollmauern oder trafen, wie die deutsche Regierung, andere Maßnahmen, die den Import drastisch reduzierten; die simple Wahrheit, daß Handel auf Tausch beruht und daher eine generelle Drosselung der Importe eine generelle Drosselung der Exporte erzwingt, ist während der ausgebrochenen Panik gerade in den Ländern mißachtet worden, deren Wirtschaft in gleichem Maße von der Ausfuhr wie vom inneren Markt abhing. Schließlich schloß sich sogar Großbritannien, trotz langer freihändlerischer Tradition, der protektionistischen Bewegung an. Wenn einerseits im Dezember 1931 das Statut von Westminster den Übergang vom Empire zum Commonwealth besiegelte, indem es die politische Eigenständigkeit der Dominien verankerte und als einziges Bindeglied zwischen Mutterland und Dominion die Krone übrigließ, so schufen andererseits die Beschlüsse der Konferenz von Ottawa (Juli/August 1932) ein handelspolitisches Präferenzsystem, das die angelsächsische Staatengemeinschaft in einen geschlossenen Wirtschaftsraum verwandelte, der sich ebenfalls gegen auswärtige Konkurrenz absperrte. Der wirtschaftliche Isolationismus hat aber die Schrumpfung des Welthandels, die natürlich auch auf die sonstigen Ursachen der Krise zurückzuführen war, ohne Zweifel erheblich beschleunigt, die Krise selbst wesentlich verschärft und verlängert.

Der Abfall in ökonomischen Nationalismus hätte allein schon genügt, auch die politischen Beziehungen zwischen den Staaten nachhaltig zu verschlechtern; er reflektierte und förderte jedoch zudem einen im Zeichen der Krise erfolgenden Ausbruch allgemeiner nationalistischer Emotionen, der die Erosion der Staatengesellschaft vollendete. So lag es in den Ländern, die unter der Pariser Friedensregelung gelitten hatten oder mit ihr unzufrieden waren, nahe, die Ursprünge der wirtschaftlichen Nöte in den politischen und wirtschaftlichen Bestimmungen der Friedensverträge zu suchen: Revisionismus und faschistischer Neo-Imperialismus, die ja seit langem mit den Parolen eines zwischenstaatlichen Klassenkampfes operierten (Habenichtse gegen Besitzende), gewannen im wirtschaftlichen Niedergang eine geradezu magnetische Anziehungskraft, die den entsprechenden außenpolitischen Forderungen zum ersten Mal seit 1923 wieder eine Massenbasis verschaffte und damit einen unvergleichlich kräftigeren Impetus verlieh. Die Außenpolitik der Regierungen mußte dem Druck einer solchen Entwicklung Rechnung tragen und statt der Bereitschaft zur internationalen Kooperation den Willen zur harten Verfechtung der eigenen Ansprüche betonen. Da den Kabinetten anfänglich kein wirtschaftspolitisches Rezept zur Meisterung der Depression einfallen wollte, gerieten sie jedoch zugleich in Versuchung, die mit der wachsenden Verzweiflung breiter Schichten verbundene Erhitzung der inneren sozialen Konflikte zu dämpfen, indem sie die angeblichen außenpolitischen Ursachen der wirtschaftlichen Misere selbst in den Vordergrund rückten und die Tendenz zum zwischenstaatlichen Klassenkampf begünstigten. Da die Regierungen dieser Länder die revisionistischen und imperialistischen Ziele der nationalradikalen Bewegungen, die jetzt so starken Zulauf erhielten, weitgehend teilten und nur durch die unmittelbare Berührung mit der internationalen Realität zu einer gewissen Zurückhaltung gezwungen worden waren, gerieten sie sogar in Versuchung, die ökonomische Krise und die politische Erregung als Chancen zu begreifen, die es zu nützen gelte. Mussolini hat allen derartigen Neigungen charakteristischen Ausdruck gegeben, als er in einer großen Rede, die er am 25. Oktober 1931 in Neapel hielt, ein umfassendes Programm des europäischen Revisionismus präsentierte, das von der Liquidierung der Reparationen wie der sonstigen Kriegsschulden über die Herstellung der militärischen Gleichheit bis zur Bereinigung territorialer Fragen reichte; ohne die Verwirklichung seines Programms, so behauptete der Duce, werde Europa die wirtschaftliche und politische Krise nicht überwinden.

Zwei Tage nach Mussolinis Revisionismusrede besuchte Italiens Außenminister Dino Grandi Reichskanzler Brüning und Reichsaußenminister Curtius in Berlin, und in einem zum Abschluß der Gespräche veröffentlichten Kommuniqué konnte eine erfreuliche Übereinstimmung der außenpolitischen Auffassungen Roms und Berlins festgestellt werden. Tatsächlich hat Deutschland das Wechselspiel zwischen Wirtschaftskrise und nationalistischer Radikalisierung in klassischer Form vorexerziert. Von der Depression besonders schwer – kaum weniger schwer als Amerika – heimgesucht, empfand die Mehrheit der deutschen Bevölkerung, über die Situation jenseits der Grenzen mangelhaft oder einseitig informiert und in ihrer nationalen Egozentrik an richtiger Information auch kaum interessiert, die Weltwirtschaftskrise zudem als einen ausgesprochen deutschen Vorgang, für den irgendwie die Feindmächte und Versailles verantwortlich zeichneten und nicht weniger das Geschöpf der Niederlage, die Weimarer Republik. Daß sich ein natürlicher Gegner von Republik und Demokratie wie der ostelbische Adel in seiner Abneigung gegen den Staat von Weimar bestätigt fühlte und die Abneigung zu offener Feindseligkeit steigerte, als seine wirtschaftliche Basis, der nord- und nordostdeutsche Roggengürtel, in der internationalen Agrarkrise in ernsthafte Gefahr geriet, war vielleicht unvermeidlich, obwohl fast alle Agrargebiete der Erde in gleichem Maße zu leiden hatten und obwohl in Deutschland das seit dem März 1930 amtierende Kabinett Brüning den landwirtschaftlichen Großgrundbesitz mit beachtlichen Summen unterstützte. In den übrigen Bevölkerungsgruppen wuchs jetzt aber ebenfalls die Bereitschaft, sich gegen eine ohnehin weder geliebte noch überhaupt verstandene Staats- und Regierungsform zu wenden, die offenbar lediglich Krisen zu offerieren hatte – die Inflation lag ja kaum sieben Jahre zurück –, und da hinter Weimar stets gleich Versailles gesehen wurde, begannen mehr und mehr Deutsche, von Teilen der Linken abgesehen, die nun die Rettung vom Kommunismus Moskauer Prägung erhofften, das Heil von den Propheten einer nationalen Diktatur zu erwarten, die sowohl mit Weimar wie mit Versailles Schluß machen wollte. Ausländische Besucher, die mit einem hart behandelten und von Frankreich mit Mißtrauen verfolgten Deutschland sympathisierten, namentlich wenn sie – wie die damalige Journalistin und spätere Historikerin Elizabeth Wiskemann – aus Großbritannien kamen, konstatierten verblüfft, betroffen und schließlich entsetzt, mit welcher Selbstverständlichkeit ihre deutschen Gesprächspartner, kleine Intellektuellenzirkel ausgenommen, die Schuld an allen wirklich oder vermeintlich negativen Aspekten jener Jahre, vom wirtschaftlichen Abstieg bestimmter Mittelschichten über den Jazz bis zur Lockerung der sexuellen Sitten, selbst dann auf das Diktat von Versailles und auf die mit der Niederlage identifizierten Kräfte schoben, von den Siegermächten über die »Novemberverbrecher« bis zu den Juden, wenn man ihnen gleiche oder ähnliche Erscheinungen in fast allen anderen europäischen Ländern nachwies. Sofern die Sympathie nicht völlig verschwand, mischte sie sich doch bald mit Sorge und Furcht. Wie konnte der europäische Frieden gesichert werden, wenn die Wirtschaftskrise im potentiell mächtigsten Staat des Kontinents eine Atmosphäre schuf, in der die Normalisierung des seit der Jahrhundertwende gestörten deutschen Verhältnisses zur Umwelt endgültig zu scheitern und eine Stimmung zu dominieren schien, die als permanent beherrschenden Zug jenes Verhältnisses die gegenseitige Feindschaft postulierte.

Allerdings hätte Deutschland in diesen Jahren eine mächtige nationalistische und revisionistische Welle, die das innere Gefüge wie die Außenpolitik des Staates unter Druck setzen mußte, offensichtlich auch dann erlebt, wenn die Wirtschaftskrise ausgeblieben oder milder verlaufen wäre. Daß die Wochen vor der Reichstagswahl, die am 14. September 1930 stattfand, eine beispiellos heftige Eruption nationalistischer und revisionistischer Propaganda brachten, an der die Parteien des Weimarer Establishment – die SPD ausgenommen – kaum weniger Anteil hatten als die Parteien der nationalradikalen Opposition, DNVP und NSDAP, daß die Wahl selbst der NSDAP, die den Nationalismus am radikalsten, den Antiliberalismus und Antisemitismus am primitivsten vertrat, einen sensationellen Erfolg bescherte – von einer Splittergruppe stieg sie mit 107 Mandaten zur zweitstärksten Fraktion des Reichstags auf –, war nicht allein eine Konsequenz der wirtschaftlichen Lage. Zwar befand sich die deutsche Wirtschaft im Sommer und Frühherbst 1930 bereits mitten in einer ernsten Krise. Die privaten und staatlichen Investitionen gingen zurück, mit dem Absinken der Exporte meldete sich die amerikanische und die internationale Depression an, und als Folge solcher einheimischen wie auswärtigen Tendenzen zählte man zwischen 2,5 und 3 Millionen Arbeitslose; auch die Landwirtschaft war schon von der allgemeinen Agrarkrise erfaßt. Daß diese Entwicklung die Wahl beeinflußt hat, ist wohl nicht zu bestreiten und vor allem auch an der Zunahme kommunistischer Stimmen abzulesen, die freilich weit weniger dramatisch ausfiel als der nationalsozialistische Gewinn. Aber die wirtschaftliche Aktivität lag, wie am Bruttosozialprodukt, am Export, an den Unternehmergewinnen, an den Arbeitnehmereinkommen oder am privaten Konsum abzulesen ist, eindeutig über dem Niveau der Jahre 1925 und 1926, die allerdings sehr wichtigen industriellen Investitionen ausgenommen. Von einer Kreditkrise konnte noch keine Rede sein, da bis zum September 1930, obwohl im Herbst 1929 die amerikanische Depression offen ausgebrochen war, nicht weniger amerikanisches Kapital nach Deutschland floß als im Vorjahr und nennenswerte Kündigungen lang- oder kurzfristiger ausländischer Kredite nicht zu verzeichnen waren. Erst der Wahlkampf und das Wahlergebnis haben die amerikanischen Gelder abgeschreckt; seit dem Triumph der NSDAP kamen keine neuen Kredite mehr, und eine Kündigungswelle, die am 16. September 1930 einsetzte, jedoch von den beruhigenden Erklärungen des Kabinetts Brüning in Grenzen gehalten wurde, zog bis zum Februar 1931 rund eine Milliarde Mark ab. Nicht allein im Reichstag, sondern auch im Bereich der Wirtschaft sind also die Nationalsozialisten 1930 noch in gleichem Maße Ursache wie Produkt der Krise gewesen. Jedenfalls stand der durchschnittliche Bürger in dieser Anfangsphase nicht vor völlig ungewohnten Bildern, und das 1931 und 1932 herrschende Gefühl, in die Wirbel einer säkularen Katastrophe geraten zu sein, aus der man sich nicht mit herkömmlichen Mitteln retten könne, zeigte sich erst in Ansätzen.

Vermutlich hat vor und neben dem wirtschaftlichen Faktor ein Aufbegehren gegen Versailles seine Rolle gespielt, das sich mit wachsendem zeitlichen Abstand zur Niederlage sowohl ungeduldiger wie selbstbewußter äußerte; bezeichnenderweise begann der Aufstieg der NSDAP, wie Kommunal- und Landtagswahlen signalisierten, bereits Ende 1929. Schwächen des mit Versailles identifizierten Staates, die sich von bislang hingenommenen Schattenseiten noch keineswegs deutlich unterschieden, ob es sich um die wirtschaftlichen Nöte oder um die parlamentarischen Probleme handelte, die sich im März 1930 mit dem Zusammenbruch der Großen Koalition wieder einmal krisenhaft zugespitzt hatten, scheinen nun von Mal zu Mal unwilligere Reaktionen der Wähler provoziert zu haben. Daß der Young-Plan und die Räumung der beiden letzten rheinischen Okkupationszonen diesen Prozeß erheblich beschleunigten, ist jedoch unverkennbar. In beiden Fällen waren von den Siegermächten Konzessionen gemacht worden, doch hatte die Entwicklung offensichtlich ein Stadium erreicht, in dem begrenzte Konzessionen nicht länger als Beruhigung, vielmehr als Anreiz zu neuen Forderungen wirkten. Noch 1925 wäre der Young-Plan als bedeutender Fortschritt angesehen worden; 1930 aber, in einer Atmosphäre zunehmender Ungeduld und wiederkehrenden Selbstbewußtseins, empfand man seine ja nicht gerade niedrigen Annuitäten und vor allem die lange Dauer der Reparationsverpflichtung als schwer erträglich oder als unerträglich, je nach Einsicht und Temperament. Die Räumung des Rheinlands stärkte wiederum das Selbstbewußtsein und brachte das seit Ende 1918 nicht mehr gekannte – vorerst freilich noch trügerische – Gefühl zurück, Deutschland verfüge endlich über außenpolitische Bewegungsfreiheit. Sogleich richtete sich der Blick auf die nächsten – und für die europäische Gesamtlage bedenklicheren – Ziele revisionistischer Politik, die bald zu erreichen jetzt ganz offen und sogar in gleichsam fanfarenhaften Tönen verlangt wurde. In manchen Reden, die deutsche Politiker im Sommer 1930 hielten, hat sich der Zusammenhang zwischen dem Abzug der Besatzung und dem Aufleben des Revisionismus unmittelbar manifestiert. Treviranus etwa, weder ein Mann Hitlers noch Hugenbergs, sondern als Volkskonservativer Mitglied des Kabinetts Brüning, sagte am 10. August, das ganze »Volk atmet auf, daß die bittere Zeit des Zwanges, der Anblick fremder Uniformen vorbei ist«, um dann – nicht ohne »in unbeugsamer Hoffnung« die »Eifelwacht in Eupen und Malmedy« zu grüßen – fortzufahren: »Nun fordert der Osten Einheit und Einsatz des ganzen deutschen Volkes. Wir gedenken in der Tiefe unserer Seele des zerschnittenen Weichsellandes, der ungeheilten Wunde in der Ostflanke, diesem verkümmerten Lungenflügel des Reichs ... Unsere inneren Augen schweifen über die deutschen Gaue ... im Schmerz um die heute noch verlorenen, einst wiederzugewinnenden deutschen Lande ... Weg mit dem Gerede von der Katastrophe, her mit dem Mut, alle Nöte zu bannen.«[1]

In den europäischen Hauptstädten hatte man sich vom Young-Plan und von der Räumung des Rheinlands eine weitere Verbesserung der deutsch-französischen Beziehungen und indirekt auch einen ausgleichenden Einfluß auf das deutsch-polnische Verhältnis versprochen. Um so größer war die Bestürzung, mit der man allenthalben die während des Wahlkampfes beobachtete Aufwallung nationalistischer Leidenschaften und schließlich die Erfolge der NSDAP zur Kenntnis nahm. Obwohl es an sich evident sein mußte, daß Deutschland noch nicht in der Lage war, irgendeinen seiner Nachbarn ernstlich zu bedrohen, breitete sich eine Nervosität aus, die selbst Kriegsgerüchte hervorbrachte, und in der Genfer Vollversammlung jenes Jahres haben z. B. die Außenminister Belgiens und Hollands, Hymans und Beelaerts, der allgemeinen Besorgnis beredten Ausdruck verliehen. Allzu erstaunlich war das nicht, da nun 107 uniformierte Abgeordnete einer Partei in den Reichstag einzogen, deren Presse und Publizistik sich oft und gerne zu internationalen Fragen äußerten, dabei aber nicht allein jede Kenntnis des Auslands und das elementarste Verständnis für Außenpolitik vermissen ließen, sondern überdies eine Aggressivität atmeten, die eine höchst gefährliche praktische Außenpolitik verhieß, sofern diese Partei je Gelegenheit erhalten sollte, den außenpolitischen Kurs des Reiches zu bestimmen. Wie die wahren Ziele der NSDAP auch aussehen mochten, wie ernst man die Selbstzeugnisse ihrer Führer und namentlich ihres wichtigsten Mannes, Adolf Hitler, nehmen wollte, so stand doch fest, daß die Partei einen Umsturz der von den Pariser Friedenskonferenzen geschaffenen europäischen Ordnung anstrebte und für die im Völkerbund Gestalt gewordenen Ideen nichts als Haß und Verachtung übrig hatte. Reichskanzler Brüning und seine Kabinettskollegen genossen im Ausland durchaus Vertrauen, doch sagte man sich in den europäischen Außenministerien und im Genfer Völkerbundssekretariat – von Reden wie der des Ministers Treviranus bestätigt –, daß schon die bloße Existenz einer starken NSDAP die Reichsregierung zwingen werde, ihr eigenes revisionistisches Programm mit größerer Rücksichtslosigkeit als bisher zu verfolgen; die Ära Stresemann schien vorbei zu sein.

Deutschland: die Wirtschaftskrise als Mittel zur Wiedergewinnung außenpolitischer Bewegungsfreiheit

Reichskanzler Brüning war indes, wie seine ohne parlamentarische Basis und gegen die Mehrheit der Bevölkerung verfolgte Wirtschaftspolitik bewies, nicht der Mann, sich seine politischen Entschlüsse von den Emotionen der Bevölkerung diktieren zu lassen; der Schrei »Hungerkanzler«, der ihm, sobald er sich in der Öffentlichkeit zeigte, tausendstimmig in den Ohren gellte, hat ihn nicht um einen Zentimeter von seinem Kurs abgebracht. Wenn Deutschland in seiner Amtszeit tatsächlich rasch zu einer aktiven Revisionspolitik überging, die der nationalistischen Pression, wie sie vom Aufstieg der NSDAP ausgeübt wurde, zu korrespondieren und den im Sommer und Herbst 1930 geweckten Argwohn der Nachbarn zu rechtfertigen schien, so deshalb, weil Brüning selbst zu den Politikern gehörte, die in der wirtschaftlichen Erschütterung revisionspolitische Möglichkeiten entdeckten. Das galt in erster Linie für die Reparationsfrage. Anfänglich war das finanz- und wirtschaftspolitische Konzept des Kanzlers, seine Politik der Deflation und der Restriktion, überwiegend von wirtschaftlichen Motiven bestimmt. Die Währung sollte unter allen Umständen stabil gehalten werden, was einen ausgeglichenen Haushalt und mithin, da im Zeichen der Krise die Steuereinnahmen ständig sanken, eine laufende Kürzung der staatlichen Ausgaben erforderte. Der Import sollte gedrosselt, der Export jedoch möglichst verbilligt und damit gefördert werden, was beides, da man den Außenkurs der Mark nicht antasten wollte, nur erreicht werden konnte, wenn die Löhne und Gehälter bei ansteigenden Verbrauchssteuern stagnierten oder sogar reduziert wurden, andererseits die Unternehmen von größeren sozialen und steuerlichen Belastungen verschont blieben. Endlich verbarg sich hinter einer derartigen Sparpolitik auch der von gewissen – namentlich schwerindustriellen und großagrarischen – Produzenteninteressen durchgesetzte, freilich von den Interessenten und dann von Brüning auch als volkswirtschaftlich vernünftig – weil die ökonomische Erholung vorbereitend – angesehene Entschluß, die Lasten der Depression nicht den Großproduzenten, sondern den Arbeitnehmern wie den Arbeitslosen aufzubürden und zugleich die Lage zum Abbau einiger sozialer Errungenschaften der zwanziger Jahre auszunutzen. Für eine solche Politik, die ausschließlich den Wünschen einer Minderheit gehorchte, die zwar klein, aber in der DNVP, in der DVP und im rechten Flügel des Zentrums überaus einflußreich war, ließ sich natürlich keine ausreichende parlamentarische Majorität finden. Der anhebende Streit um die Verteilung der Krisenlasten hatte bereits, da sich vor allem die DVP angesichts der beginnenden Krise mindestens in gleichem Maße wie die SPD als Klassenpartei verhielt, zum Zerfall der Großen Koalition geführt, und Brüning, der nun die Exekution dieser Minoritätspolitik übernahm, sah sich bald genötigt, die Maßnahmen seines Kabinetts auf die verfassungsrechtliche und persönliche Autorität des Reichspräsidenten wie auf die faktische Macht der Reichswehr zu stützen. Wie aus den Aufzeichnungen von Harold Nicolson besonders deutlich wird, ist damals sogar in der politischen und wirtschaftlichen Oberschicht Englands die Vorstellung verbreitet gewesen, daß die jetzt erforderliche Wirtschafts- und Gesellschaftspolitik nicht mit dem Unterhaus praktiziert werden könne. So kam eine Diskussion, die Ende November 1930 auf Cliveden, dem Sitz der Familie Astor, stattfand und an der etliche jüngere Politiker mit großer Zukunft teilnahmen, z. B. Duff Cooper, Lord Lothian und Harold Macmillan, zu dem Ergebnis: »That we are about to enter the worst crisis in our history. And that unless the economic situation can be dealt with on undemocratic lines, i. e. independent of votes, we shall go smash.«[2]

Es ist jedoch zweifelhaft, ob Brüning bei seinem wirtschafts-politischen Rezept – das in Großbritannien tatsächlich ebenfalls angewandt wurde, wenngleich in milderer Dosierung und schließlich doch ohne ernsthaften Angriff auf die Autorität des Parlaments – noch lange geblieben wäre, nachdem sich herausgestellt hatte, daß jede restriktive Maßnahme die Wirtschaft tiefer in die Krise stieß, wenn er seine ökonomischen Motive nicht schon früh durch die Erkenntnis ergänzt und dann sogar verdrängt hätte, daß Deutschland die wirtschaftliche Katastrophe nützen müsse, um, wie Prälat Kaas, als Vorsitzender des Zentrums Brünings Parteifreund, am 10. Februar 1931 im Reichstag sagte, »den Start für eine aussichtsreiche Ankurbelung der Debatte über die Reparationsfrage zu gewinnen«[3]. Daß die Lage eine der Wirtschaftskrise Rechnung tragende Modifizierung des Young-Plans notwendig machte, war nicht zu bestreiten. Als der Young-Plan Anfang 1930 in Kraft trat, mußte er auf Grund der wirtschaftlichen Entwicklung bereits als überholt gelten. Da es der Reichsregierung in der Tat gelang, den Import noch stärker zu drosseln, als der Export zurückging, Deutschland also zwischen 1930 und 1933 über eine aktive Handelsbilanz verfügte, hat der Transfer 1930 und hätte er auch in den folgenden Jahren keine Schwierigkeiten bereitet. Nachdem aber der amerikanische Kreditstrom versiegt war und gleichzeitig die Einnahmen des Reiches ständig sanken, wurde es zunehmend schwerer, die Annuitäten aufzubringen; 1930 blieb das erste und letzte Jahr, in dem der Young-Plan relativ unproblematisch funktionierte. Angesichts der demonstrierbaren finanziellen Schwäche Deutschlands und angesichts der Tatsache, daß fast alle Staaten vor einer ähnlichen Situation standen, hätte Berlin denn auch durchaus auf Verständnis rechnen können, wenn zur Belebung der Wirtschaft eine weniger strenge Haushaltpolitik und eine weniger strikte Deflationspolitik – beides vom Young-Plan an sich gefordert – verfolgt worden wäre. Selbst die Herabsetzung und sogar die vorübergehende Suspendierung der Jahresraten wäre ohne starre Respektierung der finanzpolitischen Verpflichtungen des Plans zu erreichen gewesen, sofern Berlin namentlich dem immer noch hartnäckigsten Reparationsgläubiger, nämlich Frankreich, glaubhaft versichert hätte, daß Deutschland nicht die vollständige Liquidierung der Reparationen anstrebe.

Brüning hat indes eine Modifizierung oder bedingte Aussetzung des Young-Plans gar nicht gewünscht, da dies nur sein eigentliches Ziel gefährdet hätte, das gerade in jener vollständigen Liquidierung bestand. Seit der Jahreswende 1930/31 ließ sich der Kanzler bei seiner Finanz- und Wirtschaftspolitik vorwiegend von dem Gedanken leiten, »Deutschland von den Reparationszahlungen zu befreien und seine Weltgeltung wiederherzustellen«[4]. Brüning wußte sehr wohl, daß er für die Realisierung einer solchen Absicht drei ungewöhnlich gefährliche Voraussetzungen brauchte: Wenn er eines Tages Verhandlungen über die Streichung der Reparationen aufnehmen wollte, so mußte er bis zu diesem Tag den Young-Plan mit peinlicher Genauigkeit erfüllen und daher Maßnahmen treffen, die das deutsche Wirtschaftsleben mitten in einer schweren Krise noch mehr lähmten. Als lähmender Faktor wirkte jedoch nicht die Last der Jahresraten, sondern der im Young-Plan liegende Zwang zum ausgeglichenen Haushalt und zu einer deflationären Politik, die Brüning nun auch dann nicht aufgeben konnte, als er längst erkannt hatte, daß er mit ihr die Krise verschärfte. Den Kanzler selbst hat das freilich nicht gestört, da er ohnehin annahm, daß eine Reparationskonferenz in seinem Sinne erfolglos bleiben werde, wenn er nicht – darin sah er die zweite Voraussetzung – als Regierungschef eines nahezu bankrotten Deutschland am Verhandlungstisch sitze. Rückblickend schrieb im August 1953 Hans Schäffer, unter Brüning Staatssekretär im Finanzministerium, der Kanzler sei entschlossen gewesen, »die Reparationsfrage noch während der Krise einer endgültigen Lösung zuzuführen. Er hielt es für unmöglich, in einer Zeit wiederaufsteigender Konjunkturen . . . eine Aufhebung . . . der Reparationszahlungen zu erlangen«[5]. Vermutlich traf Brünings Urteil zu, doch zog er aus seiner Prämisse den bedenklichen Schluß, daß die Entwicklung der Krise vor der Erledigung des Reparationsproblems nicht abgestoppt werden dürfe. Um eine »Scheinblüte« zu vermeiden, die Deutschlands tatsächliche Lage nur »verschleiern« würde, wie sich ›Das Zentrum‹ im Februar 1932 – den wahren Sachverhalt selbst vernebelnd – ausdrückte[6], lehnte Brüning alle Vorschläge für eine aktive Konjunkturpolitik ab, wie sie allmählich auch von Vertretern der Groß-industrie gefordert wurde, nachdem sie begriffen hatten, daß sogar für sie die Überwindung der Krise wichtiger war als die Verteilung ihrer Lasten, und das Beispiel einer erfolgreichen Konjunkturpolitik, das etwa Schweden gab, ist vom Kanzler ignoriert worden. Mehr noch: Es ist keine Übertreibung, wenn man konstatiert, daß Brüning, um das Reich aus der Reparations-verpflichtung zu lösen, Deutschland kaltblütig bis hart an den totalen wirtschaftlichen Zusammenbruch steuerte, d. h. er hat der Krise nicht einfach freien Lauf gelassen, sondern ihre Ver-schärfung – bis zu einer bestimmten Grenze – gewollt und mit seinem finanz- und wirtschaftspolitischen Kurs bewußt herbei-geführt. Der Kanzler hielt sich durchaus für berechtigt, der deutschen Bevölkerung das mit seiner Politik verbundene Elend zuzumuten bzw., wie Staatssekretär Schäffer im Februar 1933 formulierte, »die Nerven des Volkes erheblich in An-spruch« zu nehmen[7]; der Schnitt durch eine Fessel, die in erster Linie Deutschlands außen- und rüstungspolitische Bewegungs-freiheit hemmte, hatte in Brünings Augen selbstverständlich Vorrang. Weder vorher noch nachher hat eine Berliner Regie-rung jene Kälte und Rücksichtslosigkeit aufgebracht, mit der sich das Kabinett Brüning mitten im Frieden gewissermaßen unter Kriegsgesetz stellte und die materielle Wohlfahrt der Staatsbürger völlig mißachtete, um allein einer vorwiegend außen- und revisionspolitisch verstandenen Staatsräson zu gehorchen. Die Diktion der mündlichen und schriftlichen Äußerungen Brünings ist denn auch nicht selten die Diktion des Generalstäblers, der die Notwendigkeit des Sturms auf eine wichtige feindliche Stellung begründet, und es ist kaum ein Zweifel daran möglich, daß sich dieser seltsame katho-lische Nationalist, solange die Revision von Versailles nicht vollendet war, in einer Art Kriegszustand mit der Außenwelt wähnte.

Dabei war ihm klar, daß schon die Entbehrungen, die seine mit Notverordnungen praktizierte Politik der Bevölkerung auferlegte, den radikalen Bewegungen auf der Linken wie auf der Rechten ständig neue Anhänger zutrieben; nicht um-sonst hat er die Deutschen immer wieder beschworen, »durch-zuhalten«, die Nerven nicht zu verlieren und nicht – wie 1918, darf man hinzusetzen – »in den letzten fünf Minuten weich zu werden«[8]. Ebenso klar war ihm, daß er vor allem die Zu-nahme des rechtsradikalen Nationalismus förderte, wenn er –

und dies schien ihm die dritte Voraussetzung eines erfolgreichen Kampfes gegen die Reparationen zu sein – zwischen der Wirtschaftskrise in Deutschland und dem Young-Plan einen eindeutigen Zusammenhang behauptete, wenn er zudem den Eindruck erweckte, daß seine krisenverschärfende Wirtschaftspolitik einerseits zwar der Liquidierung, andererseits aber und zunächst einmal der Erfüllung des Young-Plans diene, Deutschlands Verelendung also im wesentlichen eine Konsequenz feindlicher »Tributpolitik« sei. Doch hat ihn offensichtlich auch das Anschwellen des Radikalismus nicht übermäßig beunruhigt. Mit Recht fühlte er sich gegen die KPD der Unterstützung durch den Reichspräsidenten und der Verfügbarkeit des staatlichen Machtapparats, Reichswehr und Polizei, sicher, und den Aufstieg der NSDAP betrachtete er als »gar nicht ungünstig«[9]. Von seiner revisionspolitischen Aufgabe geradezu besessen, sah er in der Existenz einer starken nationalistischen Oppositionspartei vornehmlich ein nützliches Druckmittel, das England und Frankreich zur Preisgabe des Young-Plans bewegen mochte; schließlich konnten London und Paris nicht daran interessiert sein, mit einer Shylock-Politik Wasser auf die Mühlen der NSDAP zu leiten. Da er von den Westmächten eine politische Vernunft erwartete, auf die er bei seiner eigenen Innenpolitik verzichten zu dürfen glaubte, zeigte er sich sogar um die Erhaltung der Nationalsozialisten besorgt, denen er – waren sie nicht auch national? – ohnehin bescheinigte, sie seien weniger staatsgefährlich als die Kommunisten. Daß er die Zusammenarbeit mit Hitler ablehnte, hat Fritz Klein, Chefredakteur der DAZ, am Tage von Brünings Rücktritt völlig zutreffend mit der Ansicht des Kanzlers erklärt, »es liege im deutschen Interesse, die Bewegung sich in der Regierungsverantwortung nicht allzu schnell verbrauchen zu lassen. Er wollte es sich nicht nehmen lassen, das gewichtige Argument dieser radikalen Opposition in die Waagschale der Verhandlungen mit den ausländischen Mächten zu werfen«[10].

Wie unverrückbar er auf revisionspolitischen Kurs programmiert war, demonstrierte der Kanzler nicht minder deutlich im Sommer 1931, als ihn die französische Offerte, mit einer Anleihe von einigen Milliarden Mark – an der sich Großbritannien und die Vereinigten Staaten ebenfalls beteiligen sollten – Deutschland wieder auf die Beine zu helfen, nicht einmal in Versuchung führte. Zu diesem Zeitpunkt hatte Brüning die reparationspolitische Fessel noch nicht zerschnitten, und so mußte ihm eine

Erholung der deutschen Wirtschaft noch unwillkommen sein. Laval, der damalige französische Ministerpräsident, hatte aber sein Angebot, das er im Juli 1931 auf einer Konferenz in London machte, ausdrücklich an die Bedingung geknüpft, daß grundsätzlich am Young-Plan festgehalten werden müsse, und überdies verlangt, Deutschland solle sich zu einem auf zehn Jahre befristeten politischen Moratorium, d. h. zum Verzicht auf die offizielle Anfechtung der deutschen Ost- und Südgrenze verpflichten. Von dem empörten Aufschrei abgesehen, mit dem die Rechtsparteien auf eine solche »Versklavung« Deutschlands geantwortet hätten, wäre Lavals zweite Bedingung sicherlich auch bei Hindenburg und der Reichswehr nicht durchzusetzen gewesen, von denen Brünings politische Existenz abhing. Jedoch gibt es kein Anzeichen dafür, daß Brüning über die innenpolitische Realisierbarkeit des französischen Vorschlags wenigstens eine Sekunde lang nachgedacht hätte. Die Beibehaltung der Reparationen und die Annahme einer Forderung, die, wie er sagte, »auf ein Jahrzehnt hinaus dem deutschen Volke jede außenpolitische Bewegungsfreiheit genommen hätte«, hieß für Brüning »bedingungslos kapitulieren müssen«[11], und eine solche Kapitulation kam in der gegebenen Situation nicht in Frage. Vor die Alternative »Kontinuität der Revisions- und Restaurationspolitik oder Fortdauer der Wirtschaftskrise und der Arbeitslosigkeit« gestellt, brauchte Brüning und brauchte die ganze Schicht, die Deutschlands Außenpolitik bestimmte oder mit ihrer Überzeugung stützte, nicht weiter zu überlegen.

Das Ende der Reparationen

Sein Ziel hat der Kanzler, was die Reparationen angeht, durchaus erreicht. Im Frühjahr 1931 boten sich die deutsche Wirtschaft und der Etat des Reiches schon fast in der desolaten Verfassung dar, die Brüning für notwendig hielt. Nachdem am 11. Mai, und zwar auf Grund politisch motivierter Machenschaften Frankreichs, zudem eine der ältesten und größten internationalen Banken Mitteleuropas, die Österreichische Creditanstalt, zusammengebrochen war und sich in den folgenden Wochen eine ernste Krise des gesamten europäischen Banken- und Kreditsystems abzeichnete, die bis nach Großbritannien zu wirken drohte, scheint Brüning geglaubt zu haben, daß die Zeit für einen entscheidenden Schritt reif sei. Am 5. Juni unterzeichnete

Reichspräsident v. Hindenburg eine neue Notverordnung des Kabinetts, die abermals eine drastische Senkung der Beamtengehälter und -pensionen, eine Kürzung der Arbeitslosenversorgung wie eine Einschränkung des Kreises der Versorgungsberechtigten und endlich weitere Steuererhöhungen verfügte. Gerade dem Kabinett war klar, daß es mit seiner Notverordnung der deutschen Wirtschaft ein lähmendes Gift injizierte, und der damalige Ministerialdirektor im Finanzministerium, Graf Schwerin von Krosigk, schrieb denn auch unmißverständlich, daß »die einschneidenden Maßnahmen der Notverordnung nur im Zusammenhang mit dem beginnenden Ringen um die Lösung der Reparationsfrage gesehen und verstanden werden können«[12]. Am 6. Juni veröffentlichte die Reichsregierung überdies einen Aufruf, der die Verordnung erläutern sollte und klar aussprach: »Die Grenze dessen, was wir unserem Volke an Entbehrungen aufzuerlegen vermögen, ist erreicht ... Die Regierung ist sich bewußt, daß die aufs äußerste bedrohte wirtschaftliche und finanzielle Lage des Reichs gebieterisch zur Entlastung Deutschlands von untragbaren Reparationsverpflichtungen zwingt.«[13] Jedermann wußte, daß der Wille und die Fähigkeit Deutschlands zur Bezahlung der Reparationen in aller Welt als Gradmesser der wirtschaftlichen Kraft des Reiches und damit als sicherer Anhaltspunkt für die deutsche Kreditwürdigkeit galt; schließlich hatte nicht zuletzt die Sorge um Deutschlands Kredit in Amerika zur Annahme des Young-Plans geführt. So ist es schwer vorstellbar, daß sich Brüning, als er jetzt den baldigen Bankrott des Reiches und den baldigen Abbruch der Reparationen anmeldete, über die Konsequenz einer solchen Ankündigung getäuscht haben könnte, die selbstverständlich, wie Young selbst dem deutschen Botschafter in Washington, v. Prittwitz, schon im Januar 1931 prophezeit hatte und wie nun der amerikanische Außenminister Stimson sogleich entsetzt erklärte, in der völligen Zerstörung des deutschen Kredits bestand, die ebenso zwangsläufig eine Massenflucht ausländischen und deutschen Kapitals aus dem Reiche provozierte – vom 8. Juni bis Mitte Juli knapp 3,5 Milliarden Mark (rund 60 Prozent der Gesamtsumme entfielen auf deutsche Kapitalflucht, 40 Prozent auf den Abruf lang- und vor allem kurzfristiger ausländischer Kredite). Bemerkungen des damaligen Reichsaußenministers Curtius sind in der Tat geeignet, den Verdacht aufkommen zu lassen, daß die Reichsregierung die Dinge bewußt auf die Spitze getrieben hat, um durch einen zumindest

scheinbaren Kollaps der deutschen Finanzen eine Rettungs-
aktion der Gläubiger Deutschlands zu erzwingen, wie sie für
einen solchen Fall ja schon Stresemann prophezeit hatte; auch
die bislang informationsreichste Studie über ›Die Reparationen
in der Ära Brüning‹ (W. J. Helbich), in der die Politik des
Kanzlers überaus wohlwollend behandelt wird, fordert mit
ihrer Darstellung der finanziellen Sommerkrise des Jahres 1931
den gleichen Schluß heraus, ohne ihn freilich selbst zu ziehen.
Sollte aber, wie Helbich schließlich doch konstatiert, die Kredit-
katastrophe von der Reichsregierung tatsächlich »aus Ver-
sehen« ausgelöst worden sein, so hat sie sich immerhin bemerkenswert schnell auf die neue Lage eingestellt, »um aus ihr den
größtmöglichen Gewinn im Sinne einer Reparationserleichte-
rung zu ziehen«[14]. In einer Kabinettssitzung hatte Brüning
bereits im Frühjahr gemeint, falls die Reparationskrise einmal
käme, »sei es besser, die Entscheidung rasch zu erzwingen, als
hinzuhalten«[15]. Demgemäß rührte das Kabinett vorerst keinen
Finger, um den Abfluß des Kapitals zu stoppen, was bei den
ausländischen Krediten gewiß problematisch, bei deutschen
Geldern hingegen sehr wohl möglich gewesen wäre. Erst
nachdem die Krise den gewünschten Erfolg gezeigt hatte, traf
Brüning wirksame Maßnahmen zur Unterbindung der deutschen
Kapitalflucht, und erst dann bemühte er sich um eine Vereinbarung mit den Westmächten, die das noch nicht zurückgeflos-
sene ausländische Kapital in Deutschland festhalten sollte; ein
entsprechendes Abkommen ist am 18. September zustande
gekommen und hat noch rund 10 Milliarden Mark namentlich
amerikanischer Kredite gebunden.

Und der Erfolg blieb wirklich nicht aus. Brüning und Curtius
hatten sich zwischen dem 4. und dem 10. Juni in England auf-
gehalten, wo sie die wirtschaftlichen Schwierigkeiten mit der
britischen Regierung erörterten, an deren Spitze seit Juni 1929
wieder Ramsay MacDonald stand, und wenngleich die britischen Politiker, wie in Washington Stimson, mit Bestürzung
reagierten, als die Deutschen ihre Gastgeber über den gleichzeitig in Berlin veröffentlichten »Tributaufruf« informierten,
so sind sie doch, namentlich MacDonald selbst, Außenminister
Arthur Henderson und Montagu Norman, Leiter der Bank von
England, nachhaltig beeindruckt worden, als Brüning in
Chequers, dem Landsitz des Premierministers, die finanzielle
und wirtschaftliche Notlage Deutschlands nüchtern und eher
leise, wie es seine Art war, darlegte, ohne seinen informellen

Bericht mit ausdrücklichen Forderungen zu schließen. Nachdem in den folgenden Wochen die in aller Welt erwarteten Konsequenzen des deutschen Aufrufs in der Tat eingetreten waren und sich die bereits von der österreichischen Bankenkrise bewirkte Erschütterung der europäischen Finanzen zu einer allgemeinen Katastrophe zu steigern drohte, scheint sich in London außerdem die Vorstellung durchgesetzt zu haben, daß die Krise, wenn sie schon einmal da war, wenigstens benutzt werden müsse, das britische Projekt vom Frühjahr und Sommer 1922 erneut zu lancieren und abermals einen Versuch zur endgültigen Liquidierung der Reparationen wie der interalliierten Kriegsschulden zu unternehmen. Damals war Balfours »große Transaktion« am Widerstand Amerikas und Frankreichs gescheitert. Jetzt aber konnte sich die amerikanische Haltung unter dem Eindruck der europäischen Hiobsbotschaften geändert haben, und wenn London und Washington in dieser Angelegenheit gemeinsam operierten, so mußte sich auch Paris fügen. Die britischen Politiker haben Präsident Hoover tatsächlich klar machen können, daß es im Interesse der Vereinigten Staaten liege, ihren bislang so starren Standpunkt in der Schuldenfrage zu modifizieren, und da der Präsident überdies einsah, daß er etwas zum Schutze der privaten amerikanischen Investitionen in Europa tun müsse, schlug er – immer noch recht widerwillig – am 20. Juni 1931 wenigstens vor, die Zahlung aller internationalen Schulden für ein Jahr auszusetzen, unterstrich jedoch nachdrücklich, daß Amerika nach Ablauf dieses Jahres wieder zu kassieren gedachte. Obwohl das Hoover-Moratorium in Brünings Augen erst einen Teilerfolg darstellte, blieb der deutschen Regierung nichts anderes übrig, als den amerikanischen Vorschlag zu akzeptieren; die Regierungen Großbritanniens und Italiens nahmen am 22. bzw. 23. Juni an. Lediglich Frankreich, das in einem solchen Moratorium mit Recht den Anfang vom Ende der Reparationen sah, widersetzte sich, hatte aber, wie zu erwarten war, nur die Kraft, die Verhandlungen um zwei Wochen zu verzögern, in denen allerdings noch erhebliche Gelder aus Deutschland abgerufen wurden. Als die Besprechungen zwischen den beteiligten Mächten am 6. Juli ihr Ende fanden und die Laufzeit des Moratoriums begann, hatten die Franzosen zwar erreicht, daß Deutschland allein jene Teile der im Young-Plan festgelegten Jahresraten offiziell gestundet wurden, für die schon der Plan selbst eine Stundung vorgesehen hatte, falls die deutsche Wirtschaft in Schwierigkeiten geraten würde, doch stand der Pariser Erfolg nur auf dem Papier, da sich Frankreich damit einverstanden erklärte, daß die Reparationsgelder, die Deutschland nach dem Young-Plan unter allen Umständen und auch jetzt, während des Moratoriumsjahres, zahlen sollte, sogleich der Reichsbahn geliehen wurden.

Niemand zweifelte daran, daß mit dem Hoover-Moratorium das Reparationskapitel abgeschlossen war. Wie Berthelot, der Generalsekretär des französischen Außenministeriums, im Februar 1932 zum britischen Botschafter in Paris bemerkte, wußten gerade auch die Franzosen sehr wohl, daß ihnen lediglich eine rein fiktive Behauptung des Young-Plans gelungen und daß mit einem Wiederbeginn deutscher Reparationszahlungen im Juli 1932 nicht zu rechnen war. Wer in Frankreich noch Hoffnungen hegte, mußte sie begraben, als im Juli 1931, trotz der Entlastung durch das Hoover-Moratorium, in Deutschland selbst eine dramatische Bankenkrise ausbrach und die finanzielle Lage Deutschlands erneut in einem düsteren Licht erschien. Am 13. Juli schloß die Darmstädter und Nationalbank, eine der vier größten deutschen Banken, ihre Schalter, nachdem sie, die nicht als einzige Bank auf kreditpolitische Abwege geraten war, beim Zusammenbruch der Norddeutschen Wollkämmerei in Bremen mehr als ihr ganzes Eigenkapital eingebüßt hatte. Abermals drohte eine allgemeine Panik, und da die anderen Großbanken, die ebenfalls mit größten Schwierigkeiten zu kämpfen hatten, weder der »Danat« noch allmählich sich selbst helfen konnten, sah sich die Reichsregierung gezwungen, einen Bankfeiertag, also eine vorübergehende Schließung aller Banken, zu erklären und inzwischen die Geldinstitute durch eine staatliche Beteiligung an ihrem Aktienkapital zu sanieren, was praktisch auf eine stille Verstaatlichung des gesamten deutschen Bankwesens hinauslief und im übrigen eine enorme Stärkung des staatlichen Einflusses auf die von den Banken abhängige Industrie bedeutete. In solcher Lage schieden neue ausländische Kredite für Deutschland aus, nachdem die Reichsbank am 25. Juni 1931, und zwar zum Ausgleich der seit dem 8. Juni eingetretenen Devisen- und Goldverluste, von den Zentralbanken Englands, Frankreichs und der Vereinigten Staaten wie von der Bank für Internationalen Zahlungsausgleich einen Überbrückungskredit von 420 Millionen Mark erhalten hatte; jedenfalls war niemand bereit, in Deutschland zu investieren, solange die deutsche Wirtschaft nicht nur im Fieber ständiger Finanzkrisen lag, sondern überdies noch immer mit den Reparationen belastet schien. Auch widersetzte sich jetzt Großbritannien allen Hilfsaktionen, die geeignet oder dazu bestimmt waren, Deutschland die Wiederaufnahme von Reparationszahlungen zu ermöglichen, da derartige Aktionen naturgemäß eine weitere Aufweichung der Haltung Amerikas gegenüber seinen europäischen Schuldnern verhindern und so Londons große Transaktion torpedieren mußten. Auf der Regierungskonferenz, die im Juli 1931 in London stattfand, sind die französischen Vertreter, als sie ihren Willen bekundeten, dem Reich Geld zu geben, wenn damit ein temporärer deutscher Verzicht auf Revisionspolitik zu erkaufen war, nicht allein auf die Ablehnung Brünings, sondern zugleich auf den kaum schwächeren Widerstand der britischen Regierung gestoßen, und Montagu Norman weigerte sich strikte, Berlin einen Notenbankkredit zu geben, mit dem dann wieder Reparationen bezahlt würden.

Im August 1931 kam ein Expertengremium, das auf Grund eines Beschlusses der Londoner Konferenz von der Bank für Internationalen Zahlungsausgleich einberufen worden war, gleichfalls zu dem Ergebnis, daß eine langfristige finanzielle Unterstützung Deutschlands unmöglich sei, wenn »die von Deutschland zu leistenden internationalen Zahlungen ... die Aufrechterhaltung« der finanziellen Stabilität gefährden«[16]. Nach diesem Votum gegen die Reparationen forderte die Reichsregierung im November den Zusammentritt des im Young-Plan vorgesehenen Sonderausschusses zur Prüfung der deutschen Leistungsfähigkeit. Als die Sachverständigen zu tagen begannen, hatte sich die deutsche wie die internationale Wirtschaftslage weiter verschlechtert, und noch während sie berieten, liefen ständig Nachrichten ein, die neue Erschütterungen anzeigten: Großbritannien hatte im September das Pfund vom Goldstandard lösen und damit faktisch abwerten müssen, und die Berliner Regierung erließ am 8. Dezember eine Notverordnung, mit der – jetzt auch durch eine Kürzung der Löhne um rund 10 Prozent – die Deflationspolitik noch verschärft und der deutschen Wirtschaft abermals ein betäubender Schlag versetzt wurde. So stellte der Ausschuß, als er seinen Bericht am 23. Dezember 1931 vorlegte, unmißverständlich fest, daß Deutschland nach Ablauf des Moratoriums keineswegs imstande sein werde, wieder Reparationen zu bezahlen, und betonte überdies, daß die herrschende Krise nicht mit der »verhältnismäßig kurzen Depression« identisch sei, gegen die man im Young-Plan Sicherheiten eingebaut habe, daß vielmehr die derzeitige Notlage eine radikale Lösung, nämlich die Streichung der Reparationen wie der interalliierten Schulden, erfordere; ohne einen solchen Schritt könne das Vertrauen nicht restauriert werden, »das die sicherste Grundlage wirtschaftlicher Stabilität und wahren Friedens ist«[17]. Frankreich mußte ohnmächtig zusehen, wie seine Freunde die reparationspolitischen Fesseln lösten, die Deutschland so lange gefangengehalten hatten. Zwar gab sich die Pariser Regierung selbst jetzt noch redlich Mühe, das Unvermeidliche wenigstens etwas zu verzögern. So wollte Frankreich darauf bestehen, die Liquidierung der Reparationen von der vorher eingeholten Zustimmung Amerikas zur Tilgung der alliierten Schulden abhängig zu machen. Aber die gemeinsame Überzeugung Großbritanniens, Italiens und natürlich Deutschlands, daß zunächst die Reparationsfrage aus der Welt geschafft und dann erst an Washington appelliert werden sollte, zwang die Pariser Politiker zum Rückzug.

Vom 16. Juni bis zum 9. Juli 1932 konferierten in Lausanne Repräsentanten aller an den Reparationen interessierten Länder, und ohne die Vereinigten Staaten konsultiert zu haben, beschloß die Konferenz – auf der nicht mehr Brüning Deutschland vertrat, sondern der seit 1. Juni amtierende Reichskanzler Franz v. Papen, der nun die Früchte der Politik seines Vorgängers einheimste –, ihr »Finis« unter das Reparationskapitel zu setzen. Damit Herriot, der seit 4. Juni wieder an der Spitze der französischen Regierung stand, seiner Öffentlichkeit weismachen konnte, er habe nicht etwa das Ende der Reparationen akzeptiert, mußte sich Deutschland dazu verstehen, der Bank für Internationalen Zahlungsausgleich Obligationen über 3 Milliarden Mark auszuhändigen. Aber die Bank durfte die Obligationen erst drei Jahre nach der Ratifizierung der Lausanner Beschlüsse auf dem internationalen Geldmarkt ausgeben, und erst nach dem Beginn der Emission hatte Deutschland diese sogenannte Restzahlung mit fünf Prozent zu verzinsen und mit einem Prozent zu amortisieren. Die Reparationen waren tatsächlich tot, ohne daß die Ziffern des Londoner Zahlungsplans von 1921 (132 Milliarden) oder des Young-Plans (112 Milliarden) auch nur annähernd erreicht worden wären; bis zum Sommer 1931 hatte Deutschland in bar und in Form von Sachlieferungen rund 23 Milliarden Mark Reparationen gezahlt, davon 9,5 Milliarden an Frankreich. Da die Ratifizierung der

Lausanner Beschlüsse nie erfolgt ist, brauchte sich Berlin nicht einmal mehr mit dem Rest von 3 Milliarden zu beschäftigen.

Die britische Regierung hatte sich in der Hoffnung gewiegt, daß der moralische Druck eines Verzichts auf Reparationen, wie ihn die Gläubiger Deutschlands jetzt aussprachen, groß genug sein werde, um Washington zum Verzicht auf die weitere Rückzahlung der alliierten Schulden zu nötigen. Daher war am 8. Juli zwischen England, Frankreich, Italien und Belgien ein Gentlemen's Agreement zustande gekommen, das die beteiligten Mächte verpflichtete, die Lausanner Vereinbarungen nicht vor einer »befriedigenden Regelung zwischen ihnen und ihren Gläubigern« zu ratifizieren.[18] Jedoch zeigte sich Hoover, zumal 1932 in Amerika Wahljahr war, gegen moralischen Druck ebenso unempfindlich wie zuvor gegen Argumente, und die Verhandlungen mit Washington blieben in der Schwebe. Nun hätten die ehemaligen Alliierten ihre Zahlungen an Amerika allenfalls dann fortsetzen können, wenn sie Deutschland einen neuen Young-Plan aufzwangen. Nach Lausanne war aber eine solche Lösung rechtlich kaum möglich – da Deutschland mit dem Gentlemen's Agreement nichts zu tun gehabt hatte – und wirtschaftlich wie erst recht politisch unmöglich. So verfiel man auf einen naheliegenden Ausweg: Im Dezember 1932, als wieder Raten fällig waren, stellten sechs Schuldner der Vereinigten Staaten, darunter Frankreich und Belgien, ihre Zahlungen ein. Großbritannien und Italien, die im Dezember ihre Verpflichtungen noch erfüllt hatten, überwiesen beim nächsten Termin, im Juni 1933, nur mehr eine symbolische Summe, die lediglich demonstrieren sollte, daß man die Existenz einer Schuld »bis zur endgültigen Regelung« nicht bestreiten wolle.[19] Nachdem sich jedoch herausgestellt hatte, daß Amerika auch unter dem neuen Präsidenten Roosevelt nicht bereit war, die alliierten Schulden zu streichen, vielmehr, wie das ›Ohio State Journal‹ schrieb, es vorzog, einfach kein Geld zu bekommen, folgten London und Rom im Juni 1934 dem französischen und belgischen Beispiel, und als zahlenden Schuldner behielten die Vereinigten Staaten allein Finnland.

Während Brüning zielbewußt auf die Liquidierung der Reparationsfrage zusteuerte, hat die Reichsregierung aber auch andere Objekte deutscher Revisionspolitik nicht aus den Augen verloren. Wie schon die Propagandaschlachten des Sommers und Herbstes 1930 angekündigt hatten, richteten sich die Blicke vor allem auf Polen. Nachdem dort die Novemberwahlen des Jahres 1930 zahlreiche deutschfeindliche Kundgebungen und Ausschreitungen gegen die deutsche Minderheit in Posen, Pomerellen und Polnisch-Oberschlesien gebracht hatten, nicht zuletzt als Antwort auf die Herausforderung, die während des deutschen Wahlkampfes über die Grenze gerufen worden war, verlangte Berlin, daß sich der Völkerbundsrat mit den Leiden der deutschen Minorität beschäftigen müsse, die ebenfalls in Genf Beschwerde eingelegt, allerdings auch zu Hause – wie zwei polnische Tote gegen keinen deutschen bezeugen – nicht einfach die andere Wange dargeboten hatte. Am 21. Januar 1931 fochten Außenminister Curtius und sein polnischer Kollege Zaleski in öffentlicher Ratssitzung ein Rededuell aus, das von ganz Europa aufmerksam beobachtet wurde, und zwar nicht deshalb, weil man der Streitfrage, um die es im Augenblick ging, besondere Bedeutung beigemessen hätte, sondern weil man sich vom Auftreten des deutschen Ministers einige Aufschlüsse über die künftige deutsche Polenpolitik versprach, eine Antwort auf die Frage, ob die antipolnischen Ausbrüche des Vorjahres nur Theaterdonner gewesen waren. Curtius hat durchaus Klarheit geschaffen. In seinem Ton und in seinen Formulierungen klirrte eine eisige Feindseligkeit, die, gerade weil sie allgemein als echt und nicht etwa als rhetorische Leistung erkannt wurde, jedermann verriet, daß sich Deutschland mit seinen Ostgrenzen nicht abfinden und eines Tages, sobald die militärische Schlagkraft zurückgewonnen war, ihre Korrektur versuchen wollte. In diesem Zusammenhang ist in den europäischen Hauptstädten ebenso sorgfältig registriert worden, daß die Reichsregierung wenig später, am 19. März 1931, dem Reichstag einen Wehretat vorlegte, in dem, trotz der katastrophalen Finanzlage, nicht allein die letzte Rate für den schon früher begonnenen Panzerkreuzer A, sondern sogar die erste Rate für ein weiteres Schiff des gleichen Typs enthalten war. Die Panzerkreuzer aber, die mit ihren 10 000 Tonnen im Rahmen der Beschränkungen blieben, die der deutschen Marine in Versailles auferlegt worden waren, jedoch auf technisch ingeniöse Weise eine hohe Kampfkraft erreichten, hatten – damals – allein dann einen militärischen Sinn, wenn sie zur Verwendung in der Ostsee oder zur Absperrung der Ostsee gedacht waren, also unmittelbar gegen Polen wirken oder durch eine Blockade französische Unterstützung für Polen verhindern sollten.

Damit nicht genug, schien Deutschland zur gleichen Zeit auch seine Südgrenze revidieren zu wollen. Am 21. März 1931 gab die Reichsregierung bekannt, daß sie mit der österreichischen Regierung vereinbart habe, zwischen Deutschland und Österreich eine Zollunion auszuhandeln, und selbstverständlich haben alle europäischen Kabinette, die von der Berliner Ankündigung völlig überrascht worden waren, das Projekt als ersten Schritt zur vollständigen Vereinigung verstanden, zumal man zwar Wien ein wirtschaftliches Interesse an dem Plan zubilligen mochte, Berlin hingegen offensichtlich im Begriff stand, sich eine zusätzliche wirtschaftliche Last aufzuhalsen, also von politischen Motiven getrieben sein mußte. So herrschte in Paris, Prag und Belgrad eine Aufregung, die dem Vorhaben ein baldiges Ende verhieß, und das Ende war um so eher und um so sicherer zu erwarten, als die rechtliche Position Österreichs und Deutschlands zumindest zweifelhaft zu sein schien. Wenn man die Zollunion als Vorstufe zum Anschluß begriff, hatten beide Staaten gegen die Verträge von Versailles und von St. Germain verstoßen, die den Anschluß untersagten, sofern nicht der Völkerbundsrat zugestimmt hatte, der aber nicht einmal informiert worden war; 1922 hatte sich Wien außerdem, als es die Wirtschaftshilfe des Völkerbunds akzeptierte, verpflichten müssen, keinem Staat Sonderrechte einzuräumen, die geeignet waren, Österreichs wirtschaftliche Unabhängigkeit zu gefährden. Unter solchen Umständen ist es schwer vorstellbar, daß die Berliner und Wiener Politiker auch nur einen Augenblick lang hoffen konnten, mit ihrem Coup Erfolg zu haben. Deutschland war wirtschaftlich, militärisch und politisch noch so schwach, daß sein Vorgehen eigentlich noch gar keinen Coup darstellte, sondern einen Akt, dem jede Beziehung zu den Realitäten fehlte; die Zeit der Europa lähmenden Überraschungen war noch nicht gekommen. Das Projekt ist denn auch auf beide Klippen, auf die politische wie auf die rechtliche, aufgelaufen.

Während Frankreich mit massivstem finanziellen Druck, der entscheidend zum Zusammenbruch der Österreichischen

Creditanstalt beitrug, Wien zur allmählichen Preisgabe des Plans zwang, schaltete der britische Außenminister Henderson, der gegen die Zollunion an sich nichts einzuwenden gehabt hätte, aber die Unerbittlichkeit des französischen Widerstands richtig einschätzte und daher nach einem Weg zur möglichst ruhigen Beilegung der Krise suchte, den Völkerbund ein. Am 18. Mai 1931 prüfte der Rat das Problem und folgte schließlich dem Vorschlag Hendersons, die Angelegenheit dem Ständigen Gerichtshof im Haag zu überweisen, nachdem der britische Außenminister dargelegt hatte, daß er zwar die lauteren Motive der österreichischen und der deutschen Regierung – die fortwährend beteuert hatten, die Zollunion sei als eine rein wirtschaftliche Einrichtung aufzufassen und habe mit einem Anschluß nichts zu tun – nicht in Zweifel ziehen wolle, daß aber die rechtlichen Aspekte der Aufhellung bedürften; Curtius und Schober, dem österreichischen Vizekanzler, blieb nichts anderes übrig, als ihr Einverständnis zu erklären. Am 5. September 1931 konstatierte der Gerichtshof – mit knappster Mehrheit, nämlich mit acht gegen sieben Richterstimmen –, daß die Zollunion mit der österreichischen Verpflichtung von 1922 nicht zu vereinbaren sei, und schon zwei Tage vorher, am 3. September, hatten Schober und Curtius öffentlich bekundet, daß ihre Staaten das Projekt aufgegeben hätten.

Der Plan war gescheitert. Indes hatte auch er die allgemeine revisionspolitische Intention des Kabinetts Brüning bestätigt, und seit der Völkerbundsrat am 23. Januar 1931 endlich über Termin und Ort einer großen Abrüstungskonferenz entschieden hatte – die Konferenz wurde auf den 2. Februar 1932 nach Genf einberufen –, gab die Reichsregierung immer wieder zu verstehen, daß sie auf dieser Konferenz die militärische Gleichberechtigung Deutschlands fordern werde. Sollte die deutsche Forderung erfüllt werden – und es lag auf der Hand, daß ihr nicht auf die Dauer auszuweichen war –, so trat in der europäischen Machtverteilung eine Verlagerung ein, die in absehbarer Zeit auch den territorialen Revisionsansprüchen Deutschlands, ob sie Polen oder Österreich betrafen, ein ganz anderes Gewicht als bisher geben und eine Abwehrreaktion, wie die im Falle der Zollunion praktizierte, unmöglich oder doch sehr schwierig machen mußte. Der Übergang von sorgsam gepflegten Ansprüchen zu einer ausreichend basierten Politik der Realisierung begann sich bereits – gerade mit der Abrüstungskonferenz – deutlich abzuzeichnen.

Frankreich reagierte auf die Berliner Revisionspolitik mit einem
so heftigen Ausbruch seines alten Sicherheitsfiebers, daß die
französisch-deutsche Verständigung, wie sie in Locarno immerhin eröffnet worden war, nicht mehr fortgesetzt werden konnte.
Die Abkehr von Locarno, die sich nun vollzog, hat in Briands
körperlichem Verfall und im Rückgang seines politischen Einflusses geradezu symbolischen Ausdruck gefunden; als Stresemanns großer Partner am 7. März 1932 starb, hatten die deutsch-
französischen Beziehungen einen neuen Tiefpunkt erreicht.
Niemand vermag zu sagen, ob eine Politik der bereitwillig ge-
währten Konzessionen die Entwicklung in Deutschland positiv
beeinflußt hätte. Wahrscheinlich nicht. Sicher ist aber, daß die
französischen Politiker, wie zwischen 1919 und 1925, aus
Furcht vor dem deutschen Nationalismus wieder ein Verhalten
an den Tag legten, das den deutschen Nationalismus noch mehr
anheizen mußte. Und jetzt konnte Deutschland, anders als
in der ersten Hälfte der zwanziger Jahre, nicht länger in
Schach gehalten werden. Gewiß war Frankreich, zumal es die
Wirtschaftskrise auf Grund seiner spezifischen Struktur sehr
viel weniger spürte, noch immer stark genug, um territorialen
Revisionismus, wie er sich im Zollunionsprojekt äußerte, zu
ersticken. Doch hatte Frankreich nicht länger die Möglichkeit,
Deutschland an der Wiedergewinnung seiner finanziellen Bewegungsfreiheit zu hindern, und es war auch bereits abzusehen,
daß die militärische Gleichberechtigung Deutschlands ebenfalls
bald verwirklicht sein würde, ob nun durch die Abrüstung der
übrigen Welt oder durch eine deutsche Aufrüstung. Trotzdem
behandelten die Pariser Politiker den Versailler Vertrag gewissermaßen als Vorfeld der Maginot-Linie und benützten jeden
einzelnen Paragraphen als möglichst lange zu haltendes Außen-
werk. Ihr Widerstand gegen das Hoover-Moratorium und
gegen die Entwicklung, die zur Konferenz von Lausanne führte,
war keine konstruktive Politik; es handelte sich um eine
zwar verbissene, aber ebenso sterile wie vergebliche Obstruktion, die den Ruf und das Prestige Frankreichs allmählich
ruinierte, soweit der Ruf und das Prestige Frankreichs eben
zu ruinieren sind. Einem Manne wie Herriot war das nicht
gleichgültig, auch nicht den neuen Männern, die an Briands
Platz getreten waren: Tardieu, Flandin, Laval, Daladier.

Aber wie sie es sahen, schafften sich die Deutschen zunächst in ihrem Etat Platz für Rüstungsausgaben, um dann, wenn die militärische Gleichberechtigung gewonnen und auch wieder Geld vorhanden war – die Wirtschaftskrise würde ja nicht ewig dauern –, tatsächlich für ein polnisches Sadowa aufzurüsten. Entstand nicht schon jetzt auf den deutschen Werften der Kern einer neuen Flotte, die diesmal zur Trennung Polens von Frankreich bestimmt war? Das Argument, eine allzu starre Politik trage zum Niedergang der Weimarer Republik bei und spiele Hitlers NSDAP in die Hände, galt in Paris nicht viel. Warum sollte Frankreich eine Republik stabilisieren helfen, die selbst zu Stresemanns Zeiten und jetzt erst recht ständig ihre Entschlossenheit bekundete, nach der Stabilisierung eine Außenpolitik zu treiben, die Frankreichs Stellung in Europa zerstören und damit Frankreichs Sicherheit gefährden mußte? Hitler hatte sicherlich schlechtere Manieren als Brüning oder Papen und die hinter beiden stehenden Generäle; er mochte auch brutaler sein und weiter ausgreifende Pläne verfolgen. War aber die Außenpolitik, die man von ihm zu gewärtigen hatte, für das europäische Gleichgewicht wirklich um so viel bedrohlicher, daß es sich lohnte, besser angezogene, besser erzogene, leiser sprechende und vielleicht etwas bescheidenere Feinde des europäischen Gleichgewichts zu stützen? In Paris glaubte man das bezweifeln zu dürfen.

Da die französischen Politiker nach wie vor nicht geneigt waren, hinter den Einrichtungen der kollektiven Sicherheit vor den heraufziehenden Gefahren Schutz zu suchen, richtete sich ihre Obstruktionspolitik nicht allein gegen Deutschland, sondern in gleichem Maße gegen den Völkerbund. Vor allem zeigten sie sich gewillt, sich der wichtigsten Aufgabe Genfs, nämlich den jetzt wieder ernsthaft verfolgten Abrüstungsplänen, zu entziehen. Selbst Herriot, der auf solche Pläne an sich positiv reagierte und Frankreich überdies die britischen und amerikanischen Sympathien erhalten wollte, sagte einmal: »Ich habe keine Illusionen. Ich bin überzeugt, daß Deutschland wieder aufrüsten will ... Morgen wird es eine Politik territorialer Forderungen treiben, mit einem gewaltigen Mittel der Einschüchterung: seiner Armee ... Die instinktive Reaktion darauf ist die Feststellung, daß wir nicht einen Mann, nicht eine Kanone abschaffen werden.«[20] So beschloß die Pariser Kammer im Juni 1931 den Bau von Kriegsschiffen, mit denen die deutschen Panzerkreuzer übertroffen werden sollten, was anfänglich aussichtsreiche Verhandlungen, die mit Rom über eine Begrenzung der Flotten Frankreichs und Italiens angeknüpft worden waren, endgültig scheitern ließ, und im Juli 1931, als Termin und Ort der vom Völkerbund einberufenen Abrüstungskonferenz bereits feststanden, übermittelte die französische Regierung dem Genfer Sekretariat eine Note, in der sie unverblümt erklärte, daß Frankreich nicht abrüsten werde, wenn es keine neuen Sicherheitsgarantien erhalte. Konnte von Paris keine Modifizierung dieses Standpunkts erreicht werden, so war die Abrüstungskonferenz von Anfang an zum Scheitern verurteilt und eine deutsche Aufrüstung unvermeidlich. In Frankreich, wo man eine allgemeine Abrüstung freilich als ebenso sicheren und wesentlich kürzeren Weg zur militärischen Überlegenheit Deutschlands ansah, glaubte sich die Regierung zu ihrer Obstruktionspolitik jedoch um so mehr genötigt, als gerade die Krise um das Zollunionsprojekt gelehrt hatte, daß sich Paris auf die europäische Solidarität nicht verlassen konnte, die eine entscheidende Voraussetzung erfolgreicher Abwehr darstellte, wenn ein militärisch überlegenes Deutschland territoriale Revisionen anstrebte. Zwar hatte Frankreich bei seinem Vorgehen gegen den deutsch-österreichischen Plan die Hilfe Großbritanniens und Italiens gefunden, und es war deutlich geworden, daß Deutschland, sobald sich sein Revisionismus auf Grenzen richtete, die außenpolitische Isolierung riskierte. Doch war dem Quai d'Orsay nicht entgangen, daß sich die britische Regierung nur für die bequemere Lösung entschieden hatte, nämlich für die Unterstützung der im Augenblick noch stärkeren Macht, daß aber London die Sache selbst, den Anschluß Österreichs an Deutschland, mit beunruhigender Gleichgültigkeit aufgenommen hatte. Würde England, wenn ein aufgerüstetes Deutschland solche Coups wagte, die dann bequemere Lösung wählen? Auch Mussolini, an der Erhaltung der österreichischen Unabhängigkeit unmittelbar interessiert, hatte gezögert und sich der Front gegen die Zollunion erst angeschlossen, nachdem klar geworden war, daß Deutschland die Kraft für derartige Aktionen noch fehlte. Wie würde sich Mussolini verhalten, wenn er mit der Opferung Österreichs die Rückendeckung eines militärisch schlagkräftigen Deutschland für eigene Abenteuer erkaufen konnte? Und aus Prag wie Belgrad waren nicht die Beistandsversprechen von Verbündeten zu hören gewesen, sondern die Hilfeschreie abhängiger Klienten. Nie zuvor hatte man in Paris, trotz der Deutschland schließlich doch zugefügten Demütigung, so stark empfunden, wie brüchig das System, mit dem Frankreich seine Sicherheit garantieren wollte, im Grunde war.

Die Nervosität, die derartige Signale in Paris auslösten, hat sich auch dann nicht gelegt, als Rußland im Laufe des Jahres 1932 zumindest mit dem Geist der nun zehnjährigen sowjetisch-deutschen Partnerschaft – wie er von beiden Seiten oft genug präzisiert worden war – brach und das deutsch-russische Bündnis durch einen Nichtangriffsvertrag entwertete, den Moskau am 25. Juli 1932 mit Polen schloß; zuvor hatte die Sowjetunion gleiche Pakte mit Finnland (31. Januar 1932), Lettland (5. Februar) und Estland (4. Mai) unterzeichnet, danach folgten noch Verträge mit Frankreich (29. November) und Italien (2. September 1933). Zwar bedeutete der neue Kurs, der Polen im Osten entlastete, einen Verlust für Berlin, das 1926 gegen ähnliche Absichten Moskaus ja noch mit Erfolg protestiert hatte, aber keineswegs schon einen Gewinn für Frankreich. Wenngleich sich Rußland auch bereits dem Völkerbund zu nähern begann, ließ sich Stalin, der jetzt in Moskau ausschlaggebende Mann, nicht von der Absicht leiten, die Sowjetunion aus irgendwelchen Gründen gegen den deutschen Revisionismus zu engagieren; die Verbindung nach Berlin wurde von ihm weiterhin pfleglich behandelt. Vielmehr sah er sich auf dem europäischen Kontinent zu einer Politik des generellen »Disengagement« gezwungen, weil er sein Land gerade durch eine ungeheure innere Revolution – gewaltsame Kollektivierung der Landwirtschaft und forcierte Industrialisierung – geschwächt hatte und weil die verbleibende außenpolitische Energie inzwischen an den Ostgrenzen des riesigen Reiches gebunden war.

Mandschurei: erster schwerer Schlag
gegen die Autorität des Völkerbunds

Während sich die Spaltung Europas abermals vertiefte – als das Scheitern der deutsch-französischen Verständigung die Spannung zwischen den Verteidigern des Status quo und den revisionistischen Staaten zu einem bestimmenden Faktor erhob – und kollektive Sicherheit wie Abrüstung bereits in eine fast tödlich scheinende Gefahrenzone gerieten, hatte nämlich im Fernen Osten Japan seine alte Expansionspolitik wieder aufgenommen und einen Konflikt provoziert, der die russischen

Interessen unmittelbar berührte, zugleich aber die in Europa eingeleitete Auflösung der kollektiven Sicherheit beschleunigte und sogar den vollständigen Ruin des Völkerbunds schon beinahe unvermeidlich machte. In der Nacht vom 18. zum 19. September 1931 hatten die japanischen Truppen, die – auf Grund eines Vertrages mit China – zum Schutze der Südmandschurischen Eisenbahn in der zu China gehörenden Mandschurei stationiert waren, Mukden, Antung und etliche andere Städte besetzt, nachdem die Bahnlinie durch eine wahrscheinlich von den Japanern selbst inszenierte Explosion leicht beschädigt worden war. Obwohl die Soldaten des regionalen und von der Nationalregierung in Nanking praktisch unabhängigen chinesischen Machthabers, Tschang Hsueh-liang, keinen Widerstand leisteten, demonstrierte die japanische Armee ihre ernsthaften Absichten durch eifrigen Waffengebrauch, selbst durch Bombenangriffe; die Zahl der Toten und Verletzten war entsprechend hoch. Im Laufe der folgenden Tage und Wochen okkupierten die Japaner unter den gleichen Begleitumständen fast die ganze Mandschurei, von nördlichen Gebieten abgesehen, wo russischer Einfluß dominierte, und rasch wurde klar, daß es ihnen mitnichten um die Protektion der Bahn oder ihrer Truppen ging, auch nicht darum, die Chinesen zur Respektierung etlicher und in der Tat nur lässig und unvollkommen erfüllter japanisch-chinesischer Abmachungen zu zwingen, daß ihre Aktion vielmehr die Annexion der Mandschurei oder zumindest die Eingliederung des Landes in den japanischen Machtbereich bezweckte.

Der japanische Imperialismus hatte die Rücksicht auf den pazifischen und fernöstlichen Status quo, die 1922 während der Konferenz von Washington erzwungen worden war, stets nur höchst widerwillig geübt. Namentlich die radikalste imperialistische Gruppe, das nationalistische Offizierskorps der Armee, das im gesellschaftlichen und politischen Gefüge Japans die Rolle einer faschistisch disponierten Schicht und einer faschistischen Partei spielte, drängte nach wie vor darauf, daß Nippon seiner Bestimmung folgen und alle seine wirtschaftlichen wie gesellschaftspolitischen Probleme durch den Aufbau eines – zugleich die außenpolitischen Machtansprüche befriedigenden – großostasiatischen Imperiums lösen müsse; zum ersten wichtigen Objekt dieses Traums wurde die Mandschurei. Seit das exportabhängige Japan unter der Weltwirtschaftskrise litt, waren die Pressionen der Militärs naturgemäß noch stärker geworden, und schließlich hatten die Offiziere die Flucht nach vorne gewählt, zumal sie ihre Beute in Gefahr glaubten, da sich die chinesische Regierung bemühte, ihre Autorität in der Mandschurei zu restaurieren, und solche Anstrengungen auf einen allmählich breiter werdenden Strom von Einwanderern aus dem eigentlichen China stützen konnte.

Wahrscheinlich hatte die japanische Regierung oder doch das Außenministerium von dem Coup der Armee und der in der Mandschurei stehenden Truppen keine Ahnung. Sollte das Kabinett in Tokio aber doch vorher informiert gewesen sein, so stand es jedenfalls unter dem massiven Druck der Militärs, die sich ja – besonders die jüngeren Offiziere – nicht scheuten, den politischen Führern des Landes die Richtigkeit einer imperialistischen Politik mit einer in der neueren Geschichte beispiellosen Kette von Attentaten zu beweisen. Allerdings hat sich die Regierung in diesem Falle rasch angepaßt und sich ohne größeres Widerstreben auf den Weg ziehen lassen, den die Militärs eingeschlagen hatten. Nachdem die Japaner Ende Januar 1932 auch in Schanghai, wo sie sich ebenfalls provoziert gaben, militärische Operationen begonnen hatten, vermutlich, um die Aufmerksamkeit der Welt von ihrem eigentlichen Ziel etwas abzulenken – welch begrenzter Zweck sie freilich auch hier nicht daran hinderte, dicht bevölkerte Wohnviertel mit Bombenflugzeugen anzugreifen –, beseitigten sie in der Mandschurei selbst die Verwaltungsorgane Tschang Hsueh-liangs und ersetzten sie durch Kollaborateure, die unter strafferer japanischer Kontrolle arbeiteten. Am 18. Februar 1932 trafen sich die neuen Provinzgouverneure in Mukden und erklärten auf japanisches Geheiß die Trennung der Mandschurei von China. Am 1. März präsentierte Tokio der Welt die »souveräne« Republik Mandschukuo und ließ die Geburt des Marionettenstaates sogar beim Generalsekretariat des Völkerbunds anzeigen.

Japan hatte mit seinem Angriff auf China – der übrigens in Japan tatsächlich wie ein großzügiges Arbeitsbeschaffungsprogramm wirkte und die ärgsten Nöte der internationalen Depression fernhielt – gleich drei feierlich beschworene Verträge gebrochen: die Satzung des Völkerbunds, den Briand-Kellogg-Pakt und das Neunmächte-Abkommen vom 6. Februar 1922. Kein Zweifel: die kollektive Sicherheit, wie sie im Völkerbund institutionalisiert worden war, hatte jetzt ihre Feuerprobe zu bestehen, und in gleicher Weise mußte sich nun die Solidarität jener Staaten zeigen, die 1922 auf der Konferenz von Washington den kleinen pazifischen Völkerbund begründet hatten. Aber die Genfer Maschinerie kam diesmal bemerkenswert langsam in Gang. Zunächst war freilich unklar, was sich in Mukden wirklich ereignet hatte und welche Absichten die japanische Regierung wirklich verfolgte. Auch ergab sich aus den anfänglichen Differenzen zwischen dem japanischen Kabinett und der japanischen Armee eine Haltung der japanischen Vertreter in Genf, die den Effekt geschickter Taktik hatte; da das Tokioter Außenministerium offenbar ursprünglich gewillt war, den Militärs eine das Gesicht Japans wahrende, jedoch zugleich den internationalen Verpflichtungen des Staates gemäße Lösung aufzunötigen, konnten seine Repräsentanten im Völkerbund guten Glaubens und überzeugend versichern, daß die japanischen Truppen nach der – direkt zwischen China und Japan auszuhandelnden – Regelung gewisser Streitfragen bestimmt zurückgezogen würden und daher eine Intervention des Völkerbunds, dessen Kompetenz nicht bestritten werden solle, überflüssig sei. Nachdem genauere Informationen derartige Interpretationen hinfällig gemacht hatten, prozedierte Genf aber trotzdem mit einer Behutsamkeit, die es den japanischen Politikern und Diplomaten fraglos erleichtert hat, sich auf die Seite ihrer Armee zu schlagen und das Vorgehen in der Mandschurei schließlich bewußt abzuschirmen. Erst sieben Wochen nach Beginn der japanischen Aggression, am 24. Oktober, raffte sich der Völkerbundsrat zu dem Appell an Tokio auf, die japanischen Truppen zurückzuziehen und dann in direkte Verhandlungen mit China einzutreten. Als Yoshisawa, Japans Sprecher in Genf, der dem Rat selbst angehörte und natürlich gegen die Resolution des Rates gestimmt hatte, behauptete, jeder Beschluß, der in einer Sitzung gefaßt werde, die auf Grund des Artikels XI der Bundessatzung einberufen worden sei – unter Berufung auf Artikel XI hatte China um die Hilfe des Völkerbunds ersucht –, bedürfe der Einstimmigkeit, akzeptierte der Rat diese Auffassung und ließ die Dinge vorerst auf sich beruhen. Am 16. November begann in Paris die nächste Sitzung, und jetzt, am 21. November, nahm der Rat den Vorschlag des um weitere Verzögerung bemühten Yoshisawa an, zunächst einmal eine Untersuchungskommission zu bilden, die sich an Ort und Stelle einen Überblick über die wahre Lage verschaffen solle. Wiederum vergingen einige Wochen, ehe die Kommission am 10. Dezember offiziell ins Leben gerufen wurde, und erst am 3. Februar trat sie, geleitet von Lord Lytton, ihre Reise an. Sie wählte nicht etwa den schnellsten Weg, nämlich die Eisenbahn durch Rußland, vielmehr die Route über Amerika und Japan. Im April traf sie endlich ein – allerdings nicht in der Mandschurei, sondern in der Republik Mandschukuo.

Die schwächliche Reaktion des Völkerbunds hatte ihre Ursache in der Passivität der Großmächte. Zwar ist die Handlungsweise Japans von fast allen Regierungen verurteilt worden, und in fast allen Ländern forderte eine Mehrheit der Bevölkerung energische Maßnahmen gegen Tokio. Aber nirgends waren die Kabinette und die Bevölkerung bereit, aus ihrer Entrüstung Konsequenzen zu ziehen, die das Risiko eines ernsthaften Konflikts mit Japan eingeschlossen hätten. Frankreich und namentlich Großbritannien, das in diesem Falle die Hauptlast eventueller Sanktionen zu tragen gehabt hätte, dachten überhaupt nicht daran, Japan zu verärgern oder gar anzugreifen, zumal sie in der Mandschurei keine Interessen zu schützen hatten und den – wie sie erfahren zu haben meinten – wenig traktablen Chinesen einen Denkzettel durchaus gönnten; Frankreich war überdies mit seinen deutschen Sorgen beschäftigt und England durch die Wirtschaftskrise abgelenkt. Die Regierung der Vereinigten Staaten war weniger kurzsichtig, da Amerika in der Mandschurei Interessen hatte, das Prinzip der Offenen Tür für ganz China bedroht sah und in Stimson einen Außenminister besaß, der zu den überzeugten Anhängern der kollektiven Sicherheit gehörte. Bei einer klaren Majorität der Amerikaner wurde die antijapanische Stimmung jedoch durch die noch unerschütterte Abneigung gegen ferne und nicht als unbedingt notwendig empfundene Engagements paralysiert, das Verhältnis zum Völkerbund war noch mit den Parolen von 1919/20 beschwert, die Beziehungen zu den europäischen Staaten litten unter dem gerade wieder aufgetauchten Schuldenproblem, und den Tatendrang des Außenministers bremste Herbert Hoover, ein in außenpolitischen Dingen vorsichtiger und konfliktscheuer Präsident. So konnte Stimson die USA zwar näher an den Völkerbund heranführen, als man das kurz zuvor noch für möglich gehalten hätte; im Oktober 1931 nahm mit Prentiss Gilbert, dem amerikanischen Generalkonsul in Genf, ein Vertreter Washingtons sogar an Ratssitzungen teil, wenn auch nur als schweigsamer Beobachter, und der Lytton-Kommission war ebenfalls ein Amerikaner attachiert (General Frank R. McCoy). Doch mußte sich Stimson hüten, einen Kurs zu steuern, der Washington, allein oder zusammen mit Genf, in eine Aktion gegen Tokio gezogen hätte. Über eine deutlich antijapanische Rhetorik durfte er im Grunde nicht hinausgehen. Aus dieser engen Begrenzung seiner Aktivität entwickelte Stimson jene berühmte Doktrin, die seither gerne benützt wird, wenn einerseits die Ablehnung eines Zustands, andererseits aber der mangelnde Wille oder die mangelnde Fähigkeit zur Änderung umschrieben werden soll: die Doktrin der Nichtanerkennung. Am 7. Januar 1932 übermittelte Stimson Japan und China eine Note, in der er feststellte, daß Washington keine Vereinbarungen zwischen den beiden Staaten anerkennen werde, die vertraglich garantierte Rechte Amerikas in China beeinträchtigen könnten, auch keine Situation, die durch Mittel und Methoden geschaffen werde, wie sie der Kellogg-Pakt verbiete. Selbst bei einer so kraftlosen Geste ist Stimson von England und Frankreich, die er aufgefordert hatte, sich dem amerikanischen Beispiel anzuschließen, im Stich gelassen worden, und Washington handelte sich von Tokio die erste sarkastische Replik eines Aggressors ein. Trotzdem wiederholte der amerikanische Außenminister seine Formel in einem Schreiben, das er an Senator Borah, damals Vorsitzender des Außenpolitischen Senatsausschusses, richtete und am 23. Februar 1932 veröffentlichen ließ; auch das Sekretariat des Völkerbunds erhielt den »Stimson-Brief« offiziell zugestellt.

Die Bemühungen Washingtons hatten jetzt immerhin insofern Erfolg, als sich der Völkerbund wenigstens zur Adaption der Stimson-Doktrin entschloß. Nachdem China am 29. Januar 1932 – einen Tag nach Beginn der Kämpfe in Schanghai – die Hilfe Genfs unter Berufung auf Artikel XV der Bundessatzung erbeten hatte, was den Genfer Apparat ohne Rücksicht auf die Einsprüche irgendwelcher Ratsmitglieder in Bewegung zwang und die Pflicht zur Beteiligung an Sanktionen heraufbeschwor, appellierte der Völkerbundsrat am 16. Februar abermals an Tokio, und der britische Außenminister Sir John Simon (seit November 1931), der gerade den Vorsitz führte, wies Japan ausdrücklich darauf hin, daß die Verletzung der territorialen Integrität oder der politischen Unabhängigkeit eines Bundesmitglieds von den anderen Mitgliedern nicht anerkannt werden dürfe, sofern äußere Aggression im Spiele gewesen sei. Zwei Tage später antwortete Japan mit der Proklamierung einer selbständigen Mandschurei. Wenn man in Tokio geglaubt hatte, mit diesem Akt auch noch die Stimson-Doktrin ausmanövriert zu haben, sah man sich freilich getäuscht. Am 11. März 1932 verabschiedete die Vollversammlung des Bundes eine Resolution, in der die Formulierungen des Stimson-Briefes fast wörtlich auftauchten und im übrigen das Recht Genfs zur Schlichtung des Konflikts nachdrücklich bekräftigt wurde. Japan hat das ignoriert; denn weiter – bis zu wirtschaftlichen oder gar militärischen Sanktionen – konnte der Bund in der Tat nicht mehr gehen. So sehr fast alle kleineren Staaten, wie die Vollversammlung zeigte, auf eine energische Aktion Genfs drängten, ohne die Handlungsbereitschaft der Großmächte und der Vereinigten Staaten war der Völkerbund handlungsunfähig, und diese Bereitschaft fehlte nach wie vor. Zwar hat auch die Lytton-Kommission, als sie – die von den Japanern in jeder erdenklichen Weise behindert worden war – ihren Bericht im September 1932 endlich vorlegen konnte, die japanische Politik in einer bewundernswert objektiven Rekonstruktion der Entstehung wie der Entwicklung des mandschurischen Konflikts vernichtend kritisiert und die Regierung der Republik Mandschukuo eindeutig als ein Werkzeug Tokios wie als volksfremd charakterisiert. Indes hat das nur für den Völkerbund und nicht etwa für Japan üble Folgen gezeitigt. Nachdem im Dezember 1932 und im Januar 1933 letzte Genfer Versuche, Tokio für eine wohl unter starkem japanischen Einfluß, jedoch formell weiterhin unter chinesischer Oberhoheit stehende Mandschurei zu gewinnen, an der hochmütigen Ablehnung Japans gescheitert waren, blieb nichts anderes übrig, als eine auf dem Lytton-Bericht basierende Resolution der Vollversammlung zu präsentieren. Wie zu erwarten war, ist die Resolution am 24. Februar 1933 von der Vollversammlung nahezu einstimmig gebilligt worden. Die japanische Delegation, an ihrer Spitze der spätere Außenminister Matsuoka, verließ den Sitzungssaal, und am 27. März 1933 erklärte Japan, ohne daß es irgendwelche Nachteile zu befürchten brauchte, seinen Austritt aus dem Völkerbund. Die kollektive Sicherheit hatte sich in einen kaum mehr wahrnehmbaren Schemen, der Völkerbund selbst aus einer institutionalisierten Hoffnung in eine hoffnungslose Institution verwandelt. Und Japan hatte mit der Entscheidung für seinen imperialen Traum eine Bahn betreten, die das Land schließlich doch in einen blutigen Krieg mit den westlichen Großmächten und in eine schwere Niederlage führen mußte.

Unter solchen Voraussetzungen konnte die Abrüstungskonferenz das Ende der kollektiven Sicherheit nur noch bestätigen. Nachdem die deutsch-französische Krise und der japanische Überfall das internationale Klima so tief verändert hatten, waren die Teilnehmer der Konferenz, als sie am 2. Februar 1932 begann, bereits von einer Skepsis beherrscht, die sich sogar als zusätzliches Hindernis eines wirklichen Fortschritts bemerkbar machte. Daß die Eröffnungssitzung um eine Stunde verschoben werden mußte, weil der Völkerbundsrat noch die letzten Meldungen aus Schanghai erörterte, wo die Japaner wenige Tage zuvor mit allen modernen Waffen angegriffen hatten, war allerdings wenig geeignet, Zuversicht zu verbreiten. Um die Arbeit der Konferenz zu blockieren, genügten aber schon die französische Antipathie gegen die Abrüstung und das Problem der militärischen Gleichberechtigung Deutschlands. Zwar hat der französische Chefdelegierte Tardieu die Versammelten sogleich mit einem eindrucksvollen Plan überrascht, der die »Offensivwaffen« jeder nationalen Armee – Schlachtschiffe, Bombenflugzeuge, schwere Artillerie – dem Völkerbund unterstellen und dem Völkerbundsrat internationale Polizeikräfte verfügbar machen wollte; zugleich schlug er, um das Sicherheitssystem zu verbessern, die Einführung der – schon in den zwanziger Jahren als unmöglich erwiesenen – obligatorischen Schiedsgerichtsbarkeit vor, und er verlangte ferner eine leistungsfähige Sanktionsapparatur. Doch hat schon damals niemand daran gezweifelt, daß Tardieu lediglich die Absicht verfolgte, endlose Debatten über organisatorische Fragen des Sicherheitssystems zu provozieren und der eigenen Abrüstung wie Konzessionen an Deutschland aus dem Wege zu gehen. Er hat das bis zu einem gewissen Grade auch erreicht. Die Konferenz bot bald, ohne auf das deutsche Problem – das Brüning mit der Forderung nach Gleichberechtigung sofort klar formuliert hatte – einzugehen, das gewohnte und deprimierende Schauspiel fruchtloser Diskussionen über Sicherheitsgarantien und technische Details der sogenannten qualitativen Abrüstung, d. h. der Beschränkung von Offensivwaffen. Auf die Dauer ließ sich jedoch die politische Kernfrage der Konferenz nicht unterdrücken. Ihre Ignorierung verhinderte Fortschritte, und wenngleich dies die französischen Vertreter durchaus angenehm fanden, brachte es die übrigen Delegierten, die immerhin an gewissen Resultaten interessiert waren, allmählich in Wallung. Brüning wäre mit einer prinzipiellen Anerkennung der deutschen Gleichberechtigung und einer bescheidenen Vergrößerung der Reichswehr vorerst zufrieden gewesen; schließlich kämpfte er noch um die Liquidierung der Reparationen und wollte sich daher das Wohlwollen der Mächte nicht durch übertriebene Ansprüche verscherzen. Als im April Stimson und der britische Premier MacDonald nach Genf kamen, hat er die Gelegenheit benützt, ihnen einen Kompromißvorschlag zu unterbreiten: Verringerung der Dienstzeit von 12 auf 6 Jahre; Erhöhung der Stärke von 100000 auf 200000 Mann; Zubilligung des Rechts auf den Ankauf jeder Waffenart, die von der am Ende abgeschlossenen Abrüstungskonvention erlaubt werde, aber bei den vom Versailler Vertrag bisher verbotenen Waffen freiwillige Beschränkung Deutschlands auf Probestücke; im übrigen Verankerung der sonst unveränderten deutschen Verpflichtungen in der Abrüstungskonvention, nicht mehr im Versailler Vertrag. Stimson und MacDonald stimmten sofort zu, aber Frankreich entzog sich dem Vorschlag, und die Fronten blieben starr. Am 30. Mai 1932 wurde Brüning von Hindenburg entlassen, und der neue Reichskanzler Franz v. Papen ließ den Chef der deutschen Delegation in Genf, Rudolf Nadolny, am 22. Juli erklären, daß sich Deutschland an der weiteren Arbeit der Konferenz erst dann wieder beteiligen werde, wenn der deutsche Anspruch auf Gleichberechtigung anerkannt sei. Ohne Deutschland wäre die Fortsetzung der Konferenz vollends sinnlos geworden, und so haben jetzt die Vereinigten Staaten und Großbritannien den Franzosen in langwierigen Verhandlungen die am 11. Dezember geleistete Unterschrift unter eine Formel abgerungen, in der es hieß, »daß einer der Grundsätze, die die Konferenz leiten sollen, darin bestehen muß, Deutschland und den anderen durch die Verträge abgerüsteten Staaten die Gleichberechtigung zu gewähren in einem System, das allen Nationen Sicherheit bietet, und daß dieser Grundsatz in dem Abkommen, das die Beschlüsse der Abrüstungskonferenz enthält, verwirklicht werden soll«[21].

Deutschland kehrte nun zurück, und am 14. Dezember vertagte sich die Konferenz auf den 31. Januar 1933. Freilich bestand nicht die geringste Aussicht auf ein System, »das allen Nationen Sicherheit bietet«. Die Erklärung vom 11. Dezember hatte an der Lage zwischen Deutschland und Frankreich im

Grunde gar nichts geändert, und Frankreichs Bereitschaft zur Abrüstung war nicht um einen Deut größer als zuvor. Wenn aber Frankreich seine Waffen behielt und damit die Abrüstungskonferenz zum Scheitern verurteilte oder doch zu Resultaten, die einem Scheitern gleichkamen, bedeutete die gewiß noch vage, theoretische und verklausulierte, jedoch immerhin auf einem internationalen Dokument fixierte Anerkennung der militärischen Gleichberechtigung Deutschlands den ersten Schritt zur deutschen Aufrüstung. In diesem Augenblick, da Deutschland nach den Reparationen die zweite einschneidende Fessel seiner politischen Bewegungsfreiheit abzustreifen und mithin Frankreich – wie man in Paris sehr wohl wußte – den zweiten großen Gewinn des Krieges aus den Händen zu winden begann, ist am 30. Januar 1933, einen Tag, bevor die Abrüstungskonferenz ihre Arbeit wieder aufnahm, Adolf Hitler, der Führer der NSDAP, zum deutschen Reichskanzler ernannt worden.

2. Kapitel
Hitlers Machtübernahme und die Anfänge nationalsozialistischer Außenpolitik (1933–1935)

Hitlers außenpolitischer Darwinismus
und sein Lebensraum-Programm

Daß jedes deutsche Kabinett die jetzt gegebenen Möglichkeiten
noch ausgebaut und die dann erreichte Position zur Realisierung
revisions- und restaurationspolitischer Ambitionen benutzt
hätte, wird man guten Gewissens unterstellen können; aus den
grundlegenden Fakten der europäischen Verhältnisse wie aus
dem Ablauf der Ereignisse – von 1920 bis 1933 – läßt sich ferner
der Schluß ziehen, daß ein solcher Kurs Deutschland einen großen Machtzuwachs und manchen territorialen Gewinn eingebracht, Berlin die dominierende Stellung auf dem Kontinent
verschafft und das europäische Gleichgewicht zerstört, andererseits aber das Reich gelegentlich – vorbei an den Trümmern der
kollektiven Sicherheit – bis an den Rand eines neuen europäischen Krieges und vielleicht einmal über die Grenze zwischen
Krieg und Frieden gesteuert hätte. Jedenfalls wird man sagen
dürfen, daß die Außenpolitik der europäischen Staaten, schon
seit Jahrzehnten weitgehend von den diversen Rezepten zur
Lösung des deutschen Problems bestimmt, auch ohne Hitler
noch mehr von der Reaktion auf die Aktionen Berlins diktiert
worden wäre. Und doch hat Hitlers Einzug in die Reichskanzlei
sowohl die außenpolitische Zielsetzung wie die praktische
Außenpolitik Deutschlands völlig verwandelt und Europa vor
eine ganz neue Lage gestellt.

Gewiß: in einem Europa, das sich verzweifelt bemühte, die
internationalen Beziehungen so zu ordnen, daß die Fortsetzung
der Politik mit anderen Mitteln, der Krieg, allmählich eliminiert
werden konnte, hatten bereits die bisherigen Leiter der Berliner
Außenpolitik mit großer Selbstverständlichkeit an einem politischen Weltbild festgehalten, in dem der Krieg nach wie vor als
natürliche Ultima ratio erschien; und in einem Europa, das als
wichtige Voraussetzung erfolgreicher Bemühungen um Sicherheit und Frieden die allgemeine Anerkennung der Ergebnisse
des Weltkrieges ansah, fühlten sie sich zu einem außenpolitischen Programm verpflichtet, das die partielle oder totale Kor-

rektur der Kriegsergebnisse forderte. Mit ihrer Grundüberzeugung wie mit ihren konkreten Zielen hatten sie also wesentlich dazu beigetragen, den Optimismus des Jahres 1919 in Skepsis und schließlich in Verzweiflung zu verwandeln. Doch handelte es sich um Männer, die im Grunde den Frieden liebten oder jedenfalls nicht verachteten und daher ernstlich wünschten und hofften, ihre Politik mit friedlichen Mitteln machen zu können. Ihr Programm war begrenzt und jeder einzelne seiner Punkte bekannt; so ließ sich ihr Vorgehen bis zu einem gewissen Grade berechnen und – unterstützend oder hemmend – beeinflussen. Wenn sie auch noch in den außenpolitischen Kategorien der Vorkriegszeit dachten, so bedeutete das andererseits, daß sie immerhin die Prinzipien der damaligen außenpolitischen Geschäftsmoral respektierten; der glatte Bruch eines freiwillig unterschriebenen Vertrags galt ihnen, sofern nicht zwingende oder als zwingend betrachtete Gründe vorlagen, als verwerflich oder als schädlich. Zwar sind sie immer wieder der Versuchung zu törichten, kurzsichtigen und voreiligen Aktionen erlegen, wobei Kurzsichtigkeit und Voreiligkeit meist in ihrer nationalen Egozentrik wurzelten. Daß sich diese nationale Egozentrik noch deutlich von blinder Rücksichtslosigkeit und Brutalität abhob, lag aber nicht allein an der Schwäche ihres Staates, sondern doch auch an den Grundsätzen und Maßstäben, die ihnen eine große Bildungstradition vermittelt hatte, ebenso an ihren Kenntnissen und Erfahrungen, die schon eine hemmungslose Entfaltung der nationalen Egozentrik verhinderten. Wenige hatten – wie Stresemann – ein engeres Verhältnis zur parlamentarischen Demokratie und zur politischen Freiheit im westlichen Sinne gewonnen, doch wären nicht einmal die hochkonservativen Gruppen, die in der Endphase der Weimarer Republik regiert hatten, zu einer totalen Beseitigung der politischen Freiheit und damit der öffentlichen Meinung fähig gewesen, was die Voraussetzung einer totalen Militarisierung der Bevölkerung wie einer offensichtlich zum Krieg drängenden Außenpolitik sein mußte.

Hingegen ist Hitler unter allen Akteuren der damaligen politischen Bühne Europas wohl der einzige unverfälschte Sozialdarwinist gewesen. Sein Wesen und sein Instinkt zwangen ihn zu einer »Weltanschauung«, in der Politik als unerbittlicher »Kampf ums Dasein« erschien, und in diesem »ewigen Kampf«, den er als den »Vater aller Dinge« freudig bejahte, sei, so sagte er, der »Sieg des Stärkeren« ein unumstößliches Naturgesetz[22], das man nicht anerkennen oder verwerfen könne, gegen das lediglich Gehorsam oder Sünde möglich sei – wer dagegen sündige, gehe eben unter, und das sei gut. »Wer nicht Hammer sein will, wird in der Geschichte Amboß sein.«[23] Kein Volk und kein Staat hätten eine andere Wahl, weshalb es darauf ankomme, der Stärkere zu sein und von der Kraft rücksichtslos Gebrauch zu machen. Den Krieg begriff er daher nicht als eine manchmal nur schwer oder auch gar nicht mehr zu vermeidende Eventualität im Völkerleben, sondern als eine durchaus normale Form zwischenstaatlicher Beziehungen und als ein notwendiges Element zur Kräftigung des eigenen Volkes, das der wahre Staatsmann immer wieder selbst herbeiführen müsse. In seinem ›Zweiten Buch‹, das 1928 entstand, schrieb er, daß nach der Verwirklichung seiner Vorstellungswelt »Kriege den Charakter einzelner mehr oder minder gewaltiger Überraschungen verlieren, sondern sich eingliedern in ein natürliches, ja selbstverständliches System einer gründlichen, gut fundierten, dauerhaften Entwicklung eines Volkes«[24]. Wer ›Mein Kampf‹, das ›Zweite Buch‹, die in kleinerem Kreise gehaltenen Reden und die vertraulicheren Äußerungen auf sich wirken läßt, wird unweigerlich zu dem Schluß genötigt, daß Hitler allein in den Kategorien einer aggressiven, sichtbar von der Armee getragenen und schließlich von der Armee durchgesetzten Außenpolitik zu denken vermochte, daß ihm der Friede ein unbehaglicher Zustand war, den er sobald wie möglich mit dem Krieg vertauschen wollte. »Wo immer auch unser Erfolg endet, er wird stets nur der Ausgangspunkt eines neuen Kampfes sein«[25], hat er konstatiert, und es ist von ihm kein Wort – Propagandareden ausgenommen – und keine Handlung überliefert, die seinen nach Kriegsbeginn gefallenen Ausspruch einschränken oder gar widerlegen könnten, der Wille zum Schlagen sei immer in ihm gewesen. Hitler gehört in der Tat zu jenen seltenen Gestalten der Geschichte – unter den europäischen Politikern der Zwischenkriegszeit findet sich außer ihm lediglich der allerdings vorsichtigere Mussolini –, die es, unabhängig von Zielen und Programmen, zum Kriege drängt.

Innenpolitik im normalen Sinne des Begriffs, nämlich als Konflikt und Ausgleich der Anschauungs- und Interessengegensätze innerhalb eines politischen Gemeinwesens, hat für ihn, was nur logisch war, überhaupt nicht existiert. In seinen Augen reduzierte sich Innenpolitik zwangsläufig auf die Mobilisierung der Bevölkerung und die Präparierung des Staates für den Krieg oder, wie er es ausdrückte, für den Krafteinsatz nach außen.

Hitler hat 1933/34 im Namen einer nationalsozialistischen Revolution die politische Freiheit in Deutschland zerstört und die Gleichschaltung von Gesellschaft und Wirtschaft – d. h. ihre totale Unterwerfung unter seinen Willen – eingeleitet. Wie immer die unbeabsichtigten Wirkungen oder auch die von einzelnen nationalsozialistischen Führern beabsichtigten Resultate dieses Prozesses, der sich bis in den Krieg hinziehen sollte, ausgesehen haben mögen – Hitler selbst hat die Liquidierung der politischen Freiheit stets nur als Voraussetzung und den Prozeß der Gleichschaltung stets nur als Vollzug einer psychologischen, industriellen und militärischen Mobilmachung aufgefaßt. Nie ließ er sich, anders als Stalin, wissentlich auf Experimente ein, die zwar, an den Vorstellungen der Partei gemessen, »linientreu« sein mochten, aber eine zeitweilige Schwächung der militärischen oder wirtschaftlichen Schlagkraft Deutschlands verursacht hätten; man braucht nur an seine frühe Wendung gegen den revolutionären Geist der SA zu denken. Umgekehrt hat er zum Beispiel wirtschaftspolitische Maßnahmen, die, wie sein System der Rüstungsfinanzierung, nach einiger Zeit mit Sicherheit nachteilige Folgen haben mußten, unbedenklich getroffen, wenn sie zunächst einmal Energien freisetzten. Da er ein relativ nahes Ziel ansteuerte, glaubte er es sich leisten zu dürfen, Deutschlands Kraft gleichsam mit schädlichen Drogen aufzuputschen. Es ist in diesem Zusammenhang überaus aufschlußreich, daß sich in seiner Denkschrift zum Vierjahresplan, die im August 1936 entstand, kaum ein Wort über die normalen Ziele normaler Wirtschaftspolitik findet; vielmehr umschrieb er seine Wünsche mit den lapidaren Sätzen: »Die deutsche Armee muß in vier Jahren einsatzfähig sein; die deutsche Wirtschaft muß in vier Jahren kriegsfähig sein.«[26] Allerdings wußte Hitler besser als Brüning, daß die Massen, die er tief verachtete, allzu rebellisch werden, wenn man bestimmte materielle Grundbedürfnisse nicht befriedigt – schließlich hatte er von einer solchen Rebellion entscheidend profitiert –, und so hat er sich redlich Mühe gegeben, das riesige Heerlager, in das sich Deutschland rasch verwandelte, ausreichend mit Proviant zu versorgen.

Indes entwickelte Hitler nicht einfach die allen Faschismen eigene und im Grunde ziellose Kampfmoral, die auch Mussolini in seinen Schriften als die Essenz politischen Handelns beschrieb. Wie Mussolini dem italienischen Faschismus das mediterrane Imperium verhieß, so wollte Hitler Deutschland und der nationalsozialistischen Bewegung ebenfalls ein lohnendes Ziel weisen, und dieses Ziel hatte mit der Revision von Versailles nur mehr wenig zu tun. In den ersten Jahren seiner politischen Karriere war Hitlers politischer Horizont in der Tat noch von Versailles beherrscht, und so hatte in seiner außenpolitischen Vorstellungswelt zunächst Frankreich, als der wichtigste Feind Deutschlands, die Hauptrolle gespielt. Schon vor dem mißglückten Novemberputsch des Jahres 1923 aber und dann endgültig in der unfreiwilligen Muße, zu der ihn nach dem Putsch die Landsberger Festungshaft verurteilte und die er zur Niederschrift seines programmatischen Buches ›Mein Kampf‹ benützte, setzte er sich und Deutschland ein neues Ziel, das, wie er glaubte, dem großen, kalten und klaren Denken eines wahren Staatsmannes wie eines wahren Herrenvolkes würdiger sei: nämlich den Aufstieg Deutschlands zu einer Weltmacht, die ihre Kraft und ihren Rang mit der Beherrschung zumindest ganz Osteuropas fundieren und legitimieren müsse. Die Kriegszieldiskussion des Weltkriegs hat ihn dabei ebenso beeinflußt wie die Bekanntschaft mit ähnlichen Eroberungsplänen, die vor ihm bereits deutschböhmische und deutschmährische Nationalsozialisten geschmiedet hatten; daß er sich als Programmatiker in der Schuld etwa Rudolf Jungs fühlte, der in seinem 1919 geschriebenen Buch ›Der nationale Sozialismus‹ ebenfalls zum Zug nach Osten aufgerufen hatte, hat Hitler diesem Theoretiker der sudetendeutschen DNSAP später mit feierlichem Händedruck bestätigt. Seit 1923 vertrat Hitler jedenfalls – bis er im brennenden Berlin zugrunde ging – beharrlich und ohne jede Variation die These, Deutschland müsse sich Lebensraum im Osten erkämpfen, und zwar »auf Kosten Rußlands«[27]. Wenige Politiker haben in gleicher Weise über ihre letzten Absichten Klarheit geschaffen. Unter »Lebensraum« verstand er jedoch nicht allein eine ausreichende Ernährungsbasis für das deutsche Volk. Sowohl in ›Mein Kampf‹ wie im ›Zweiten Buch‹ und in manchen Reden betonte er noch nachdrücklicher, daß künftig ein Staat, der Weltmacht und zum Kriege fähig sein wolle, über eine genügend große Landmasse verfügen müsse – er wies ausdrücklich auf Amerika hin –, und da Deutschland, wie er behauptete, entweder als Weltmacht oder gar nicht existieren werde, habe die nationalsozialistische Bewegung die historische Mission, das deutsche Volk zum Erwerb dieser Landmasse zu führen. Die bürgerlich-nationalen Revisionisten, die nur an die Wiederherstellung der Grenzen von 1914 oder an ein Österreich einschließendes Großdeutschland zu denken wagten, überschüttete er mit beißendem Hohn, und er warf ihnen vor, daß es geradezu verbrecherisch sei, um solcher »Lappalien« willen einen Krieg zu riskieren. Die Außenpolitik der nationalsozialistischen Bewegung, die »immer eine Raumpolitik sein« und Deutschlands Weltmachtstellung »auf Jahrhunderte«, ja »für immer« sichern werde[28], rechtfertige dagegen den Krieg. Jahre vor der Machtübernahme hat er diktiert, daß er sich nicht scheuen werde, dereinst die Verantwortung für einen seinem Ziel geltenden »Bluteinsatz« zu übernehmen.[29] Die Verwirklichung seines Programms werde »die verantwortlichen Staatsmänner ... freisprechen von Blutschuld und Volksopferung«[30].

Mit Hitler war also im Januar 1933 ein Vertreter jenes Flügels der deutschen Restaurationsbewegung Reichskanzler geworden, der sich nicht mit einer Korrektur der negativen Kriegsergebnisse begnügen, sondern abermals nach den Gewinnen des Krieges greifen wollte, wie sie sich im Frühjahr 1918 abgezeichnet hatten, um dann mit der Niederlage doch wieder verlorenzugehen. Hitler betrachtete sich denn auch nicht als Testamentsvollstrecker der deutschen Vorkriegskanzler, und die Kriege, die er zu führen gedachte, sollten keine Wiederholung des Krieges Kaiser Wilhelms und Bethmann Hollwegs sein; erst recht hätte ihn die Vorstellung tief gekränkt, von der Nachwelt als Erbe des Stresemann von 1925/29 charakterisiert zu werden. Die Heere eines nationalsozialistischen Deutschland wollte er vielmehr die Wege ziehen lassen, auf denen 1917 und 1918 die Soldaten Ludendorffs nach Osten marschiert und geritten waren: durch die baltischen Länder, durch die Ukraine, bis zum Kaukasus. In diesen Feldzügen suchte er sein Vorbild, und als politischen Anhalts- und Ausgangspunkt nahm er, ganz im Sinne Oswald Spenglers, den Frieden von Brest-Litowsk. Hitler war, in der zeitgemäßen Gestalt des Massenführers, ein Epigone Ludendorffs.

Sein total militarisiertes Denken ist nie vom Lichte europäischer Religiosität oder Philosophie erhellt worden, wiewohl er es liebte, die »Vorsehung« zu beschwören und den Verehrer Nietzsches zu spielen; ethische Prinzipien waren ihm völlig fremd, und moralische Bindungen kannte er nicht. Was im Dunkel dieses darwinistischen Geistes manchmal aufglänzte, ist stets nur der Widerschein des Stahls von Panzern und Kanonen gewesen. Daß er in solchem Sinne ein Fremdling in Europa war, hat es ihm aber nicht allein ermöglicht, alle gefährlichen Tendenzen des deutschen Nationalismus – unter Ausschaltung jedes einschränkenden oder bremsenden Faktors – bis zur Konsequenz seiner Zielsetzung zu entwickeln; auch seine Methoden sind von sämtlichen Hemmungen befreit worden. Schon als Parteiführer hatte er wieder und wieder demonstriert, daß sich Vertragstreue mit seinem Charakter und mit seinem darwinistischen Credo nicht vertrug, und als er Reichskanzler wurde, glaubte er auch in der Außenpolitik zur Praktizierung seiner grundsätzlichen und ihm wesensgemäßen Infamie berechtigt zu sein; einige Zeit nach der Machtübernahme belehrte er seine Umgebung, beim Abschluß eines Vertrags dürfe man sich nicht von dem Gedanken beirren lassen, daß man den Vertrag einmal brechen müsse.[31] Hitler mußte Deutschland also nicht nur in einen Staat verwandeln, der unerträgliche Expansions- und Herrschaftsansprüche stellte, sondern zugleich in einen Staat, der eine Großmächten gelegentlich eigentümliche Rücksichtslosigkeit zur prinzipiellen Brutalität steigerte und diese Brutalität überdies mit der Unzuverlässigkeit und Unberechenbarkeit verband, wie sie unter bestimmten Umständen bei einem schwachen Land verständlich und verzeihlich sind. Wenn der stärkste Staat des Kontinents ein solches Verhalten an den Tag legte, durfte man als noch geringste Folge die vollständige Balkanisierung der europäischen Politik erwarten. Freilich ist Hitler die Überzeugung, in den zwischenstaatlichen Beziehungen seien die Verhandlungsmethoden amerikanischer Prohibitionsgangster angebracht und sogar üblich, auch dadurch erleichtert worden, daß ihm die historische Herkunft wie die gegebene Verfassung der gesellschaftlichen und politischen Verhältnisse außerhalb Deutschlands unbekannt waren; seine Kenntnis des Auslands beschränkte sich auf die Kenntnis flandrischer Schützengräben. Und derartige Lücken hat er, obgleich er sich im Laufe der Jahre eine erstaunliche Fülle technischen und militärischen Wissens aneignete, nicht durch das Studium ernst zu nehmender Literatur geschlossen, sondern einfach mit den Trugschlüssen besetzt, die sich aus seiner »Weltanschauung« ergaben, und mit den Vorurteilen, die im deutschen Bürgertum heimisch geworden waren.

Ein Mann, den seine Ziele, sein primitives Weltbild, sein Wesen und seine Armut an Kenntnissen zur Leitung der außenpolitischen Geschäfte eines Staates völlig untauglich machten, war von Anfang an zum Scheitern verurteilt, auch wenn ihm die Mißachtung aller Spielregeln und die grundsätzliche Kriegsbereitschaft Mittel zur Einschüchterung und zur Erpressung in die Hand gaben, die ihm eine kurzfristige Überlegenheit verschaffen mußten. Jedoch hat Hitler immerhin darüber nachgedacht, wie die Risiken seiner Pläne, die er durchaus erkannte, zu verringern seien; schließlich wollte er siegreiche Kriege führen, und so lag es mitnichten in seiner Absicht, Deutschland abermals in einen Konflikt mit einer überlegenen Mächtekombination zu verwickeln. Schon im Ansatz seiner Konzeption zeigte er hier Fähigkeiten, die neben dem Willen zur äußersten Rücksichtslosigkeit als weitere Ursachen zeitweiliger außenpolitischer Erfolge wirken konnten: einmal die Fähigkeit, morsche Stellen der bestehenden Ordnung zu wittern, jene Stellen, die seinem Einbruch und der Ausdehnung seiner Macht den geringsten Widerstand entgegensetzen würden, ferner die Fähigkeit, Schwächen und Egoismen der übrigen Staaten in sein Kalkül aufzunehmen und wiederum mit extremer Rücksichtslosigkeit auszubeuten. Auch bewies er, im Vergleich zu vielen anderen deutschen Politikern und Publizisten, die Weltmachtträumen nachhingen, ein gewisses Maß an Realismus. Seine Kritik an den bloßen Revisionisten galt einer kraftlosen Bescheidung, die ihm unbegreiflich und verächtlich war. Hingegen galt seine Kritik an den alldeutschen Forderungen der Vorkriegsjahre und erst recht der Kriegszeit einer uferlosen Wucherung der Ziele, die er als töricht ansah, da sie unweigerlich den Zusammenschluß übermächtiger Koalitionen gegen Deutschland erzwang. Wer gleichzeitig die Errichtung eines kontinentalen Imperiums in Ost- und Südosteuropa, den Vorstoß an den Kanal und den Atlantik, den Bau einer großen Hochseeflotte, die Schaffung eines riesigen Kolonialreiches und die Eroberung des Weltmarktes betrieb, der durfte sich nach Hitlers Ansicht nicht wundern, wenn er gleichzeitig gegen ganz Europa wie gegen die großen Seemächte zu fechten hatte und natürlich geschlagen wurde.

Er predigte dagegen unermüdlich die Konzentrierung auf die östlichen Ziele. Eine solche Beschränkung schien ein Rezept zu offerieren, das gewiß auch ein Risiko, aber doch ein, wie er glaubte, kalkulierbares Risiko einschloß. Hatte Großbritannien in Osteuropa vitale Interessen zu verteidigen? Nein, sagte Hitler, denn die Abneigung Londons gegen ein osteuropäisches Engagement war seit 1919 zu deutlich geworden, als daß sie ihm entgangen wäre. Wenn nun Deutschland, so schrieb er im ›Zweiten Buch‹, die Herausforderung Englands, die sich das Kaiserreich geleistet hatte, vermeide, wenn Berlin das britische Empire und den britischen Handel nicht störe, auf Kolonien und größere Seestreitkräfte verzichte, so sei es durchaus möglich, die britische Tolerierung einer östlichen Expansion Deutschlands zu erreichen. Könne aber Großbritannien neutralisiert werden, so sei auch die Passivität Frankreichs so gut wie sicher. Zwar müsse man mit der permanenten Feindschaft Frankreichs rechnen, da Deutschlands Aufstieg zur Weltmacht Frankreich zu einem bestenfalls zweitrangigen und von Berlin abhängigen Land degradieren werde. Doch sei Paris gegen ein militärisch starkes Deutschland ohne britischen Beistand nicht handlungsfähig. Als gefährlich brauche nur die Zeitspanne zu gelten, in der Deutschland noch nicht genügend gerüstet und Frankreich daher zu alleinigem Eingreifen in der Lage sei. In dieser Periode werde sich zeigen, ob Frankreich noch Staatsmänner habe, sagte Hitler wenige Tage nach der Machtübernahme; wenn ja, werde es noch im Anfangsstadium der deutschen Aufrüstung über Deutschland herfallen.[32] Doch hielt er es für wahrscheinlicher, daß das hochgerüstete, aber im Grunde dekadente Frankreich ruhig bleiben werde, wenn er den Verzicht auf die westlichen Ziele des deutschen Revisionismus anbiete; insofern war er ohne weiteres bereit, mit seiner Frankreichpolitik in die Fußstapfen Stresemanns zu treten. Nach seiner Überzeugung war auch die – vor allem zur Beschäftigung Frankreichs notwendige – Bundesgenossenschaft Italiens zu haben, wenn Berlin die italienischen Ambitionen im Mittelmeer und in Afrika unterstützte und öffentlich alle Ansprüche auf Südtirol begrub. Der Grundgedanke seines Rezepts lief also auf die Trennung Osteuropas vom übrigen Europa, auf die Isolierung seiner östlichen Beute hinaus. Sollte es die Isolierung erleichtern und beschleunigen, wenn Deutschland bei manchen ost- und südosteuropäischen Staaten zunächst einmal Frankreich als Schutzmacht ablöste, so war er auch dazu bereit. Lebte nicht in einem Manne wie Marschall Pilsudski der Traum vom großpolnischen Reich? Konnte daher ein Staat wie Polen nicht sogar Hilfstruppen für die russische Kampagne stellen und durch seine Beteiligung das Unternehmen überdies noch politisch besser abschirmen?

Wie zu sehen ist, setzte Hitlers Konzeption eine bemerkenswerte Unabhängigkeit von den normalen Zielen und Gefühlen des nationalen deutschen Revisionismus voraus. In der Tat ist sein politisches Denken, das vor allem an machtpolitischen Kategorien orientiert und von imperialer Baulust bestimmt war, von den im Deutschland der Kriegs- und Nachkriegsjahre so häufigen und so intensiven antibritischen oder antifranzösischen oder antipolnischen Emotionen weitgehend frei gewesen; Empörung über die Leiden deutscher Minderheiten konnte er, wie er in der Südtirolfrage bereits demonstriert hatte und wie er bald auch mit seiner Polenpolitik demonstrieren sollte, nach den taktischen Erfordernissen des jeweiligen Augenblicks ein- oder ausschalten. Die völkische Ideologie war ihm in erster Linie Treibsatz seiner Raumpolitik, und so machte er sich von den Zielen des deutschen Revisionismus vorerst nur diejenigen zu eigen, die am Wege nach Osten lagen: mit großdeutschen Parolen, die sich zudem auf das nationale Selbstbestimmungsrecht stützen ließen, war die Einbeziehung Österreichs und – über die Sudetendeutschen – der Tschechoslowakei in den deutschen Machtbereich zu erreichen, was für die unumgängliche Basis des Stoßes nach Osten sorgte, und mit den deutschen Ansprüchen an Polen war Warschau zum Anschluß an die deutsche Politik zu nötigen. Über den Zeitpunkt und die Reihenfolge solcher Eröffnungszüge hat er sich anfänglich ebensowenig geäußert wie über Termin und Umstände der eigentlichen Ostexpansion. Hitler wußte gut genug, daß ein Politiker zwar Ziele haben, aber zu diesen Zielen nicht nach einem festen Fahrplan gelangen kann. Die erste Aufgabe bestand, wie er wiederholt erklärte, ohnehin darin, seinem Willen zur Expansion ein taugliches Instrument zu schaffen. Anscheinend war er 1933 der Meinung, daß er sechs bis sieben Jahre brauchen werde, um eine schlagkräftige deutsche Armee aufzustellen, um die deutsche Bevölkerung wieder mit kriegerischem Geist zu erfüllen – sie müsse »durch eine eiserne Faust ... emporgerissen werden«[33] – und um Deutschland die volle außenpolitische Manövrierfreiheit zu verschaffen. Nun läßt sich gewiß sagen, daß die Realisierung des Hitlerschen Programms das ganze übrige Europa in unerträgliche Abhängigkeit von einem nationalsozialistischen Berlin gebracht hätte. Und es läßt sich ferner sagen, daß Hitler als Herr Mittel- und Osteuropas auch das politisch abhängige übrige Europa einer eindeutigen Herrschaft zu unterwerfen versucht hätte. Es läßt sich sogar sagen, daß er dann selbst überseeische Pläne wieder aufgegriffen hätte. Sein Lebensraumprogramm dürfte schließlich nur der halbwegs darlegbaren Rationalisierung eines unersättlichen Machttriebs und eines vorgegebenen Drangs zur Krise, zum Konflikt und zum Krieg gedient haben; es ist in diesem Zusammenhang sehr bezeichnend, daß ihm schon 1928 die Vision vor Augen stand, Deutschland müsse sich, nachdem es seine kontinentalen Ziele erreicht habe, zum Endkampf um die Weltherrschaft rüsten, der mit den Vereinigten Staaten auszufechten sei.[34] Indes ist nicht zu leugnen, daß die zunächst erkennbare Konzentrierung auf Osteuropa an manchen Kreisen Großbritanniens und Frankreichs eine gewisse Verführungskraft bewies; im Osten mochte die von den eigenen Dämmen abgelenkte deutsche Macht versickern und dabei vielleicht auch noch das bolschewistische System in Rußland unterspülen. Auch ist nicht zu bestreiten, daß Hitler durch die Unabhängigkeit vom normalen deutschen Revisionismus eine taktische Beweglichkeit gewann, die es ihm erlaubte, eine allein am jeweiligen Nahziel orientierte Bündnispolitik zu treiben und politische Freundschaften zu schließen, wie sie seinen revisionistischen Amtsvorgängern unmöglich gewesen wären. Beide Elemente waren ohne Zweifel geeignet, unter seinen potentiellen Gegnern Verwirrung zu stiften und damit seine politische Existenz zu verlängern.

Im übrigen war sich gerade Hitler, der ja außenpolitische Aktionsfähigkeit mit militärischer Schlagbereitschaft identifizierte, der Schwäche des von ihm eben eroberten Staates lebhaft bewußt. Zwar ist er in einem Augenblick an die Macht gekommen, der für ihn ungewöhnlich günstig war. Wäre er 1925 oder noch 1929 Reichskanzler geworden, so wäre ihm der Kampf gegen die Reparationen und für die militärische Gleichberechtigung nicht erspart geblieben. Hätte er diesen Kampf mit den Methoden Brünings geführt, so hätte er sich vermutlich, wie Brüning meinte, verbraucht und sich – schon weil er einige Zeit tatsächlich hätte zahlen müssen – als Heros des deutschen Nationalismus disqualifiziert. Hätte er jedoch zu einem raschen Schnitt durch die Fesseln von Versailles angesetzt, so hätte wahrscheinlich Frankreich interveniert und seiner politischen Laufbahn ein schnelles Ende bereitet. Jetzt aber, 1933, durfte er von den Fortschritten profitieren, die seine Vorgänger in beiden Fragen erreicht hatten. Etliche Jahre zuvor hätte der Auftritt eines Mannes wie Hitler, der ja seine Expansionspläne publiziert hatte und als Reichskanzler das ohnehin mit Mißtrauen betrachtete Deutschland als höchst gefährlich erscheinen ließ, zudem in den europäischen Staaten ein Gefühl der Solidarität geweckt, das es Frankreich vermutlich erlaubt hätte, auch eine politische Front gegen Berlin aufzubauen. Seither war aber der Internationalismus, der in den zwanziger Jahren immerhin als politischer Faktor gelten konnte, während der wirtschaftspolitischen Balgereien, die mit der großen Krise zusammenhingen, in Fetzen gerissen worden, und das Versagen des Völkerbunds im mandschurischen Konflikt hatte gezeigt, daß die kollektive Sicherheit, die, wenn sie funktionierte, den Vorhaben Hitlers am unbequemsten sein mußte, von angriffslustigen Regierungen nicht mehr ins Kalkül gezogen zu werden brauchte. Das politische Handeln der Kabinette wurde wieder ausschließlich von den individuellen Interessen und Egoismen des jeweiligen Landes bestimmt, und so war der Zustand, der das zu Hitlers Politik gehörende Spiel mit jenen Egoismen gestattete, im Grunde bereits gegeben. Doch war sich Hitler darüber im klaren, daß solche Momente zunächst lediglich übermächtigen äußeren Druck verhinderten und seine Selbstbehauptung erleichterten. Abgesehen davon, daß er auch noch seine innenpolitische Stellung zu festigen hatte, wollte Hitler, da er nur über eine 100000 Mann starke Reichswehr verfügte, seine ersten außenpolitischen Schritte vorsichtig setzen. In einer Ansprache, die er am 3. Februar 1933 vor den führenden Generalen der Reichswehr hielt, ließ er zwar keinen Zweifel, daß der Reichskanzler Hitler am Lebensraumprogramm des Parteiführers Hitler festhalten werde. Auf der anderen Seite aber überraschte er die deutsche und die europäische Öffentlichkeit mit einer grundsätzlichen außenpolitischen Erklärung, die – am 17. Mai im Reichstag abgegeben – nicht allein mit geradezu leidenschaftlichen Beteuerungen seiner Friedensliebe gespickt war, sondern überdies das Revisionismusproblem in einer Weise abtat, wie es keinem Politiker der Weimarer Republik je eingefallen wäre. Wohl kritisierte er, daß der Versailler Vertrag »künftige Konfliktsmöglichkeiten« geschaffen habe, doch fügte er beruhigend hinzu, das sei nun einmal geschehen und »kein neuer europäischer Krieg wäre in der Lage, an Stelle der unbefriedigenden Zustände von heute etwas Besseres zu setzen«[35]. Er sagte sogar: »Der Nationalsozialismus kennt keine Politik der Grenzkorrekturen auf Kosten fremder Völker.«[36] In zahlreichen Interviews mit Korrespondenten ausländischer Zeitungen spielte er ebenfalls »diese Platte« ab, wie er sich dann 1938 ausdrückte[37], und in Unterhaltungen mit Ward Price – von der Londoner ›Daily Mail‹ – hat er selbst sein Lebensraumprogramm glatt verleugnet. Auf ein Europa, das aus Ruhebedürfnis glaubensbereit war, machte er mit seinen Versicherungen tiefen Eindruck. Den Zweck solcher Tarnung hatte er schon 1928 mit dem Satz umschrieben, daß nationalsozialistische Außenpolitik zunächst für Verhältnisse sorgen werde, »die die Wiedererstehung eines deutschen Heeres ermöglichen. Denn erst dann werden die Lebensnotwendigkeiten unseres Volkes ihre praktische Vertretung finden können«[38].

Deutschland verläßt Abrüstungskonferenz und Völkerbund –
Beginn deutscher Aufrüstung

Jedoch war Hitler nicht gewillt, Vorsicht zu Passivität entarten zu lassen. Da er die »Wiedererstehung eines deutschen Heeres« für eine Aufgabe hielt, die sogleich in Angriff genommen werden müsse, Deutschland aber formal noch an die militärischen Bestimmungen des Versailler Vertrags gebunden war und außerdem gerade an einer internationalen Abrüstungskonferenz teilnahm, sah er sich in dieser Frage sogar zu einer sofortigen, konsequenten und nicht ungefährlichen Fortsetzung der Revisionspolitik seiner Vorgänger genötigt. Ende Januar 1933 hatte die Konferenz wieder mit ihren Debatten begonnen, ohne daß sich zunächst irgendwelche Fortschritte abgezeichnet hätten. Indes legte Ramsay MacDonald der Versammlung am 16. März den britischen Entwurf einer Abrüstungskonvention vor, den Anthony Eden und Alexander Cadogan ausgearbeitet hatten, die beiden eigentlichen Führer der britischen Delegation, die der Konferenz – über die skeptische Gleichgültigkeit ihres Außenministers, Sir John Simon, erbittert – einen neuen Impuls geben wollten. Der Entwurf nannte erstmals konkrete Zahlen für die Begrenzung von Truppenstärken, Geschützkalibern und Panzergrößen, und was das deutsche Problem anging, so hatte Eden nicht allein die von Berlin lange gewünschte Ablösung des Versailler Vertrags durch die Konvention vorgesehen, sondern in der Konvention selbst die Umwandlung der Reichswehr in ein Heer mit kürzerer Dienstzeit zugestanden, das überdies die gleiche Stärke wie die übrigen europäischen Armeen – Rußland ausgenommen – und nach fünf Jahren auch die gleiche Bewaffnung haben sollte. Allerdings waren bei den anderen europäischen Staaten die Kolonialtruppen nicht mitgerechnet, und über die künftige deutsche Luft- und Seerüstung schwieg sich das Dokument aus. Als Kontrollinstanz sollte eine Ständige Abrüstungskommission geschaffen werden.

Wie jede multilaterale Verpflichtung, so war Hitler sicherlich auch eine solche Konvention unangenehm. Andererseits konnte der britische Entwurf selbst ihm nicht als völlig unannehmbar erscheinen. Der Londoner Plan hätte Frankreich zu einer Reduzierung der Armee gezwungen, Hitler hingegen die völkerrechtliche Abschirmung zumindest der ersten Phase einer deutschen Aufrüstung gestattet. Auch hatte ihm das feindselige Mißtrauen, mit dem die Weltöffentlichkeit auf die erste unfreundliche Berliner Stellungnahme reagierte, gezeigt, daß er sich eine schlichte Ablehnung nicht leisten durfte; durch Europa schwirrten ohnehin Gerüchte, die von einem Präventivkrieg gegen Deutschland wissen wollten. So akzeptierte er Edens Entwurf als Verhandlungsbasis – in seiner »Friedensrede« vom 17. Mai – und verließ sich darauf, daß die britische Initiative an Paris scheitern werde.

Frankreich hat ihm in der Tat den Gefallen getan. Auf die französischen Politiker machte Hitlers Versuch, sich als Mann des Friedens zu präsentieren, wenig Eindruck. Sie wiesen darauf hin, daß die Reichswehr in SA und Stahlhelm schon jetzt über ein riesiges Reservoir verfüge, und sie konstatierten, daß vielleicht noch nicht die großzügige Aufrüstung Deutschlands, wohl aber eine intensive Remilitarisierung der deutschen Bevölkerung, namentlich der Jugend, begonnen habe. Weniger denn je waren sie geneigt, Pläne anzunehmen, die auf eine Verringerung der effektiven französischen Heeresstärke und auf eine Verschlechterung der französischen Bewaffnung hinausliefen. Im Herbst schlugen sie deshalb vor, den Entwurf Edens in dem Sinne zu modifizieren, daß zwar grundsätzlich an der allgemeinen Verpflichtung zur Abrüstung wie am Ziel der faktischen deutschen Gleichberechtigung festgehalten, jedoch beides in einem auf acht Jahre ausgedehnten Prozeß erreicht werden solle: in den ersten vier Jahren dürfe der Reichswehr lediglich die kürzere Dienstzeit, aber keine nennenswerte Vermehrung der Truppenzahl und keine Modernisierung der Bewaffnung zugebilligt werden, während die übrigen Staaten ihren gegebenen Stand bewahren müßten; wenn sich die Abrüstungskommission, die sofort zu bilden sei und sofort ihre Tätigkeit aufzunehmen habe, als funktionsfähig erweise, wenn ferner Deutschland in der ersten Vierjahresperiode seine Obligation zur militärischen Enthaltsamkeit peinlich genau erfülle, dann könne in den zweiten vier Jahren Edens Abrüstungsprogramm durchgeführt werden. So begreiflich es ist, daß Frankreich die deutsche Rüstungsgleichheit möglichst lange hinauszuschieben wünschte, so unverständlich ist es doch, daß die französischen Politiker zu diesem Zeitpunkt noch hoffen konnten, ihre Ab sicht mit einem derart plumpen Trick zu erreichen. Die Realisierung des Vorschlags hätte bedeutet, daß der Versailler Vertrag um vier Jahre verlängert und mit der Abrüstungskommission – da sie zunächst allein Deutschland überwacht hätte – die Interalliierte Militärkontrollkommission restauriert worden wäre; zugleich hätte sich Frankreich – da am Ende der Vierjahresperiode die Entdeckung deutscher Verstöße kein Problem gewesen wäre – die Möglichkeit offengehalten, auch während der zweiten vier Jahre nicht abzurüsten. Es lag auf der Hand, daß die Französisierung des britischen Plans Deutschland abermals zur faktischen wie rechtlichen Ungleichheit verurteilen wollte und damit eindeutig gegen die Vereinbarung vom 11. Dezember 1932 verstieß. Britische Politiker und Diplomaten haben denn auch ihre französischen Kollegen gewarnt, daß die Pariser Vorstellungen für keine deutsche Regierung akzeptabel seien und daher, wenn öffentlich und offiziell vorgebracht, einem Manne wie Hitler nur einen bequemen Vorwand lieferten, die Abrüstungskonferenz – dem Beispiel Papens folgend – zu boykottieren oder ganz zu verlassen; Frankreich selbst werde vor der Weltöffentlichkeit die Schuld am Scheitern der Abrüstungsbemühung zu tragen haben und Hitler den Weg zur unbegrenzten Aufrüstung öffnen.

Als Sir John Simon am 14. Oktober 1933 der Konferenz die französische Modifizierung des Edenplans anbot – Frankreichs starre Haltung hatte Briten und Amerikaner schließlich doch zur Anpassung gezwungen –, hat sich Hitler die von Paris geschenkte Chance tatsächlich nicht entgehen lassen. Kurz nach der Rede Sir Johns erhielt der Präsident der Konferenz ein Telegramm aus Berlin, in dem die Reichsregierung erklärte, nun sei offenkundig geworden, daß die hochgerüsteten europäischen Staaten gar nicht an Abrüstung dächten, jedoch weiterhin Deutschland diskriminieren wollten, und so habe das Reich keine andere Wahl, als sich von der Abrüstungskonferenz zurückzuziehen. Am selben Tag gab Hitler auch Deutschlands Austritt aus dem Völkerbund bekannt, und so war es ihm wirklich gelungen, sich mit einem einzigen Schnitt von jenen beiden Fäden zu befreien, die ihn noch an die Welt der kollektiven Sicherheit banden, ohne daß man ihm daraus – angesichts der französischen Intransigenz – ernstlich einen Strick hätte drehen können. Zwar ist der deutsche Schritt scharf kritisiert worden. Daß der Völkerbund ein halbes Jahr nach dem Ausscheiden Japans ein weiteres wichtiges Mitglied verlor, verwandelte den

Genfer Torso in einen Scherbenhaufen, und daß sich Deutschland nicht mehr an der Abrüstungskonferenz beteiligte, machte aus den zunächst noch fortgesetzten Genfer Debatten reine Spiegelfechterei; beides war – da sich ein friedenswilliger Hitler mit der Ablehnung des französischen Plans und mit einem zweifellos erfolgreichen Kampf um eine Deutschland genehmere Lösung hätte begnügen müssen – völlig überflüssig, keineswegs mit der französischen Haltung zu rechtfertigen und von übler Vorbedeutung für die Zukunft. Wenngleich aber Anlaß und Reaktion in keinem vernünftigen Verhältnis standen, hatte Frankreich Hitler doch jenes Quentchen Recht zugespielt, das den neuen deutschen Reichskanzler vor einer Intervention der europäischen Staaten schützte, die freilich – ohne Rechtstitel, ohne Solidarität und ohne stärkeren eigenen Willen zur Abrüstung – eine andere Möglichkeit als die passive Hinnahme des deutschen Aktes ohnehin kaum in Betracht zogen.

So hat Hitler nicht gezögert, gleich einen Schritt weiterzugehen und nach der Abrüstungskonferenz auch noch dem Abrüstungsgedanken den Gnadenstoß zu versetzen. Ungeniert machte er sich nun an ein Aufrüstungsprogramm großen Stils, das den Versailler Vertrag endgültig in den Papierkorb fegte. Aus dem Anfang 1934 veröffentlichten Reichshaushalt für 1934/35 war zu entnehmen, daß die militärischen Ausgaben des Reiches um rund 90 Prozent steigen und jetzt auch Ausgaben für eine an sich immer noch strikt verbotene Luftrüstung einschließen sollten. Während zwischen den europäischen Kabinetten ungewöhnlich lebhafte und ungewöhnlich sinnlose Verhandlungen einsetzten, die von der Vorstellung beherrscht waren, nach dem Begräbnis der Abrüstungskonferenz – die im Mai 1934 den im Herbst 1933 erhaltenen Wunden erlegen war – müsse wenigstens eine partielle Abrüstung, etwa ein Luftpakt, erreicht werden, zwang die Entwicklung in Deutschland, wo offensichtlich eine hochmoderne Angriffsarmee entstand, auch die übrigen Staaten nach langen Jahren der Stagnation zur Erhöhung ihrer Rüstungsbudgets. In kurzer Zeit war die Idee der Abrüstung von der Realität eines neuen Wettrüstens verdrängt. Die französische Regierung teilte dem britischen Kabinett schon am 17. April 1934 mit, daß Deutschland in klarer Verletzung des Versailler Vertrags aufrüste und weitere Abrüstungsgespräche zwecklos gemacht habe; Frankreich werde seine Anstrengungen nun auf die eigene Sicherheit konzentrieren. Am 4. März 1935 publizierte die britische Regierung ein Weißbuch, in dem Premier MacDonald ankündigte, daß Großbritannien ebenfalls die Mängel seiner Rüstung beseitigen werde, weil das deutsche Vorgehen alle anderen Alternativen abgeschnitten habe; wenn die deutsche Aufrüstung »in ihrem gegenwärtigen Maße fortdauert, dann wird die Besorgnis der Nachbarn Deutschlands zunehmen und der Friede gefährdet sein«, stellte er fest und wies ferner darauf hin, daß »auch der Geist, in dem das deutsche Volk organisiert wird, zu dem allgemeinen Gefühl der Unsicherheit« beitrage.[39] Freilich ergab sich rasch ein schreiendes Mißverhältnis zwischen solchen Proklamationen und den konkreten Maßnahmen. Gerade die westeuropäischen Länder sahen sich durch wirtschaftliche Schwierigkeiten, durch zahlreiche innenpolitische Widerstände und durch ein schwerfälliges militärisches Establishment, das in veralteten Traditionen lebte, zu einem zögernden Beginn, zu einem recht gemächlichen Tempo und gelegentlich zur Wahl falscher Richtungen genötigt. Zwischen 1933 und 1938 gab Deutschland mehr Geld für militärische Zwecke aus als England, Frankreich und die Vereinigten Staaten zusammen. Hitler aber nahm das britische Weißbuch zum willkommenen Anlaß, um die Fetzen des Versailler Vertrags aus dem Papierkorb herauszuholen und gleichsam mit dramatischer Geste auf den Abfallhaufen der Geschichte zu schleudern: am 16. März 1935 befahl er die Wiedereinführung der allgemeinen Wehrpflicht und die beschleunigte Aufstellung einer Armee, die bereits im Frieden 36 Divisionen zählen sollte. Zugleich hatte er mit diesem Akt die letzten Hemmnisse zur Seite geschoben, die noch in der Lage waren, seine Rüstungspolitik zu behindern und Deutschlands baldige militärische Vorherrschaft auf dem Kontinent zu verzögern.

Der Weg zur Aufrüstung, den Hitler seit Herbst 1933 ganz offen ging, war für die außenpolitische Lage Deutschlands gewiß nicht ohne Risiken. Die drohende militärische Überlegenheit des Reiches hätte den Argwohn und den Widerstand der Verteidiger des Status quo wie der potentiellen Opfer deutscher Expansionspolitik auch dann geweckt, wenn Deutschland noch von Konservativen oder von bürgerlichen Parlamentariern regiert worden wäre. In den europäischen Hauptstädten waren sich die meisten Politiker jedoch durchaus bewußt, daß die nationalsozialistische Bewegung und ihr Führer zusätzliche und besondere Bedrohungen darstellten. Schon die Innenpolitik des neuen Regimes erregte Entsetzen. Ausgerechnet zu einem Zeitpunkt, da die antideutsche Stimmung der Kriegsjahre abgeklungen war und den Deutschen ihr Platz unter den kulturell wie politisch tonangebenden Nationen nicht mehr bestritten wurde, warf rund die Hälfte der deutschen Bevölkerung die politische Freiheit einfach weg, um dann gleichgültig oder sogar beifällig zuzusehen, wie die jetzt herrschende Minderheit auch noch jede Rechtssicherheit zerstörte, einen terroristischen Polizeistaat errichtete, einen in der Theorie ebenso lächerlichen wie in der Wirklichkeit schrecklichen Antisemitismus praktizierte und das kulturelle Leben Deutschlands energisch von den Einflüssen aller bedeutenden geistigen wie künstlerischen Strömungen der europäischen Gegenwart zu »säubern« begann. Zwar ist die moralische Isolierung, in die Deutschland alsbald wieder geriet, noch kein außenpolitischer Faktor gewesen, obwohl das nationalsozialistische Deutschland – entsprechend der Radikalität wie der Totalität seiner Abwendung von Europa – eine tiefere Abneigung auf sich zog und weniger Verständnis fand als das kaiserliche Deutschland selbst während des Krieges. Wenngleich es aber eine innerdeutsche Angelegenheit sein mochte, daß sich die Deutschen plötzlich zu einem Leben als Sklaven und Banausen entschlossen oder sich mit einem solchen Leben immerhin abfanden, so ist außerhalb des Reiches doch nicht unbemerkt geblieben, daß die erschreckenden Vorgänge in Deutschland nicht etwa, wie ähnliche Gewaltsamkeiten in der Französischen oder in der Russischen Revolution, mit einer temporären Konzentration auf die Beseitigung unerträglich gewordener Zustände und auf die Realisierung progressiver Ideen erklärt werden konnten, sondern im Zeichen einer »nationalen Erhebung« standen, die sich in emotionaler Militarisierung und organisatorisch-technischer Mobilisierung erschöpfte, also auf eine Entladung nach außen deutete – und diese Erkenntnis ist, wie MacDonalds Hinweis im britischen Weißbuch zeigte, sehr wohl ein außenpolitischer Faktor gewesen. Auch hatte Hitler weder mit seiner »Friedensrede« noch mit seinen Interviews das Mißtrauen völlig zerstreuen können, das der Autor von ›Mein Kampf‹ wecken mußte, und das Mißtrauen nahm wieder zu, als Hitler den Völkerbund verließ und ernstlich aufrüstete. Was würde geschehen, wenn sich Deutschland nicht allein zur stärksten Militärmacht des Kontinents entwickelte, sondern als stärkste Militärmacht überdies einem offensichtlich unberechenbaren und vermutlich mit ausschweifenden Eroberungsplänen beschäftigten Diktator zur Verfügung stand?

Zwar brauchte Hitler auch nach dem Herbst 1933 keine Intervention zu befürchten. Von dem Mangel an europäischer Solidarität abgesehen und abgesehen davon, daß die praktische Verwirklichung des deutschen Anspruchs auf Rüstungsgleichheit selbst dann keinen ausreichenden Grund mehr darstellte – seit die deutsche Delegation mit der grundsätzlichen Anerkennung ihrer Forderung nach Genf zurückgeholt worden war –, wenn dabei der Versailler Vertrag verletzt wurde, fehlte in Frankreich, das die Führung einer kollektiven Aktion hätte übernehmen müssen, jede Bereitschaft zu interventionistischen Abenteuern. Schon im Frühjahr 1933 hatten die Pariser Politiker auf einen polnischen Vorschlag, die nationalsozialistische Herrschaft durch einen Präventivkrieg zu stürzen, mit kühler Ablehnung reagiert. Zwischen 1933 und 1935 zweifelte in Frankreich niemand daran, daß die französische Armee – mit oder ohne die Hilfe der osteuropäischen Verbündeten – in der Lage sei, deutsches Territorium zu besetzen und nach Berlin zu marschieren, wie es Hitler von einem staatsmännisch geführten Frankreich erwartete. Doch machte sich jetzt auch in Frankreich die Erinnerung an den Einfall ins Ruhrgebiet bemerkbar. Damals war keines der französischen Ziele erreicht worden, vielmehr hatte das Vorgehen Frankreichs den deutschen Nationalismus gekräftigt, ein wirtschaftliches und politisches Chaos auf dem Kontinent angerichtet und Paris in ernste Konflikte selbst mit seinen Verbündeten verwickelt. Welche Wirkung mußte erst eine Politik der periodischen Okkupationen zeitigen! Alle französischen Politiker waren mittlerweile zu der Einsicht gekommen, daß die zentrale und potentiell stärkste europäische Großmacht nicht mit dem Rezept Poincarés behandelt werden und daß Europa eine solchermaßen gewonnene und ausgeübte Hegemonie Frankreichs nicht hinnehmen konnte. Aber noch bot sich Paris – neben einer allmählichen Intensivierung der eigenen Rüstung – die Möglichkeit einer bündnispolitischen Anstrengung, die ein aufgerüstetes und angesichts des nationalsozialistischen Regimes doppelt bedrohliches Deutschland mit einer so starken Koalition konfrontierte, daß Hitler nichts anderes übrigbleiben würde, als auf den Gebrauch des fertigen Instruments zu verzichten. In der Tat hat die französische Regierung seit Ende 1933 und besonders seit Anfang 1934, als am

9. Februar Louis Barthou im Kabinett Doumergue das Außenministerium übernahm, energische Versuche unternommen, zunächst einmal die gelockerten Fäden des französischen Allianzsystems wieder fester zu knüpfen. Um diese Versuche zu beschleunigen und zugleich – als Warnung für Berlin – öffentlich zu dokumentieren, besuchte Barthou im März Belgien, im April Polen und die Tschechoslowakei, im Juni Rumänien und Jugoslawien. Barthou, damals 72 Jahre alt und ein ebenso kluger wie geistvoller und durch seine Aufrichtigkeit überzeugender Veteran der französischen Politik, hat mit seiner Reise zweifellos Frankreichs Verhältnis zur Kleinen Entente beleben können, die sich schon zuvor, am 16. Februar 1933, in einem sogenannten Organisationspakt enger zusammengeschlossen hatte, und es war nicht zuletzt den Bemühungen des französischen Außenministers zu verdanken, daß der im Februar 1934 unterzeichnete Balkanpakt, dem Griechenland, die Türkei und mit Rumänien und Jugoslawien auch zwei Mitglieder der Kleinen Entente angehörten, im Laufe des Jahres eine gewisse Realität und Bedeutung gewann. Jedoch gab sich Barthou keiner Täuschung hin: derartige Regionalpakte mochten gut genug sein, den Status quo gegen den regionalen Revisionismus Ungarns und Bulgariens zu sichern; sollten die Allianzen aber auch auf Deutschland abschreckend wirken, so bedurften sie der Ergänzung durch stärkere Partner. Daher hat der Quai d'Orsay sowohl unter Barthou wie anfänglich unter seinem Nachfolger Laval – Barthou fiel am 8. Oktober 1934 in Marseille dem Attentat auf König Alexander von Jugoslawien zum Opfer – zielbewußt auf die Erneuerung der kompletten Kriegskoalition hingearbeitet, d. h. auf die Gewinnung Rußlands und Italiens.

Hitler hat die französische Werbung unfreiwillig begünstigt, als er sich – trotz seines Willens zur Vorsicht – noch während der allein schon genügend riskanten Aufrüstungsperiode zum Bruch mit Rußland gezwungen sah und zur Verstimmung Italiens verleiten ließ. Das Ende der langjährigen Freundschaft zwischen Bolschewismus und deutschnationalem Revisionismus hing einmal mit der innenpolitischen Rolle Hitlers zusammen, der ja die Macht nicht zuletzt als Retter der deutschen Gesellschaft vor dem Kommunismus beansprucht und erhalten hatte. Namentlich die in der Partei und in der SA organisierte klein- und mittelbürgerliche Anhängerschaft hätte es nicht verstanden – und das gilt auch für die Bauern –, wenn der »Führer« die ideologische Feindschaft ignoriert und eine außenpolitische

Annäherung an die kommunistische Vormacht gesucht hätte; und in dieser ersten Phase seiner Herrschaft mußte Hitler mit solchen Stimmungen noch rechnen. Außerdem dürfte er auch keine taktische Notwendigkeit gesehen haben, mit seinem künftigen Angriffsobjekt vorläufig noch herzliche Beziehungen zu pflegen. Im Gegenteil. Je überzeugender er den Part des Antikommunisten und des europäischen Markgrafen gegen die Sowjetunion spielte, um so leichter würde, so dachte er, die gewünschte Verständigung mit dem ebenfalls sowjetfeindlichen Großbritannien fallen. So zeigte er Moskau in außenpolitischen Fragen eine kühle Schulter, der Handel mit der Sowjetunion ging zurück, und im Laufe des Jahres 1933 schlief zudem die militärische Zusammenarbeit mit der Roten Armee ein, was die Führung der Reichswehr freilich nicht mehr sehr bewegte, da sie mit dem Beginn der eigenen Aufrüstung von der sowjetischen Unterstützung unabhängig wurde. Andererseits war in Moskau ›Mein Kampf‹ ebenso aufmerksam studiert worden wie das programmatische Werk des rußlandfeindlichen Alfred Rosenberg, der das Außenpolitische Amt der NSDAP leitete und anfänglich als außenpolitischer Ideenlieferant Hitlers galt. Da in Berlin jetzt Männer regierten, die nicht mehr, wie die Politiker der Weimarer Republik, auf Polen starrten, sondern ihren Blick offenbar auf sowjetisches Territorium richteten, glaubte auch Stalin freundschaftliche Kooperation mit wachsamer Zurückhaltung vertauschen zu müssen, und Hitlers feindselige Kühle konnte das Mißtrauen des Kreml nur verstärken. Nachdem deutlich geworden war, daß Hitlers Regime dauerhafter sein werde, als man in Moskau anfänglich angenommen hatte, stellte sich Stalin vollends auf die neue Lage ein, und binnen kurzem durfte der deutsch-sowjetische Gegensatz als eine feste Größe europäischer Politik betrachtet werden.

Gleichzeitig gab Hitler der Versuchung nach, in Österreich aktiv zu werden. Die Situation war zweifellos verführerisch. In Österreich existierte eine relativ starke NSDAP, die, anders als etwa die sudetendeutsche DNSAP, organisatorisch mit der reichsdeutschen Partei verbunden war und Hitler unterstand. Der neue Kanzler des Deutschen Reiches trat mithin zugleich als Führer einer österreichischen Oppositionspartei auf. Obwohl der Anschluß Österreichs, wie alle großdeutschen Forderungen, als wichtiger Punkt im offiziellen Programm der NSDAP erschien und auch für Hitlers außenpolitische Pläne von Bedeutung war, ist es doch unwahrscheinlich, daß Hitler schon damals an eine staatsrechtliche Vereinigung Österreichs mit Deutschland gedacht hat. Aber der Gedanke lag nahe, der vom reichsdeutschen Kanzler dirigierten Oppositionspartei in Wien zur Macht zu verhelfen und auf diese Weise Österreich, ohne Beseitigung der Grenze, gleichzuschalten. Einige Zeit hat Hitler anscheinend wirklich geglaubt, die internationalen Widerstände gegen eine reichsdeutsche Beherrschung Wiens mit einer solchen Gleichschaltung unterlaufen zu können, und so den österreichischen Nationalsozialisten, die ihrerseits – von Hitlers Triumph in Berlin ermuntert – auf eine Machtübernahme in Wien drängten und die Hilfe des »Führers« verlangten, seine volle Unterstützung geliehen. Nun hätte aber die Gleichschaltungstaktik allenfalls dann eine Chance haben können, wenn die österreichischen Nationalsozialisten in der Lage gewesen wären, entweder die Mehrheit der Wähler zu gewinnen – wie es am 28. Mai 1933 der Danziger NSDAP gelang – oder die Macht durch einen raschen Staatsstreich an sich zu reißen. Doch zeigte sich die von dem Reichsdeutschen Theo Habicht geleitete österreichische NSDAP zu beiden Lösungen unfähig, wenngleich sowohl Hitler wie die österreichische Parteiführung den Sturz der in Wien amtierenden Regierung Dollfuß zunächst für ein kaum weniger unproblematisches Unternehmen gehalten hatten als den Sturz der demokratischen Regierungen in den nichtpreußischen Ländern Deutschlands. An der energischen Abwehr des Wiener Kabinetts, das die österreichische NSDAP am 19. Juni 1933 schließlich verbot, zersplitterte der Akt der Machtergreifung in einzelne terroristische Aktionen, und Habicht sah sich in einen langwierigen Kampf verstrickt, der, trotz der Berliner Förderung, keine Aussicht auf Erfolg hatte und den an der Unabhängigkeit Österreichs interessierten Staaten Zeit und Gelegenheit zum Eingreifen bot. Wie das zum ersten Mal ausgeschaltete Berliner Auswärtige Amt, das seit der Zollunionskrise in österreichischen Fragen zu größter Vorsicht neigte, von Anfang an erwartet hatte, reizte Hitlers Versuch, einen verschleierten Anschluß zu erreichen, Paris erst recht zu antideutscher Bündnispolitik, und die Staaten der Kleinen Entente, namentlich die Tschechoslowakei, die mit den von Hitlers Sieg gleichfalls belebten Sudetendeutschen zu rechnen hatte, sahen sich erst recht zur Anlehnung an Frankreich genötigt.

Vor allem aber rief die Bedrohung der österreichischen Selbständigkeit Italien auf den Plan. Mussolini hatte sich vor und nach Beginn der Abrüstungskonferenz wiederholt zum Anwalt des deutschen Anspruchs auf militärische Gleichberechtigung gemacht und auch sonst immer häufiger die politische Zusammenarbeit mit Berlin gesucht. Doch betrachtete er Hitler vorerst noch als »falschen Nachahmer« und »gefährlichen Träumer«[40], dem politischer Realismus und Vorsicht fehlten, und die rassistischen Marotten des Deutschen, der die Überlegenheit einer nordischen Rasse behauptete, erschienen dem Italiener als ebenso beleidigend wie grotesk und gefährlich. Andererseits mischte sich in Mussolinis spöttische Herablassung bereits besorgter Neid, der die Überflügelung durch einen Rivalen kommen sah, dem mit Deutschland eine weit festere Machtbasis zugefallen war. Jedenfalls hatte Mussolini keine Lust, Hitler mit der Gleichschaltung Österreichs einen billigen Triumph und einen konkreten Machtgewinn zu erlauben, solange Deutschland und Hitler keine angemessene Gegenleistung offerieren konnten, zumal Österreich anerkanntermaßen italienisches Interessengebiet darstellte und daher ein deutscher Erfolg in Wien mit einer diplomatischen Niederlage Italiens identisch gewesen wäre. Auch wollte sich Mussolini wenigstens bemühen, der deutschen Aggressivität den Weg in den Donauraum und auf den Balkan zu verlegen, wo der römische Imperialismus ja italienische Einflußzonen reklamierte. So hat Mussolini Ende Juli 1933 Hitler mit der Intervention Italiens – und der Westmächte – gedroht und in der Folgezeit das enge Einvernehmen zwischen Rom und Wien ostentativ betont. Am 17. März 1934 unterzeichneten Mussolini, Dollfuß und der ungarische Ministerpräsident Julius Gömbös die »Römischen Protokolle«, in denen sich die drei Staaten zur politischen Konsultation und zur wirtschaftlichen Vorzugsbehandlung verpflichteten. Abgesehen davon, daß Mussolini die Verbindung mit Ungarn auch, wie schon früher, in seine antijugoslawischen Kombinationen einspannte, lag die politische Bedeutung der »Protokolle« in erster Linie darin, daß sie Italien öffentlich als Schutzmacht Österreichs engagierten und Hitler vor einer Fortsetzung des österreichischen Abenteuers warnen sollten. Am 14. und 15. Juni 1934 trafen die beiden Diktatoren in Venedig erstmals persönlich zusammen, aber die Begegnung hat weder Mussolinis Urteil über Hitler noch die italienische Österreichpolitik modifiziert. Allerdings war Hitler mittlerweile vor dem allgemeinen Druck längst zurückgewichen, was die Italiener in Venedig sehr wohl bemerkten; er richtete sich in der österreichischen Frage auf eine gewisse Wartefrist ein und wollte von der revolutionären Gleichschaltung auf eine mehr evolutionäre Entwicklung umschalten. Da er aus innenpolitischen Gründen seine Schwäche jedoch nicht offen zugeben konnte – gerade entschied sich das SA-Problem –, zeigte er eine vieldeutig-passive Haltung, die von seinen österreichischen Gefolgsleuten nicht mehr begriffen wurde. Teils glaubten sie stillschweigende Ermunterung zu erkennen, teils fühlten sie sich im Stich gelassen, und als sich ihre im Grunde ausweglose Situation mit der venezianischen Begegnung, die sie als italienischen Verzicht auf die Protektion Österreichs mißverstanden, plötzlich zum Besseren zu wenden schien, ließen sie sich zu einem Putschversuch hinreißen, der kläglich scheiterte, freilich zur Ermordung von Bundeskanzler Dollfuß führte (25. Juli 1934). Mussolini, der nach den Eindrücken, die er in Venedig gewonnen hatte, nicht mehr ernstlich mit einer deutschen Einmischung in Österreich rechnete, benützte die Gelegenheit trotzdem – natürlich traute er Hitler nicht über den Weg – zu einer dramatischen Demonstration und beorderte etliche italienische Divisionen an die Brennergrenze. Schon am 21. August kam es in Florenz zu einer Unterredung zwischen Mussolini und Kurt v. Schuschnigg, dem neuen österreichischen Bundeskanzler, und die beiden Regierungschefs bekannten sich nachdrücklich zur Politik der »Römischen Protokolle«. Am 6. September sagte Mussolini in öffentlicher Rede: »3000 Jahre Geschichte erlauben es uns, mit souveränem Mitleid auf gewisse Ideen zu schauen, die jenseits der Alpen von den Nachkommen einer Brut vertreten werden, die zu einer Zeit, da Rom einen Caesar, einen Vergil und einen Augustus besaß, wegen Unkenntnis der Schrift unfähig war, Zeugnisse ihrer Existenz zu hinterlassen.«[41] Die deutsch-italienischen Beziehungen hatten offenbar einen Tiefpunkt erreicht.

Unter diesen Umständen war es unvermeidlich, daß Rußland und Italien auf die französischen Avancen einzugehen und sich vorübergehend an Frankreichs Einkreisung Deutschlands zu beteiligen schienen. Die Sowjetunion setzte jene von der japanischen Aggression im Fernen Osten angestoßene Bewegung fort, die schon vor 1933 zur Normalisierung der Beziehungen zu den westlichen Nachbarn und Ende November 1932 auch bereits zu einem Nichtangriffspakt mit Frankreich geführt hatte. Die jetzt von Moskau selbst angestrebte Annäherung an Paris bezweckte aber nicht mehr, wie zuvor der russische Vertrag mit Polen, ein europäisches »Disengagement«. Noch immer war die sowjetische Außenpolitik von dem Wunsch nach Entlastung der russischen Westgrenzen bestimmt. Doch konnte eine solche Entlastung angesichts der nationalsozialistischen Bedrohung offenbar nur mehr mit einem verstärkten – diplomatischen – Engagement erreicht werden. So ist zwar der Berliner Vertrag zwischen Deutschland und der Sowjetunion im Mai 1933 noch einmal verlängert worden, andererseits aber tauchte in Paris ein russischer, in Moskau ein französischer Militärattaché auf, Herriot erlebte, als er im August 1933 Rußland besuchte, einen betont herzlichen Empfang, und in der zweiten Jahreshälfte schlug der sowjetische Außenminister Litwinow ein russisch-französisches Bündnis vor. Anfänglich kamen die Allianzgespräche nicht recht vom Fleck. Nachdem Barthou die Leitung des Quai d'Orsay übernommen hatte, wurden jedoch relativ rasch Fortschritte erzielt. Als im Sommer 1934 feststand, daß die Versuche Barthous und Litwinows, das sowjetisch-französische Bündnis mit regionalen Garantiepakten aller osteuropäischen Staaten und aller Mittelmeermächte zu koppeln oder in derartigen Pakten zu verstecken, gescheitert waren, kehrte nun Barthou zum Gedanken der offenen Allianz zurück, und Moskau zeigte sich willig. Am 18. September 1934 trat die Sowjetunion, um eine Bedingung zu erfüllen, die Frankreich auf Grund seiner übrigen internationalen Verpflichtungen stellen mußte, sogar in den Völkerbund ein, und der Weg zum formellen Bündnis war frei.

Gleichzeitig schuf die französisch-italienische Solidarität in der österreichischen Frage auch die Möglichkeit einer generellen politischen Verständigung zwischen Paris und Rom. Die erste Bekundung der Solidarität erfolgte am 17. Februar 1934, als die Regierungen Italiens, Frankreichs und Großbritanniens eine gemeinsame Erklärung veröffentlichten, in der sie die Notwendigkeit unterstrichen, »die Unabhängigkeit und Integrität Österreichs gemäß den geltenden Verträgen aufrechtzuerhalten«[42], und am 27. September 1934 unterzeichneten die drei Mächte ein ähnliches Dokument. Der deutsch-italienische Konflikt schien Italien unwiderstehlich in die Arme Frankreichs zu treiben. Anfang 1935 fuhr Barthous Nachfolger Laval nach Rom, und überraschend schnell kam ein offenbar bedeutungsvolles politisches Geschäft zustande, das am 7. Januar seine schriftliche Fixierung erhielt: Mussolini verzichtete auf territoriale Ansprüche in Tunis, wofür er einige – praktisch wertlose – Wüstenstriche in Libyen und Eritrea erhielt, ferner etliche Aktien der französischen Eisenbahn von Djibouti nach Addis Abeba, der

Hauptstadt Abessiniens. Vor allem aber vereinbarten die beiden Partner ein koordiniertes militärisches Vorgehen, falls Deutschland die Unabhängigkeit Österreichs antasten oder eine Remilitarisierung des Rheinlands wagen sollte. Wenig später glaubten viele Beobachter des europäischen Geschehens die Vollendung der französischen Einkreisungspolitik konstatieren zu dürfen. Nachdem Hitler im März 1935 die Wiedereinführung der allgemeinen Wehrpflicht und die Aufstellung eines 36 Divisionen starken Heeres befohlen hatte, konterten Frankreich, Italien und wiederum Großbritannien mit einer am 14. April in Stresa formulierten »Entschließung«, in der sie sowohl die früheren Erklärungen der drei Mächte zur österreichischen Frage wie die französisch-italienischen Abmachungen vom Januar abermals nachdrücklich bekräftigten, und am 2. Mai 1935 kam es zum Abschluß der französisch-sowjetischen Allianz; am 16. Mai folgte noch die Unterzeichnung eines sowjetisch-tschechoslowakischen Beistandspaktes, der allerdings erst nach dem französisch-sowjetischen Bündnisfall in Funktion treten sollte.

Lücken in der Isolierung Deutschlands

Mit einer Außenpolitik, die traditionellen deutschen Revisionismus und die Ankündigung eines nationalsozialistischen Expansionismus mischte – wenn die Aufrüstung als kontinuierliche Fortsetzung der Weimarer Politik gelten konnte, so stellte die Abwendung von Rußland einen Bruch mit der Tradition dar, während sich das österreichische Abenteuer, das ein altes Ziel mit neuen Methoden erreichen wollte, als Zwischenform präsentierte –, hatte also Hitler sein Land dem Anschein nach in eine zumindest höchst unbequeme Isolierung gesteuert. Die tatsächliche Lage war indes bereits jetzt weniger düster. Schon die diversen Vertrags- und Vereinbarungssysteme, die im gemeinsamen Bezugspunkt Paris scheinbar ein Zentrum und sogar eine Zentrale erhalten hatten, zeigten Antagonismen, die sie selbst für einen defensiven Zweck – und sie waren defensiv gedacht – praktisch untauglich machten. So erwies sich die französisch-sowjetische Allianz bei näherer Betrachtung als leere Geste, als diplomatischer Bluff. Paris und Moskau waren ja nur dann zu politischer oder gar militärischer Zusammenarbeit fähig, wenn Frankreichs ost- und südosteuropäische Bundesgenossen ebenfalls in ein Bündnisverhältnis zur Sowjetunion traten. Von der

Tschechoslowakei abgesehen, die sich von der Sowjetunion kaum und von Deutschland sehr bedroht fühlte, ließen sich jedoch die französischen Klientelstaaten, wie Balfour 1916 prophezeit hatte, nicht zu einem solchen Schritt bewegen. Im Gegenteil. Der von Frankreich patronisierte Balkanpakt richtete sich nach den Intentionen seiner Mitglieder nicht zuletzt gegen die Sowjetunion, da Länder wie Rumänien naturgemäß argwöhnten, die zunehmende Normalisierung der sowjetischen Außenpolitik werde zur Russifizierung des Moskauer Kurses, mithin zur Wiederkehr der zaristischen Balkanpolitik führen, und Warschau hat sich im April und Mai 1934, als Barthou und Litwinow über ein Ost-Locarno verhandelten, jeder Abmachung versagt, die für Polen die Möglichkeit heraufbeschwor, eine als gefährlich empfundene russische Hilfe annehmen zu müssen. Barthou hatte aber wenigstens den Bluff noch ernst gemeint. Seinem Nachfolger Laval hingegen war, wie vielen Franzosen, der Pakt mit dem kommunistischen Moskau überaus unsympathisch. Zwar ist es Laval selbst gewesen, der den Vertrag im Mai 1935 tatsächlich abgeschlossen hat. Doch vollstreckte er in diesem Falle das Testament Barthous allein deshalb, weil ihn Hitlers Verkündung der allgemeinen Wehrpflicht zu einer dramatischen Demonstration zwang und etwas Besseres nicht zur Hand war. In Wirklichkeit nahm er die Allianz, nachdem er sie einmal am Halse hatte, in erster Linie als innenpolitisches Instrument zur Zähmung der Linken, während er ihren außenpolitischen Nutzen vornehmlich in ihrem Wert als Tauschobjekt erblickte; für Frankreichs Verzicht auf das russische Bündnis mochte Berlin zu einer Gegenleistung bereit sein. Wenn er mit deutschen Diplomaten über den Pakt sprach, machte er aus seiner Gesinnung kein Hehl, zumal der schlaue und gerissene, aber kurzsichtige Laval zu den Franzosen gehörte, die meinten, eine Ablenkung der deutschen Stoßkraft nach Osten liege im französischen Interesse. Einerseits sabotierte er den militärischen Ausbau der sowjetischen Allianz, andererseits bemerkte er in einer Unterhaltung mit dem deutschen Journalisten Friedrich Sieburg – verständnisvoll schmunzelnd –, daß »ihr ja doch vorhabt, den Bolschewiken einmal einen schönen Streich zu spielen«[43], und zum deutschen Botschafter sagte er im Dezember 1935, »daß die französische öffentliche Meinung sich immer mehr zu der Erkenntnis durchringe, daß der Einsatz des französischen Heeres nur zur Verteidigung des eigenen Bodens in Frage kommen könne«[44]. Natürlich wünschte Laval keine deutsche Hegemonie.

Jedoch wollte er die Sicherheit Frankreichs durch eine direkte Verständigung mit Deutschland schützen, und da ihn ein solches Ziel zur Schonung der Gefühle Hitlers zwang, mußte er von allen Versuchen Abstand nehmen, Frankreichs östlichen Bündnissen Effektivität zu geben. Statt in Warschau oder Bukarest auf eine Annäherung an die Sowjetunion zu drängen, verbot er auch noch den Tschechoslowaken, die ja schließlich auf Frankreichs Wunsch ihren Vertrag mit Moskau unterschrieben hatten, jede militärische Kooperation mit Rußland, die in Berlin Mißfallen erregt hätte. Während er offiziell an der traditionellen Pariser Bündnispolitik festhielt, leitete er unter der Oberfläche eine Politik ein, die, wenn sie nicht revidiert wurde, nur mit Frankreichs Rückzug aus Osteuropa enden konnte.

Das französisch-italienische Verhältnis, das nicht allein Barthou, sondern auch Laval wirklich am Herzen lag, blieb ebenfalls stets durch die Tatsache belastet, daß Frankreich und Italien als die dominierenden Mächte gegensätzlicher Staatengruppierungen auftraten. Gerade 1934 zeigte sich dieser Antagonismus deutlicher denn je. Mussolinis Intensivierung der italienisch-österreichisch-ungarischen Zusammenarbeit war gegen Deutschland defensiv gemeint, jedoch gegen Jugoslawien und damit gegen die von Frankreich dirigierte Kleine Entente offensiv; die kroatischen Terroristen, die das Attentat auf König Alexander verübten und dabei auch Barthou ermordeten, hätten ohne italienische und ungarische Unterstützung wenig ausrichten können. Selbst im Hinblick auf Deutschland und Österreich durfte die Interessengemeinschaft zwischen Rom und Paris nicht als sicherer Faktor betrachtet werden. Kurz nach Hitlers Machtübernahme, im März 1933, hatte Mussolini, als ihn Premier MacDonald und Außenminister Sir John Simon in Rom besuchten, einen Viermächte-Pakt zwischen Großbritannien, Frankreich, Italien und Deutschland vorgeschlagen, der Europa faktisch dem Diktat dieser vier Großmächte unterwerfen und zugleich die Tür zu einer großzügigen Revision des Status quo aufstoßen sollte; Mussolinis Entwurf hatte die Signatarstaaten auf ein Bekenntnis zur Revision der Friedensverträge festlegen wollen. Im Quai d'Orsay war der Pakt durch eine geschickte Anpassung des Textes an die Völkerbundssatzung elegant entwertet worden, und Mussolini hatte sich schließlich mit der französischen Fassung, die am 15. Juli 1933 in Rom von den Vertretern der vier Staaten unterschrieben wurde, zufriedengegeben. Aber wenn der Viermächte-Pakt auch keine praktische politische Bedeutung erlangte, so hatte die Episode doch gelehrt, daß Mussolini nach wie vor bereit war, die letzten Reste der kollektiven Sicherheit im Interesse des faschistischen Imperialismus zu liquidieren, und daß er nach wie vor auf dem Sprung stand, seinen eigenen Imperialismus mit deutschem Expansionismus zu verbinden, sofern sich die deutsche Aggressivität Ziele wählte, die nicht in italienischen Einflußbereichen lagen. Auch die demonstrative Protektion Österreichs hatte Mussolini nicht in einen Anhänger des Status quo verwandelt, wenngleich er seine Rolle so gut spielte, daß seine Sprungbereitschaft vorübergehend nicht mehr bemerkt wurde. In Wahrheit hat er sogar den Schutz Österreichs nicht eigentlich um der europäischen Interessen Italiens willen übernommen. Sein entscheidendes Motiv war die Überlegung, er könne sich Frankreich und Großbritannien durch seine Haltung in der österreichischen Frage so sehr verpflichten, daß beide Mächte den afrikanischen Eroberungsplänen, die er im Zusammenhang mit dem Zerfall der kollektiven Sicherheit zu schmieden begann, keinen Widerstand entgegensetzen würden. Sollte die taktische Funktion seiner Österreichpolitik überflüssig werden, entweder durch die Erfüllung seiner Wünsche oder durch unerwarteten Widerstand der Westmächte, und sollte er dann den Beistand Deutschlands brauchen, entweder für neue Pläne oder gegen die westliche Opposition, war er durchaus zu einer radikalen Änderung seines Kurses fähig.

Im übrigen haben gerade die spezifisch nationalsozialistischen Elemente der Außenpolitik Hitlers eine tiefe Bresche in das französische Allianzsystem selbst geschlagen. Daß Frankreich Mussolinis Viermächte-Pakt und damit die Revision des Status quo nicht rundweg ablehnte, sondern lediglich ausmanövrierte, hat das in Polen seit Locarno lebendige Mißtrauen in die Zuverlässigkeit der französischen Freundschaft verstärkt. Da sich Paris auch auf die Präventivkriegspläne Pilsudskis nicht eingelassen hatte, neigten nun manche Repräsentanten der polnischen Führungsschicht zu einem Urteil über Frankreich, das an Hitlers Vorstellung von den dekadenten Franzosen streifte. So äußerte 1933 Marschall Sosnkowski Zweifel daran, ob man es noch mit dem »echten« Frankreich zu tun habe, das seine Interessen »energisch und kompromißlos gegen Deutschland und andere« verteidigen würde : » Was zur Zeit in Frankreich geschieht, kann uns leider nicht begeistern, vor allem nicht dieses ständige

Schwanken und diese Unentschlossenheit.«[45] Andererseits glaubten die Warschauer Politiker, daß der Regimewechsel in Deutschland für Polen auch günstige Momente gebracht habe. »Hitler ist eher ein Österreicher, auf jeden Fall kein Preuße«, meinte Außenminister Beck im September 1933.[46] Mit Recht nahm man in Warschau an, daß der neue Reichskanzler von der Polenfeindschaft, wie sie der borussisch bestimmte deutsche Nationalismus pflegte, weitgehend unabhängig sei, und ebenso zutreffend wurde diagnostiziert, daß in der außenpolitischen Vorstellungswelt Hitlers nicht die preußische Vorliebe für eine Allianz mit Rußland dominierte, sondern der Wunsch nach der Eroberung russischen Territoriums. Gewiß war nicht recht zu sehen, wie die polnische Unabhängigkeit behauptet werden sollte, wenn sich Hitler tatsächlich sowjetisches Land aneignete. Doch hielten Pilsudski und Beck das Eroberungsprogramm selbst noch für einen Traum, während sie die diplomatisch-politische Konsequenz des Traums, nämlich die Entfremdung zwischen Deutschland und Rußland, als eine für Polen sehr nützliche Realität registrierten. Pilsudski hat daher Hitler den Kanzlern und Außenministern der Weimarer Republik vorgezogen und ausdrücklich erklärt, daß er »ihn gern so lange wie möglich an der Macht sehen würde«[47].

Nachdem Polen zunächst die Zähne gezeigt hatte – am 6. März 1933 war, vom Präventivkriegsplan ganz abgesehen, die polnische Garnison auf der Westerplatte bei Danzig demonstrativ verdoppelt worden –, setzte sich in Warschau die Auffassung durch, daß die direkte Verständigung mit Deutschland, die angesichts der französischen Unzuverlässigkeit angebracht und angesichts der Berliner Umorientierung möglich sei, jetzt gesucht werden müsse; Polen habe es satt, sagte Beck im September 1933 zum deutschen Außenminister v. Neurath, »sich immer wieder gegen Deutschland ausspielen zu lassen«[48]. Hitler, der sich die Chance, als friedfertiger Antirevisionist dazustehen, in Wahrheit aber Warschau von Paris zu trennen und Polens Eingliederung in den deutschen Machtbereich anzubahnen, nicht entgehen lassen wollte, kam Polen bereitwillig entgegen. Schon im Mai hatte er dem polnischen Botschafter in Berlin versichert, daß er keine feindseligen Absichten hege, und nachdem die polnische Haltung klarer geworden war, griff er rasch zu. Am 26. Januar 1934 wurde in Berlin ein deutsch-polnischer Nichtangriffsvertrag unterzeichnet, mit dem die beiden Mächte die Verpflichtung übernahmen, sich mindestens zehn Jahre lang

»in den ihre gegenseitigen Beziehungen betreffenden Fragen, welcher Art sie auch sein mögen, unmittelbar zu verständigen« und bei Streitfragen »unter keinen Umständen ... zur Anwendung von Gewalt zu schreiten«[49]. Offenbar gaben sich die polnischen Politiker, die sich im Osten relativ ungefährdet fühlten, seit Moskaus Politik von Ruhebedürfnis diktiert war, tatsächlich der Hoffnung hin, nun auch ihre Westgrenze geschützt zu haben und in dieser sicheren Position eine bedeutende Rolle in Europa spielen zu können. In Wirklichkeit hatten sie lediglich das polnisch-französische Bündnis, an dem sie, um von Hitler nicht abhängig zu werden, selbstverständlich festhalten wollten, halb entwertet und die französisch-sowjetische Allianz, an der sie sich jetzt ebensowenig beteiligen konnten wie an anderen antideutschen Kombinationen, zur Ineffektivität verurteilt. Nebenbei hatten sie auch noch die Verbindung zwischen Paris und Prag erschüttert, da sogleich fraglich wurde, ob die Tschechoslowakei ein militärisches Vorgehen Frankreichs gegen Deutschland – etwa bei einer Remilitarisierung des Rheinlands oder bei einem Anschluß Österreichs – aktiv unterstützen konnte, wenn sie nicht im Norden durch die Mitwirkung Polens gedeckt war.

Schließlich hätte eine Politik, die Hitler zur Passivität zwingen wollte, indem sie ihm eine überlegene Mächtegruppierung entgegenstellte, vor allem der inspirierenden und führenden Teilnahme Großbritanniens bedurft, und in London dominierte noch immer die Abneigung gegen ein kontinentales Engagement. Gewiß begegnete Hitler gerade auch in Großbritannien stärkstem Mißtrauen und einer aus Widerwillen und Verachtung gemischten Abneigung; ein krasserer Gegensatz als der zwischen den Prinzipien und dem Stil britischer Politik und den Prinzipien und dem Stil Hitlerscher Politik war in der Tat kaum vorstellbar. Zwar erschienen schon 1933 nationalsozialistische Emissäre wie Alfred Rosenberg in London, um dort für die britisch-deutsche Interessenabstimmung zu werben, die zu den wichtigsten Bedingungen des Eroberungsprogramms Hitlers gehörte, und 1934 konnte der nicht zur alten Garde der NSDAP zählende Auslandskaufmann Joachim v. Ribbentrop, der rasch zum einflußreichsten außenpolitischen Vertrauensmann Hitlers aufstieg, sogar eine vom Auswärtigen Amt unabhängige »Dienststelle Ribbentrop« einrichten, die sich zunächst speziell mit der Gewinnung Großbritanniens beschäftigte. Aber Rosenbergs taktloses Auftreten führte keineswegs zu einer »Verbesserung der hiesigen Atmosphäre«, wie Botschafter v. Hoesch, der die rivalisierende Aktivität solcher Dilettanten aus der Parteileitung mit großem Unbehagen verfolgte, befriedigt nach Berlin berichtete[50], und auch die Bemühungen Ribbentrops, den Hitler im April 1934 zum Sonderbeauftragten für Abrüstungsfragen und 1936 zum Botschafter in London machte, hinterließen bei den meisten britischen Gesprächspartnern einen höchst ungünstigen Eindruck, nicht zuletzt dank der Arroganz und der verkrampften Selbststilisierung dieses Repräsentanten des nationalsozialistischen Deutschland, der sich zu jeder Stunde des Tages als Personifizierung weltgeschichtlicher Entscheidungen und imperialer Politik gab. Doch hatte sich die britische Regierung entschlossen, ihre Deutschlandpolitik nicht auf ihr Mißtrauen zu gründen und das seltsame Gehabe der neuen deutschen Machthaber als Äußerlichkeit zu ignorieren.

Der britische Pragmatismus weigerte sich, die ausschweifenden Pläne des jungen Hitler als ernsthaftes Programm des Reichskanzlers Hitler anzunehmen. »Wir können ihn nicht nur als den Verfasser von ›Mein Kampf‹ ansehen«, meinte Sir Eric Phipps, der britische Botschafter in Berlin.[51] Vor allem aber scheute man in London die Konsequenzen, die sich aufdrängten, wenn man Hitlers Buch als Leitfaden der deutschen Außenpolitik verstand. Dann müßten »wir logischerweise die Politik des ›Präventivkriegs‹ anwenden«, stellte Phipps fest[52], und jedermann wußte, daß die öffentliche Meinung einen Präventivkrieg nicht zulassen würde. Die öffentliche Meinung, die jede kriegerische Verwicklung ablehnte und außerdem einer zusätzlichen finanziellen Belastung widerstrebte, erlaubte nicht einmal eine Rüstungsanstrengung, wie sie die britische Regierung für notwendig hielt, wenn sich Großbritannien an einer kontinentalen Allianz beteiligen sollte, die einen Krieg mit Deutschland immerhin möglich machte. Auch galten in London noch immer die Grundsätze Lloyd Georges und Austen Chamberlains, die eine britische Verpflichtung zugunsten ost- und südosteuropäischer Grenzen als unerwünscht erklärten. Wenn man Hitler nicht bekämpfen wollte, ihn andererseits auch nicht ignorieren konnte, blieb aber als einzige Alternative die Fortsetzung der traditionellen Appeasement-Politik. Konkret hieß das jetzt: daß sich London mit der deutschen Aufrüstung abfand, die ohnehin durch den französischen Starrsinn unvermeidlich geworden war; daß sich Großbritannien allen Einkreisungsversuchen fernhielt, was mit lauten Bekenntnissen zur kollektiven Sicherheit und mit der unverbindlichen Unterschrift unter die Dreimächte-Deklarationen zur österreichischen Frage nur unvollkommen zu kaschieren war; und daß die britische Regierung sogar jede Gelegenheit wahrnahm, mit Hitler Vereinbarungen zu treffen, die zwar erhebliche Konzessionen kosten, den deutschen Diktator jedoch binden und domestizieren mochten. Eine »seltsame Laune seiner geistigen Beschaffenheit« könnte ihn bewegen, argumentierte Phipps, ein Abkommen zu honorieren, das »seine frei und stolz gegebene Unterschrift trägt ... Dann könnten Jahre vergehen, und selbst Hitler würde alt werden ...«[53]

So hat das britische Kabinett, während die deutsche Aufrüstung bereits auf vollen Touren lief, mit Berlin hartnäckig über partielle Abmachungen, etwa einen Luftpakt, verhandelt und damit der bündnispolitischen Aktivität Frankreichs einen wesentlichen Teil ihrer Gefährlichkeit für Hitler genommen. Nachdem Hitler die allgemeine Wehrpflicht verkündet hatte, fragte die britische Regierung an, ob ihm der vorher vereinbarte Besuch des Außenministers Sir John Simon und des Lordsiegelbewahrers Anthony Eden noch immer willkommen sei, obwohl London gegen seinen Bruch des Versailler Vertrags offiziell protestiert habe, und als Hitler, der die seltsame Frage gnädig bejaht hatte, im Laufe der Gespräche mit den britischen Gästen (24.–26. März 1935) zu verstehen gab, er sei durchaus bereit, mit London einen Vertrag zu schließen, der die deutschen Seestreitkräfte auf 35 Prozent der britischen Flotte begrenze, da ließ sich England die Chance, Hitler in einem für die britischen Interessen besonders wichtigen Bereich festzulegen, nicht entgehen. Bald darauf, am 4. Juni 1935, konnte Ribbentrop auf Grund einer britischen Einladung die Flottenverhandlungen in London beginnen, und am 18. Juni wurde in der britischen Hauptstadt ein Abkommen unterzeichnet, das Deutschland in der Tat eine Hochseeflotte zubilligte, die 35 Prozent der gesamten Commonwealth-Flotte erreichen durfte (bei U-Booten sogar 100 Prozent). Mit diesem Akt hatte die britische Regierung nicht allein die bisherige vertragswidrige Aufrüstung Deutschlands sanktioniert und ihrerseits den Versailler Vertrag gebrochen, sondern überdies die kurz zuvor feierlich zugesagte Beteiligung Englands an der in Stresa formulierten Politik desavouiert und die »Front von Stresa« weitgehend entwertet. Hitler aber, der vorerst ohnehin nicht an ein größeres maritimes Programm dachte und dem im Januar 1935 gerade der Versailler

Vertrag einen psychologisch wie politisch wichtigen Erfolg beschert hatte, als das Saarland nach der vorgesehenen Volksabstimmung wieder Reichsgebiet geworden war, Hitler durfte sich sagen, daß er die drohende Isolierung endgültig gebannt hatte, und er sagte sich ferner, daß er nun jene »politische Verständigung mit Großbritannien . . . eingeleitet« habe[54], die ihm eines Tages freie Hand im Osten geben würde. Schon in dieser Periode warnte ein deutscher Diplomat – Graf Albrecht Bernstorff, der bis zum Sommer 1933 der deutschen Botschaft in London angehört hatte – seine englischen Freunde, Hitler interpretiere die kleinste britische Geste als »a firm alliance«[55]. Kein Wunder, daß Ribbentrop den Abschluß des Flottenvertrags als ein Ereignis von »weltgeschichtlicher Bedeutung« charakterisierte[56].

Hitlers Expansionsstreben und der Pakt von Locarno

Die eifrige Suche nach der direkten Verständigung, mit der wichtige europäische Staaten auf die rapide Bewaffnung des nationalsozialistischen Deutschland reagierten, hat an der diplomatischen Börse den ohnehin fallenden Kurs der kollektiven Sicherheit wie der französischen Allianzen naturgemäß noch rascher und noch tiefer stürzen lassen. Indes konnten daraus, als Ribbentrop den deutsch-englischen Flottenvertrag unterschrieb, keineswegs schon völlig zuverlässige Rückschlüsse auf die tatsächliche Leistungsfähigkeit oder Leistungsschwäche jener politischen Unternehmen gezogen werden. Ob sich der Völkerbund nicht doch zu wirksamer Aktivität aufraffen würde, wenn eine europäische Macht – in Europa selbst oder auch anderswo – ein Mitglied der Staatenassoziation angreifen und das Gleichgewicht gefährden sollte, ob die Pariser Bündnisse nicht doch funktionieren würden, wenn einer der Partner Frankreichs in Bedrängnis geraten oder die französische Sicherheit unmittelbar bedroht werden sollte, wußte niemand zu sagen; beide Fälle waren noch nicht getestet worden. Namentlich in Berlin herrschte Unsicherheit. Gewiß glaubten Hitler und viele seiner Mitarbeiter fest an die Schwäche Genfs, an die französische Dekadenz und an den kaltherzigen britischen Egoismus, der, da er lediglich die Interessen des Empire und des englischen Handels im Auge habe, zur Teilung der Welt bereit sei. Andererseits saß die Erinnerung an die militärische Leistung Frankreichs während des Krieges, an die harte französische Nachkriegspolitik und an die immer wieder konstatierte Funktionsfähigkeit der trotz mancher Belastungsproben nach wie vor bestehenden britisch-französischen Entente ebenfalls im Gedächtnis. Der Völkerbund hatte gelegentlich gezeigt, daß er schnell und energisch zu intervenieren vermochte, wenn es um den europäischen Status quo ging und wenn die Verteidigung Genfer Prinzipien zum politischen Konzept der Großmächte paßte. Daß Frankreich und Großbritannien größere imperialistische Abenteuer des italienischen Faschismus bislang unterbunden hatten, mahnte nicht weniger zur Vorsicht.

Auch war die konkrete außenpolitische Lage Deutschlands noch so beengt, daß ein Durchbruch zu expansionistischer Politik überaus schwierig schien. Zwar wuchs die militärische Stärke Deutschlands von Monat zu Monat, und eine zunächst vornehmlich an außenpolitischen Gesichtspunkten orientierte Handelspolitik sorgte dafür, daß auf dem Balkan der wirtschaftliche Einfluß des Reiches ständig zunahm und in Ländern wie Jugoslawien und Rumänien allmählich mit dem politischen Einfluß Frankreichs zu konkurrieren begann, zumal die französischen Versuche, das kommunistische Rußland ins europäische Kräftespiel zu ziehen, Belgrad wie Bukarest verstimmt hatten; in ersten Ansätzen verrieten die undemokratischen Balkanregime außerdem das Bedürfnis, sich ideologisch und gesellschaftspolitisch an Berlin anzulehnen. Aber noch war die Vereinbarung von Locarno in Kraft, die Deutschland zur Entmilitarisierung des Rheinlands verpflichtete, und solange Deutschland im Rheinland weder Truppen stationieren noch Befestigungen bauen durfte, hatte Frankreich jederzeit die Möglichkeit, aggressive Aktionen Berlins – gegen Österreich, die Tschechoslowakei oder Polen – mit Repressalien, also mit der Besetzung deutschen Territoriums, und sogar mit einem praktisch nicht zu bremsenden Feldzug zu beantworten. Wie dieser Zustand geändert werden sollte, war nicht recht zu sehen. Noch hielt Mussolini seine Hand über Österreich, und solange das Patronat des Duce einen deutsch-italienischen Gegensatz wie eine italienisch-französische Interessengemeinschaft begründete, mußte damit gerechnet werden, daß Italien seine 1925 übernommene Aufgabe als Garantiemacht des Pakts von Locarno erfüllen und, wie zwischen Mussolini und Laval vereinbart, den französischen Widerstand gegen eine Remilitarisierung des Rheinlands auch militärisch unterstützen würde. Im übrigen hatte sich Hitler – um zu demonstrieren, daß er von Deutschland freiwillig unterzeichnete Verträge zu halten gedenke, und um die Aufregung über die Einführung der allgemeinen Wehrpflicht zu dämpfen – hinreißen lassen, am 21. Mai 1935 im Reichstag zu erklären, daß er den Pakt von Locarno als »den einzig klaren und wirklich wertvollen gegenseitigen Sicherheitsvertrag in Europa« werte und die von Stresemann getroffenen Abmachungen »peinlich einhalten« werde: »Die deutsche Reichsregierung sieht in der Respektierung der entmilitarisierten Zone einen für einen souveränen Staat unerhört schweren Beitrag zur Beruhigung Europas.«[57]

Und abgesehen davon, daß der Duce, den sich der »Führer« so dringend als Bundesgenossen wünschte, noch in der Front gegen Deutschland stand, hatten Hitlers diplomatische Erfolge – der Flottenvertrag und der Nichtangriffspakt mit Warschau – Großbritannien und Polen, die in Berlin ebenfalls als potentielle Verbündete betrachtet wurden, zwar von einem entschieden antideutschen Kurs weggelockt, aber mitnichten für seine Politik gewonnen. Die britische Regierung gab durch nichts zu erkennen, daß sie bereit sei, im Sinne der Hitlerschen Konzeption als Spießgesellin Berliner Expansionspläne zu fungieren, und in Warschau waren Andeutungen, daß man gemeinsam gegen die Sowjetunion vorgehen könne, ohne Echo geblieben. Wenngleich sich Hitler sagen mochte, daß die Dinge in der ersten Hälfte des Jahres 1935 nicht so übel gelaufen waren, wie angesichts der Entwicklung der Vorjahre hatte befürchtet werden müssen, daß er sich vielleicht bereits einem Wendepunkt nähere, so konnte er sich doch nicht verhehlen, daß er die Handlungsfreiheit, die er zur Exekution seines Programms brauchte, noch längst nicht erreicht, daß er noch nicht einmal einen Weg zum Ausbruch aus dem diplomatischen Stellungskrieg und zum Übergang in die freie politisch-militärische Bewegung entdeckt hatte. Jedoch sollten die meisten Hindernisse in relativ kurzer Zeit verschwinden und es sollte sich plötzlich eine Gasse öffnen, die den ersehnten Durchbruch möglich machte. Allerdings hatte Hitler seine Befreiung nicht etwa der eigenen Geschicklichkeit zu verdanken, sondern zwei Ereignissen, die alle ihm günstigen Tendenzen voll zur Geltung brachten, nämlich dem Angriff Mussolinis auf Abessinien und dem spanischen Bürgerkrieg.

Italiens Abessinienunternehmen im Schutz der passiven Westmächte: Testfall für Hitler

Wie General de Bono, der damalige italienische Kolonialminister, bezeugt, hat Mussolini den Plan zum Einfall in Abessinien und zur Annexion dieses nordostafrikanischen Kaiserreiches, in dem noch feudalistische Verhältnisse herrschten, schon im Laufe des Jahres 1933 gefaßt. Bis heute vertreten manche Autoren die Meinung, daß die Absicht des Duce eine bewußte und eine ebenso logische wie begreifbare Fortsetzung des italienischen Vorkriegsimperialismus darstellte; Italien hatte bereits 1895/96 einen Versuch zur Eroberung Abessiniens unternommen, der freilich mit der Niederlage von Adua (1896) gescheitert war. In Wahrheit ging es Mussolini nicht darum, die Schmach von 1896 mit »Blut zu tilgen«.[58] Als namentlich das faschistische Italien dafür sorgte, daß Abessinien im September 1923 Mitglied des Völkerbunds werden konnte, und als Mussolini am 2. August 1928 mit Abessinien einen Freundschafts- und Schiedsvertrag schloß, scheint die Schmach von Adua weniger stark gebrannt zu haben. Bald zeigte sich, daß es ihm auch nicht so sehr darauf ankam, Italiens »Raum- und Rohstoff-Frage und die damit verbundene Frage der Arbeitslosigkeit ... irgendwie zu lösen«[59]. Im Verlauf des Konflikts bewies der Duce deutlich genug, daß er mit derartigen Argumenten lediglich sein eigentliches Motiv kaschierte, das sich ganz simpel als Eroberungsgier und als imperialistische Großmannssucht charakterisieren läßt. Von der gleichen imperialen Baulust getrieben, die auch Hitlers Aktivität bestimmte, wollte er endlich mit der Errichtung des faschistischen Imperiums beginnen und nach einer Sammlung kümmerlicher Wüstenstriche, die außerhalb wie innerhalb Italiens manchmal belächelt wurde, endlich seine Hand auf ein ansehnliches und natürlich auch wertvolles Stück Afrika legen. Als passendes Objekt stach ihm Abessinien seit langem ins Auge, und zwar nicht deshalb, weil die Annexion des Kaiserreiches seine beiden Kolonien Eritrea und Italienisch-Somaliland verbunden hätte, sondern aus dem einfachen Grund, daß sich Abessinien als einziges afrikanisches Territorium noch nicht im Besitz eines europäischen Staates befand, und Mussolini ist sicherlich insofern ein Erbe des klassischen Imperialismus gewesen, als ihm ein afrikanisches Land, das keinen kolonialen oder halbkolonialen Status hatte, herrenlos zu sein schien. Der Gedanke, daß sein Vorhaben in wirtschaftlicher Hinsicht abwegig und in politischer Hinsicht altmodisch war, weil die Bewältigung wirtschafts- oder bevölkerungspolitischer Probleme nicht von der Herrschaft über rohstoffreiche Gebiete abhing und weil er sich auf ein kolonialistisches Unternehmen einließ, obwohl das Ende des Kolonialismus schon begonnen hatte – z. B. war der Irak, zuvor britisches Mandat, 1932 selbständig und Mitglied des Völkerbunds geworden –, dieser Gedanke hat ihn nicht eine Sekunde lang beschwert. Tatsächlich sollte aber sein Vorgehen in allen farbigen Völkern eine Erbitterung hervorrufen, die den Wandel der Dinge signalisierte und ihrerseits den Aufstand gegen das europäische Regiment näherbrachte.

Es ist bezeichnend, daß Mussolini anfänglich glauben konnte, eine Aktion gegen Abessinien werde, obgleich das Land dem Völkerbund bereits angehörte, als reiner Kolonialfeldzug abrollen und keine ernsteren Rückwirkungen auf die politische Lage in Europa haben. Er hatte zunächst weder die Absicht noch das Bewußtsein, mit einer schweren Sünde gegen die Genfer Prinzipien den spärlichen Rest der kollektiven Sicherheit zu ruinieren oder seine europäischen Freundschaften über Gebühr zu strapazieren. Nicht immer war er so sicher gewesen, daß nur der alte Kontinent als Geltungsbereich der neuen politischen Grundsätze anzusehen sei. Lange Zeit hatte er vielmehr in der Vorstellung gelebt, daß die großen Kolonialmächte, vor allem Großbritannien und Frankreich, den Völkerbund benützten, um auch außerhalb Europas den Status quo einzuzäunen. Deshalb war ja nicht allein seine Balkanpolitik, sondern auch seine Afrikapolitik von unfreiwilliger Bescheidenheit gekennzeichnet gewesen, deshalb hatte er sich ja damit begnügen müssen, Abessinien einen Freundschaftsvertrag aufzudrängen, der Italien wenigstens einigen wirtschaftlichen Einfluß garantieren sollte. Nachdem jedoch der japanische Angriff auf China straflos geblieben war, kehrte Mussolini zu der Überzeugung zurück, daß die Satzung des Völkerbunds vielleicht in Europa eine gewisse Bedeutung haben mochte, daß aber Asien und Afrika nach wie vor als freie Jagdreviere betrachtet werden dürften. Die Rolle, die der mandschurische Konflikt als auslösendes Moment spielte, kann kaum überschätzt werden. Man braucht sich gar nicht auf die immerhin interessante Tatsache zu stützen, daß Graf Galeazzo Ciano, seit 1930 der Schwiegersohn Mussolinis, als Generalkonsul in Schanghai die schwächliche Genfer Reaktion auf den japanischen Überfall an Ort und Stelle studiert hatte und nun – er war 1934 Propagandaminister geworden – zu den eifrigsten Anwälten imperialistischer Abenteuer zählte. Die italienischen Politiker haben in Gesprächen mit englischen oder französischen Kollegen immer wieder verraten, wie stark sie unter dem Eindruck der mandschurischen Erfahrung standen. So sagte Aloisi im Mai 1935 zum Lordsiegelbewahrer Eden, die Engländer hätten doch ihren »Ärger wegen der Mandschurei hinuntergeschluckt; warum also soviel Aufhebens um Abessinien«?[60]

Mussolini hätte auch einen Zusammenstoß mit den kolonialen Interessen Englands und Frankreichs gescheut, die in jenem Gebiet gegeben zu sein schienen; in einer 1906 getroffenen Abmachung hatte Italien mit den beiden Westmächten in Abessinien Einflußzonen abgegrenzt. Als aber Frankreich, durch Hitler und die deutsche Aufrüstung erschreckt, um die Gunst Italiens zu werben begann und Italien mit dem Schutz Österreichs tatsächlich einen wichtigen Part in dem von Paris dirigierten Orchester übernahm, meinte Mussolini, er habe sich die Westmächte nun so sehr verpflichtet, daß eine bloß koloniale Eifersucht zu neutralisieren sei, daß Rom koloniale Konzessionen sogar fordern dürfe. Aloisi, der Italien in Genf vertrat, gab zweifellos die Ansicht des Duce wieder, als er im August 1935 zu Eden bemerkte, Italien habe »niemals mit dem Widerstand Englands in dieser Frage gerechnet«[61], und Fulvio Suvich, Unterstaatssekretär im Palazzo Chigi, setzte dem britischen Botschafter in Rom, Sir Eric Drummond, auseinander, Italien habe ein »Recht« selbst auf die Hilfe Englands und Frankreichs[62]. Mussolini war durchaus darauf gefaßt, daß sowohl in London wie in Paris die Vertreter kolonialer Interessen ihre Kabinette drängen würden, der Ausdehnung des italienischen Kolonialreichs nicht tatenlos zuzusehen, und daß sie sich bei solchen Bemühungen gerade auch auf die Prinzipien der kollektiven Sicherheit und auf die Satzung des Völkerbunds berufen würden. Doch baute er so fest auf die Angst vor Hitler, daß er annahm, die Regierungen der Westmächte seien, um sich die Freundschaft Italiens zu erhalten, einfach gezwungen, Mittel und Wege zur Ausmanövrierung derartiger Einflüsse in den eigenen Ländern zu finden.

Daher verdichtete sich der 1933 gefaßte Plan 1934 zum Entschluß, zumal Mussolini mit wachsender Sorge die energischen Anstrengungen beobachtete, die der seit 1930, de facto seit 1928 in Addis Abeba, der Hauptstadt Abessiniens, regierende Kaiser Haile Selassie unternahm, um sein rückständiges und in mancher Hinsicht noch barbarisches Land allmählich zu modernisieren und zu zivilisieren. Wenn Abessinien ein höheres Niveau erreichen sollte, konnte seine Behandlung als koloniales Eroberungsobjekt schwieriger werden und seine Zugehörigkeit zum Völkerbund größere politische Bedeutung erlangen – wie im Falle der Mandschurei empfand der potentielle Angreifer auch hier die Besserung in der Lage des potentiellen Opfers als Zwang zu beschleunigtem Handeln. So wurden im Laufe des Jahres 1934 in Eritrea und

Somaliland logistische Vorbereitungen eingeleitet und die dort stationierten italienischen Truppen verstärkt. Während in Rom die Befehlshaber der Streitkräfte an militärischen Operationsplänen arbeiteten, suchten in Abessinien italienische Emissäre die Feudalherren gegen die Zentralregierung aufzuputschen und generell Unruhe zu stiften, und als es am 5. Dezember 1934 bei Wal-Wal, das sowohl von Italienisch-Somaliland wie – mit mehr Recht – von Abessinien beansprucht wurde, zu einem blutigen, jedoch zufällig entstandenen Gefecht zwischen italienischen und abessinischen Truppen kam, beschloß Mussolini, den Zwischenfall als Kriegsgrund anzusehen. Er ließ den militärischen Aufmarsch nun intensiv und ganz offen organisieren, und bald konnten die europäischen Kabinette erkennen, daß Italien im Herbst 1935, nach dem Ende der Regenzeit, angreifen werde.

Sogleich stellte sich heraus, daß Mussolinis Spekulation auf die Passivität der Westmächte nicht unbegründet war. An sich bot die italienische Kriegsdrohung den Regierungen Englands und Frankreichs eine große Chance. Sie konnten sich für eine Politik entscheiden, wie sie der britische Gesandte in Addis Abeba, Sir Sidney Barton, empfahl, als er im Februar 1935 nach London telegrafierte, es gebe »nur einen Kurs, der möglicherweise etwas verhindern könnte, das allgemein als internationales Verbrechen angesehen wird: England und Frankreich erklären Italien rundheraus, daß es Abessinien nicht bekommen kann«[63]. Wenn eine solche Erklärung unter Berufung auf die Genfer Prinzipien erfolgt wäre und mit einer ebenso raschen wie energischen Intervention des Völkerbunds gedroht hätte, die angesichts der eindeutigen Haltung fast aller europäischen Länder ohne weiteres zu erreichen gewesen wäre, dann hätte der abessinische Konflikt den Anstoß zu einer Renaissance der kollektiven Sicherheit gegeben, nach der eine Stabilisierung der Verhältnisse in Europa selbst nicht ausgeblieben wäre. Vor einer festen Politik wäre Mussolini wahrscheinlich rechtzeitig zurückgewichen, und hätte er sich doch halsstarrig gezeigt, so wäre es kein Problem gewesen, ihn mit allen Mitteln, die das Genfer Verfahren vorsah, zum Rückzug zu zwingen. In beiden Fällen hätte der westliche Widerstand seinen Eindruck auf Berlin nicht verfehlt. So haben deutsche Gesprächspartner des amerikanischen Vertreters in der Schweiz unumwunden konstatiert, daß die Behandlung Italiens als Test verstanden werde, mit welcher Opposition etwaige neue deutsche Schritte zu rechnen hätten. Aber auch wenn man keinen Gedanken an die Zukunft des Völkerbunds verschwenden wollte, wäre es im Hinblick auf Hitler richtig gewesen, Mussolini zu stoppen und damit dem deutschen Diktator zu demonstrieren, daß die Westmächte gewaltsame Veränderungen des Status quo nicht dulden würden.

In der Tat hatten die Kabinette Frankreichs und Großbritanniens vor allem die deutsche Gefahr im Auge, als sie ihre Reaktion auf Mussolinis afrikanische Pläne festlegten. Statt aber eine Gelegenheit zur Restauration des Völkerbunds und zur Abschreckung der expansionistischen Mächte zu sehen, gingen sie von der Überlegung aus, daß Italien für den Frieden in Europa, d. h. für die Zähmung Hitlers, unentbehrlich sei und seine Freundschaft daher auch um einen sehr hohen Preis erhalten werden müsse. Namentlich in Paris schreckten die damals maßgebenden Politiker vor der Möglichkeit zurück, daß ein zürnender Mussolini den österreichischen Ambitionen Hitlers die Bahn freigab und seine Verpflichtung als Garant von Locarno kündigte. Laval, der die französisch-italienische Kooperation zu den wichtigsten Elementen seiner Außenpolitik rechnete, war nicht gewillt, diese Kooperation aufs Spiel zu setzen, und so beschloß er, auch im abessinischen Konflikt alles zu vermeiden, »was die derzeitigen französisch-italienischen Beziehungen belasten oder trüben könnte«[64]. Eine solche Formel führte natürlich zu der Konsequenz, Mussolini freie Hand zu geben. Ob Laval, als er Anfang Januar 1935 mit Mussolini in Rom zusammentraf, dem Duce – im Rahmen der damals ausgehandelten französisch-italienischen Generalverständigung – eindeutig versprochen hat, Frankreich werde einem italienischen Angriff auf Abessinien nichts in den Weg legen, ist eine bis heute umstrittene Frage; Mussolini hat stets auf eine solche Zusage gepocht, Laval hat sie stets geleugnet. Indes steht fest, daß Laval in Rom Worte gebraucht haben muß, die auch einem anders als Mussolini gearteten Politiker die Überzeugung vermittelt hätten, Italien könne mit Abessinien – ohne Sorge vor einer französischen Einmischung – nach Belieben verfahren.

Die Tatsache, daß Abessinien dem Völkerbund angehörte, hat Laval zweifellos gestört. Andererseits ist ihm die Ignorierung dieser leidigen Tatsache dadurch erleichtert worden, daß er, der Minister eines Landes, das selbst über riesigen

Kolonialbesitz verfügte, ebenfalls noch ganz selbstverständlich in der Vorstellung des imperialistischen Zeitalters lebte, der afrikanische Kontinent sei durch Gottes Ratschluß den Europäern als Ausbeutungsobjekt überantwortet worden; er empfand Abessiniens Mitgliedschaft im Genfer Bund als eigentlich ungehörig, welche Empfindung er mit vielen seiner Kollegen im Pariser Parlament teilte, ebenso mit vielen Beamten des Quai d'Orsay und des französischen Kolonialministeriums. So übersah er, daß der gewiß nicht freiwillige Zynismus seiner Politik die Lage seines Landes verschlechtern mußte. Da der italienisch-abessinische Freundschaftsvertrag und die Bundeszugehörigkeit Abessiniens nicht wegdisputiert werden konnten, unterminierte Frankreich, wenn es den italienischen Feldzug gegen Addis Abeba billigte, die moralische Basis der französischen Position in Europa und die moralische Basis des europäischen Status quo, nämlich den Respekt vor der Unantastbarkeit internationaler Verträge, vor allem den Respekt vor der Unantastbarkeit der Völkerbundssatzung. Im mandschurischen Konflikt hatte wenigstens die japanische Präsenz in der Mandschurei eine vertragliche Grundlage gehabt; als Japan zur Besetzung des Landes schritt, um es dann seinem Machtbereich einzuverleiben, hatten sich die Westmächte auf die Formel zurückziehen können, daß sie den japanischen Militärs nur deshalb nicht in den Arm fielen, weil sie dazu nicht in der Lage seien, und das Ergebnis des japanischen Vorgehens war nicht anerkannt worden; überdies war kein europäischer Staat unmittelbar beteiligt gewesen oder zum Komplicen Tokios geworden. Jetzt lagen die Dinge anders. Niemand konnte bestreiten, daß Mussolini einen simplen Raubzug plante; niemand konnte ernstlich bestreiten, daß England, Frankreich und ein von den beiden Westmächten energisch geführter Völkerbund über ausreichende Machtmittel geboten, um den Duce an die Kette zu legen; und niemand konnte bestreiten, daß sich mit Frankreich, wenn Paris die italienische Aktion nicht aus Schwäche hinnahm, ihr vielmehr auf Grund einer bündnispolitischen Überlegung zustimmte, ein europäischer Staat zum Komplicen eines europäischen Aggressors machte. Lavals Politik, die in viel größerem Maßstab und in einer weit gefährlicheren Situation jene pro-italienischen Manöver wiederholte, die sich Poincaré 1923 während der Korfukrise geleistet hatte, mußte sowohl die europäische Stellung Frankreichs wie den europäischen Status quo einem freien Spiel der Kräfte ausliefern, das allein von den jeweiligen Machtverhältnissen reguliert wurde.

Offenbar hat sich Laval, der nach dem Urteil Edens nicht über den jeweiligen Tag hinausdachte, auch nie gefragt, ob sich Mussolini für die französische Unterstützung tatsächlich dadurch erkenntlich zeigen würde, daß er weiterhin mit Frankreich gegen Deutschland verbunden blieb. Der Duce war kein dankbarer Mann und rechnete Dankbarkeit erst recht nicht zu den Tugenden eines Staatsmanns; auch die französische Schützenhilfe in der Korfukrise hatte er mit einer prompten Bekehrung zum deutschen und britischen Standpunkt in der Ruhr- und Separatistenfrage honoriert. Jedenfalls hatte Laval, was die künftige Deutschlandpolitik Italiens anging, lediglich das Wort des Duce in der Hand, das Wort eines Regierungschefs, der mit seinem Angriff auf Abessinien gerade die völlige Wertlosigkeit seiner mündlichen Versprechen und sogar seiner Unterschrift bewies. Abermals ließ sich Frankreich, wie so oft in der Zwischenkriegsperiode, von der Angst vor Deutschland zu einer Politik verleiten, die sowohl der moralischen wie der taktischen Qualitäten ermangelte.

Die britische Regierung war freilich nicht so sicher, daß eine Parzellierung der politischen Landschaft möglich sei, die nach den taktischen Bedürfnissen des jeweiligen Augenblicks Zonen mit kollektiver Sicherheit und Zonen ohne kollektive Sicherheit schuf. Ein Mann wie Eden, der im Juni 1935 als Minister für Völkerbundsfragen ins Kabinett eintrat und nun – wenngleich etwas tiefer – neben dem Außenminister stand, verfocht sogar die Ansicht, daß eine solche Unterscheidung moralisch unzulässig und politisch falsch sei, daß vielmehr der Völkerbund, von England und Frankreich energisch geführt, an Mussolini ein Exempel statuieren und mit diesem Exempel sowohl die kollektive Sicherheit restaurieren wie Hitler eine deutliche Warnung zukommen lassen müsse. Auch Eden neigte zur direkten Verständigung mit Deutschland, namentlich in Rüstungsfragen, doch hat er offenbar geglaubt, daß sich Hitlers Bereitschaft zur Rüstungsbeschränkung und schließlich zur Rückkehr in ein internationales Sicherheitssystem um so eher einstellen werde, je früher eine Demonstration der westlichen Entschlossenheit erfolge, sich jeder expansionistischen Politik zu widersetzen, die mit Gewalt oder mit entsprechenden Drohungen arbeite. Und eine gewisse Wirkung haben Edens Vorstellungen zweifellos ausgeübt. Die britischen Minister hatten aber nicht allein mit ihren eigenen Einwänden gegen eine Politik im Sinne Lavals zu kämpfen, sondern auch auf eine öffentliche Meinung Rücksicht zu nehmen, die in einem der Ursprungsländer des Völkerbundgedankens überwiegend die Auffassung Edens teilte.

Auf der anderen Seite war auch die britische Regierung – einschließlich Edens – überzeugt, daß der Versuch, Hitler in Schach zu halten und den europäischen Status quo zu sichern, ohne die Mitwirkung Mussolinis nicht gelingen werde, und so gab es auch britische Politiker und Beamte, die bereit waren, Mussolinis Hilfe um jeden Preis zu kaufen; einer ihrer scharfsinnigsten und konsequentesten Repräsentanten, Sir Robert Vansittart, der als ständiger Staatssekretär im Foreign Office amtierte, übte auf Sir John Simon und Sir Samuel Hoare, die in den entscheidenden Tagen des abessinischen Konflikts das Außenministerium leiteten, großen Einfluß aus. Das Gefühl, Abessiniens Mitgliedschaft im Völkerbund sei eigentlich Hochstapelei und Mussolinis kolonialistisches Vorhaben sowohl verständlich wie verzeihlich, war in London ebenfalls anzutreffen, und die verantwortlichen Politiker sind erst recht nicht ermuntert worden, dem Duce in den Arm zu fallen, als ein Sonderausschuß, dem Sir John Maffey, ständiger Staatssekretär im Kolonialamt, vorsaß, im Frühsommer 1935 zu dem Schluß kam, ein italienischer Angriff auf Abessinien stelle keine Gefährdung der britischen Interessen in Afrika dar. Im Foreign Office und im Kabinett machte sich auch die Sorge bemerkbar, in der Gunst Mussolinis von Frankreich ausgestochen zu werden; London glaubte Mussolini nur mit französischer Beteiligung bremsen zu können, und wenn nun die britische Regierung dem Duce entschieden entgegentreten, dabei schließlich aber doch von Frankreich im Stich gelassen werden sollte – in London war man über die Pariser Stimmung natürlich gut unterrichtet –, so mußten, während das Verhältnis zwischen Paris und Rom gut blieb, die britisch-italienischen Beziehungen leiden, ohne daß dieses negative Ergebnis durch den Stop Mussolinis ausgeglichen gewesen wäre.

Von Skrupeln geplagt und von der öffentlichen Meinung unter Druck gesetzt, gleichwohl aber gewillt, den Draht nach Rom intakt zu halten, einigte sich das britische Kabinett auf eine überaus seltsame Politik. Mussolini sollte mit drohenden Gesten von seinem Vorhaben abgebracht oder wenigstens zu einem Kompromiß genötigt werden, der die formale Souveränität Abessiniens – zumindest die Souveränität der Kernlande des Kaisers – erhielt und damit eine unmittelbare Konfrontation zwischen Italien und der Völkerbundssatzung vermied; auf diese Weise wollte man eine Lage verhindern, die London zur Option zwischen Rom und Genf zwang. Jedoch sollte jede drohende Geste von Beteuerungen der Freundschaft und von Bekundungen des Verständnisses für den italienischen Standpunkt begleitet werden; auf keinen Fall durfte Mussolini gekränkt, verstimmt oder gar zum Feind der Westmächte und zum Freund Hitlers gemacht werden. Selbst wenn sich Mussolini von seinem Ziel nicht abdrängen ließ und einen Zusammenstoß Italiens mit dem Völkerbund riskierte, sollte die dann unvermeidliche Londoner Option für Genf und gegen Rom in einer Form geschehen, die zwar der Bundessatzung einigermaßen Genüge tat und die britische Öffentlichkeit halbwegs zufriedenstellte, aber wiederum Mussolini keinen Anlaß zum Wechsel seiner politischen Freundschaften bot. Schritte, die in die Nähe eines Krieges mit Italien führen mochten, schieden von vornherein aus; an den tatsächlichen Gebrauch von Gewalt wurde überhaupt nicht gedacht. Weniger zynisch als die französische Bereitschaft zur offenen Unterstützung der italienischen Pläne, war das britische Rezept in taktischer Hinsicht völlig verfehlt, da es zwei Zwecke gleichzeitig zu erreichen suchte, die sich gegenseitig ausschlossen: wer Mussolini die Eroberung Abessiniens verwehren wollte, mußte ihn verstimmen, wer ihn bei Laune halten wollte, mußte ihm Abessinien geben. Folgte die praktische Politik Londons jener Formel, so manövrierte sich die britische Regierung unweigerlich in die ebenso peinliche wie politisch unerwünschte Situation, daß sie schließlich, nachdem sie Mussolini wieder und wieder am Ärmel gezupft und mit beschwörenden Warnungen zur Umkehr aufgefordert hatte, vor einem Duce kapitulierte, der durch die lästigen Mahnungen inzwischen gründlich verärgert worden war. In Wirklichkeit nahm sich dann der britische Kurs noch merkwürdiger aus. Daß es gelang, die französische Regierung, die lieber gleich kapituliert hätte, an die englische Linie heranzuziehen, ist in London natürlich begrüßt worden, doch hat der britisch-französische Kompromiß, der ein weitgehend gemeinsames Auftreten der beiden Westmächte ermöglichte, den pro-italienischen Aspekt auch der britischen Politik noch stärker hervortreten lassen und Mussolini jede

Furcht vor einer ernsthaften Intervention genommen; andererseits ist Großbritannien im Völkerbund von Eden repräsentiert worden, und Eden, der Mussolini tatsächlich mit Hilfe des Genfer Apparats zügeln wollte, hat den anti-italienischen Aspekt der britischen Politik gelegentlich, sobald seine Instruktionen eine entsprechende Interpretation zuließen, mit Geschick und Zähigkeit verfochten – die beiden antagonistischen Ziele Londons sind also sogar mit gleichem Nachdruck verfolgt worden.

Daß aber die Schonung Mussolinis sowohl in Paris wie in London allen anderen Gesichtspunkten vorging, wurde sofort klar, als Kaiser Haile Selassie, angesichts der militärischen Vorbereitungen Italiens, am 14. Januar 1935 erstmals an den Völkerbund appellierte. Obwohl schon in diesem frühen Stadium das eigentliche Ziel des Duce zu erkennen und der italienische Aufmarsch nicht mehr zu übersehen war, akzeptierte der Völkerbundsrat auf britischen und französischen Wunsch Baron Aloisis Erklärung, Italien wolle den Zwischenfall von Wal-Wal nach dem italienisch-abessinischen Freundschaftsvertrag von 1928 behandeln, also durch ein schiedsgerichtliches Verfahren beilegen; eine Gefährdung der friedlichen Beziehungen zwischen Italien und Abessinien sei nicht gegeben. Da sich der Völkerbund nur mit Streitfragen befassen mußte, die den Frieden bedrohten oder keinem anderen Schiedsverfahren unterlagen, bedeutete die Annahme der italienischen Versicherung, daß Genf die Bedrohung Abessiniens vorerst ignorierte. Am 16. und 17. März wandte sich der Kaiser erneut an den Völkerbund, worauf Italien wiederum unter Hinweis auf den Vertrag von 1928 konstatierte, daß es für den Bund nichts zu erörtern gebe, und obgleich Mussolini bislang alles getan hatte, um das im Freundschaftsvertrag vorgesehene Schiedsverfahren zu sabotieren, jedoch unentwegt neue Truppen nach Eritrea und Italienisch-Somaliland verlegen ließ, gab sich der Rat abermals zufrieden. Konnte Mussolini aus dieser Passivität Genfs nur schließen, daß neben Frankreich – von dem er das ja zu wissen glaubte – auch Großbritannien sein Vorhaben tolerieren werde, so lieferte ihm die Londoner Regierung alsbald zwei weitere Indizien, die er als endgültige Beweise werten zu dürfen meinte. In die Entschließung, die am 14. April 1935 zur Fundierung der »Front von Stresa« formuliert wurde, baute Italien einen Satz ein, der die drei in Stresa konferierenden Mächte verpflichtete, sich dann jeder einseitigen Aufkündigung von Verträgen zu widersetzen, wenn »der Friede Europas in Gefahr geraten« könnte, und die Vertreter Englands und Frankreichs stimmten einer Formel, die Vertragstreue und kollektive Sicherheit praktisch auf Europa beschränkte, widerspruchslos zu. Anfang Mai übermittelte Dino Grandi, der italienische Botschafter in London, dem britischen Außenminister eine Botschaft Mussolinis, die in Edens Worten eine »diplomatisch verbrämte Forderung nach freier Hand in Abessinien« darstellte[65], und Sir John Simon bemerkte dazu lediglich, daß er sich wegen der öffentlichen Meinung in seinem Lande Sorgen mache und daß er nicht wisse, was er auf kritische Anfragen im Unterhaus antworten solle. Das war nicht die Sprache, die Mussolini vom Widerstandswillen Englands überzeugen und damit von seinem Raubzug abbringen konnte, zumal Eden am 23. Juni in Rom erschien und dem Duce im Auftrag des britischen Kabinetts einen Vermittlungsplan unterbreitete, der, von wirtschaftlichen Vorteilen für Italien ganz abgesehen, bereits die Abtretung einer abessinischen Provinz vorsah und Londons Bereitschaft ausdrückte, Kaiser Haile Selassie mit Zeila zu entschädigen, einer am Golf von Aden liegenden Hafenstadt Britisch-Somalilands. Mussolini wischte den Vorschlag verächtlich vom Tisch, obwohl ihm Eden eindringlich begreiflich zu machen suchte, was andere britische Gesprächspartner des Duce oder italienischer Diplomaten sanft und milde angedeutet hatten, daß nämlich England im Falle eines italienischen Angriffs seine Genfer Verpflichtungen erfüllen werde. Als Mussolini wenig später den Inhalt des an sich vertraulichen Maffey-Berichts kennenlernte, sah er erst recht keinen Anlaß mehr, eine britische Intervention zu fürchten. Die militärischen Vorbereitungen wurden so beschleunigt, daß Zweifel an einer italienischen Herbstoffensive nicht länger geäußert werden konnten.

Indes versteifte sich jetzt die Haltung der britischen Regierung. Daß Mussolini jede Vermittlung zurückwies, machte in London böses Blut, und manche britischen Politiker begannen sich zu fragen, wie sich ein solcher Mann »als Nachbar Ägyptens und des Sudan verhalten würde«[66]. Schließlich setzte sich die Auffassung durch, daß man unversehens vor der unangenehmen Option zwischen Genf und Rom stehen werde, wenn man nicht einen Versuch unternehme, Mussolini mit stärkeren Mitteln einzuschüchtern. Zwar hat der Völkerbundsrat, als er am 31. Juli zusammentrat, das abessinische Problem wieder nicht diskutiert, weil das Schlichtungsverfahren nach dem Vertrag von 1928 inzwischen doch in Gang gekommen war und weil die drei Partner des Vertrags von 1906, Italien, Frankreich und Großbritannien, versichert hatten, über eine Kompromißlösung verhandeln zu wollen. Mitte August scheiterten aber die Dreimächtegespräche, da Mussolini einen britisch-französischen Vorschlag glatt ablehnte, der eine für Italien noch wesentlich günstigere Version des Zeila-Plans angeboten hatte. Ferner beantwortete Italien die Feststellung der Schlichtungskommission, die Verantwortung für den Zwischenfall bei Wal-Wal sei nicht mehr zu ermitteln, damit, daß in der Ratssitzung vom 4. September der italienische Vertreter plötzlich erklärte, der Zwischenfall bei Wal-Wal – bislang die offizielle Begründung für den italienischen Aufmarsch an den Grenzen Abessiniens – habe nicht die geringste Bedeutung, vielmehr gehe es um das Zivilisationsgefälle zwischen Italien und Abessinien; sein übler innerer Zustand – den eine große Anklageschrift illustrieren sollte – mache das Kaiserreich unwürdig, dem Völkerbund anzugehören, und nötige Italien geradezu, die Voraussetzung für eine Zivilisierung des Landes zu schaffen. Nicht wenige der italienischen Anklagen trafen zweifellos zu. Aber abgesehen davon, daß Kaiser Haile Selassie ernstlich bemüht war, die Lage zu bessern, und daß manche Mißstände – etwa die mangelhafte politische Kohäsion des Feudalstaats – nicht zuletzt auf die Machenschaften italienischer Agenten zurückzuführen waren, taugte die Argumentation Italiens selbstverständlich nicht als juristische Rechtfertigung eines Eroberungskrieges gegen ein Völkerbundsmitglied. Einen Augenblick lang sah es so aus, als sei Mussolini mit dieser dreisten Verhöhnung Genfs zu weit gegangen. An der Vollversammlung des Völkerbunds, die am 9. September begann, nahm Sir Samuel Hoare, der im Juni Sir John Simon im Foreign Office abgelöst hatte, persönlich teil, und die Rede, die er am 11. September hielt, schien in der Tat zu beweisen, daß Großbritannien im Begriff stand, den italienischen Ambitionen in den Weg zu treten. Im Namen der britischen Regierung, so sagte er, könne er erklären, daß sie sich in der Bereitschaft, die Verpflichtungen der Völkerbundssatzung zu erfüllen, von niemand übertreffen lassen werde. Und am folgenden Tag tauchten etliche schwere Einheiten der Home Fleet im Mittelmeer auf.

Mussolini verstand Hoares Rede als Bluff, zumal in Rom

befriedigt registriert werden durfte, daß Laval, als er Hoares Beispiel folgte und auch Frankreichs Bundestreue versicherte, seine Unlust nicht verbarg. Allenfalls habe er jetzt, so glaubte der Duce, einige harmlose wirtschaftliche Sanktionen zu gewärtigen, die den Westmächten das Gesicht wahren sollten. Einen neuen Kompromißplan, der, am 18. September vom Völkerbundsrat präsentiert und von Kaiser Haile Selassie sofort angenommen, die formale Souveränität Abessiniens erhalten, das Land jedoch praktisch einer Völkerbundsverwaltung unterstellt und die wirtschaftlichen Interessen Italiens weitestgehend berücksichtigt hätte, lehnte er daher ab, und am 3. Oktober 1935 setzten sich die italienischen Armeen, inzwischen rund 300000 Mann mit 250 Flugzeugen, gegen Abessinien in Bewegung, nachdem Mussolini den Rat informiert hatte, daß die abessinische Mobilmachung – erst am 28. September angeordnet – und die provozierenden strategischen Manöver der abessinischen Truppen – denen der Kaiser befohlen hatte, sich zur Vermeidung gefährlicher Zwischenfälle 30 Kilometer von den Grenzen zurückzuziehen – Italien nötigten, die erforderlichen Maßnahmen zu seiner Verteidigung zu treffen.

Abessinien-Frage: Scheitern der Genfer Sanktionspolitik und Ende der politischen Funktion des Völkerbunds

Zunächst fiel die Reaktion der Westmächte freilich stärker aus, als Mussolini erwartet hatte. Zwar ist Hoares Rede tatsächlich als Bluff gemeint gewesen. Nachdem sich der Bluff aber als unwirksam erwiesen hatte, fand die britische Regierung, daß sie sich allzuweit vorgewagt hatte, um ohne schweren Prestigeverlust sogleich wieder umkehren zu können. Auch waren die Delegierten der Vollversammlung, die am 28. September ihre normalen Geschäfte beendet hatten, nicht nach Hause zurückgekehrt, sondern angesichts des unmittelbar bevorstehenden Kriegsausbruchs in Genf geblieben, und die Anwesenheit dieser Abgeordneten des Staatenparlaments, die fast alle – namentlich wenn sie kleinere Staaten vertraten – den italienischen Angriff schärfstens verurteilten, schuf eine antiitalienische Stimmung, die den Rat ebenfalls zu sofortigen und nicht gar zu schwächlichen Konsequenzen antrieb. Zudem saß für Großbritannien Eden im Rat, und Eden handelte nach der Ansicht, daß sich England, nachdem die Option zwischen Rom und Genf gerade durch die bislang so unklare und kraftlose Politik Londons unvermeidlich geworden war, nun ohne Zaudern und Schwanken auf die Seite des Völkerbunds stellen müsse. So akzeptierte der Rat bereits am 7. Oktober einen am 5. formulierten Bericht, der die Frage, ob in Abessinien Kriegszustand herrsche, mit ja beantwortete – gestützt auf die klingenden Meldungen des italienischen Hauptquartiers in Eritrea – und Italien zum Angreifer erklärte. Mit der Annahme des Berichts, den am 9. Oktober auch 50 von 54 Delegationen der erneut einberufenen Vollversammlung billigten, war aber zugleich den rechtlichen Folgen zugestimmt worden, nämlich der Verhängung von Sanktionen gegen den Aggressor. Noch am 9. Oktober setzte die Vollversammlung ein Sanktionskomitee ein, das, aus den Vertretern von 18 Staaten bestehend, schon am 11. Oktober erstmals tagte und sofort die Lieferung von Waffen an Italien verbot. Am 14. Oktober beschloß das Komitee, daß die 50 Länder, die es repräsentierte – lediglich Albanien, Österreich und Ungarn hatten sich dem Vorgehen gegen Italien nicht angeschlossen –, weder dem italienischen Staat noch italienischen Firmen Kredite oder Anleihen gewähren dürften und daß sowohl Importe aus Italien wie die Lieferung bestimmter Rohstoffe nach Italien (z. B. Gummi, Zinn, Mangan, Nickel) untersagt seien. Am 18. November traten diese Sanktionen – die Schweiz wollte sich an den Handelsbeschränkungen freilich nicht beteiligen – in Kraft.

Da die italienischen Streitkräfte nach einigen Anfangserfolgen längere Zeit keine nennenswerten Fortschritte mehr machten und in kleineren Scharmützeln sogar unter empfindlichen Verlusten Schlappen erlitten – am 17. November wurde der bisherige Oberbefehlshaber de Bono durch General Badoglio ersetzt –, brachten schon die im November verhängten Sanktionen Mussolini in Bedrängnis. Zwar konnte Italien auch die vom Völkerbund gesperrten Rohstoffe über die Schweiz und in den Vereinigten Staaten kaufen, doch mußte überall bar bezahlt werden, und so schmolzen die italienischen Goldreserven, zumal der jähe Rückgang des italienischen Exports den Devisenzufluß in ein kümmerliches Rinnsal verwandelte, wie Schnee in der Sonne. Angesichts des Stillstands an der abessinischen Front weckten die wirtschaftlichen Nöte Unzufriedenheit in Italien selbst, die alsbald recht freimütig geäußert wurde. Bereits Anfang Dezember begann sich ein klägliches Ende des abessinischen Abenteuers und damit eine politische Katastrophe für den Duce wie für das faschistische Regime abzuzeichnen. Sollte Großbritannien den Suezkanal für Italien schließen und sollten die Sanktionen, wie in Genf verschiedentlich vorgeschlagen worden war, auf die für Mussolinis Kriegführung wirklich wichtigen Güter, nämlich Öl, Stahl, Eisenerz, Kohle und Koks, ausgedehnt werden, so war die italienische Niederlage so gut wie sicher. »Hätte der Völkerbund im Abessinienkonflikt den Rat Edens befolgt und die Wirtschaftssanktionen gegen Italien auf das Öl ausgedehnt«, sagte Mussolini im September 1938 zu Hitler, »dann hätte ich innerhalb von acht Tagen den Rückzug aus Abessinien antreten müssen. Es wäre eine unausdenkbare Katastrophe für mich gewesen.«[67]

Jedoch stieß die Sanktionspolitik Genfs von Anfang an auf den festen Willen der Kabinette Frankreichs und Englands, auch jetzt auf der Grundlinie ihrer Italienpolitik zu bleiben und Mussolini nicht allzusehr in die Enge zu treiben. In Paris und London sind die Sanktionen im Grund nur als Verweis aufgefaßt worden, den Mussolini, so fand man, für seine Unart verdient habe und deshalb in guter Haltung hinnehmen könne; sie sollten aber der Freundschaft keinen Abbruch tun und daher auch nicht sein Unternehmen unmöglich machen. Aus offiziellem Munde bekam der Duce kein scharfes Wort zu hören, die diplomatischen Beziehungen sind nicht abgebrochen worden, und die britische Regierung dachte gar nicht daran, ihn mit der Schließung des Suezkanals über Gebühr zu reizen. Was die Ölfrage anging, so ist schon der erste Antrag, auch das Öl auf die Liste der gesperrten Güter zu setzen, ein Antrag, den der kanadische Völkerbundsdelegierte Dr. Riddell am 2. November stellte, ignoriert worden, und als entsprechende Forderungen immer drängender erhoben wurden, sorgte vor allem Laval dafür, daß sie nicht erfüllt werden konnten. Am 29. November wollte das Sanktionskomitee tagen, um den Export von Öl, Stahl und Kohle nach Italien zu verbieten, doch zog sich Laval rechtzeitig eine Krankheit zu, die den übrigen und ohne Frankreich nicht handlungsfähigen Mitgliedern des Komitees keine andere Wahl ließ, als die Sitzung um einige Wochen zu verschieben. Allein die Verzögerung war ein guter Dienst für Mussolini, der die Frist nutzte, um in aller Welt Öl zu kaufen, selbst in Rußland, das in Genf besonders eifrig für eine energische Politik des Völkerbunds eintrat. Aber Laval hat sich mit diesem Erfolg nicht begnügt. Am 7. und 8. Dezember konferierte er in Paris mit Sir Samuel Hoare, und mit dem kuriosen

Argument, Mussolini sei ein Mann, der sich auf das britische Empire stürzen werde, wenn man durch weitere Sanktionen den Krieg in Afrika unmöglich mache, überredete er den britischen Außenminister zu einer neuen Vermittlungsaktion. Der Kompromißplan, den die beiden Politiker ausarbeiteten und tatsächlich nach Addis Abeba und Rom sandten, stand in schreiendem Kontrast zu jeder Sanktionspolitik, da er eine fette Belohnung der italienischen Aggression vorschlug: Abessinien sollte ein erhebliches Gebiet an Italien abtreten und riesige Teile des Landes italienischem Wirtschaftseinfluß, italienischer Einwanderung und italienischer Verwaltung öffnen. So ist es denn auch unwahrscheinlich, daß Hoare und Laval an eine Realisierung ihres Plans geglaubt haben. Doch abgesehen davon, daß nun die Vertreter Frankreichs und Großbritanniens am 12. Dezember im Sanktionskomitee erklären konnten, solange ein Kompromiß diskutiert werde, brauche man nicht über eine Ausdehnung der Sanktionen zu sprechen, hat die völlig unvermutete Enthüllung der wahren französisch-britischen Intentionen zwar in allen Ländern leidenschaftliche Empörung hervorgerufen, zugleich aber an die Stelle des moralischen Impetus, dem die Sanktionspolitik ihren anfänglichen Schwung verdankte, tiefe Resignation treten lassen. Der Plan selbst – den übrigens Mussolini nie in Erwägung gezogen hat – verschwand angesichts der allgemeinen Kritik rasch genug in den Akten, und die britische Regierung brachte Sir Samuel Hoare zum Opfer, den Anthony Eden ablöste. Dann haben jedoch die Kabinette Frankreichs und Großbritanniens jene Resignation, die sie selbst geschaffen hatten, sogleich benutzt, um die Ölfrage endgültig auf ein Nebengeleise zu schieben – mit ihrem Studium wurden Fachleute beauftragt – und um allmählich auf eine Bahn einzulenken, die zur vollen Tolerierung des italienischen Beutezugs führte.

Am 20. Januar 1936 entschied der Völkerbundsrat, daß Abessinien keine finanzielle Hilfe gewährt werden solle, was eine Verbesserung der miserablen Bewaffnung des abessinischen Heeres verhindern mußte, und die Ausdehnung der Sanktionen auf Kohle, Eisen und Stahl wurde definitiv abgelehnt. Nach langen Wochen der Passivität, in denen sich die Lage auf dem Kriegsschauplatz entscheidend veränderte, da die italienische Armee – nicht zuletzt durch die großzügige Anwendung von Giftgas (Gelbkreuz) – im Februar die Oberhand gewann, schlug Etienne Flandin, der inzwischen Laval gefolgt war, aber die gleiche Italienpolitik betrieb, am 2. März im Sanktionskomitee vor, die Ölfrage zu vertagen und erneut Verhandlungen zwischen den streitenden Parteien anzustreben. Daß Flandin nur noch die Hinnahme der Resultate des italienischen Sieges vorbereitete, lag auf der Hand. Mussolini ist auf den Appell, den der Rat einen Tag später an Italien und Abessinien richtete, am 9. März sogar eingegangen, aber alle Beteiligten verstanden und akzeptierten, daß ihm die Erörterung über Inhalt und Modalitäten eventueller Gespräche zwischen Italien und Abessinien lediglich als diplomatischer Schleier diente, der die fortschreitende Okkupation des Kaiserreiches abschirmte. Zwar konnte sich der Rat, als er am 20. April wieder zusammentrat, noch nicht entschließen, die bereits verhängten Sanktionen wieder aufzuheben, und er raffte sich immerhin zu einem für Mussolini doch peinlichen Protest gegen Italiens Gaskrieg auf. Zu diesem Zeitpunkt waren jedoch die letzten organisierten Truppen Abessiniens, die unter dem persönlichen Oberbefehl Kaiser Haile Selassies gefochten hatten, schon geschlagen (vom 31. März bis 3. April am Aschangi-See), und am 6. Mai fiel Addis Abeba in italienische Hand; vier Tage zuvor war Kaiser Haile Selassie ins Exil gegangen. Am 9. Mai verkündete der Duce, daß mit der Annexion Abessiniens das faschistische Imperium endlich Wirklichkeit geworden sei und daß der König von Italien für sich und seine Nachfolger den Titel eines Kaisers von Abessinien angenommen habe. Im Grunde änderte die Annexion nichts an der rechtlichen Situation, die zwischen Italien und dem Völkerbund bestand, aber bald mehrten sich in Frankreich und Großbritannien die Stimmen, die meinten, daß eine Fortsetzung der Sanktionspolitik »der Gipfel des Wahnsinns« wäre, wie der britische Schatzkanzler Neville Chamberlain am 10. Juni sagte. Eine Woche nach der Rede Chamberlains erklärte auch Außenminister Eden, die britische Regierung werde der Vollversammlung des Völkerbunds, die für den 30. Juni einberufen worden war, das Ende der Sanktionen empfehlen. Angesichts der französischen und britischen Haltung blieb den Delegierten der Vollversammlung in der Tat nichts anderes übrig, als am 4. Juli 1936 entsprechend zu votieren. Die Atmosphäre in Genf glich der einer Beerdigung. Bedrückt, resigniert oder verzweifelt, jedenfalls in dem Bewußtsein, daß sie dem Begräbnis der kollektiven Sicherheit beiwohnten und daß nun auch Europa in eine neue Ära des internationalen Faustrechts eintrat, nahmen die Dele-

gierten nicht einmal zu der im mandschurischen Konflikt benutzten Doktrin der Nichtanerkennung Zuflucht, vielmehr
einigten sie sich auf eine Formel, die es jedem Mitglied des
Völkerbunds freistellte, die neue Lage in Afrika anzuerkennen.
Wenig später haben die Regierungen Frankreichs und Großbritanniens ihre Gesandtschaften in Addis Abeba in General-
konsulate umgewandelt und sich damit der de-jure-Anerken-
nung einen großen Schritt genähert.

Mussolinis Annäherung an Hitler

Noch ehe die Vollversammlung den Schlußpunkt hinter die
abessinische Tragödie setzte, war aber deutlich geworden, daß
die bündnispolitische Spekulation, der die beiden Westmächte
den Völkerbund und seine Prinzipien geopfert hatten, vermutlich nicht aufgehen werde. Mussolini sah keinen Anlaß, die
britische Rückendeckung und die aktive französische Unterstützung mit einer Fortsetzung oder gar Verfestigung der
Front von Stresa zu honorieren. Im Gegenteil. Dem Duce haf-
tete, wie vorherzusehen, nicht die zögernde britische Toleranz
im Gedächtnis, auch nicht die Tatsache, daß ihm Laval und
Flandin mit ihrem Widerstand gegen die Ölsanktion aus einer
üblen Patsche geholfen hatten, vielmehr erbosten ihn die britischen Versuche, seinen Krieg mit Bitten und Drohungen zu
verhindern; und die Beteiligung Frankreichs und Großbritanniens an einer Völkerbundspolitik, die ihn moralisch isoliert
und an den Rand einer militärisch-politischen Niederlage getrieben hatte, hinterließ einen bleibenden Stachel, obwohl sie
durch seine eigene Maßlosigkeit unvermeidlich geworden und
widerwillig genug geschehen war. Vor allem aber hatte Mussolini mit seinem abessinischen Feldzug den Schwerpunkt des
faschistischen Imperialismus zumindest vorübergehend nach
Afrika verlegt, und angesichts der Schwäche Italiens hat ihn
diese faktische Entscheidung einfach gezwungen, seine europäischen Engagements zu lockern. Und von seiner persönlichen Verstimmung einmal abgesehen, hatte ihn die zwie-
spältige Haltung der Westmächte überzeugt, daß eine weitere
Ausdehnung Italiens an der Adria und am Mittelmeer, die er
nach seinem afrikanischen Erfolg erst recht als zukünftige
Möglichkeit im Auge behielt, wahrscheinlich auf westlichen
Widerstand stoßen werde. Noch während des abessinischen

Konflikts begann er die Verpflichtung zum Schutze Österreichs als lästig zu empfinden, hingegen die Freundschaft mit Deutschland als notwendige Voraussetzung künftiger Expansionspolitik zu sehen. Wenn er auf den Höhepunkten der Krise London und Paris drohte, er werde, falls die Westmächte die Eroberung Abessiniens durchkreuzten, seine Truppen vom Brenner abziehen, so war das gewiß eine taktische Finte, jedoch eine Finte, mit der er zugleich die Anfangsphase einer tatsächlichen Umorientierung seiner Politik maskieren wollte. Bereits am 6. Januar machte er dem deutschen Botschafter in Rom, Ulrich v. Hassell, klar, daß er in der österreichischen Frage seinen seit 1933 vertretenen Standpunkt völlig revidiert hatte. Zwar verriet er noch ein gewisses Interesse an der Erhaltung der staatlichen Existenz Österreichs. Wenn aber Österreich, so fuhr er fort, »als formell unbedingt selbständiger Staat praktisch ein Satellit Deutschlands würde, so hätte er dagegen nichts einzuwenden«[68]. Am 11. Juli 1936 konnte Hitler mit der Wiener Regierung ein Abkommen schließen, das die Konsequenz aus Mussolinis Erklärung zog und Österreich in der Tat schon beinahe gleichschaltete; wohl verpflichtete sich Hitler, die innere und äußere Unabhängigkeit Österreichs zu respektieren, doch mußte Wien versprechen, nur eine »deutsche« Außenpolitik zu verfolgen und die nationalsozialistische Opposition an der Verantwortung zu beteiligen. Zuvor, kurz nach der zitierten Unterredung Mussolinis mit Botschafter v. Hassell, war aber der Duce dem deutschen Diktator noch näher gerückt, indem er Hitler bei der Remilitarisierung des Rheinlands und bei der Liquidierung von Locarno Flankenschutz gab.

Hitler hatte sich in den ersten Monaten des abessinischen Konflikts vorsichtig zurückgehalten. Nach den bisherigen Erfahrungen mit Italien lag kein Grund vor, Mussolini sogleich eine Unterstützung anzubieten, die überdies das eben erst – mit dem Flottenvertrag – freundlicher gewordene deutsch-britische Verhältnis belasten mußte. Vor allem aber war Hitler nicht sicher, wie das Abenteuer Mussolinis enden würde. Hoares Rede im Völkerbund und die britische Flottendemonstration im Mittelmeer hatten in Berlin Eindruck gemacht, zumal die nationalsozialistischen Politiker von den Motiven der französisch-britischen Italienpolitik nur eine verschwommene Vorstellung besaßen und zunächst offenbar – ihrer eigenen Denkungsart entsprechend – an eine von imperialen Interessen diktierte »Vernichtungsabsicht« Großbritanniens glaubten. Im übrigen war der italienische Überfall auf Abessinien in Deutschland ebenso unpopulär wie in allen anderen Ländern. So hat sich die Reichsregierung dem Waffenembargo sogleich angeschlossen, und die deutschen Exporte nach Italien wurden anfänglich gar nicht, später nicht wesentlich erhöht; freilich konnte das fieberhaft aufrüstende Deutschland den Export der meisten Güter, die Italien jetzt dringend benötigte, ohnehin nur in bescheidenem Maße steigern. Hitler ließ Genf sogar wissen, daß sich Deutschland in diesem Sinne gewissermaßen an der Sanktionspolitik beteiligte. Jedoch begriff er allmählich, daß sich Italien durchsetzen werde, daß Paris und London aus Schwäche – die er in England auf ungenügende Rüstung, in Frankreich auf innere Zerrissenheit zurückführte – der italienischen Aktion nicht so energisch entgegentraten, wie er erwartet hatte. Als sich ihm nun auch noch Mussolini zu nähern begann und dem deutschen Botschafter am 6. Januar nicht allein seine Schwenkung in der österreichischen Frage zu erkennen gab, sondern ausdrücklich versicherte, für ihn, den Duce, sei Stresa »ein für alle Male tot«, da begann er zu wittern, daß sich im Schatten der abessinischen Krise die Chance für einen eigenen Coup bot. Wenn die Westmächte abgelenkt und offensichtlich kraftlos waren, wenn Mussolini die bisherige deutsche Haltung im Abessinienkrieg als »wohlwollende« Neutralität zu interpretieren beliebte und die Front von Stresa, die ja gerade auch die Entschlossenheit zur Verteidigung von Locarno bekundet hatte, endgültig verließ, so mochte es möglich sein, das Rheinland zu remilitarisieren und mit dieser Liquidierung von Locarno endlich aus dem diplomatischen Stellungskrieg auszubrechen und militärisch-politische Bewegungsfreiheit zu gewinnen.

Hitlers Einmarsch ins Rheinland und Kündigung des Vertrages von Locarno

Vielleicht noch im Januar 1936, sicher aber in der ersten Februarhälfte stand Hitlers Entschluß fest, ins Rheinland einzumarschieren. Als Begründung gedachte er die bevorstehende Ratifizierung des französisch-sowjetischen Vertrags zu benutzen, den die französische Regierung nach langer Verzögerung am 12. Februar der Pariser Kammer zuleitete. Natürlich stellte das Abkommen keinen vertretbaren Grund zur Kündigung von Locarno dar, da es, rechtlich gesehen, mit dem Buchstaben der Abmachungen von 1925 gar nichts zu tun hatte und mit ihrem Geist immer noch eher zu vereinbaren war als seinerzeit der Berliner Vertrag zwischen Rußland und Deutschland. Hitler nahm das Abkommen auch politisch nicht ernst. Er wußte, daß »Rußland nur darauf erpicht ist, im Westen Ruhe zu haben«[69], er wußte ferner, daß die französisch-sowjetische Kooperation auf Grund der Existenz Polens keine rechte Effektivität erreichen konnte, und er wußte schließlich, daß Frankreichs Verbindung mit Moskau in fast allen europäischen Staaten auf Kritik gestoßen war und nicht zuletzt von vielen Franzosen schroff abgelehnt wurde. Doch irgendeine Begründung brauchte er, und die Unpopularität des Vertrags schien ihm sein Argument psychologisch durchschlagskräftig zu machen. So hatte er im Mai 1935 vorsorglich, aber milde erklärt, der französisch-sowjetische Vertrag bringe in das System von Locarno ein »Element der Rechtsunsicherheit«, da er das europäische Gleichgewicht gefährde, und nun, Anfang 1936, zeigte sich Hitler sogar besorgt, die Ratifizierung nicht zu erschweren; seinen Diplomaten hat er womöglich abschreckende Warnungen in Paris ausdrücklich verboten.

Indes fühlte er sich trotz der günstigen Umstände und trotz einer handlichen Rechtfertigung überaus unsicher, was vor allem daran lag, daß er, dem die Fähigkeit zu einem realistischen außenpolitischen Urteil und zur Übersetzung eines solchen Urteils in diplomatische Technik zeitlebens versagt blieb, die diplomatisch-politischen Einzelheiten, aus denen sich seine Chance zusammensetzte, überhaupt nicht verstand; als er im Februar und Anfang März mit Hassell, Ribbentrop und Außenminister v. Neurath seinen Entschluß erörterte, nannte er für die Vorverlegung der Aktion, die er eigentlich erst für das Frühjahr 1937 geplant gehabt hatte, etliche Gründe, die nur in loser Beziehung zur Realität standen. Um das Risiko zu verringern, beauftragte er am 14. Februar Hassell, bei Mussolini anzuklopfen, ob nicht der Duce den französisch-sowjetischen Vertrag zum Anlaß nehmen wolle, Locarno für erloschen zu erklären. Wenn Deutschland erst nach einer entsprechenden Feststellung Roms handle, so meinte Hitler, sei sein Unternehmen relativ gefahrlos. Mussolini, der mit einer öffentlichen Absage an Locarno und Stresa die Basis der französisch-britischen Tolerierung seiner Abessinienpolitik torpediert hätte, dachte natürlich gar nicht daran, auf Hitlers Anregung einzugehen. Andererseits war dem Duce jede deutsche Aktivität willkommen, die Paris und London von Italien ablenkte, und am 22. Februar gab er Ulrich v. Hassell die Versicherung, daß Deutschland von Italien jedenfalls nichts zu befürchten habe. Hassell faßte Mussolinis Bemerkungen in dem Satz zusammen, Italien werde also »im Falle einer, wie immer gearteten deutschen Reaktion auf die Ratifikation mit Frankreich und England nicht zusammenwirken, sofern diese behaupteten, als Locarno-Mächte in Aktion treten zu müssen«, und er durfte in seinem Bericht hinzusetzen: »Diese meine Auffassung bestätigte Mussolini zweimal als richtig.«[70] Obwohl er nun der italienischen Neutralität gewiß sein konnte, beunruhigte Hitler noch immer die mögliche Reaktion der Westmächte. Nach wie vor war er der Ansicht, ein ungeheures Wagnis auf sich zu nehmen, und sehr viel später hat er den Entschluß zum Einmarsch ins Rheinland als den schwersten und die Tage nach dem Einmarsch als die aufregendsten seines Lebens bezeichnet. Um so schärfer charakterisiert es den Mann und seine Außenpolitik, daß schon eine bloß vage erkannte Gelegenheit in ihm einen unbezwingbaren Drang weckte, wie Hassell richtig beobachtete, »aus der Passivität herauszutreten«, und daß ihn nicht ein rationales Kalkül, sondern allein dieser Drang durch alle Schwankungen und Unsicherheiten zur Aktion trieb. Gegen seine eigenen Befürchtungen, gegen die Bedenken der führenden Militärs, denen die politische Situation erst recht unklar war, und gegen die Mißbilligung Hassells wie Neuraths, die zwar nicht an eine westliche Intervention glaubten, aber längerfristige negative Wirkungen eines einseitigen deutschen Coups befürchteten, blieb er bei seinem Entschluß, und nachdem die Pariser Kammer den Vertrag mit Moskau am 27. Februar gebilligt hatte, gab Kriegsminister v. Blomberg am 2. März den Befehl zum Einmarsch, dessen Termin drei Tage später auf den 7. März festgesetzt wurde. Die Abstimmung im französischen Senat, die am 12. März stattfand und dann ebenfalls eine Mehrheit für das Abkommen brachte, sollte, entgegen dem Rat Hassells und Neuraths, nicht abgewartet werden, da eine Ablehnung nicht ausgeschlossen schien und Hitler die »Plattform seiner Aktion« nicht verlieren wollte.

So zogen denn am 7. März rund 30 000 Mann in die bislang entmilitarisierte Zone ein, und Hitler kündigte den Vertrag von Locarno, nicht ohne, aus Furcht vor einem westlichen Gegenschlag, die Kündigung mit einem Kranz von Versprechen zu garnieren, die seine Friedensliebe beweisen sollten. Er bot die Wiederherstellung einer entmilitarisierten Zone an, allerdings zu beiden Seiten der deutsch-französischen Grenze, Nichtangriffspakte mit Frankreich, Belgien und eventuell Holland, einen Luftpakt und sogar Deutschlands Rückkehr in den Völkerbund. Einem fähigen Diplomaten wie Hassell mißfiel das »aus Angst vor der eigenen Courage viel zu hohe Angebot«. Da »im Augenblick des Zerreißens von Locarno« niemand »an die Aufrichtigkeit der Zusicherungen glauben« werde, könne ihre Wirkung nur in einer Erschütterung der »Glaubwürdigkeit« Hitlers bestehen.[71] Die Offerte, wieder in den Völkerbund einzutreten, offenbarte aber noch eine andere Seite der Hitlerschen Außenpolitik: einen totalen Mangel an Rücksicht selbst auf seine Freunde, eine Unfähigkeit zu politischer Partnerschaft. Als er die Offerte machte, scherte es ihn nämlich wenig, daß, wie er wußte, Mussolini, der ihn eben unterstützt hatte, dem er in der Tat etwas zu verdanken glaubte und mit dem er auch künftig politisch zusammenarbeiten wollte, gerade in Paris und London mit dem Austritt aus dem Völkerbund zu drohen gedachte, welche Drohung natürlich stumpf werden mußte, wenn sich Italien, angesichts einer deutschen Rückkehr nach Genf, mit einem solchen Schritt nur endgültig isoliert hätte; auch in Rom begann, wie Hassell notierte, die Frage nach Hitlers Glaubwürdigkeit »eine bedenkliche Rolle« zu spielen.[72] Sowohl in einer derartigen Zechprellerei wie in dem Versuch, die potentiellen Gegner mit übertriebenen Vorschlägen einzulullen, manifestierte sich jedoch bereits ein entscheidendes Merkmal aller seiner »großen Spiele«, und zwar die strikte Unterordnung sämtlicher Gesichtspunkte unter die tatsächlichen und vermeintlichen Notwendigkeiten des im Moment verfolgten Zwecks oder, anders ausgedrückt, eine weitgehende und konsequente Unterordnung der Strategie unter die Taktik – als gelegentliche Aushilfe gelegentlich erfolgreich, als Prinzip hingegen tödlich.

Rom, London und Paris nehmen den deutschen Vertragsbruch hin

Hitlers Sorgen waren freilich völlig grundlos. Nachdem die Westmächte und der Völkerbund einen militärischen Angriff auf das Bundesmitglied Abessinien, der offensichtlich der Eroberung des Landes galt, nicht mit einer militärischen Intervention beantwortet hatten, konnten dieselben Westmächte unmöglich auf einen viel harmloseren Vertragsbruch Deutschlands, der lediglich auf die Wiederherstellung der vollen deutschen Souveränität hinauslief, mit einer militärischen Aktion reagieren. Die passive Haltung der an Locarno beteiligten Staaten war schon vor dem 7. März eine ausgemachte Sache. Italien schied für Gegenmaßnahmen ohnehin aus, solange der Abessinienkrieg im Gange war. Es wäre geradezu grotesk gewesen, wenn sich Mussolini, der wegen einer flagranten Verletzung der Völkerbundsatzung unter dem Druck von Sanktionen stand, zum Hüter der Unverletzlichkeit von Locarno aufgeworfen und wenn er zur gleichen Zeit als Gegner wie als Verbündeter der Westmächte gehandelt hätte; ferner fehlten dem in Afrika gebundenen Italien die Kräfte, um auch noch mit Deutschland anzubinden, und es war sogar unvorstellbar, daß Rom, angesichts seiner bedrängten wirtschaftlichen Lage, den Abbruch des Wirtschaftsverkehrs mit einem seiner letzten und wichtigsten Handelspartner riskierte oder gar freiwillig auf sich nahm. Zu solchen objektiven Faktoren trat noch Mussolinis Tendenz zur grundsätzlichen Umorientierung seiner Politik. In London wurde die Remilitarisierung des Rheinlands bereits seit längerem als einer der wahrscheinlichen nächsten Schritte Hitlers angesehen, und die meisten britischen Politiker verrieten die Neigung, sich mit dem Ereignis, wenn es eintreten sollte, als unvermeidlich abzufinden, zumal die öffentliche Meinung nach der abessinischen Blamage einen kriegerischen Zusammenstoß wegen einer derartigen Kleinigkeit nicht geduldet hätte. Außenminister Eden umschrieb im Februar 1936 das Ziel seiner Politik mit den Worten, daß er einen neuen deutschen Krieg vermeiden wolle und daher bereit sei, dem deutschen Appetit große Konzessionen zu machen, sofern Deutschland einen Abrüstungsvertrag unterzeichne und in den Völkerbund zurückkehre; dafür müsse in den folgenden drei Jahren gearbeitet werden.[73] Natürlich war Eden nicht gesonnen, sich sein Konzept, das den Kurs konsequent fortsetzte, der mit dem Flottenabkommen eingeleitet worden war, selbst zu ruinieren, indem er Frankreich half, die Erfüllung einer zwar nicht rechtlich, wohl aber moralisch und politisch vertretbaren deutschen Forderung zu verhindern; daß ihn seine französischen Kollegen in der abessinischen Krise immer wieder, wie er es sah, im Stich gelassen und Italien unterstützt hatten, machte ihm ebenfalls wenig Laune, Frankreich in einer Sache Beistand zu leisten, die ihm und seinen Mitbürgern in der gewandelten Situation Europas als Lappalie galt. Als er am 27. Januar 1936 mit Flandin über das Rheinlandproblem sprach, erklärte er dem französischen Außenminister, daß die Reaktion auf einen deutschen Einmarsch »Sache der französischen Regierung« sei, und anschließend stellte er die Frage, ob Frankreich für die Aufhebung der Entmilitarisierung nicht etwas von Deutschland einhandeln solle, »solange die Zone bestehe«.[74] Deutlicher konnte er sich kaum ausdrücken.

An Flandins Antwort, gerade das sei »das Thema, das nach seiner Ansicht von den Regierungen Englands und Frankreichs sorgfältig erwogen und über das dann gemeinsam beraten werden müsse«, knüpfte Eden mit Recht den Kommentar: »Das war kaum die Sprache eines Mannes, der entschlossen gewesen wäre, für das Rheinland zu kämpfen.« Zwar hätten die Pariser Politiker gerne für die Erhaltung der entmilitarisierten Zone gesorgt, deren Vorteile auf der Hand lagen. Im Grunde war aber auch das französische Kabinett überzeugt, daß man der Remilitarisierung eines Tages werde zustimmen müssen, und Flandin hatte in der Unterhaltung mit Eden in der Tat zu erkennen gegeben, daß auch er die Zone nicht mehr als Kampfobjekt, sondern bereits als Tauschobjekt betrachtete. Jedenfalls mußte die französische Regierung zur Kenntnis nehmen, daß sie im Falle einer deutschen Aktion weder auf Italien noch auf England, die beiden Garanten von Locarno, zählen konnte, und die führenden französischen Militärs, Kriegsminister Maurin und Generalstabschef Gamelin, stellten im Laufe des Januar und Februar kategorisch fest, daß Frankreich ohne die Hilfe zumindest der Locarno-Mächte nicht in der Lage sei, gegen Deutschland militärisch vorzugehen. Es ist ungewiß, ob die Politiker diese Behauptung der Soldaten geglaubt haben; mit dem tatsächlichen militärischen Kräfteverhältnis war sie kaum zu vereinbaren. Jedoch ist die Regierung, nach den bitteren Erfahrungen der zwanziger Jahre, schon aus politischen Gründen nicht gewillt gewesen, ohne Verbündete zu handeln, und hat daher das Votum der Armee wohl mehr zur Rechtfertigung einer Passivität benutzt, die sie angesichts des Ausfalls Italiens und der negativen Haltung Englands ohnehin für angezeigt hielt. Als entscheidend erwies sich mithin die Sünde wider den Geist der kollektiven Sicherheit, die sich Paris in der abessinischen Krise geleistet hatte; die freie Hand für Mussolini war weitgehend für die negative Haltung Englands, der Krieg selbst für den Ausfall Italiens verantwortlich.

Als die Nachricht vom deutschen Einmarsch Paris erreichte, haben im französischen Kabinett, das sogleich zusammentrat, einige Minister trotzdem starke Worte gebraucht und eine sofortige militärische Gegenaktion gefordert. Vermutlich geschah das aber nur in dem beruhigenden Bewußtsein, daß sich eine energische Sprache im Protokoll gut machen werde, jedoch die Gefahr, Verantwortung für energische Maßnahmen übernehmen zu müssen, in Wirklichkeit nicht bestehe. Tatsächlich ist der Theaterdonner vor den Bedenken des Kriegsministers und der ehrlicheren Kabinettsmitglieder rasch wieder verstummt, und die Regierung faßte den Beschluß, die Angelegenheit dem Völkerbundsrat und den anderen Locarno-Mächten zu unterbreiten. Nach den Verfahrensregeln des Vertrags von Locarno bedeutete die Entscheidung für diese Prozedur, daß Paris das deutsche Vorgehen nicht als »flagrante« Vertragsverletzung wertete. Schon damit war der Weg zu drastischen Reaktionen praktisch verlassen. Italien zeigte sich, wie zu erwarten, an der ganzen Frage desinteressiert, und im britischen Unterhaus erklärte Eden, der noch am 7. März die französische Regierung gewarnt hatte, nichts Unbedachtes zu unternehmen und ihr Augenmerk auf Hitlers Angebote zu richten, daß niemand den deutschen Schritt, der die internationale Lage erschwere, entschuldigen werde, daß aber kein Anlaß vorliege, in ihm eine Bedrohung zu sehen (9. März). Zur Passivität entschlossen, gab London vor, Hitlers Versprechungen ernst zu nehmen, die von der ›Times‹ am 9. März als »Chance für einen Neuaufbau« charakterisiert wurden. Selbstverständlich kam der Völkerbundsrat, der vom 14. bis 21. März in London tagte, zu einer Verurteilung des Berliner Coups, doch blieb der Spruch unter den gegebenen Umständen folgenlos. Statt Sanktionen zu verhängen, begannen die Westmächte mit Hitler über seine Versprechen zu diskutieren, und diese Gespräche sind im Laufe des Jahres allmählich versickert; die Ankündigung, Deutschland werde in den Völkerbund zurückkehren, hat Hitler natürlich erst recht nicht wahrgemacht.

Die politische Bedeutung der westlichen Fügsamkeit war allerdings groß, größer als zunächst selbst Pessimisten in Paris und London annahmen. Mit ihrem Verzicht auf die Möglichkeit, gegen östliche Aggressionen Deutschlands rasch und relativ gefahrlos zu intervenieren, bekundete die französische

Regierung, daß Frankreich nicht länger, wie die Pariser Bündnispolitik nach 1919 beansprucht und versprochen hatte, als unerbittlicher Wächter des Status quo auftreten werde, daß es vielmehr seine Interessen künftig enger definieren müsse und nur noch bei einer unmittelbaren Bedrohung der französischen Sicherheit militärisch in Aktion treten wolle; die letzte Stütze der künstlichen Pariser Führungsposition war zerbrochen. Dementsprechend gewannen die ost- und südosteuropäischen Partner Frankreichs jetzt endgültig die Überzeugung, daß die Schutzmacht zur Erfüllung ihrer Verpflichtungen entweder nicht fähig oder nicht willens sei, daß sie, wie man etwa in Belgrad meinte, Hitler gewähren lasse, wenn er Westeuropa allmählich neutralisiere, »um im Osten freie Hand zu haben«[75]. Es war nur logisch, daß in Warschau, Belgrad, Bukarest und selbst Prag der Schluß gezogen wurde, ein Arrangement mit Deutschland und folglich eine gewisse Anlehnung an Berlin sei nun unvermeidlich geworden. Vom wachsenden wirtschaftlichen Einfluß unterstützt und angesichts der französischen Schwäche auch als Protektor gegen Rußland mißtrauisch willkommen geheißen, begann Deutschland zumindest auf dem Balkan Frankreich abzulösen. Großbritannien hatte Frankreich abgeraten und sogar davon abgehalten, die Voraussetzung zum Schutz des Status quo zu verteidigen. Damit stand fest, daß London dem Aufstieg Deutschlands zur führenden Macht des Kontinents nichts in den Weg legen wollte, sofern Berlin die anderen Mächte nicht zu einer übermäßigen Rüstungsanstrengung oder gar zur Abwehr einer deutschen Eroberungspolitik zwingen würde.

Hitler hingegen fühlte sich endlich frei. Mit der Liquidierung von Locarno waren die Fesseln des letzten wichtigeren multilateralen internationalen Systems abgestreift, dem Deutschland noch angehört hatte. Nach der Remilitarisierung des Rheinlands konnte in absehbarer Zeit eine wirksame militärische Rückendeckung gegen Frankreich geschaffen werden, und da es sich hier um eine handgreifliche Veränderung der militärischen Machtlage handelte, begriff Hitler auch, daß er der Trennung Osteuropas von den Westmächten in der Tat einen guten Schritt näher gekommen war; aus der Londoner Passivität las er sogar schon heraus, daß Großbritannien, wie es seiner Wunschvorstellung entsprach, eine deutsche Ostexpansion vermutlich tolerieren werde. Noch bestand kein Bündnis mit Italien, doch hatte Hitler bei seinem Schlag gegen Locarno mit Mussolini in einer Weise zusammengearbeitet, die er bereits als Vorstufe einer Allianz auffaßte. Von einer Isolierung Deutschlands konnte keine Rede mehr sein. Wenn Hitler vor seinem Coup den Druck auf Berlin und die westliche Interventionsbereitschaft überschätzt hatte, so verfiel er jetzt in eine noch weniger realistische Überschätzung des eigenen Handlungsspielraums und der westlichen Konzessionsbereitschaft, zumal er sich nach dem Verlauf der abessinischen Krise und nach den Erfahrungen, die er bei seiner eigenen Aktion gemacht hatte, in seiner Ansicht bestätigt sah, daß Frankreich und offenbar auch England von »Dekadenz« befallen seien, von jener Krankheit der Demokratien, die harte Entschlüsse und hartes Handeln verhindere, daß er jedenfalls den Friedenswillen der Westmächte als sicheren Faktor in sein Kalkül einbauen dürfe. Wie man diesen Friedenswillen durch geschickte Krisentechnik mobilisieren und als Mittel der Pression einsetzen kann, schien ihm Mussolini 1935 in klassischer Form demonstriert zu haben, und er war bereit und begierig, den Duce zu kopieren. Da er den Durchbruch zu seiner jetzigen internationalen Stellung gegen den Rat des Generalstabs und gegen die Mißbilligung des Auswärtigen Amts riskiert hatte, entwickelte er überdies ein abnormes Selbstbewußtsein, das eine Beherrschung seiner ohnehin ausgeprägten Neigung, Wunschbilder und die eigene Intuition dem Votum der Experten vorzuziehen, nicht mehr erlaubte. Nun kam es nur noch darauf an, militärisch stärker zu werden, dann konnte in absehbarer Zeit die Realisierung seines außenpolitischen Programms in Angriff genommen werden. In der Denkschrift zum Vierjahresplan, die er im Sommer 1936 schrieb, haben seine neue Sicherheit und seine zunehmende Ungeduld augenfälligen Ausdruck gefunden.

Der spanische Bürgerkrieg und die Proklamierung der Achse Rom–Berlin

Alle Tendenzen, die sich in der abessinischen und in der Rheinlandkrise gezeigt hatten, der Rückzug des Westens in einen ratlosen Quietismus, die gesteigerte Aktivität der beiden expansionistischen Mächte und die Anziehungskraft, die Rom und Berlin aufeinander ausübten, sind noch verstärkt worden, nachdem am 17. Juli 1936 General Franco mit einem Putsch gegen die legale Madrider Regierung einen offenen Bürgerkrieg in Spanien ausgelöst hatte. Mussolini entschloß sich unverzüglich zur Intervention auf der Seite Francos, da er, noch getragen vom Hochgefühl seines abessinischen Triumphs, eine wahrscheinlich nie wiederkehrende Gelegenheit nicht verpassen wollte, Spanien in einen italienischen Satelliten zu verwandeln und damit die Stellung des faschistischen Imperiums im westlichen Mittelmeer entscheidend zu verbessern. Es stand für ihn außer Zweifel, daß Franco die italienische Hilfe, ohne die der Rebellengeneral kaum eine ernsthafte Chance hatte, mit wirtschaftlichen Vorteilen, mit der Anerkennung der italienischen Führung und insbesondere mit der Überlassung militärischer Stützpunkte zu honorieren habe. So kam Italien auch Tunis wieder näher, zumal italienische Stützpunkte in Spanien die Möglichkeit eröffneten, Frankreich im Kriegsfall vom französischen Nordafrika abzuschneiden, also eine generelle Verschlechterung der strategischen Lage Frankreichs zu bedeuten schienen; über das Mittelmeer werde »kein Neger ... von Afrika nach Frankreich hinübergelangen«, sagte Mussolini im November 1937 zu Ribbentrop[76]. Spanien mit »dem Geschick des römischen Imperiums« zu verbinden, wie Ciano, am 9. Juni 1936 Außenminister geworden, im Juli 1939 in sein Tagebuch schrieb, lag freilich nie in Francos Absicht, und im übrigen besaß Italien einfach nicht die Kraft, derart ausschweifende Träume seiner Führer in die Wirklichkeit zu übersetzen. Solange der Krieg dauerte und Franco die Hilfe Mussolinis nicht entbehren konnte, waren jedoch die italienischen Ambitionen, hinter denen natürlich auch wieder die Ruhmsucht des Duce stand, eine politische Realität, an der zwangsläufig – und darin liegt ihre eigentliche Bedeutung – die italienisch-französische Freundschaft zerbrach, die Laval und Flandin vergebens so mühsam durch den abessinischen Konflikt gerettet hatten. Daß Mussolini die damaligen französischen Liebesdienste nun zurückzahlte, indem er eine Politik betrieb, die einer Kampfansage an Paris gleichkam, manövrierte ihn aber in eine Situation, in der das Bündnis mit Berlin nicht mehr eine verlockende Möglichkeit zur Stärkung der eigenen Position darstellte, sondern eine bare Notwendigkeit zur Verhinderung der völligen Isolierung und des schmählichen Abbruchs der Intervention. Eben deshalb war Hitler am italienischen Engagement in Spanien brennend interessiert, und seine Unterstützung Francos, zu der er sich jetzt politisch stark genug fühlte und die ebenfalls sofort einsetzte, diente nicht zuletzt dem Zweck, einen Krieg zu fördern, der dazu führen mußte, daß Italien »den Westmächten Rücken an Rücken mit Deutschland« gegenüberstand[77]. Gewiß gab es auch noch andere Ziele, die ihn abermals über die Mißbilligung des Auswärtigen Amts weggehen ließen, so die Kontrolle über das für Deutschlands Kriegswirtschaft wichtige spanische Erz, die er gegen den vorsichtigen Widerstand Francos und gegen britische Störmanöver nicht ohne Erfolge anstrebte, ferner eine Berlin entlastende antifranzösische Orientierung Spaniens, die von Franco eher zu erwarten war als von der legalen Regierung. Zumindest im Ergebnis blieb jedoch der Fang Mussolinis die Hauptsache, und in dieser Hinsicht konnte Hitler bald einen beachtlichen Erfolg buchen. Am 20. Oktober 1936 kam Graf Ciano nach Berlin, wo er mit Hitler, der jetzt die italienische Herrschaft in Abessinien offiziell anerkannte, eine engere politische Zusammenarbeit verabredete, die jeweiligen Expansionsräume – für Italien das Mittelmeer, für Deutschland Osteuropa – absteckte und dem deutschen Diktator versicherte, Italien werde auch bei der Vorbereitung eines Krieges an seiner Seite stehen. Der Duce selbst verkündete am 1. November die Existenz einer »Achse« Rom–Berlin. Die neue Partnerschaft ist nicht als Bündnis alten Stils, sondern als Ausdruck einer ideologisch-politischen Solidarität präsentiert worden. Tatsächlich lief sie auf eine gemeinsame Kriegserklärung an den Status quo hinaus, die das gestiegene Selbstvertrauen beider Diktatoren – Mussolini bemerkte seine wachsende Abhängigkeit von Berlin noch nicht – deutlich genug dokumentierte.

Hitler und Mussolini haben sich auch deshalb schon beinahe als Herren der europäischen Lage betrachtet, weil die Westmächte weder zur eigenen Intervention in Spanien noch zur Verhinderung des deutschen und italienischen Engagements fähig waren. Zwar traf die in Frankreich seit 5. Juni 1936 amtierende Volksfront-Regierung unter Léon Blum, Repräsentantin der mit Madrid sympathisierenden linken und liberalen Parteien, Anstalten, Francos Gegner zu unterstützen. Doch der Beginn des Bürgerkriegs, der in aller Welt als ein Konflikt zwischen faschistischer Reaktion und demokratischem Fortschritt oder aber – je nach Standpunkt – zwischen Christentum, Konservatismus und Nationalismus auf der einen und Atheismus und Kommunismus auf der anderen Seite galt, hatte die seit Jahren ausgeprägten inneren Gegensätze in

Frankreich so verschärft, daß eine offene Parteinahme der Regierung nur den Bürgerkrieg nach Frankreich selbst verschleppt hätte. »Man hätte Spanien nicht befreien können, sondern Frankreich wäre faschistisch geworden«, sagte Blum später[78], und schon am 8. August 1936 mußten die Lieferungen nach Madrid eingestellt werden; lediglich ein vom Staat geduldeter Schmuggel blieb möglich. In England war die Situation weniger explosiv, doch führte die spanische Frage auch hier zu einer Spaltung, die jede interventionistische Aktivität ausschloß. Diese Immobilität hat naturgemäß die Haltung gegenüber den Interventionsmächten ebenfalls beeinflußt, die gerade wegen ihres Eingreifens von einem Teil der französischen und britischen Öffentlichkeit leidenschaftlich angefeindet, von ebenso einflußreichen Gruppen hingegen mit plötzlichem Wohlwollen angesehen wurden. Daß ausgerechnet die Sowjetunion – deren Motive aus Mangel an Quellen nicht feststellbar sind – der Madrider Regierung effektive Hilfe leistete, konnte die Stellung der Interventionsmächte nur festigen. Das stalinistische Rußland trat eben in die Ära der großen Säuberungen ein und erschien dem europäischen Bürgertum – auch einem erheblichen Teil der Arbeiterschaft – mehr denn je als finstere und unheimliche Bedrohung. Daß sich Moskau nun auf die Seite der Madrider Regierung geschlagen hatte, veranlaßte viele Franzosen und Engländer, die keineswegs mit faschistischen Vorstellungen liebäugelten, gegenüber allen Feinden jener Regierung, auch gegenüber Deutschland und Italien, zumindest wohlwollende Neutralität zu üben. Daß die Sowjetunion überhaupt jenseits ihrer Grenzen – zumal in Europa – Fuß zu fassen suchte, machte im übrigen den Gedanken, ein nationalsozialistisches Deutschland sei als Bastion gegen sowjetische Aggressivität geeignet, plausibler, als er sonst gewesen wäre. Jedenfalls war an eine Intervention gegen die Intervention nicht zu denken. Das Prinzip der Nicht-Intervention, das auf französische Initiative alle europäischen Staaten akzeptierten – ein entsprechender Überwachungsausschuß amtierte den ganzen Krieg hindurch in London –, diente den Westmächten als diplomatische Formel zur Rechtfertigung ihrer Passivität wie zur Ignorierung der offenen, jedoch nicht offiziellen deutschen und italienischen Aktivität, während Rom und Berlin, ohne ihre inoffizielle Intervention behindert zu sehen, in ihm einen gewissen Schutz gegen britische und französische Einmischung erblickten. Zudem half die Formel einen allgemeinen Konflikt vermeiden, den wegen der spanischen Frage niemand wünschte. Freilich stellte die Nicht-Intervention eine Farce dar, die Hitlers und Mussolinis Verachtung für die Demokratien noch vertiefte. In Paris und London ist das durchaus bemerkt worden; der Prestige- und Machtgewinn, den Deutschland und Italien aus der spanischen Affäre zogen, ist den Politikern der Westmächte ebenfalls nicht entgangen, natürlich auch nicht Mussolinis Annäherung an Hitler. Doch wußte niemand ein Mittel gegen diese gleitende Machtverschiebung zu nennen.

4. Kapitel
Der Weg in den Krieg (1937–1939)

Das »weltpolitische Dreieck« Berlin–Rom–Tokio

Die Wandlung der internationalen Lage ermunterte Deutschlands nationalsozialistische Führung alsbald zu einer ersten Übung in »Weltpolitik«, worunter sie aber, anders als der klassische deutsche Imperialismus, zunächst nicht mehr den Versuch verstanden, mit dem Erwerb von Kolonien in Übersee Fuß zu fassen, sondern eine weltweite Bündnispolitik, mit der sie Deutschlands Stellung in Europa festigen und den Übergang zur kontinentalen Expansion erleichtern wollten. Daß am 25. November 1936 ein Vertrag mit Japan unterzeichnet werden konnte, der Tokio und Berlin in seinem veröffentlichten Teil zur Bekämpfung der Komintern verpflichtete und daher Antikominternpakt getauft wurde, jedoch in einem geheimen Zusatzprotokoll wohlwollende Neutralität vorschrieb, falls einer der Partner mit Rußland zusammenstoßen sollte, und beiden Mächten den Abschluß freundschaftlicher Vereinbarungen mit Moskau praktisch verbot, setzte nach nationalsozialistischer Auffassung einen Verzicht auf stärkere Engagements im Pazifik und im Fernen Osten geradezu voraus; Hitler nahm es sogar in Kauf, daß die Option für Japan in der Folgezeit eine weitgehende Liquidierung der wirtschaftlich und politisch beachtlichen Position Deutschlands in China erzwang. Das Abkommen mit der nach »Italien und Deutschland dritten faschistischen Großmacht der Welt«, wie Karl Haushofer im ›Völkischen Beobachter‹ schrieb[79], hatte nämlich den Sinn, neben Osteuropa und dem Mittelmeer einen weiteren Großraum – Ostasien – für faschistische Expansion abzustecken und auf der Basis einer solchen Verständigung eine gewisse Koordinierung der japanischen Aggressivität mit den europäischen Imperialismen zu erreichen. Allerdings meinte Koordinierung nicht eine planmäßige und exakt verabredete Zusammenarbeit; jedenfalls ist es dazu nie gekommen. Die Proklamierung der deutsch-japanischen Solidarität machte aber auf die interkontinentale Wechselwirkung aufmerksam, die allein schon von der Existenz eines europäischen und eines asiatischen Zentrums expansionistischer Aktivität ausging.

Jene Staaten, die sowohl am europäischen wie am asiatischen Status quo interessiert waren, sahen sich genötigt, ihre Kräfte durch Teilung zu schwächen, und in Tokio wie in Berlin hatte sich die Überzeugung durchgesetzt, daß die Erkenntnis, einer doppelten und zur gegenseitigen Unterstützung funktionierenden Pression ausgeliefert zu sein, den Widerstandswillen der Verteidiger des Status quo lähmen werde. Der Antikominternpakt wirkte zudem als ausdrückliche Erklärung, daß Deutschland und Japan die Ergänzungsfunktion der doppelten Pression künftig bewußt zu benützen und zu steigern gedachten, und eine derartige Mitteilung mußte das gegnerische Lager erst recht zur Zersplitterung der Mittel und zu einer unentschlossen-nachgiebigen Politik verleiten. Drückte Japan, durch die deutsche Rückendeckung ermutigt, noch stärker auf die asiatischen Interessen Rußlands und Großbritanniens, so mochte, wie Hitler hoffte, die Sowjetunion in Europa angreifbarer und England den deutschen Wünschen gefügiger werden. Die Entstehungsgeschichte des Vertrags zeigte ebenfalls, daß beide Seiten ihre Verbindung als Zug einer kühnen und revolutionären außenpolitischen Strategie begriffen, die zum Umsturz der bestehenden internationalen Ordnung bestimmt war: in Berlin lag die Initiative bei Ribbentrop und seinem Stab, also bei den Repräsentanten einer spezifisch nationalsozialistischen Außenpolitik, in Tokio hingegen bei der japanischen Entsprechung zur NSDAP, bei der Armee; die Außenministerien hatten an den wichtigsten Vorstadien der Paktgespräche keinen Anteil.

In der politischen Realität erhielt das Abkommen freilich einen etwas anderen Effekt. Zwar glaubten die japanischen Imperialisten jetzt in der Tat, die Handlungsfreiheit Moskaus etwas beschränkt zu haben. Doch nahmen sie diese Beschränkung nicht zum Anlaß, mit der Sowjetunion noch ernsthafter anzubinden, als sie das in der Mandschurei und in der Mongolei bisher schon getan hatten. Vielmehr empfanden sie die Ablenkung Moskaus als zusätzlichen Anreiz, mit einiger Zuversicht Vorstöße in jene Richtung zu unternehmen, in der – bereits während des mandschurischen Konflikts und in den folgenden Jahren hatte sich das scharf genug abgezeichnet – ihre eigentlichen Ziele lagen, nämlich das chinesische Kernland und praktisch ganz Südostasien. Am 7. Juli 1937 leitete Japan mit energischen Angriffen in China selbst tatsächlich den Versuch ein, Stück um Stück vom gigantischen chinesischen Kuchen abzuschneiden, und das Schlagwort »Asien den Asiaten« – d. h. den

Japanern – begann sich zum programmatischen Satz der offiziellen japanischen Außenpolitik zu entwickeln. Eine solche Entscheidung verwandelte den japanisch-sowjetischen Gegensatz, wenngleich er noch jahrelang bestand und sich immer wieder in schweren militärischen Zwischenfällen entlud, in ein bloßes Scharmützel an der Flanke des japanischen Stoßkeils. Auch stellte sich sogleich heraus, daß das chinesische Abenteuer, angesichts der Weite des Raumes und angesichts des zähen chinesischen Widerstands, länger dauern und stärker an den Kräften zehren werde, als man in Tokio ursprünglich wohl angenommen hatte, und nach kurzer Zeit stand fest, daß Japan für eine gute Weile keine härteren Auseinandersetzungen mit bedeutenden Landmächten riskieren durfte. Als mittelbare Folge des Antikominternpakts ergab sich mithin sogar eine gewisse Entlastung der Sowjetunion.

Andererseits wurde spätestens mit dem Beginn der chinesischen Kampagne evident, daß Japan eine Expansionsrichtung gewählt hatte, die geradewegs zum Bruch mit den großen Seemächten führte. In China drang Japan sofort in britisches wie amerikanisches Interessengebiet ein, und die weiteren japanischen Ambitionen erschienen als tödliche Herausforderung der asiatischen und pazifischen Position des Commonwealth, Frankreichs und schließlich der Vereinigten Staaten. Es war mehr als fraglich, ob Großbritannien und Frankreich über genügend Kraft verfügten, um die Herausforderung anzunehmen. Eines Tages mußten die japanischen Provokationen aber auch die Außenpolitik Washingtons von den Fesseln befreien, die der amerikanische Isolationismus geknüpft hatte, und dann mußte Japan mit der ganzen Macht einer anglo-amerikanischen Allianz zusammenprallen. In Tokio sind derartige Möglichkeiten frühzeitig ins Auge gefaßt worden; schon am 29. Dezember 1934 hatte die japanische Regierung die 1922 in Washington vereinbarte Begrenzung der Flottenstärken gekündigt und seither die Ausgaben für die Marine laufend erhöht. Die Entfesselung Amerikas konnte jedoch die Lage in Europa ebenfalls entscheidend beeinflussen. War der Isolationismus einmal überwunden, so erhielten vermutlich auch jene Interessen der Vereinigten Staaten ihr volles Gewicht, die ein amerikanisches Engagement in Europa, zugunsten der Westmächte und gegen die aggressiven Staaten, nicht weniger dringlich machten als die sichtbareren pazifischen Interessen eine antijapanische Intervention.

Gewiß zeigten sich derartige Konsequenzen zunächst erst in Ansätzen. Daß die japanische Aktion in China dem Antikominternpakt, wie jeder Verbindung mit Tokio, eher antibritische als antisowjetische Akzente gab, war aber schon 1937 nicht zu verkennen, und Japans neuer Freund in Europa hat diese Transformation nicht einmal ungern gesehen. Als Ribbentrop Anfang Januar 1938 die Quintessenz seiner Erfahrungen als Botschafter in London niederschrieb – wo er zwischen Ernennung und Abberufung (11. 8. 1936 – 4. 2. 1938) auf Grund seiner häufigen Beschäftigung mit größeren Aufgaben freilich nur Gastrollen gegeben hatte –, vertrat er die Auffassung, daß Großbritannien eine deutsche Herrschaft über den Kontinent niemals freiwillig akzeptieren werde, vielmehr und entgegen der Ansicht Hitlers als hartnäckigster und gefährlichster Feind der deutschen Expansion betrachtet werden müsse. Doch hielt er es, wie andere seiner Äußerungen beweisen, für möglich, London zur Tolerierung der deutschen Ansprüche zu zwingen, falls die Periode relativer Schwäche, die England gerade durchlaufe, entschlossen ausgenützt und außerdem britische Energie an überseeischen Fronten des Empire gebunden werde. Daß sich Japan mehr und mehr gegen Großbritannien orientierte, schien die gewünschte Ablenkungsfunktion zu erfüllen und mit einer Entlastung Rußlands nicht zu teuer erkauft zu sein. Ob ihm Hitler darin zustimmte, ist fraglich. Der »Führer« hat an der Vorstellung, Deutschland könne sich mit Großbritannien auf freundschaftliche Weise über die Teilung der Welt verständigen, offensichtlich noch lange festgehalten und vorerst großen Wert auf den antisowjetischen Nutzen des Pakts mit Japan gelegt. Indes verraten mehrere Bemerkungen, die er zwischen 1937 und 1939 machte, daß Hitler unter dem Eindruck der Meinung Ribbentrops immerhin die Überzeugung gewann, der Teilungsbereitschaft Londons werde mit verstärktem Druck nachzuhelfen sein, und die Aufstachelung Japans hielt er für besonders geeignet, England anderweitig zu binden, da er glaubte, Großbritannien messe überseeischen Interessen größere Bedeutung bei als Vorgängen auf dem europäischen Kontinent. Der korrespondierende Bedeutungsverlust des japanisch-sowjetischen Gegensatzes ist ihm anscheinend nie recht bewußt geworden, und daß eine Zusammenarbeit mit Japan die Mobilisierung Amerikas auch gegen Deutschland als Zukunftsmöglichkeit heraufbeschwor, haben sowohl Hitler wie Ribbentrop völlig ignoriert. So ist es in Berlin nicht nur hingenommen, sondern sogar begrüßt worden, daß sich die antibritischen Aspekte der Kooperation mit Japan noch deutlicher abzeichneten, als am 6. November 1937 das »weltpolitische Dreieck« Berlin–Rom–Tokio entstand und mit Italien dem Antikominternpakt ein Staat beitrat, den außer der ideologischen Differenz keine konkrete politische Streitfrage von der Sowjetunion trennte, den aber Mussolinis mediterrane Ambitionen auf einen ebenso antibritischen wie antifranzösischen Kurs gebracht hatten. »Theoretisch antikommunistisch, doch tatsächlich unmißverständlich antibritisch«, charakterisierte Ciano den Sinn des Dreiecks für Italien, und der italienische Außenminister hat auch festgehalten, daß der Antikominternpakt, wie die Achse Berlin–Rom, über den engeren diplomatischen Zweck hinaus vor allem eine grundsätzliche Kampfansage an den Status quo darstellte: »Die Nationen«, so notierte er in seinem Tagebuch, »betreten gemeinsam den Pfad, der sie vielleicht zum Kriege führt. Zu einem Kriege, der notwendig ist, um die Kruste zu durchbrechen, die die Energie und die Bestrebungen der jungen Nationen erstickt. Nach der Unterzeichnung gingen wir zum Duce. Ich habe ihn selten so glücklich gesehen.«[80] Um die Absage an Status quo, kollektive Sicherheit und Frieden noch zu unterstreichen, teilte Mussolini am 11. Dezember 1937 Italiens Austritt aus dem Völkerbund mit.

Mussolini und Ciano wußten freilich sehr genau, daß sie sich kampflustiger gaben, als der Zustand ihres Landes dies gestattete, und wahrscheinlich hätten sie ein vorsichtigeres Auftreten für ratsam gehalten, wäre ihnen klar gewesen, daß Hitler, der einen Tag nach Italiens Austritt offiziell erklärte, Deutschlands Rückkehr in den Völkerbund komme »niemals mehr in Betracht«, zu diesem Zeitpunkt bereits in einer Stimmung lebte, die ihn Abkürzungswege zum Krieg suchen ließ. Hermann Göring, der als zweiter Mann des Regimes gelten durfte und als Inhaber zahlreicher wichtigster Ämter – z. B. Oberbefehlshaber der Luftwaffe, Beauftragter für den Vierjahresplan, preußischer Ministerpräsident – in der Tat über eine gewaltige Machtfülle verfügte, hatte schon im Dezember 1936 einer Versammlung von Industriellen auseinandergesetzt, daß bald um den »höchsten Einsatz« gespielt werde: »Wir stehen bereits in der Mobilmachung und im Kriege, es wird nur noch nicht geschossen.«[81] Solche Sätze brauchte man nicht unbedingt als Hinweise zu verstehen, daß Deutschland tatsächlich in nächster Zukunft Krieg führen werde; Göring wollte den

Zweck des Vierjahresplans erläutern, und so konnte man seine Worte noch als Ausdruck einer politischen Vorstellungswelt nehmen, die grundsätzlich zum Kriege drängte und ausschließlich militante Begriffe kannte, daher jede Maßnahme mit militärischen Notwendigkeiten und in militanten Begriffen begründen mußte. Im Herbst 1937 aber zeigte Hitler seiner Umgebung eine Haltung, die an einen zum Sprung geduckten Tiger gemahnt. Er machte kein Geheimnis daraus, daß ihn die Frage bewegte, ob die zur Realisierung seines Programms erforderliche Zwischenphase, in der Deutschlands Grenzen und politischer Einfluß unmittelbar an die russische Beute heranzuschieben waren, nicht früher als erwartet abrollen könne, nachdem die beiden zurückliegenden Jahre eine seinen Absichten so überaus günstige außenpolitische Konjunktur gebracht hatten. Der italienisch-britische Gegensatz, die italienisch-französische Feindschaft, die Abhängigkeit Italiens von Deutschland, Japans Konflikte mit der Sowjetunion und mit den Seemächten, Tokios Verbindung mit Berlin und schließlich die Koordinierung der drei faschistischen Imperialismen im Antikominternpakt – in einer politischen Landschaft, aus der die kollektive Sicherheit eliminiert war und an deren Rand der Völkerbund nur noch ein Schattendasein fristete, mochten das Faktoren sein, die es Deutschland schon jetzt, trotz einer noch höchst mangelhaften Rüstung, erlaubten, eine »Plattform« für den Angriff auf den östlichen Raum zu gewinnen, d. h. den Status quo zu verändern und, wie die partei-interne Interpretation besagte, »die vorgelagerten Staaten so oder so fest in unsere Hand« zu nehmen[82]. Auch verriet Hitler, daß ihn – nicht bedingt, sicherlich aber verstärkt durch jene Faktoren – wieder der Drang befiel, aus der Passivität herauszutreten, die er seit der Rheinlandbesetzung ertragen hatte, daß er der diplomatischen Manöver, die lediglich eine gewisse Verlagerung der politischen Konstellation bewirkten, müde zu werden begann.

Hitlers Termine für den Beginn der Expansion

Am 5. November 1937 fand in der Reichskanzlei eine Besprechung statt, an der neben Göring, Außenminister v. Neurath und Kriegsminister v. Blomberg auch die Oberbefehlshaber des Heeres und der Marine, v. Fritsch und Raeder, teilnahmen. In längeren Ausführungen, die er als »seine grundlegenden Gedanken« und für den Fall seines Todes als »testamentarische Hinterlassenschaft« bezeichnete, legte Hitler seinen wichtigsten militärischen und diplomatischen Mitarbeitern dar, daß Deutschlands Zukunft die »Behebung der Raumnot« verlange und daß die Deutschen ein Recht auf einen größeren Lebensraum hätten als andere Völker, daß es aber zur Lösung der Frage »nur den Weg der Gewalt geben, dieser niemals risikolos sein könne«[83]. Nach allem, was er bisher geschrieben, gesagt und getan hatte, waren Hitlers »grundlegende Gedanken« den Versammelten gewiß nicht neu. Hjalmar Schacht, Wirtschaftsminister und Präsident der Reichsbank, hatte bereits 1935 in einem Brief an Ritter v. Epp, den Reichsstatthalter in Bayern, getadelt: »Die Idee von dem zu erwerbenden Ostraum stiftet leider viel Unheil an.«[84] Und Generalstabschef Beck konstatierte, als er zu Hitlers Vortrag vom 5. November kritisch Stellung nahm: ». . . über die Absicht, die deutsche Raumnot früher oder später gewaltsam zu beheben, (besteht) innerhalb und außerhalb der deutschen Grenzen schon seit Jahren ein Geheimnis nicht mehr . . .«[85] Kurz darauf, am 23. November, hat Hitler – auf der Ordensburg Sonthofen vor dem politischen Führernachwuchs – abermals seinen politischen Biologismus und sein Lebensraumprogramm gepredigt, von einem Weltreich gesprochen und sich die deutliche Bemerkung gestattet: »Wir hatten Europa schon einmal. Wir haben es nur verloren, weil uns jene Tatkraft der Führung fehlte, die notwendig war, um . . . unsere Stellung nicht nur zu behaupten, sondern zu vermehren.«[86] Am 5. November redete Hitler jedoch nicht mehr, wie Anfang Februar 1933 vor der Generalität, vage von Plänen, die irgendwann in der Zukunft zu realisieren seien, vielmehr nannte er – und das war neu – bestimmte Termine und bestimmte Angriffsobjekte. Wie Oberst Hoßbach, der damals als Wehrmachtadjutant bei Hitler Dienst tat, in seiner Aufzeichnung über die Konferenz in der Reichskanzlei festgehalten hat, erklärte der »Führer«, daß es sein »unabänderlicher Entschluß« sei, die deutsche Raumfrage »spätestens« 1943/45 zu lösen, weil sich danach die internationale Machtlage zu Ungunsten Deutschlands ändern werde, daß er aber gewillt sei, auch früher, vielleicht schon 1938, loszuschlagen, sofern sich eine günstige Gelegenheit biete. In diesem Zusammenhang wies er auf jene Faktoren hin, die ihm außenpolitische Bewegungsfreiheit verschafft hatten, und er

behauptete, manche Tendenzen, so der innere Verfall Frankreichs und die italienisch-französische Feindschaft, strebten
rasch ihrem natürlichen Ende zu, nämlich dem Bürgerkrieg
bzw. dem militärischen Konflikt zwischen Frankreich und
Italien; eine solche Fesselung des gefährlichsten europäischen
Gegners werde ihm Handlungsfreiheit geben. Als erste Objekte der deutschen Expansion bezeichnete Hitler Österreich
und die Tschechoslowakei. Nicht etwa, weil er mit dem Anschluß Österreichs einen alten Traum des deutschen Nationalismus erfüllen und die Sudetendeutschen aus der tschechischen
Fremdherrschaft befreien wollte. Derlei Dinge interessierten
ihn lediglich, wenn er öffentlich auftrat. Die Zuhörer in der
Reichskanzlei glaubte er mit Sentiments verschonen zu sollen,
weshalb er sich, wie auch bei anderen internen Besprechungen,
damit begnügte, die raumpolitische und strategische Bedeutung der beiden Objekte zu erwähnen; ferner machte er darauf
aufmerksam, daß nach der Angliederung die Möglichkeit bestehe, neue »Truppen bis in Höhe von etwa 12 Divisionen«
aufzustellen. Die Brauchbarkeit der österreichischen NSDAP
und der Sudetendeutschen – sowohl zur Begründung wie als
Instrumente seiner Aktionen – ist ihm, der 1933 den ersten
Versuch zur Gleichschaltung Österreichs unternommen und
im gleichen Jahr kooperationswillige sudetendeutsche Nationalsozialisten auf einen Zeitpunkt in vier bis fünf Jahren ver-
tröstet hatte, natürlich durchaus gegenwärtig gewesen. Wie
sehr die Ruhe der letzten anderthalb Jahre an seinen Nerven
zerrte, mit welcher Gewalt es ihn zur ersten ernstzunehmenden
politischen Tat, nämlich zur ersten Grenzüberschreitung, trieb,
konnten seine »Paladine« im übrigen daran erkennen, daß er
offensichtlich bereits im Begriff stand, den Entschluß zum baldigen Handeln von der Voraussetzung, die er als notwendig
dargestellt hatte, wieder zu lösen. Schien er zunächst einen
Angriff auf Österreich und die Tschechoslowakei von der totalen und evidenten Immobilität Frankreichs abhängig zu
machen, so fügte er fast noch im selben Atemzug hinzu, Großbritannien und vermutlich auch Frankreich hätten die Tschechoslowakei – an der er bemerkenswerterweise mehr Interesse
zeigte als an Österreich – »im Stillen abgeschrieben und sich
damit abgefunden, daß diese Frage eines Tages durch Deutschland bereinigt würde«; ohne England sei Frankreich ohnehin
hilflos. Im Grunde komme es nur darauf an, den militärischen
Erfolg so rasch zu erzielen, daß eine politische Krise gar nicht

erst entstehen könne. Wenige Monate später sollte sich die Bedeutung derartiger Überlegungen erweisen.

Die Militärs und der Außenminister nahmen Hitlers Worte überaus ernst. Zwar ist Blomberg und Fritsch klar gewesen, daß Hitler das Tempo der Aufrüstung verschärfen wollte und ihnen auch deshalb einen baldigen Krieg als wahrscheinlich hinstellte. Daß der »Führer« kein exaktes Aktionsprogramm entwickelt hatte, haben sie gewiß ebenfalls bemerkt. Indes standen sie mit Recht unter dem Eindruck, daß weder der Anlaß noch eine gewisse Unklarheit der Ansprache eine Bagatellisierung erlaubten. Als entscheidend erkannten sie, daß ein Mann zu ihnen sprach, der sich offensichtlich anschickte, schon in nächster Zukunft, sobald er eine Chance zu sehen glaubte, die ersten Schritte zur Verwirklichung jener Ansichten zu tun, die er in seinem Buch ›Mein Kampf‹ veröffentlicht und seither, wie sie wußten, nie revidiert hatte. Sie waren in einem Maße aufgestört, daß sie sich sogar zu teilweise scharfem Widerspruch veranlaßt sahen. Nicht allein Fritsch, ein hervorragender Fachmann und als gläubiger Christ kein Freund der NSDAP, opponierte, sondern auch der Hitler sonst blind gehorsame Blomberg und der bequeme, Konflikte scheuende Neurath. Sicherlich teilten sie viele der Vorstellungen Hitlers. In der unmittelbaren Konfrontation mit dem Übergang von der Theorie zur Realität schreckten sie jedoch zurück, und wenngleich sie sich nicht zu einer grundsätzlichen Ablehnung der Intentionen Hitlers aufrafften, äußerten sie doch Zweifel an der Durchführbarkeit; Neurath bestritt die Nähe eines italienisch-französischen Krieges, und die beiden Soldaten betonten die Gefährlichkeit einer britisch-französischen Intervention, ferner die Stärke der tschechischen Grenzbefestigungen. Aber Hitler redete über die Einwände hinweg, und er beschwor die Möglichkeit einer frühzeitigen Aktion mit so ungeduldigem Nachdruck, daß der Generaloberst v. Fritsch erklärte, »unter den obwaltenden Verhältnissen« müsse er davon absehen, seinen am 10. November beginnenden Urlaub anzutreten. So dicht stehe der Konflikt nun auch wieder nicht bevor, meinte Hitler beruhigend, als Zeitpunkt einer Krise sei der Sommer 1938 anzunehmen. Jedoch machte sich die Führung der Wehrmacht sofort daran, ihre Planungsarbeit den Ausführungen Hitlers anzupassen. Noch im Dezember 1937 wurde dem »Führer« der ›1. Nachtrag zur Weisung für die einheitliche Kriegsvorbereitung der Wehrmacht vom 24. 6. 1937‹ unterbreitet, und anders als in der bislang defensiven Weisung hieß es nun: »Hat Deutschland seine volle Kriegsbereitschaft auf allen Gebieten erreicht, so wird die militärische Voraussetzung geschaffen sein, einen Angriffskrieg gegen die Tschechoslowakei ... auch dann zu einem siegreichen Ende zu führen, wenn die eine oder andere Großmacht gegen uns eingreift.«[87] Sollten aber die Großmächte abgelenkt sein, so werde der Angriff auf die ČSR »auch vor der erreichten vollen Kriegsbereitschaft« erfolgen. Außenminister v. Neurath konnte im übrigen alsbald beobachten, daß sich Hitler auch mit der politischen Vorbereitung eines Überfalls auf Prag zu beschäftigen begann. Vom 21. bis zum 26. November hielten sich der ungarische Ministerpräsident Kalman v. Daranyi und sein Außenminister Kalman v. Kanya in Berlin auf, und mit dem Angebot slowakischen Territoriums suchte Hitler seine Gäste bereits als Komplicen anzuwerben.

US-Isolationismus und britische Appeasement-Politik: Neville Chamberlain

Hitlers Spekulation auf die Passivität der Westmächte war zunächst gewiß leichtfertig, aber keineswegs falsch. Ohne von der Macht Amerikas gestützt zu werden, besaß Großbritannien in der Tat nicht mehr die Kraft, sowohl Japan wie den aggressiven Staaten Europas entgegenzutreten, und in den Vereinigten Staaten dominierte noch immer die Abneigung gegen eine Verwicklung in ferne Händel. Als die abessinische Krise ihrem Höhepunkt zustrebte, nahm der amerikanische Kongreß am 31. August 1935 eine Neutralitäts-Akte an, die dem Präsidenten vorschrieb, in einem Krieg, in dem Washington neutral blieb, ein Waffenembargo zu verhängen, das alle Seiten gleichmäßig traf, die ihm jedoch andererseits untersagte, die Belieferung einer Partei mit sonstigen amerikanischen Gütern zu behindern. Damit war es dem Präsidenten unmöglich gemacht, den angegriffenen Staat zu bevorzugen oder den Angreifer zu benachteiligen. Nicht einmal der japanische Vormarsch in China rüttelte die öffentliche Meinung genügend auf. Zwar hat Präsident Roosevelt, als er am 5. Oktober 1937 in Chicago sprach, mit Nachdruck erklärt, niemand dürfe sich einbilden, die Vereinigten Staaten könnten von der »gegenwärtigen Herrschaft des Terrors und der Völkerrechtsbrüche« in bestimmten Teilen der Welt unberührt bleiben, und er forderte dazu auf, jene Staaten, die für die »internationale Anarchie« verantwortlich seien, unter »Quarantäne« zu stellen.[88] Aber die heftige Reaktion einer Majorität der Öffentlichkeit nötigte ihn sogleich zu einschränkenden Interpretationen seiner Rede. Schon im Sommer 1937 hatte Washington die Anregung Londons, gemeinsam eine Vereinbarung mit Tokio auszuhandeln, dilatorisch behandeln müssen.

Der amerikanische Isolationismus lieferte England einen gewichtigen Grund und eine überzeugende Begründung, wenigstens mit Italien und Deutschland einen Modus vivendi zu suchen, und zwar auch um einen hohen Preis. So hat der Antikominternpakt, wie die meisten Akte nationalsozialistischer Außenpolitik, seinen taktischen Zweck durchaus erfüllt. Jedoch hätte es dieser Nachhilfe kaum bedurft. Die britische Bevölkerung war jedem neuen Krieg abgeneigt, und anders als in Italien und Deutschland, wo die Bevölkerung ausgeschaltet und zum Teil durch die Propaganda der Regime betäubt war, zog in England eine solche Stimmung dem außenpolitischen Spielraum der Regierung enge Grenzen. Überdies amtierte seit Mai 1937 ein Premierminister, der geradezu als die Personifizierung des Friedenswillens der von ihm Repräsentierten anzusehen war. Neville Chamberlain, ein Stiefbruder Sir Austen Chamberlains, des Außenministers der Locarno-Periode, hatte weder für Diktaturen noch für Diktatoren etwas übrig. Indes betrachtete er die Verhinderung eines abermaligen europäischen Krieges nicht einfach, wie Eden, als wichtige politische Aufgabe, sondern als eine Mission, die von ihm verlange, Hitler wie Mussolini als rationale Staatsmänner zu behandeln und ihrer Saturierung selbst schwerste Opfer zu bringen. Noch als Schatzkanzler hatte er sich sofort für die Liquidierung der Sanktionspolitik eingesetzt, als ihm klar wurde, daß Mussolini von der Annexion Abessiniens nur durch Mittel abzuhalten war, die zumindest an den Rand eines Krieges mit Italien führten, und seit er dem Duce im Juli 1937 den ersten freundlichen Brief geschrieben hatte, zeigte er sich bereit, die vollzogenen Tatsachen in Afrika anzuerkennen und sich auf dieser Basis mit Mussolini zu verständigen. In der Tat konnte er in den ersten Monaten des Jahres 1938 ein Abkommen mit Rom aushandeln, das nach seiner Ansicht den neuen Stand der Dinge im Mittelmeerraum fixieren, nach italienischer Vorstellung aber lediglich England einlullen und von der Seite Frankreichs fortlocken sollte; beide Zwecke sind natürlich nicht erreicht worden.

Daß Hitler nun ebenfalls sein Abessinien fordern werde und daß darunter mindestens die bekannten Ansprüche des deutschen Revisionismus zu verstehen waren, ist nach der Machtverschiebung, die sich 1936 und 1937 ergeben hatte, überall erwartet worden, und Chamberlain war entschlossen, die mit den gestiegenen Wünschen verbundene Kriegsgefahr zu entschärfen, indem er auch angesichts einer territorialen Revisionspolitik Berlins die Appeasement-Politik Lloyd Georges und Sir Austen Chamberlains fortsetzte. Man müsse den Deutschen sagen, schrieb er am 26. November 1937 in einem Privatbrief: »Gebt uns Sicherheit, daß ihr in der Österreich- und Tschechenfrage keine Gewalt gebraucht, und wir sichern euch zu, daß wir die von euch gewünschten Änderungen nicht mit Gewalt verhindern werden, wenn ihr sie mit friedlichen Mitteln erreichen könnt.«[89] Tatsächlich hatte er Hitler über seinen Standpunkt bereits informiert. Als Lord Halifax, damals noch Lordpräsident, am 19. November mit Hitler in Berchtesgaden zusammentraf, durfte er im Namen des britischen Kabinetts erklären, daß eine Veränderung des territorialen Besitzstands in Europa keineswegs ausgeschlossen sei, vorausgesetzt, sie erfolge im Rahmen einer vernünftigen Vereinbarung. Halifax nannte als veränderungsreif den Status Memels und Danzigs, Österreichs und der Tschechoslowakei. Chamberlain ließ sich nicht durch die Erkenntnis abschrecken, daß die passive Toleranz Londons noch nicht genügte, eine friedliche Erfüllung der deutschen Forderungen zu sichern, daß vielmehr Frankreich zur gleichen Passivität veranlaßt werden mußte und daß die französische Duldung territorialer Revisionen nur dann möglich war, wenn die französischen Bündnisverpflichtungen nicht in Kraft zu treten brauchten, wenn mithin London und Paris Frankreichs osteuropäische Klientelstaaten, an die sich die deutschen Ansprüche richteten, zur Konzessionsbereitschaft zwangen. Daß Chamberlain gewillt war, das volle Gewicht des britischen Einflusses in die Waagschale zu werfen, um beide Voraussetzungen zu schaffen, bewies er schon Ende November 1937, als er seinem französischen Kollegen Camille Chautemps und dem Pariser Außenminister Yvon Delbos, die nach London gekommen waren, vorschlug, entsprechenden Druck auf Prag auszuüben. Ebensowenig beirrte ihn der Umstand, daß seine Politik Deutschland zu einer dominierenden Stellung in

Ost- und Südosteuropa verhelfen würde; der europäische Frieden schien ihm wichtiger zu sein. Allerdings gab es zwei Faktoren, die es Chamberlain erleichterten, seiner Friedensliebe so weit nachzugeben. Er vermochte – auch hier in der Tradition Lloyd Georges und Austen Chamberlains stehend – kein besonderes britisches Interesse an Ost- und Südosteuropa zu sehen, das Widerstand gegen die deutschen Ambitionen gelohnt oder gar diktiert hätte, und des Konservativen tief eingewurzelte Abneigung gegen den Kommunismus wie gegen die Sowjetunion hinderte ihn nicht allein an einem Bündnis mit Moskau, das den Ausfall Amerikas hätte ersetzen können, sondern verführte ihn zugleich zu der Vorstellung, die Zusammenarbeit mit Deutschland, das ja immerhin antikommunistisch sei, werde bolschewistischen Expansionsgelüsten einen Riegel vorschieben. Als Resultat seiner Politik dachte er sich ohnehin ein Kollegium der europäischen Großmächte England, Frankreich, Italien und Deutschland, das einerseits Europa führen und nach dem Zerfall des kollektiven Sicherheitssystems den Frieden garantieren, andererseits aber die Aussperrung der Sowjetunion besorgen sollte. Indes hatte Chamberlain keineswegs die Absicht, Deutschland gegen Moskau zu lenken oder doch Hitler freie Hand im Osten zu geben. Abgesehen davon, daß seine Politik defensiven und pazifistischen Zielen dienen, nicht aber Eroberungszüge ermöglichen wollte, wäre es ein grobes Mißverständnis, hinter seiner Version der Appeasement-Politik die Bereitschaft zur Akzeptierung einer deutschen Herrschaft über Osteuropa zu vermuten, einer Herrschaft, die das ganze übrige Europa und schließlich auch Großbritannien der Willkür Hitlers überantwortet hätte, und das Ergebnis unbehinderter deutscher Kriege im Osten mußte unweigerlich – über die dominierende Stellung hinaus – gerade eine solche Herrschaft sein.

Natürlich fanden sich in London manche Kritiker wie Winston Churchill und bald auch Eden, die Chamberlain entgegenhielten, daß es Hitler nicht um Revision gehe, sondern um die Realisierung des in ›Mein Kampf‹ formulierten Programms, wahrscheinlich sogar um eine nicht mehr geographisch bestimmbare Macht, und daß daher eine Appeasement-Politik, die dem deutschen Revisionismus Österreich, die Sudetendeutschen und den Korridor überlasse, lediglich Hitler behilflich sei, sich in eine günstige, ja fast schon unangreifbare Ausgangsposition zur Unterwerfung Ost- wie Südosteuropas und endlich auch des Westens zu manövrieren. Der Premier vertrat jedoch die Auffassung, daß Hitlers Herrschaftsgelüste erst unwiderleglich bewiesen sein müßten, ehe man das Recht habe, die Politik der Konzessionen abzubrechen, und andere Appeaser soufflierten ihm, daß die Befriedigung des deutschen Revisionismus selbst einen Hitler, der sich mit bedenklichen Plänen trage, abhalten werde, durch eine sinnlose Eroberungspolitik alle Gewinne wieder aufs Spiel zu setzen. Im übrigen zog sich Chamberlain auf das Argument zurück, daß die britische und französische Rüstung vielleicht für die Verteidigung des Westens gegen Deutschland, sicherlich aber nicht für einen Sieg über Deutschland ausreiche, daß also eine militärische Intervention auf dem Kontinent, die auch von den Dominien abgelehnt werde, ohnehin ausscheide, und wenngleich er die Möglichkeit, daß seine Kritiker Recht behalten könnten, nicht aus den Augen verlor, weshalb er die britische Aufrüstung zu beschleunigen suchte, ließ er sich vorerst nicht davon abbringen, die Probe aufs Exempel zu machen. Eine herrische, beinahe autokratische Natur, besaß er genügend Energie und oft auch Eigensinn, um seine Ansicht im Kabinett und in seiner Partei durchzusetzen. Als Eden gegen die allzu forsche, auf konkrete Gegenleistungen verzichtende und ohne angemessene Konsultation des Foreign Office betriebene Verständigung mit Mussolini protestierte, akzeptierte der Premier lieber den Rücktritt seines Außenministers, als daß er seinen Kurs und seine Methoden geändert hätte. Als Nachfolger Edens berief er am 25. Februar 1938 Lord Halifax, der die außenpolitische Konzeption des Premiers billigte, ansonsten verließ er sich in Fragen der Außenpolitik auf den Rat eines Wirtschaftsexperten, Sir Horace Wilson. Jetzt hatte Chamberlain nur noch mit einem Unsicherheitsfaktor zu rechnen, nämlich mit der – wie sich Ende November 1937 beim Londoner Besuch von Chautemps gezeigt hatte – zunächst zwiespältigen und unklaren Haltung Frankreichs.

Der Anschluß Österreichs

Das erste Angriffsobjekt, Österreich, fiel Hitler jedoch auf eine Weise zu, die kaum Rückschlüsse auf seine wahren Ziele erlaubte und daher noch keinen ernsthaften Test der Appeasement-Politik bedeutete. Um die Jahreswende 1937/38 bot sich in Österreich eine Lage dar, die Hitler zur Einmischung ebenso reizte wie nötigte. Das Abkommen, das er im Juli 1936 mit Bundeskanzler v. Schuschnigg geschlossen hatte, war zur Ursache einer von Monat zu Monat steigenden Spannung zwischen der Wiener Regierung und den österreichischen Nationalsozialisten geworden. Tatsächlich konnte es gar keinen Ausgleich geben. Das autoritäre Regime Schuschniggs, das im Grunde zur Duldung einer Opposition oder zu einer Teilung der politischen Macht unfähig war, hatte einer Bewegung größeren Spielraum gewährt, die ihrer Natur nach die ganze Macht an sich reißen wollte. Die Folge war ein permanenter Konflikt, der keine Kompromisse zuließ, sondern lediglich Waffenstillstände, die beide Seiten wenig respektierten, und allmählich entwickelte sich eine Situation, die der von 1933/34 glich. Damit stellte sich für Hitler nicht mehr die Frage, ob, sondern allein die Frage, wie er handeln sollte. Zweifellos neigte er zu einer drastischen Intervention, die das Problem in einem Zug erledigt hätte. Es war ihm klar geworden, daß ein rascher Erfolg gegen die Tschechoslowakei die Verfügbarkeit Österreichs voraussetzte, da der tschechoslowakische Befestigungsgürtel zwar die Grenzen nach Deutschland deckte, nicht aber die Grenze nach Österreich, der Besitz Österreichs mithin die Umgehung des tschechischen Gürtels gestattete und von einer Gefahr befreite, auf die Blomberg und Fritsch am 5. November so eindringlich hingewiesen hatten, was Hitler doch beeindruckt zu haben scheint. Nach den Eröffnungen, die ihm Lord Halifax gemacht hatte, durfte der »Führer« auf die Inaktivität Englands rechnen, und Mussolini hatte, als er Ende September 1937 Deutschland besuchte, nicht nur abermals das spezifische deutsche Interesse an Österreich anerkannt, sondern sogar erklärt, daß er, falls eine »andere Seite« in Österreich eine Explosion verursachen würde, nichts gegen eine deutsche Intervention einzuwenden hätte.

Trotzdem scheute Hitler einen Einmarsch, auch eine Rebellion der österreichischen NSDAP, die ihn gezwungen hätte, einzumarschieren oder seine Anhänger im Stich zu lassen. Obwohl Italiens Bindung an Berlin immer deutlicher hervortrat, war Hitler nicht sicher, wie Mussolini reagieren würde, wenn die Wiener NSDAP oder gar Berlin die österreichische Bombe zündete und deutsche Truppen die Grenze überschritten; selbst ein Experte für das Verhältnis zwischen Diktator und Volk, begriff Hitler durchaus, daß der Duce, wenn er in einem solchen Falle passiv blieb, an Gesicht verlieren mußte, nachdem er jahrelang den Beschützer Österreichs gespielt hatte. Die Haltung Frankreichs war ebenfalls ungewiß, und noch gab es die Befestigungsanlagen an der deutschen Westgrenze (»Westwall«), mit denen sich Hitler künftig gegen französisch-britische Einmischung abzuschirmen gedachte, erst auf dem Papier. Zwischen Verlockung und Unsicherheit entschied sich Hitler für den angesichts der Umstände gefahrlosen Weg, wenigstens die Gleichschaltung Wiens mit einiger Energie zu fördern; diese Methode würde den Aufstand und eine deutsche Intervention überflüssig machen, gleichwohl in relativ kurzer Zeit die Verfügbarkeit Österreichs bringen und endlich zum Anschluß führen. Als Franz v. Papen, ehemals Reichskanzler und jetzt deutscher Botschafter in Wien, eine persönliche Aussprache mit Schuschnigg vorschlug, griff Hitler den Gedanken sofort auf; bei einer solchen Begegnung konnte der verhaßte Repräsentant eines unabhängigen Österreich gründlich eingeschüchtert und zu Konzessionen gepreßt werden, die Wiens Gleichschaltung etliche Schritte näher brachten. Am 7. Januar 1938 überbrachte Papen die Einladung Hitlers, und Schuschnigg, der sich über seine internationale Isolierung keiner Täuschung hingab, blieb keine andere Wahl, als die Reise nach Deutschland zuzusagen, die bestenfalls, wie er sehr wohl wußte, mit seinem weiteren Rückzug vor den österreichischen Nationalsozialisten enden würde. Als der Termin des Treffens, das erst auf Ende Januar, dann auf den 12. Februar festgesetzt worden war, heranrückte, hatte Hitler überdies einen zusätzlichen Grund, sich um äußere Erfolge zu bemühen. Als sich Ende Januar 1938 herausstellte, daß Kriegsminister v. Blomberg, dem Hitler vertraute, verabschiedet werden mußte, da er eine Dame mit zweifelhafter Vergangenheit geheiratet hatte, benützte der »Führer« die Gelegenheit, um gleich auch die Zauderer und Angsthasen der Konferenz vom 5. November, Fritsch und Neurath, abzuhalftern. Fritsch, der ihm ohnehin unbequem war, wurde durch eine skrupellose Intrige gestürzt. Den Oberbefehl über die Wehrmacht übernahm am 4. Februar 1938 Hitler selbst, an die Stelle Fritschs trat der gefügige General v. Brauchitsch und im Außenministerium hielt Hitlers Adlatus Ribbentrop Einzug. Um jedermann zu demonstrieren, daß die Gleichschaltung der Armee und des Auswärtigen Amts keine Schwächung des Regimes bedeute, und um die Empörung vieler Offiziere über die Behandlung Fritschs abzulenken, kam Hitler ein Triumph über Schuschnigg sehr gelegen.

Als Schuschnigg am 12. Februar nach Berchtesgaden kam, hatte er mit Dr. Arthur Seyß-Inquart, dem Vertreter eines gemäßigten Flügels der österreichischen Nationalsozialisten, bereits weitgehende neue Zugeständnisse vereinbart, wahrscheinlich um noch höheren Forderungen Hitlers zuvorzukommen. Doch ließ es sich Hitler, obwohl er Schuschnigg in der Tat praktisch die Seyß-Inquartschen Wünsche präsentierte, nicht nehmen, den Regierungschef eines selbständigen und angeblich sogar befreundeten Landes stundenlang mit Beleidigungen und Drohungen zu bombardieren. Abgesehen davon, daß er leicht der Versuchung nachgab, in solchem Stile Machtunterschiede zu unterstreichen, wollte er sich vermutlich den persönlichen Erfolg nicht stehlen lassen und außerdem Schuschnigg eine permanente Furcht vor dem deutschen Einmarsch einflößen; das sollte wohl die genaue Erfüllung der nationalsozialistischen Ansprüche sichern. Jedenfalls unterschrieb am Ende ein recht erschütterter Schuschnigg eine Abmachung, der er schon Tage zuvor zugestimmt hatte, wenngleich gewiß höchst ungern, da sie die Gleichschaltung Österreichs fast vollendete. Der Bundeskanzler mußte sich nämlich verpflichten, die österreichische Außenpolitik der deutschen unterzuordnen, Seyß-Inquart zum Innenminister zu ernennen, den österreichischen Nationalsozialisten freie politische Aktivität zu gestatten und die noch inhaftierten oder verurteilten Nationalsozialisten zu amnestieren; ferner versprach er die Anpassung der österreichischen Wirtschaft und eine enge Zusammenarbeit des österreichischen Heeres mit der deutschen Wehrmacht.

Kein Wunder, daß der erfreute Hitler konstatierte, »bei voller Durchführung« des von Schuschnigg unterzeichneten Protokolls werde »die Österreich-Frage automatisch gelöst«[90]. Damit keine Explosionen den Ablauf der Dinge störten, rief Hitler sogar die radikalsten österreichischen NSDAP-Führer am 21. Februar ins Reich zurück. Indes war die Hoffnung auf ein fast geräuschloses Funktionieren dieser indirekten Aggression unrealistisch. In einer offiziösen Berliner Interpretation der Lage ist die Stellung beider Seiten, die neue und baldige Konflikte unausweichlich machte, treffend gezeichnet worden: »Schuschnigg sieht in der Verabredung von Berchtesgaden das Maximum jeder möglichen deutsch-österreichischen Zusammenarbeit und erklärt demgemäß, bis hierher und nicht weiter, während wir in der Verabredung einen Anfang in Richtung auf den endgültigen Anschluß erblicken ... und glauben, das trojanische Pferd ... bereits hinter die Mauern gebracht zu haben ...«[91] Um seine Position zu festigen und um eine deutsche Intervention zu erschweren, glaubte sich nun Schuschnigg zu einer dramatischen Geste gezwungen. Am 9. März gab er bekannt, daß schon vier Tage später ein Plebiszit stattfinden werde, in dem sich die Bevölkerung äußern solle, ob sie »für ein freies und deutsches Österreich, ein unabhängiges und soziales Österreich, für ein christliches und einiges Österreich« sei[92]. Eine Mehrheit für Schuschnigg hätte den Prozeß der Gleichschaltung in der Tat bremsen und einem Anschluß zeitweilig die moralische Grundlage entziehen können. So entschied Hitler am 10. März, daß die Abstimmung nicht stattfinden dürfe, und während er den militärischen Einmarsch vorbereiten ließ und der österreichischen NSDAP freie Hand für revolutionäre Aktionen gab, beauftragte er Seyß-Inquart, von Schuschnigg ultimativ und mit der Drohung einer deutschen Intervention vorerst die Verschiebung des Plebiszits zu verlangen; der Entwurf eines Telegramms, das um die Hilfe deutscher Truppen ersuchte, lag Hitlers Schreiben an Seyß-Inquart bei. Am Nachmittag des 11. März konnte Seyß-Inquart tatsächlich melden, daß Schuschnigg die Abstimmung abgesagt habe. Göring, der Seyß-Inquarts telefonischen Bericht entgegennahm, witterte jedoch plötzlich eine Chance, die Entwicklung rasch weiterzutreiben, und Hitler schloß sich seiner Meinung an, wenngleich er sich nach wie vor mit der Gleichschaltung begnügen und an der Fiktion festhalten wollte, daß die Vollendung der Gleichschaltung Sache der österreichischen NSDAP sei, die allerdings mit der deutschen Armee drohen durfte. Jedenfalls erhielt Seyß-Inquart zwanzig Minuten nach seiner Meldung den Befehl, jetzt den Rücktritt Schuschniggs und seine eigene Ernennung zum Bundeskanzler zu fordern. Angesichts des neuen Ultimatums richtete Wien einen verzweifelten Appell an die europäischen Mächte. Aber London bedauerte höflich, Paris antwortete mit unbrauchbaren Ratschlägen, und Mussolini schwieg. Schuschnigg, der nichts anderes erwartet hatte, trat am Nachmittag des 11. März zurück, noch ehe er über diese Reaktionen informiert wurde. Wahrscheinlich wäre nun, zumindest für die nächste Zukunft, ein Einmarsch deutscher Truppen unterblieben, hätte sich nicht Bundespräsident Wilhelm Miklas geweigert, Seyß-Inquart zum Regierungschef zu ernennen. Göring sah sich sogleich zu einer ersten ernsthaften Abweichung von der Fiktion genötigt, bei alledem handle es sich um eine interne österreichische Angelegenheit. Um den ebenso unvorhergesehenen wie unangenehmen Widerstand zu brechen, schickte er mit einem letzten Ultimatum nicht allein Seyß-Inquart, sondern auch General Muff, den deutschen Militärattaché in Wien, zu Miklas. Zunächst gab der Präsident trotzdem nicht nach, und erst jetzt, nachdem er sich allzu weit vorgewagt hatte, als daß er einen Rückzug noch ertragen hätte, ließ sich Hitler – der die Intervention schon einmal abgesagt hatte, als ihm fälschlicherweise die Kapitulation Miklas' gemeldet worden war – von Göring zur Anwendung direkter Gewalt überreden. Am Abend des 11. März um 20.45 Uhr erteilte er den endgültigen Befehl zum Einmarsch. Allerdings nicht auf Grund des telegrafischen Hilferufs, der Seyß-Inquart aufgetragen worden war. Denn Seyß-Inquart sperrte sich, und Göring mußte sich schließlich damit begnügen, Wilhelm Keppler, einem nach Wien entsandten Emissär Hitlers, am Telefon den Text eines entsprechenden Telegramms vorzulesen und ihm die wahrheitswidrige Erklärung abzupressen, Seyß-Inquart stimme dem Text zu. Nachdem Miklas endlich doch kapituliert hatte, bat Seyß-Inquart in der Nacht zum 12. sogar um den Widerruf des Marschbefehls. Doch abgesehen davon, daß es dafür zu spät war, fühlte sich Hitler inzwischen völlig sicher. Die Westmächte hatten ihm lediglich Proteste übermittelt, und Prinz Philipp von Hessen – der zu Mussolini geschickt worden war, um dem Duce begreiflich zu machen, daß Hitler zum Gefangenen der Umstände geworden sei – hatte ihm noch am Abend des 11. März sagen können, Mussolini habe »die ganze Angelegenheit sehr freundlich aufgenommen«[93]. Am Nachmittag des 12. März folgte Hitler den einmarschierten Truppen, ohne schon eine klare Vorstellung zu haben, welche staatsrechtliche Form die Vereinigung Österreichs mit dem Reich erhalten sollte. Doch von einer Bevölkerung, die bei einem anderen Ablauf des Geschehens vermutlich Schuschnigg zu einem Abstimmungserfolg verholfen hätte, meist mit Begeisterung empfangen, proklamierte er am 13. März die Eingliederung: Österreich galt fortan als eine Provinz Deutschlands.

Daß ihm mit dem Anschluß die Erfüllung einer der wichtigsten Forderungen des deutschen Revisionismus geglückt war, hat Hitler gewiß nicht gleichgültig gelassen. Weit mehr Befriedigung verschaffte ihm aber die augenfällige Tatsache, daß der unerwartet frühe und leichte Gewinn in der Tat jene erhebliche Verbesserung der politischen und strategischen Position Deutschlands eingebracht hatte, die er zur Fortsetzung seiner Expansionspolitik brauchte. Schon jetzt nahm das Reich praktisch die Stellung der alten Donaumonarchie ein, und da die südosteuropäischen Staaten, wenn sie nicht das Risiko einer gesellschaftspolitischen Umwälzung eingehen wollten, nicht mehr die Freiheit hatten, durch gelegentliche Anlehnung an Rußland eine Schaukelpolitik zwischen der nördlichen und der östlichen Großmacht zu treiben, da sie aus Furcht vor dem kommunistischen Moskau sogar das Bedürfnis nach dem schützenden Einfluß einer antikommunistischen Macht verspürten, blieb ihnen nur die Möglichkeit, ihren außenpolitischen Orientierungspunkt in Berlin zu suchen. Im Hinblick auf den ungestörten Zugang zu etlichen kriegswichtigen Rohstoffen, etwa zum rumänischen Öl, hat Hitler diese Entwicklung mit Genugtuung registriert und weiter gefördert. Auch Budapest, wo bislang das Wort Mussolinis größtes Gewicht gehabt hatte, befand sich nun im deutschen Machtbereich, und bald begann Hitler Ungarn als einen Vasallenstaat zu betrachten, der seinen Winken zu gehorchen habe. Die magyarischen Politiker sind der Rolle, die ihnen Hitler bei der kommenden deutschen Jagd zugedacht hatte, nämlich der Rolle von Jagdhunden, die das Wild zu stellen haben, noch einige Zeit ausgewichen, doch war das Ende ihres von Stolz und Vorsicht diktierten Widerstrebens abzusehen, zumal ihnen Hitler und nicht Mussolini die Realisierung ihrer revisionistischen Ansprüche verheißen konnte. Da der ungarische Revisionismus nicht zuletzt der Slowakei galt, vermerkte Hitler die wachsende Abhängigkeit Budapests mit besonderer Aufmerksamkeit. Denn jetzt glaubte er in der Lage zu sein – und hierin sah er den spezifischen Nutzen des Anschlusses –, das zweite Nahziel schärfer ins Auge zu fassen, von dem er am 5. November 1937 gesprochen hatte: die Tschechoslowakei. Nachdem die tschechische Grenzbefestigung in der Tat umgangen war, schien der rasche militärische Erfolg möglich zu sein, der, wie Hitler meinte, zur Verhütung einer westlichen Intervention ausreichte, und so war er nun erst recht nicht mehr gesonnen, mit einer Aktion gegen Prag noch lange zu warten. Einige Wochen brütete er über dem Problem. Kurz nach dem Anschluß Österreichs hatte er noch gesagt, daß es ihm mit der Erledigung der tschechoslowakischen Frage »nicht eilig« sei.[94] Am 21. April konferierte er aber mit General Keitel, dem Chef des Oberkommandos der Wehrmacht (OKW), bereits über die Einzelheiten eines Angriffs. Einen »strategischen Überfall aus heiterem Himmel ohne jeden Anlaß oder Rechtfertigungsmöglichkeit« lehnte er zwar ab, wobei er bezeichnenderweise erklärte, eine solche Maßnahme sei »nur zur Beseitigung des letzten Gegners auf dem Festlande berechtigt«. Doch erwog er immerhin ein »Handeln nach einer Zeit diplomatischer Auseinandersetzungen, die sich allmählich zuspitzen und zum Kriege führen«, bzw. ein »blitzartiges Handeln auf Grund eines Zwischenfalls (z. B. Ermordung des deutschen Gesandten im Anschluß an eine deutschfeindliche Demonstration)«.[95] Das OKW legte am 20. Mai den Entwurf einer Weisung für den Fall »Grün« (Angriff auf die ČSR) vor, und in diesem Entwurf waren Hitlers Intentionen dann wieder in dem Satz zusammengefaßt, er habe nicht die Absicht, die Tschechoslowakei »schon in nächster Zeit durch eine militärische Aktion zu zerschlagen«, es sei denn, daß sich eine günstige Gelegenheit biete. Hitler aber, dem wenige Tage nach dem 20. Mai die vom Heer für September angesetzten Übungen »im überraschenden Einnehmen von Befestigungen« als »zu spät« erschienen, befahl kurz darauf eine Änderung des OKW-Entwurfs, und die vom 30. Mai stammende Fassung begann mit den Worten »Es ist mein unabänderlicher Entschluß, die Tschechoslowakei in absehbarer Zeit durch eine militärische Aktion zu zerschlagen«. Das für die internationale Politik bedeutungsvollste Ergebnis der Vereinigung Österreichs mit Deutschland bestand also darin, daß Hitler den im November 1937 geäußerten Wunsch, die ČSR noch 1938 zu unterwerfen, zum bestimmenden Gedanken seiner Außenpolitik entwickelte. »Spätestens ab 1. 10. 38«, so hieß es in der Weisung vom 30. Mai, müsse der militärische Angriff möglich sein.

Wenn Hitler über Außenpolitik sprach oder schrieb, gebrauchte er entlarvend häufig Wendungen aus dem Jargon des Glücksspiels. Anfang Februar 1934 hatte er – in einer Rede vor den Gauleitern – sogar verlangt, daß der ganzen Nation jener

»Sportgeist« und jene »Spielerleidenschaft« eingeimpft werden müßten[96], die er offenbar als notwendige Eigenschaften eines erfolgreichen Außenpolitikers ansah. Von gestiegenem Selbstvertrauen und erhöhter Bereitschaft zum – zunehmend unterschätzten – Risiko erfüllt, verhielt er sich jetzt wie ein Spieler, der nach einem gelungenen Coup den ursprünglichen Einsatz und den gesamten Gewinn sogleich auf das Ergebnis der nächsten Runde setzt. Allerdings besaß er nun eine bessere Kenntnis der eigenen Trümpfe und eine klarere Vorstellung von den Karten der Gegenspieler. Die Zeit der nahezu blinden Wagnisse (Rheinlandbesetzung) und der fast zufälligen Erfolge (Österreich) war vorüber. Der Entschluß zu einem Angriff, dessen Termin annähernd feststand, erlaubte auch nicht mehr, daß einfach auf eine günstige Chance gewartet wurde; vielmehr setzte er voraus, daß die Krise, die eine Aktion gestatten sollte, bewußt inszeniert und bis zu ihrem interventionsreifen Höhepunkt planmäßig manipuliert wurde. So gedachte Hitler sich einer Taktik zu bedienen, die alle Elemente mischte, mit denen er und Mussolini ihre Spiele um Abessinien, das Rheinland und Österreich gewonnen hatten. Er entlehnte vom Duce die Technik, den zum Opfer ausersehenen Staat zu diskreditieren. Presse und Diplomatie erhielten die Aufgabe, Europa zu überzeugen, daß die in Verbindung mit Paris, Moskau und der Kleinen Entente verfolgte Außenpolitik Prags eine freche Bedrohung Deutschlands darstelle, daß die ČSR angesichts ihrer bunten Nationalitätenkarte eine Fehlleistung der Pariser Friedensmacher gewesen sei und sich auf Grund der Versäumnisse ihrer Nationalitätenpolitik auch seither nicht die Berechtigung zur staatlichen Existenz erworben habe, daß jedenfalls die Lage der deutschen Bürger dieses Landes an Knechtschaft grenze und unerträglich werde. Um zu demonstrieren, daß die inneren Zustände der ČSR tatsächlich unhaltbar seien und daß die Prager Regierung wirksame und durchgreifende Reformen verweigere, um zugleich die akute Spannung zu schaffen, die den Anlaß zur Intervention zu liefern hatte, wollte Hitler die Sudetendeutschen in einer ähnlichen Rolle agieren lassen, wie sie sich im Falle der österreichischen NSDAP so unerwartet erfolgreich erwiesen hatte. Die Möglichkeit zu einem solchen Vorgehen bot die gerade eben vollzogene Gleichschaltung der Sudetendeutschen Partei Konrad Henleins.

Die Majorität der Sudetendeutschen war bereits zwischen 1930 und 1933 zu dem Schluß gekommen, daß normale Parteien nicht imstande seien, jene beiden Ziele durchzusetzen, an denen die Deutschen Böhmens und Mährens nach dem Zusammenbruch der Anschlußbewegung von 1918/19 festgehalten hatten, nämlich die Selbstverwaltung und die politische Mitbestimmung in Prag; der Eintritt deutscher Parteien in Prager Kabinette (seit 1926) hatte weder die Autonomie einen Schritt nähergebracht noch den politischen Einfluß der Sudetendeutschen wesentlich verstärkt. Wenngleich die Sudetendeutschen alle demokratischen Freiheiten genossen, war daher ein pragmatischer Antipluralismus vorherrschend geworden, der einer Sammlungsbewegung, wie sie Henlein im Herbst 1933 mit der Sudetendeutschen Heimatfront gegründet hatte, in der Tat die Sammlung der deutschen Bevölkerung gestattete, zumal die Prager Regierung zur gleichen Zeit mit dem Verbot der Deutschen Nationalsozialistischen Arbeiterpartei und mit der Auflösung der Deutschen Nationalpartei selbst dafür gesorgt hatte, daß Henlein, bislang Führer des Deutschen Turnverbands, neben den Mitgliedern seines Verbands die Anhänger der beiden verschwundenen Parteien gewinnen und der SHF sogleich eine breite Basis schaffen konnte. Gewiß haben Henlein und fast alle der in großer Zahl von anderen Parteien zu ihm stoßenden Sudetendeutschen die SHF anfänglich als politischen Zweckverband verstanden, der lediglich die Autonomie erzwingen sollte, gleichsam als Gefäß eines Faschismus auf Zeit, und da an eine Anschlußpolitik zwischen 1933 und 1936 sowieso nicht ernstlich gedacht werden konnte, war Henlein zunächst durchaus aufrichtig, wenn er in Prag versicherte, die SHF unterscheide sich von der DNSAP wie vom reichsdeutschen Nationalsozialismus und stelle die Grenzen der ČSR nicht in Frage. Und obschon er in Berlin, dessen finanzielle und diplomatische Hilfe er für notwendig hielt, alsbald den nationalsozialistischen Charakter der SHF betonte, war er wirklich gewillt, seine Handlungsfreiheit zu behaupten. Als sich Hitler im Hinblick auf die Zukunft tatsächlich zur Unterstützung Henleins entschloß, nach dem großen Erfolg, den die kurz zuvor in Sudetendeutsche Partei umbenannte SHF in den Wahlen vom 19. Mai 1935 errang (mit 44 Mandaten zweitstärkste Partei der ČSR), hatte die Selbständigkeit jedoch bald ein Ende. Der finanziellen Abhängigkeit – Berlin bezahlte den Wahlkampf, und seit dem Frühsommer 1935 flossen regelmäßige Zuwendungen in die Kassen der SdP – folgte die personalpolitische: 1935 und 1936 mußten Repräsentanten der ehemaligen DNSAP in den Führungskreis der SdP aufgenommen und profilierte Vertreter eines unabhängigen Kurses entfernt werden; zugleich steuerten Berlin und frühere DNSAP-Funktionäre die national-sozialistische Unterwanderung der unteren Ränge des SdP-Apparats. Da im Reich die Überwindung der Arbeitslosigkeit gelang, während die Sudetengebiete noch unter der Wirtschaftskrise litten, wirkte das Deutschland Hitlers allmählich auch auf nichtnationalsozialistische Sudetendeutsche attraktiv, und der außenpolitische Machtzuwachs des Reiches ließ ihnen eine Separation von Prag nicht mehr als Utopie erscheinen; so kehrte zwischen 1936 und 1938 eine Mehrheit der Volksgruppe zur Anschlußstimmung von 1918/19 zurück. Henlein gab der Entwicklung nach und nahm die großdeutsche Zielsetzung wieder auf, die auch er in jüngeren Jahren vertreten hatte, und in seiner Umgebung machten sich imperiale Herrschaftsträume im Stile Hitlers bemerkbar, die ja ohnehin eine ihrer Wurzeln in der alten DNSAP gehabt hatten. Am Ende stand die totale politische und ideologische Kapitulation vor Hitler, die Henlein am 19. November 1937, als er bereits rund 90 Prozent der Volksgruppe zu seiner Anhängerschaft zählen durfte, dem »Führer« in aller Form anbot.

Am 28. März 1938 erhielt Henlein, nachdem ihm der »Führer« seine Absicht mitgeteilt hatte, »das tschechoslowakische Problem in nicht allzu langer Zeit zu lösen«, den Auftrag, im Laufe der nächsten Monate zwar mit der Prager Regierung zu verhandeln, aber stets unannehmbare Bedingungen zu stellen. Henlein faßte zusammen: »Wir müssen also immer so viel fordern, daß wir nicht zufrieden gestellt werden können.« Diese »Auffassung bejahte der Führer«.[97] Auf ihrem Parteitag, der am 24. April in Karlsbad stattfand, präsentierte die SdP ein Programm, das in acht Punkten u. a. die territoriale Autonomie, die Freiheit der nationalsozialistischen Weltanschauung und die Wiedergutmachung des dem Sudetendeutschtum seit 1918 zugefügten Unrechts forderte; in einer erläuternden Rede verlangte Henlein ferner die außenpolitische Anlehnung der ČSR an Deutschland. Damit glaubte Hitler den innenpolitischen Konflikt in der ČSR eingeleitet zu haben, der die Spannung zwischen den Sudetendeutschen und der Prager Regierung bis zum endgültigen Bruch verschärfen und ihm selbst die Intervention in einem Augenblick ermöglichen würde, in dem sich Prag durch die Ablehnung sudetendeutscher Ansprüche scheinbar oder tatsächlich ins Unrecht gesetzt hatte. Wenn er auf dem Höhepunkt des Konflikts intervenierte, wollte Hitler eine westliche Parteinahme für Prag aber auch dadurch erschweren, daß er sich die in England und Frankreich offensichtlich herrschende Kriegsmüdigkeit zunutze machte. Einerseits gedachte er, wie Mussolini in der abessinischen Krise, Furcht zu wecken, indem er seine Entschlossenheit zeigte, bei Störungen seines kleinen Krieges auch einen europäischen Krieg nicht zu scheuen, andererseits sollte, wie bei der Rheinlandbesetzung, das beflissene Versprechen künftigen Wohlverhaltens der Unlust zum Kriege ein brauchbares Argument liefern. Daß die britische Regierung Prag bereits abgeschrieben hatte und damit auch das Eingreifen Frankreichs höchst unwahrscheinlich geworden war, stand für Hitler zwar fest, erst recht nach dem Gespräch mit Lord Halifax, doch war er durchaus bereit, einen Beitrag zur Verringerung des Drucks zu leisten, den vielleicht die öffentliche Meinung auf das britische und das französische Kabinett ausüben mochte. Allerdings hat er, besonders im Hinblick auf das vertraglich an Prag gebundene Frankreich, die Steigerung der Wirkung rein militärischer Faktoren keineswegs vergessen. So befahl er den forcierten Ausbau des »Westwalls«, der dann im Herbst immerhin eine gewisse Abschreckungsfunktion erfüllen konnte, und Ribbentrop konstatierte am 28. Mai befriedigt, bis zum Oktober sei sowohl »die militärische Erschließung Österreichs« wie der »fortschreitende Ausbau der deutschen Befestigungen gegenüber Frankreich« so weit vollendet, daß dann Deutschland ohne Sorge vor westlicher Einmischung »die tschechische Frage mit aller Entschlossenheit und Wirksamkeit anpacken und in wenigen Tagen lösen« könne[98]. Die Taktik Hitlers bezweckte mithin die Isolierung der ČSR für einen kurzen und lokalisierten Krieg. Daß er einen solchen Krieg suchte, steht außer Zweifel: einmal brannte er auf einen siegreichen Feldzug; zweitens sollte seine »junge Wehrmacht«, wie er auch Henlein erklärte, Gelegenheit zu einer »Bewährungsprobe« erhalten; und drittens erlaubte nur ein Krieg die Unterwerfung der ganzen Tschechoslowakei. In seiner Planung ist weder eine friedliche Beilegung der von ihm inszenierten Krise noch eine bloße Abtretung der sudetendeutschen Gebiete je in Betracht gezogen worden. Prag und Chamberlain haben ihm dieses Konzept freilich verdorben.

Die europäischen Kabinette waren nach dem Anschluß Österreichs davon überzeugt, daß sich Hitler bald der Tschechoslowakei zuwenden und zumindest als Protektor der Sudetendeutschen auftreten werde. Zwar hatte Göring dem Berliner Gesandten der ČSR am 11. und 12. März sein Ehrenwort gegeben, daß die ČSR weder jetzt noch später etwas zu befürchten habe, doch machte eine solche Geste wenig Eindruck, auch wenn damals die interne Deutung kaum bekannt wurde, die Ribbentrop dem Ehrenwort am 21. März gab: der Generalfeldmarschall habe lediglich gemeint, die ČSR werde von den »ad hoc Maßnahmen« zur Besetzung Österreichs nicht berührt.[99] Schon im April traf Chamberlain Anstalten, der jetzt offensichtlich heraufziehenden Kriegsgefahr mit seiner Appeasement-Politik vorzubeugen, die nun ihre Brauchbarkeit zu erweisen hatte. Nachdem Außenminister Lord Halifax am 24. März einen Vorschlag Moskaus kühl abgelehnt hatte, kollektive Schritte gegen weitere Aggressionen einzuleiten, nachdem Chamberlain am gleichen Tag im Unterhaus eine Rede gehalten hatte, die einerseits ein britisches Eingreifen in einen Konflikt zwischen Prag und Berlin als unwahrscheinlich hinstellte, um die ČSR zu einer nachgiebigen Haltung zu bewegen, andererseits aber eine Intervention Londons als immerhin möglich bezeichnete, um Hitler vor unüberlegten Aktionen zu warnen, konferierten die beiden britischen Politiker am 28. und 29. April in London mit ihren seit dem 10. April amtierenden französischen Kollegen, Ministerpräsident Edouard Daladier und Außenminister Georges Bonnet: Chamberlain machte klar, daß er einen Krieg wegen der ČSR um fast jeden Preis vermeiden wolle, wobei er alle seine Gründe, vom Wert des Friedens bis zur mangelhaften Rüstung der Westmächte, ausführlich darlegte und mit einer gewissen Befriedigung wiederholt unterstrich, daß der Tschechoslowakei ohnehin nicht geholfen werden könne, nachdem die militärische Lage des Landes durch den Anschluß Österreichs hoffnungslos geworden sei. Als Konsequenz seines Plädoyers ergab sich, daß die Westmächte Prag zwingen müßten, die deutschen Forderungen zu akzeptieren, und er ließ kaum einen Zweifel, daß er unter die solchermaßen zu erfüllenden deutschen Ansprüche selbst die Abtretung der Sudetengebiete rechnen werde.

Die französischen Gäste des Premiers befanden sich in einer sehr viel schwierigeren Lage. Sie konnten nicht einfach ignorieren, daß Frankreich durch eine Allianz mit der ČSR verbunden war, wenn sie nicht zugleich Frankreichs Großmachtstatus preisgeben und die Vertretung französischer Interessen freiwillig auf Westeuropa beschränken wollten. Daher hat sich namentlich Daladier zunächst zu energischem Widerspruch verpflichtet gefühlt, düstere Prognosen hinsichtlich der künftigen Pläne Hitlers gestellt und eine feste protschechische Politik der Westmächte verlangt. Im Laufe der Unterredungen zeigten jedoch Daladier und vor allem Bonnet ein bemerkenswertes Verständnis für die Argumente Chamberlains. Offensichtlich neigten beide im Grunde ebenfalls zu einer friedlichen Politik, da sie, nachdem die künstlichen Stützen der europäischen Position Frankreichs zerbrochen waren, die Integrität der ČSR nur schützen und den französischen Großmachtstatus nur behaupten konnten, wenn sie das Risiko eines neuen blutigen Krieges eingingen, und weder der eine noch der andere Zweck schien ihnen, so erstrebenswert sie jeden fanden, eine Wiederholung von Verdun zu rechtfertigen. Auch war die innenpolitische Basis des Kabinetts Daladier nicht sehr stabil, und eine klare Entscheidung hätte vermutlich eine Regierungskrise verursacht, die sich angesichts des Gewichts der Entscheidung leicht zu einer schweren Erschütterung der inneren Struktur Frankreichs entwickeln mochte. So verrieten Daladier und Bonnet bald ihre Bereitschaft, das osteuropäische Engagement Frankreichs zu lösen und endgültig den Rückzug auf die Maginot-Linie – praktisch also auf die bloße Verteidigung der politischen Existenz Frankreichs – anzutreten, sofern sie ihr Gesicht einigermaßen wahren, d. h. den eigenen Rückzug der britischen Passivität zuschreiben und den notwendigen westlichen Druck auf Prag in erster Linie London überlassen durften. In privaten Gesprächen hat Daladier mehrmals gesagt, daß er sich einen solchen Ausweg aus dem französischen Dilemma wünsche, und ohne sich die Voraussetzung der Chamberlainschen Politik völlig zu eigen zu machen, nämlich die Vorstellung, daß es Hitler lediglich um die Korrektur von Versailles und um die Schaffung Großdeutschlands gehe, erklärte der französische Regierungschef in den offiziellen Besprechungen mit dem britischen Premier, daß er mit einem Kurs einverstanden sei, der sich an jener Voraussetzung orientiere.

Darauf gestützt, begann Chamberlain in Prag mit starken Pressionen zu arbeiten, und im Juli schickte er sogar den früheren Handelsminister Lord Walter Runciman in die ČSR, der dort an einem Ausgleich zwischen den Sudetendeutschen und Prag mitwirken oder aber dem Premier das Material zur Begründung einer drastischeren Lösung liefern sollte. Für derartige Versuche standen Chamberlain deshalb einige Monate zur Verfügung, weil Hitler eine gewisse Zeit, solange die SdP den innenpolitischen Konflikt in der ČSR erst schürte, an der Fiktion festhalten mußte, daß bei gutem Willen der Tschechen eine Einigung zwischen Prag und den Sudetendeutschen möglich und der Konflikt bis zum Beweis des Gegenteils eine innere Angelegenheit der ČSR sei. Während die Spannung in der Tschechoslowakei ständig stieg, hat die europäische Diplomatie vom Frühjahr bis zum Sommer 1938 ihrem offiziellen Verhalten ebenfalls jene Fiktion zugrunde gelegt. Nur einmal war die tatsächliche Lage sichtbar und die allgemeine Nervosität spürbar geworden, als die Prager Regierung am 20. Mai – auf Grund vager Meldungen über deutsche Truppenkonzentrationen an der tschechischen Grenze und vermutlich zur Provozierung protschechischer Gesten der Westmächte – eine Teilmobilmachung anordnete und die Botschafter der Westmächte Hitler in der Tat vor den Folgen eines Überfalls auf die ČSR warnten. Die Meldungen waren falsch, Berlin dementierte entrüstet, und die Aufregung legte sich wieder. Freilich verbreiteten manche Zeitungen die Version, Hitler sei vor dem festen Auftreten seiner Gegner zurückgewichen, und es ist nicht ausgeschlossen, daß ihm der Ärger über solche Berichte seinen Entschluß, die ČSR noch 1938 anzugreifen, erleichtert hat.

Chamberlains Politik war gewiß unrealistisch; seine britischen Kritiker und anfänglich auch Daladier urteilten durchaus richtig, wenn sie meinten, Hitler könne nicht durch die Befriedigung des deutschen Revisionismus saturiert werden. Doch zeigte sich schon jetzt, daß die Haltung des britischen Premiers den großen – und später dann unschätzbaren – Vorzug besaß, Hitlers wahre Absichten evident zu machen. Zunächst wurde dem »Führer« sein Interventionsgrund genommen. Hitler sah bereits den Augenblick zum Eingreifen näher rücken und suchte zur Internationalisierung seiner Aktion abermals die Ungarn gegen Prag zu animieren. Wer mittafeln wolle, müsse allerdings auch mitkochen, sagte er am 23. August zum ungarischen Staatschef v. Horthy[100], mußte aber erkennen, daß Ungarn und ebenso Polen – im Hinblick auf Teschen – wahrscheinlich im Schatten eines erfolgreichen deutschen Angriffs handeln würden, jedoch zuviel Respekt vor den Westmächten und ihren eigenen Gegnern – Jugoslawien bzw. Rußland – hatten, um sich in die vorderste politische Front einzureihen. Da begann der britisch-französische Druck in Prag zu wirken, und am 7. September legte die tschechoslowakische Regierung den sog. »Vierten Plan« vor, der praktisch alle Forderungen annahm, die Henlein gestellt hatte und vernünftigerweise stellen konnte, sofern er, wie bislang behauptet, an einem Ausgleich interessiert war, der die Grenzen der ČSR intakt ließ. Von tschechischer Intransigenz konnte nun – außer in der deutschen Presse – keine Rede mehr sein, und die innenpolitische Krise der ČSR hätte eigentlich ihr Ende finden müssen. Das zwang Hitler und die SdP, ihre Taktik zu ändern und einige weitere Karten aufzudecken. Während die SdP den »Vierten Plan« mit den fadenscheinigsten Argumenten kritisierte und die Flucht in aufstandsähnliche Aktionen antrat, die doch noch eine »unerträgliche« Situation schaffen und der deutschen Presse eine Kampagne gegen »tschechischen Terror« ermöglichen sollten, entschied sich Hitler für eine Improvisation, die ihm der einzige Ausweg zum Kriege zu sein schien: am 12. September verlangte er selbst in öffentlicher Rede – auf dem Nürnberger Parteitag – das Selbstbestimmungsrecht für die Sudetendeutschen und damit die Abtretung der Sudetengebiete, nicht ohne – unter empörter Berufung auf den »tschechischen Terror« – mit dem baldigen militärischen Angriff zu drohen. Wenn die Westmächte, wie er nach ihrem bisherigen Verhalten unterstellen zu dürfen glaubte, sein Verlangen akzeptierten oder doch mit Verständnis aufnahmen, Prag hingegen, wie er hoffte, ablehnend reagierte, so hatte er die ČSR doch noch isoliert und in die richtige Position für den tödlichen Stoß manövriert.

Indes beruhte dieses Kalkül Hitlers auf der irrigen Annahme, Frankreich werde, sofern sich London für die Befriedigung des deutschen Anspruchs erkläre, die Allianz mit der ČSR völlig zu ignorieren und eine störrische Prager Regierung einfach ihrem Schicksal zu überlassen haben. In Paris konstatierte jedoch Daladier bestürzt, aber bestimmt, daß Frankreich wohl oder übel fechten müsse, wenn Deutschland angreife, und in London kam Chamberlain zu dem Schluß, daß in einem solchen Falle, für den auch er die Pariser Reaktion als automatisch ansah, England wohl oder übel Frankreich zu Hilfe kommen müsse. So erregte Hitlers Rede bei den westlichen Staatsmännern zwar Entsetzen, doch führte ihre Abneigung gegen einen Krieg um die ČSR keineswegs zu einem Disengagement, sondern im Gegenteil zu einer fieberhaften Aktivität, die eine friedliche Erfüllung auch der neuen deutschen Forderung erreichen und damit den Angriff der deutschen Armeen überflüssig machen sollte. Um eine Lösung des Konflikts einzuleiten, zu der er ohnehin seit langem bereit war, entschloß sich Chamberlain zu einem »ungewöhnlichen und kühnen Mittel«[101]. Am 14. September ließ er Hitler mitteilen, daß er mit dem Flugzeug nach Deutschland kommen und den »Führer« zu einer persönlichen Aussprache treffen wolle. Offensichtlich verfolgte er mit einer so auffallenden Geste nicht allein den Zweck, Hitler von einem plötzlichen Überfall abzuhalten, der den Krieg auslösen mußte; vielmehr sollte wohl den bitteren Ratschlägen, die er nach der Unterredung Prag ohne Zweifel zu geben hatte, größeres Gewicht verliehen werden. Am 15. September kam Chamberlain nach Berchtesgaden. Hitler tobte über den Terror der »minderwertigen Tschechen«, forderte den Anschluß der Sudetengebiete und erklärte dem britischen Premier, die Sudetenfrage sei das letzte größere Problem, das er zu lösen habe, doch werde er bei der Lösung auch einen Krieg nicht scheuen. Während sich Hitler anschließend vor Ribbentrop und Ernst v. Weizsäcker, dem Staatssekretär im Auswärtigen Amt, brüstete, wie erfolgreich er Chamberlain eingeschüchtert habe und daß nun der Weg zum lokalisierten Krieg gegen Prag frei sei, hatte der Premierminister den Eindruck gewonnen, daß Hitler zwar ein erregbarer Mann sei, aber ein Mann, auf dessen Wort man sich verlassen könne, und am 18. September schlug er, wieder in London, Daladier und Bonnet eine gemeinsame britisch-französische Aufforderung an Prag vor, Territorien mit mehr als 50 Prozent deutscher Bevölkerung an Deutschland abzutreten. Die französische Regierung stimmte zu, nachdem anfänglich Daladier abermals für eine feste Politik plädiert hatte, andererseits Bonnet und Chautemps im Ministerrat sogar eine Warnung an Prag verlangt hatten, daß Frankreich bei einer Ablehnung des britisch-französischen Rats seine Bündnispflicht nicht erfüllen würde. Am 19. September überreichten der britische und der französische Gesandte in Prag die Empfehlungen ihrer Kabinette, ohne jene Warnung, vielmehr mit dem Zusatz, daß England bereit sei, »einer internationalen Garantie der neuen Grenzen gegen eine nichtprovozierte Aggression beizutreten«[102]. Als die tschechoslowakische Regierung am Abend des 20. September zunächst tatsächlich ablehnte, sahen sich London und Paris aber doch noch zu einer ganz klaren Sprache genötigt. Morgens um 2 Uhr erschienen die beiden Gesandten am 21. September erneut bei Staatspräsident Benesch und machten ihn darauf aufmerksam, daß die

ČSR keine Hilfe zu erwarten habe, falls sie ihre Haltung nicht ändere. Nach einem Bericht des damaligen sowjetischen Gesandten in Prag zu schließen, erwog Benesch vorübergehend einen isolierten tschechischen Widerstand, doch wurde der Gedanke rasch aufgegeben, da nicht die geringste Aussicht auf militärische oder politische Erfolge bestand. Die Sowjetunion erklärte freilich, daß sie gewillt sei, ihren Bündnisverpflichtungen nachzukommen; aber für Moskau war der Casus foederis ja erst gegeben, wenn Frankreich intervenierte, und so kam der Erklärung des Kreml – in Moskau war die französische Haltung kein Geheimnis – mehr propagandistische als politische Bedeutung zu. Der tschechoslowakischen Regierung blieb nichts anderes übrig, als – viereinhalb Stunden nach der zweiten westlichen Démarche – in die Abtretung der Sudetengebiete einzuwilligen.

Für Hitler war es eine böse Enttäuschung, daß ihm abermals ein Kriegsgrund aus der Hand gewunden wurde. Schon am 20. September hatte er wieder die Ungarn anzutreiben versucht, da, wie er zum ungarischen Ministerpräsidenten sagte, die einzig befriedigende Lösung ein militärisches Vorgehen sei, aber die Gefahr bestände, daß die Tschechen alles annehmen[103]. Die taktische Wendung, auf die er jetzt verfiel, verriet bereits Anzeichen einer gelinden. Verzweiflung. Als Chamberlain am 22. September in Godesberg eintraf, um Hitler befriedigt über den Erfolg des britisch-französischen Drucks auf Prag zu informieren, fand er zu seiner Konsternierung einen »Führer« vor, der ihm bedeutete, daß die Annahme des Resultats der Berchtesgadener Gespräche unwichtig geworden sei. Vielmehr müsse sich Prag mit einer sofortigen Grenzziehung und mit der sofortigen Besetzung der an Deutschland fallenden Gebiete – bis zum 28. September – einverstanden erklären, und in gleicher Weise seien die Ansprüche Ungarns und Polens zu erfüllen. Geschehe das nicht, so werde Deutschland angreifen und statt der ethnischen eine strategische Grenze erzwingen. Obwohl Chamberlain darauf hinwies, daß die gesetzten Fristen einfach zu kurz seien, und obwohl er beschwörend mahnte, daß man doch wegen einer bloßen Verfahrensfrage keinen Krieg führen könne, beharrte Hitler auf seinen Forderungen – nur eine Verschiebung des Okkupationstermins auf den 1. Oktober ließ er sich abringen –, und Chamberlain reiste verbittert und verzweifelt wieder ab.

Jetzt schien der Krieg in der Tat sicher zu sein. Allerdings nicht ein lokalisierter deutsch-tschechoslowakischer Krieg. Die Westmächte waren nicht gesonnen, auch einen deutschen Überfall auf eine so offensichtlich zu äußersten Konzessionen bereite ČSR einfach hinzunehmen. Frankreich begann die Mobilmachung einzuleiten, und als Daladier und Bonnet am 25. September wieder nach London kamen, legten sie sich mit Chamberlain und Lord Halifax darauf fest, diesmal Widerstand zu leisten. Am 26. September veröffentlichte Lord Halifax die offizielle Mitteilung, daß Frankreich der ČSR gegen einen deutschen Angriff beistehen müsse und daß sowohl England wie Rußland in einem solchen Falle an der Seite Frankreichs stehen würden. Gleichzeitig machte die britische Flotte mobil, und Reservisten der Küstenverteidigung wie der Luftabwehr erhielten den Einberufungsbefehl. Auch in Deutschland selbst regte sich Opposition. Generaloberst Ludwig Beck, der Chef des Generalstabs, hatte Hitlers Kriegspolitik schon seit Monaten mit warnenden Denkschriften und mit dem Versuch zur Organisierung einer Generalsfronde bekämpft, was freilich nur mit seiner zunächst nicht öffentlich bekanntgegebenen Verabschiedung endete. Nun aber, angesichts der drohenden Kriegsgefahr, formierten sich im Heer, im Auswärtigen Amt, in der Verwaltung und in sonstigen Bereichen der führenden Schicht Widerstandsgruppen, die erstmals konkretere Pläne zum Sturz Hitlers verabredeten. Ängstliche und Vorsichtige, die Hitlers Nah- und Fernziele durchaus bejahten, jedoch sein Tempo für zu rasch und seine Methoden für zu gefährlich hielten, fanden sich mit Anhängern einer stetigeren und friedlicheren Revisionspolitik, denen ein von Deutschland angestifteter und am Ende natürlich verlorener europäischer Krieg zumindest den Abschied von allen noch nicht erfüllten revisionistischen Ansprüchen zu bedeuten schien, aber auch mit grundsätzlichen Gegnern eines Krieges und mit grundsätzlichen Gegnern des nationalsozialistischen Regimes, die den drohenden Krieg mehr als günstige Gelegenheit für einen Staatsstreich betrachteten. Die Gruppen traten mit London in Verbindung, da sie unmittelbar vor dem tatsächlichen Kriegsausbruch zu handeln gedachten und daher eine gewisse Abstimmung mit der britischen Regierung suchen zu müssen glaubten. Ihre Existenz und ihre Absichten waren sowohl Chamberlain wie dem Foreign Office bekannt.

Chamberlain zog eine Zusammenarbeit mit der deutschen Opposition freilich nie in Betracht. Obwohl am Charakter und an den Zielen Hitlers durch das Godesberger Treffen irre geworden, griff er vielmehr begierig zu, als sich ihm eine Chance bot, seine politische Konzeption doch noch zu retten. Hitler wich nämlich plötzlich etwas zurück. Bis zum 28. September hielt er, wie die zeitgenössischen Aufzeichnungen des Staatssekretärs v. Weizsäcker beweisen, am Entschluß zum Angriff fest, wenngleich ihm die Demonstrationen britisch-französischer Kriegsbereitschaft Eindruck gemacht hatten. Als er dann aber in Berlin überdies beobachten konnte, wie apathisch die trotz aller Propaganda keineswegs kriegerisch gestimmte Menge auf den Anblick marschierender Regimenter reagierte, als schließlich sogar Mussolini – der öffentlich laut seine Verbundenheit mit Deutschland bekundete, sich jedoch im Augenblick einem europäischen Krieg nicht gewachsen fühlte – um eine Verschiebung des Angriffs bat und deutlich zu verstehen gab, daß mit seiner aktiven Unterstützung nicht zu rechnen sei, da sah Hitler ein, daß ihm vorerst keine andere Wahl blieb, als auf die ganze ČSR zu verzichten und sich mit den Sudetendeutschen zu begnügen. Widerwillig erklärte er, wohl auch unter dem diesmal bremsenden Einfluß Görings, seine Einwilligung zu einer neuen Begegnung mit Chamberlain, bei der aber auch Mussolini anwesend sein müsse. Chamberlain war – was die Aktion der deutschen Opposition um ihre psychologische Voraussetzung brachte – sofort bereit, auf den deutsch-italienischen Gedanken einzugehen, und am 29. September traf er zusammen mit Daladier in München ein. Auf der Konferenz selbst präsentierte Mussolini die deutschen Forderungen, die in Berlin von Göring und Weizsäcker formuliert, von Hitler gebilligt und dem Duce durch seinen Berliner Botschafter übermittelt worden waren. Obgleich die deutsche Liste eine nur im Hinblick auf die Termine etwas gemilderte Version des Godesberger Ultimatums darstellte, schluckten Chamberlain und Daladier nun auch diese Zumutung, und so bestimmte das noch am 29. unterzeichnete Münchner Abkommen nicht allein, daß die ČSR »überwiegend deutsche« Gebiete an Deutschland abzutreten habe, sondern zugleich, daß der Einmarsch deutscher Truppen am 1. Oktober beginnen dürfe – bis zum 10. Oktober sollten alle an Deutschland fallenden Territorien besetzt sein – und daß Prag die ungarischen und polnischen Ansprüche ebenfalls zu erfüllen habe (Polen forderte Teschen am 30. September ultimativ und besetzte das Gebiet am 2. und 3. Oktober). Die tschechoslowakische Regierung wurde vor und während der Konferenz nicht mehr konsultiert, sondern nur noch über die Ergebnisse der Besprechungen informiert; sie hatte zu akzeptieren oder allein unterzugehen. Hitler empfand darüber allerdings keine Genugtuung, zumal ihm die drei anderen Regierungschefs einen Zusatz zum Abkommen aufgezwungen hatten, der die vier Mächte verpflichtete, nach der Befriedigung der ungarischen und polnischen Wünsche die neuen Grenzen der ČSR zu garantieren. Gerade auch die Haltung Mussolinis hatte ihn zu solcher Mäßigung genötigt. Daß der Duce das Godesberger Ultimatum als seinen eigenen Einfall vorlegte, hatte es Hitler schon unmöglich gemacht, seine Forderungen im Laufe der Konferenz abermals zu erhöhen und nach dem Scheitern des Treffens doch noch Krieg zu führen. Weizsäcker hat festgehalten, daß Hitler mit einer derartigen Möglichkeit spielte, und offensichtlich hatte der »Führer« nicht zuletzt deshalb auf Mussolinis Teilnahme an der Zusammenkunft mit Chamberlain und Daladier bestanden, weil er versuchen wollte, gemeinsam mit dem Duce in diesem Sinne aufzutreten; als er Mussolini in Kufstein abholte, bemühte er sich lebhaft, aber vergebens, seinen Gast für die sofortige Liquidierung der ČSR zu erwärmen. Um Krieg und totale Eroberung betrogen, unterschrieb Hitler jetzt außerdem noch ein weiteres Dokument, das ihm Chamberlain am Ende der Gespräche unterbreitete und das britisch-deutsche Konsultationen vorsah, falls künftig wieder Fragen auftauchen sollten, die beide Länder berührten. Chamberlain verließ sich namentlich auf Hitlers Signatur unter der Konsultationsvereinbarung, als er, nach London zurückgekehrt, am Abend des 30. September sagte: »Ich glaube, das ist der Frieden für unsere Zeit.« Offenbar meinte der britische Premier tatsächlich, daß Hitler nun abgefangen und mit der Konferenz von München jenes Kollegium der vier europäischen Großmächte – unter Ausschluß der Sowjetunion – begründet sei, das er sich als Ersatz des zusammengebrochenen Genfer Systems der kollektiven Sicherheit dachte.

In Berlin verstand man die Lage völlig anders. Hitler, der Glückwünsche zum unblutigen Gewinn der Sudetengebiete gelegentlich unwirsch abwehrte, sah vor allem, daß ihm das Münchner Abkommen ein nur »halberledigtes machtpolitisches und strategisches Problem«[104] hinterlassen hatte, das er, um den »geschlossenen Aufmarschraum« gegen die Sowjetunion zu schaffen, bald endgültig bereinigen zu müssen glaubte, und bereits am 21. Oktober, drei Wochen nach München, wies er die Wehrmacht an, sich so einzurichten, daß die »Rest-Tschechei jederzeit zerschlagen« werden könne.[105] Nicht weniger verdroß Hitler das Garantieversprechen, das er in München gegeben hatte. Sollten die vier Mächte tatsächlich die neuen Grenzen der ČSR gemeinsam garantieren, so gehörte Deutschland wieder einer jener multilateralen Gruppierungen an, die Konferenzen und Kompromisse bedeuteten und seine freie politische Bewegung behinderten. Auch mußte die deutsche Garantie als offizielle Zusage Hitlers ausgelegt werden, sich auf die Forderungen des deutschen Revisionismus zu beschränken und die Unabhängigkeit fremder Nationen zu respektieren. In diesem Sinne zum »Gefangenen des Volkstumsprinzips« zu werden, ging nicht an, da, wie die partei-interne Lesart nun besagte, »die Überwindung der Raumnot ... ein Übergreifen des Deutschtums über die ethnographischen Grenzen hinaus« verlangte.[106] Zwar gab Hitler auf vertragliche Bindungen gar nichts. Aber als vorübergehende Fesselung mochte die Garantie doch wirken, und schon das wollte er unter allen Umständen vermeiden. Das Hemmnis hatte zu verschwinden, und wiederum bot sich die rechtzeitige Liquidierung der ČSR als einfachste Lösung an.

Doch trieb nicht allein der Wunsch nach einer Korrektur der Münchner Niederlage zu neuer Aktivität, sondern zugleich die jetzt erreichte Machtfülle. Hitler war sich trotz seiner Enttäuschung sehr wohl bewußt, daß Deutschland mit München eine hegemoniale Position auf dem Kontinent, zumindest aber eine beherrschende Stellung in Ost- und Südosteuropa gewonnen hatte. Wenn es noch eines Beweises bedurft hätte, so brachte ihn schon der 2. November 1938, als Deutschland und Italien mit dem Wiener Schiedsspruch die ungarisch-tschechoslowakischen Streitfragen nach eigenem Gutdünken regelten und

Ungarn – keineswegs zur vollen Zufriedenheit Budapests – einige slowakische Territorien zuteilten. Innerhalb und außerhalb Deutschlands gab es Politiker und Diplomaten, die annahmen, Hitler werde nun den wirtschaftlichen und politischen Einfluß zu konsolidieren suchen, den ihm seine beherrschende Stellung verschaffte. Hitler indes, dem die Fähigkeit zu konsolidieren gänzlich abging, betrachtete den Machtzuwachs, der sich in einem Akt wie dem Wiener Schiedsspruch ausdrückte, lediglich als Sprosse einer unendlich ansteigenden Leiter. So begann er sich die Überzeugung zu suggerieren, daß der Münchner Gewinn zwar unbefriedigend gewesen sei, aber sicherlich eine genügend solide Plattform für die nächsten Schritte zur Realisierung der »raumpolitischen« Konzeption darstelle, und er begann sich zu fragen, ob er nicht bereits stark genug geworden sei, ohne Rücksicht auf die Reaktion der Westmächte nach einer weiteren Ausdehnung seines Herrschaftsbereichs zu streben. Als klassische Manifestation der Stimmung, die ihn nach München beherrschte, darf die Rede gelten, die er am 10. November 1938 vor Vertretern der deutschen Presse hielt und in der er seinen Zuhörern einhämmerte, daß es ihre Aufgabe sei, die deutsche Bevölkerung, die sich im September so wenig kriegslustig gezeigt hatte, mit kriegerischem Geist zu erfüllen: die Rede war eine einzige Absage an den Frieden, ein einziges Bekenntnis zum Krieg und zur Expansion. Weniger temperamentvoll, aber nicht weniger bezeichnend hatte sich zwei Tage zuvor sein Gefolgsmann Heinrich Himmler, der Führer seiner SS, vor den SS-Gruppenführern geäußert, als er ihnen ankündigte, daß der »Führer« in absehbarer Zukunft das »großgermanische Imperium« schaffen werde, »das größte Reich, das von dieser Menschheit errichtet wurde und das die Erde je gesehen hat«.[107] Gewiß gab es, wie im Anschluß an die Rede vom 10. November gesagt wurde, »keine festliegende Speisekarte«, deren »erste Gänge Österreich und die Tschechoslowakei waren und auf der nach festliegender Reihenfolge noch andere Gerichte stehen«. Jedoch lag »die räumliche Tendenz als solche« fest, und Hitlers Blick richtete sich sogar schon auf sein eigentliches Angriffsobjekt, auf Rußland.

So ließ er – die mit der österreichischen NSDAP und mit den Sudetendeutschen praktizierte Technik leicht variierend – eine Propagandakampagne zur Mobilisierung des ukrainischen Nationalismus anlaufen, zum anderen traf er nun ernstliche Anstalten, Polen, das vor Jahren entsprechende Andeutungen ignoriert hatte, zur Bundesgenossenschaft gegen Moskau zu zwingen. Daß Ribbentrop dem polnischen Botschafter in Berlin, Joseph Lipski, bald nach München mehrmals eine Generalbereinigung der deutsch-polnischen Beziehungen vorschlug (am 24. Oktober und am 29. November), wobei er relativ bescheidene revisionistische Wünsche (Danzig, exterritoriale Verbindungen durch den Korridor) mit der Forderung nach Polens Beitritt zum Antikominternpakt verband, daß Hitler am 5. Januar 1939 mit dem polnischen Außenminister Josef Beck im gleichen Sinne sprach, sollte die Polen, wie zutreffend gesagt worden ist (H. Booms), im Interesse deutscher Expansionspolitik mit dem Verzicht auf wesentliche Ansprüche deutscher Revisionspolitik ködern, sie andererseits aber testen, ob sie »in brauchbarem Sinne arbeiten« würden.[108] Der Test verlief vorerst negativ. Zwar gab Bonnet, als Ribbentrop im Dezember 1938 in Paris eine ähnliche Konsultationsvereinbarung abschloß, wie sie Chamberlain und Hitler in München unterschrieben hatten, praktisch zu, daß Polen jetzt zum deutschen Einflußbereich gehöre, eine Erklärung, die Warschaus Stellung erheblich schwächen mußte. Zwar stand neben den relativ bescheidenen revisionistischen Wünschen rasch die versteckte Drohung, Deutschland könne auch gegen Polen alle revisionistischen Karten ausspielen, und die Mobilisierung des ukrainischen Nationalismus ist ebenfalls alsbald als Druckmittel gegen Polen benutzt worden, das wesentlich mehr ukrainische als deutsche Bewohner zählte. Trotzdem wichen die polnischen Politiker den deutschen Angeboten aus, da sie nicht gewillt waren, sich durch den Beitritt zum Antikominternpakt mit Moskau zu verfeinden und dann in völlige Abhängigkeit von Berlin zu geraten; solange sie überhaupt noch politische Handlungsfreiheit besaßen, war die deutsche Offerte unannehmbar. Hitler dachte, als er diese Widerstände spürte, nicht gleich an die Beseitigung der staatlichen Existenz Polens. Vielmehr suchte er zunächst nach einem zusätzlichen Mittel, die störrischen Polen zur Räson zu bringen. Abermals fiel ihm die »Rest-Tschechei« ins Auge. Wenn deutsche Truppen in Böhmen und Mähren standen, wenn Deutschland die Slowakei und die Karpato-Ukraine unter straffer Kontrolle hielt, dann konnte Polen »in eine strategische Zange« genommen werden, dann mußte Warschau »unter dem Druck der Zangendrohung ... seine Außenpolitik endgültig der des Reiches koordinieren«.[109]

Nachdem Hitler zu dem doppelten Schluß gekommen war, daß den britischen, französischen und sogar italienischen Mahnungen, das Münchner Garantieversprechen einzulösen, nicht mehr lange auszuweichen sein werde, daß ferner Polen einer einschüchternden Demonstration bedürfe, entschied er Mitte Februar 1939, wie wiederum eine damalige Notiz Weizsäckers am zuverlässigsten beweist, daß die Tschechoslowakei in etwa vier Wochen »den Todesstoß« erhalten müsse.[110] Zur Provozierung einer Krise, die ihm die Besetzung Prags erlauben sollte, gedachte er diesmal den slowakischen Nationalismus zu benützen, dessen Verwendbarkeit gegen Prag er im Oktober 1938 erstmals bemerkt hatte und zu dessen Führern seither Göring, österreichische Nationalsozialisten und der SD (Nachrichtendienst der SS) enge Verbindung gehalten hatten. Am 12. Februar empfing Hitler einen der slowakischen Repräsentanten, Professor Vojtěch Tuka, und legte ihm nahe, die slowakischen Forderungen von Autonomie auf volle Selbständigkeit zu steigern. In den folgenden Wochen bemühten sich die in der Slowakei tätigen deutschen Emissäre, auch die übrigen Preßburger Politiker auf einen Separationskurs zu drängen. Zugleich beschwerten sich Hitler und die deutsche Presse immer häufiger über das »Wiederaufleben des Beneschgeistes« bei den Tschechen, was angesichts der unterwürfigen Politik Prags grotesk war, wenn man unter »Beneschgeist« den Geist der Unabhängigkeit verstand, und schließlich begann Berlin die Ungarn auf eine Aktion gegen die Karpato-Ukraine hinzulenken. In der hegemonialen Position, die er jetzt einnahm, gelang Hitler tatsächlich eine einigermaßen brauchbare Inszenierung des innenpolitischen tschechoslowakischen Konflikts und dessen Überleitung in eine internationalisierte Krise. Zwar blieb die Aufpeitschung des slowakischen Nationalismus gerade bei seinen einflußreichsten Vertretern ohne rechte Wirkung; sie hätten eine weitgehende Autonomie vorgezogen. Und Ungarn hätte sich gerne auch der Slowakei bemächtigt. Aber Hitler war nun stark genug, widerspenstigen Gehilfen seinen Willen aufzuzwingen. Als selbst ein ernstes Zerwürfnis zwischen Prag und Preßburg, das in der Nacht vom 9. zum 10. März zur Absetzung des slowakischen Kabinetts Tiso führte, keine Lossagung der Slowaken von Prag brachte, obwohl Agenten Berlins, die schon am Zerwürfnis gewichtigen Anteil gehabt hatten, große Anstrengungen unternahmen, Tiso zur Proklamierung der slowakischen Selbständigkeit und zur Anforderung deutscher Unterstützung zu veranlassen, da griff Hitler mit harter Hand ein. Am 13. März wurde Josef Tiso nach Berlin zitiert, und Hitler eröffnete ihm, daß er einen unabhängigen slowakischen Staat zu verkünden habe, wenn er nicht ungarische Truppen in Preßburg sehen wolle. Tiso fügte sich, und auf Grund seines Lageberichts proklamierte der slowakische Landtag am 14. März die slowakische Selbständigkeit. Am gleichen Tag marschierten ungarische Einheiten in die Karpato-Ukraine ein, nachdem Hitler am 13. März Ungarn den »Rat« gegeben hatte, »blitzartig« dort einzufallen, freilich auch die Weisung, die Finger von der Slowakei zu lassen. Unter Berufung auf diese Ereignisse und auf einen mit Tiso verabredeten telegrafischen Hilferuf, der in Berlin allerdings erst am 16. März eintraf – die Handhabung derartiger Appelle scheint stets überaus schwierig zu sein –, setzte Hitler am 14. März die ersten deutschen Truppen in Bewegung. Der tschechoslowakische Staatspräsident Emil Hacha und der Prager Außenminister František Chvalkovsky, die den deutschen Gesandten in Prag bereits über ihre Bereitschaft informiert hatten, einer Abtrennung der Slowakei zuzustimmen, machten jetzt einen letzten verzweifelten Versuch, durch eine Reise nach Berlin und eine Aussprache mit Hitler vielleicht noch einen Rest tschechischer Unabhängigkeit zu retten. Doch spielten sie damit Hitler nur die Möglichkeit zu, seinen Coup völkerrechtlich etwas zu bemänteln. Hacha traf Hitler am 15. März um 1.15 Uhr morgens. Drei Stunden später war der Präsident durch brutale Drohungen – z. B. mit vernichtenden Luftangriffen auf Prag – so sehr eingeschüchtert, daß er ein Schriftstück unterzeichnete, in dem es hieß, er lege »das Schicksal des tschechischen Volkes und Landes vertrauensvoll in die Hände des Führers des Deutschen Reiches«.[111] Am Vormittag des 15. besetzten deutsche Truppen Prag, und am 16. März wurde die Errichtung des »Protektorats Böhmen und Mähren« mitgeteilt. Die Slowakei stellte sich am 23. März unter den Schutz Hitlers, und Deutschland nahm das Recht in Anspruch, dort Militär zu stationieren. Am 22. März nötigte Hitler Litauen zur Herausgabe des Memelgebiets, am 23. folgte ein Wirtschaftsvertrag mit Rumänien, der Deutschlands wirtschaftliche Vorherrschaft auf dem Balkan begründen sollte.

Nachdem Hacha unterschrieben hatte, war Hitler zu seinen Sekretärinnen gelaufen, um Gratulationsküsse zu verlangen; er gehe als »der größte Deutsche« in die Geschichte ein, rief er ihnen zu.[112] In Wirklichkeit hatte er vor allem die einst von ihm selbst geforderten politischen Voraussetzungen einer weiteren Expansion in Osteuropa zerstört. Gewiß blieb Italien an seiner Seite. Zwar besaß Mussolini größere Bewegungsfreiheit, nachdem der spanische Bürgerkrieg am 28. März 1939 mit der Einnahme Madrids durch die Truppen Francos sein Ende gefunden hatte. Das italienische Engagement in Spanien hörte auf, und nun hätten die italienisch-französischen Beziehungen besser, die Bindungen Roms an Berlin schwächer werden können. Da es dem Duce aber nicht gelang, seinen Blick von zahlreichen britischen und französischen Besitzungen im Mittelmeerraum zu lösen, war es ihm unmöglich, die neue Lage auszunutzen. Er schloß sich sogar noch enger an Hitler an. Um hinter dem deutschen Diktator nicht allzu weit zurückzubleiben, ließ er im April Albanien besetzen, das praktisch annektiert wurde, und im Mai unterzeichnete er ein Militärbündnis mit Deutschland, den sogenannten »Stahlpakt«: zweifellos ein politischer Gewinn für Hitler, wenngleich Italiens Bereitschaft für einen europäischen Krieg nach wie vor mehr als fraglich war.

In England und Frankreich vollzog sich jedoch jetzt eine entscheidende Wandlung. Die Appeasement-Politik, schon zur Zeit Münchens heftig umstritten, erschien nach der Okkupation Prags als hoffnungslos diskreditiert. Sie hatte ja auf der Annahme basiert, daß Hitler nur bestimmte Ansprüche des deutschen Revisionismus vertrete und daher zu saturieren sei. Mit der Unterwerfung der Tschechen war diese Annahme hinfällig geworden, und so setzte sich nun die Ansicht durch, Hitler strebe, wenn man ihm nicht den Weg verlege, tatsächlich nach der Herrschaft über Osteuropa und dann über ganz Europa. Bereits am 17. März fragte Chamberlain in Birmingham: »Ist dies der letzte Angriff auf einen kleinen Staat, oder sollen ihm noch weitere folgen? Ist dies sogar ein Schritt in der Richtung auf den Versuch, die Welt durch Gewalt zu beherrschen?«[113] Und Lord Halifax sagte am 20. März im Oberhaus: »Jedes Land, das an Deutschland angrenzt, ist jetzt in Unsicherheit über seine Zukunft.«[114] Die Appeasement-Politik war sicherlich nicht in dem Sinne tot, daß Chamberlain auf sein Viermächte-Kollegium verzichtet hätte oder bei neuen deutschen Wünschen nicht mehr zur Vermittlung bereit gewesen wäre. In den folgenden Monaten sollte er seinen Willen, an diesen beiden Charakteristika seiner Politik festzuhalten, wieder und wieder beweisen. Die Appeasement-Politik war aber in dem Sinne tot, daß Großbritannien auf Nachbarn Deutschlands keinen Druck mehr ausüben wollte, deutsche Forderungen zu erfüllen, daß London vielmehr entschlossen war, den kleinen und mittleren Staaten Europas in einer Form den Rücken zu stärken, die Hitler zur Einhaltung der in der zivilisierten Welt üblichen Verhandlungsregeln nötigen mußte. Vor allem stand fest, daß jede weitere gewaltsame Grenzüberschreitung Krieg bedeutete. Frankreich schloß sich der britischen Auffassung an, zumal die französischen Politiker stets betont hatten, für ihre passive Hinnahme der Politik Hitlers sei allein die britische Passivität verantwortlich. Um Hitler und seinen potentiellen Opfern die Änderung der westlichen Haltung eindringlich vor Augen zu führen, unternahmen Chamberlain und Lord Halifax einen ungewöhnlichen Schritt, der noch vor wenigen Jahren unvorstellbar gewesen wäre. Nachdem zunächst der Versuch, eine englisch-französisch-polnisch-sowjetische Garantieerklärung an alle europäischen Staaten zustande zu bringen, gescheitert war, weil Polen nach wie vor eine Zusammenarbeit mit Moskau scheute – jetzt auch, um Hitler nicht unnötig zu reizen –, gab England Ende März Polen eine bedingungslose Garantie, und Frankreich erneuerte seine alte Allianz mit Warschau, indem es sich mit der britischen Garantie solidarisch erklärte. Im April garantierte London auch noch Rumänien und Griechenland.

Hitler indes, jetzt vom Gefühl der Unangreifbarkeit beherrscht und daher mehr denn je zur Unterschätzung von Risiken geneigt, hat die Veränderung der Lage kaum wahrgenommen und nicht an den Ernst der britisch-französischen Demonstrationen zu glauben vermocht. Vielmehr fand er es unbegreiflich, daß die polnische Regierung, obwohl sie sich nach dem Prager Coup der »Zangendrohung« ausgesetzt sah, keine Miene machte, schleunigst in ein Satellitenverhältnis zu Deutschland zu treten. Am 21. März sagte Ribbentrop zum polnischen Botschafter in Berlin, der »Führer« sei über die polnische Haltung »in zunehmendem Maße verwundert«; er dürfe nicht den Eindruck erhalten, »daß Polen einfach nicht wolle«.[115] Doch waren die Warschauer Politiker – vom Umschwung der britischen und französischen Stimmung wie von der Verhärtung der Londoner und Pariser Außenpolitik ermutigt – nach Prag erst recht nicht gewillt, abhängige Komplicen Hitlers zu werden oder in Verhandlungen mit dem Diktator die Rolle

Schuschniggs und der tschechischen Kollegen zu spielen. Am 26. März mußte der polnische Botschafter Ribbentrop eine Antwort seines Außenministers übermitteln, die in der Tat bewies, daß Polen einfach nicht wollte, und Ribbentrop konstatierte nun, daß sich die Beziehungen der beiden Länder »daher stark abschüssig«[116] entwickelten. Polen hatte den Test nicht bestanden, und so lautete der partei-interne Kommentar schon Ende März, daß »jetzt der Kompaß auf Polen zeige« und daß »auch dieser Staat den Todeskeim in sich trage«.[117] »Entweder Ostpolitik gemeinsam mit Polen, oder Ostpolitik nach völliger Unterwerfung Polens«[118], hatte Hitler erklärt, und im Bewußtsein fast unbegrenzter Machtfülle entschied er sich nun, als er die Zähigkeit des Warschauer Widerstrebens spürte, ohne weiteres für die zweite Alternative. Die britischen Garantien beantwortete er am 28. April mit der Kündigung des deutsch-polnischen Nichtangriffsvertrags von 1934 und des deutsch-britischen Flottenabkommens von 1935. Bereits am 25. März hatte er den Beginn der militärischen Planung befohlen und am 3. April die Wehrmacht angewiesen, den Feldzug gegen Polen bis zum 1. September 1939 vorzubereiten. So steuerte er wenige Wochen nach der Besetzung Prags in eine neue Krise, die ihn angesichts der von ihm selbst bewirkten Wandlung des politischen Klimas unweigerlich in einen großen europäischen Krieg verwickeln mußte, und zwar in einen Krieg, der sich nicht erst, wie der 1914 ausgebrochene, in einen deutschen Hegemonialkrieg zu verwandeln brauchte, sondern mit dem ersten Schuß allein zur Ausbreitung der Herrschaft Hitlers und des nationalsozialistischen Deutschland geführt wurde – zwanzig Jahre nach dem Ausruf Lloyd Georges, nun hätten alle Kriege ein Ende gefunden.

Anmerkungen

I. Teil. Kollektive Friedensordnung oder traditionelle Machtpolitik (1919–1929)

[1] A. J. P. Taylor, English History 1914–1945, S. 114.
[2] E. H. Carr, The Twenty Years Crisis 1919–1939, S. 37.
[3] S. F. Bemis, A Diplomatic History of the United States, S. 626.
[4] Davis, The Soviets at Geneva, S. 16 f.
[5] F. P. Walters, A History of the League of Nations, S. 13.
[6] a. a. O., S. 17.
[7] W. Wilson, Public Papers, Bd. III (1), S. 226 f.
[8] F. P. Walters, A History of the League of Nations, S. 20.
[9] D. H. Miller, The Drafting of the Covenant, Bd. II, S. 563.
[10] Lord Curzon zitierte aus dem Gedicht ›Hellas‹ von Percy Bysshe Shelley.
[11] Sumner Welles, The Time for Decision, S. 3 ff.
[12] Th. A. Bailey, A Diplomatic History of the American People, S. 616.
[13] a. a. O., S. 615.
[14] a. a. O.
[15] a. a. O., S. 616.
[16] a. a. O.
[17] a. a. O., S. 624.
[18] K. H. Ruffmann, Sowjetrußland. Struktur und Entfaltung einer Weltmacht, S. 189.
[19] a. a. O., S. 185.
[20] a. a. O., S. 209.
[21] a. a. O., S. 199.
[22] G. F. Kennan, Sowjetische Außenpolitik unter Lenin und Stalin, S. 106.
[23] A. Eden, Earl of Avon, Angesichts der Diktatoren, S. 61.
[24] Viscont d'Abernon, Memoiren, Bd. I, S. 84.
[25] O. Spengler, Briefe 1913–1936, S. 123.
[26] E. Fraenkel, Das deutsche Wilsonbild, Jahrbuch für Amerikastudien, Bd. 5, S. 77.
[27] O. Spengler, Briefe, S. 97.
[28] H. Oncken, Nation und Geschichte, S. 510 ff.
[29] F. Fischer, Deutsche Kriegsziele, Historische Zeitschrift, Bd. 188, S. 270
[30] Diplomaticus, Woodrow Wilson. Deutsche Rundschau, Bd. 198, S. 225 ff.
[31] H. Schlange-Schöningen, Führer und Völker, S. 128 f.
[32] Verhandlungen des Reichstages, Bd. 307, S. 1535.
[33] H. Oncken, Nation und Geschichte, S. 92.
[34] Wörterbuch des Völkerrechts und der Diplomatie, Bd. 3, 1929, S. 529.
[35] L. L. Gerson, Woodrow Wilson and the Rebirth of Poland 1914–1920, S. 27 f.
[36] H. Graf Kessler, Tagebücher 1918–1937, S. 105.
[37] a. a. O., S. 154.
[38] K. Riezler, Die Erforderlichkeit des Unmöglichen, S. 227 f.
[39] A. v. Tirpitz, Politische Dokumente, S. 5.
[40] F. Meinecke, Weltbürgertum und Nationalstaat, S. 88.
[41] F. Meinecke, Radowitz und die deutsche Revolution, S. 417.
[42] Verhandlungen des Reichstages, Bd. 309, S. 2469.
[43] Die Hilfe, Nr. 36, 1917, S. 562.
[44] E. Meyer, Die Vereinigten Staaten von Amerika, S. 288 f.
[45] D. Schäfer, Wilson und der Friede, Die Grenzboten, 79. Jg., 4. Quartal, S. 61.
[46] R. Fester, Der amerikanische Kreuzzug und seine Weltwirkung, Deutsche Rundschau, Bd. 177, S. 2.
[47] R. Fester, Verantwortlichkeiten Wilson und House, Deutsche Rundschau, 1926, 3. Quartal, S. 227.
[48] D. Schäfer, Wilson und der Friede, S. 57.
[49] F. Schönemann, Woodrow Wilson, Politisches Handwörterbuch, Bd. 2, S. 981 ff.
[50] H. A. Turner, Stresemann and the Politics of the Weimar Republic, S. 16.
[51] E. Fraenkel, Das deutsche Wilsonbild, Jahrbuch für Amerikastudien, Bd. 5, S. 84.

[52] F. Meinecke, Ausgewählter Briefwechsel, S. 439.

[53] W. Besson, Friedrich Meinecke und die Weimarer Republik, VfZ, 1959, 2, S. 122.

[54] H. Delbrück, Waffenstillstand und Friede, Preußische Jahrbücher, Bd. 175, 1919, S. 424.

[55] H. Graf Kessler, Tagebücher 1918–1933, S. 77.

[56] F. L. Carsten, Reichswehr und Politik 1918–1933, S. 77.

[57] a. a. O.

[58] a. a. O., S. 79 f.

[59] H. A. Turner, Stresemann and the Politics of the Weimar Republic, S. 37.

[60] O. Spengler, Briefe 1913–1936, S. 113.

[61] W. Conze, Deutschlands weltpolitische Sonderstellung in den zwanziger Jahren, VfZ, 1961, 2, S. 166.

[62] O. Spengler, Briefe 1913–1936, S. 130.

[63] H. Oncken, Nation und Geschichte, S. 9.

[64] L. Dehio, Deutschland und die Epoche der Weltkriege, Historische Zeitschrift, Bd. 173.

[65] H. Graf Kessler, Tagebücher 1918–1937, S. 89.

[66] W. Besson, Friedrich Meinecke und die Weimarer Republik, VfZ, 1959, 2, S. 122.

[67] H. Graf Kessler, Tagebücher 1918–1937, S. 132.

[68] Viscount d'Abernon, Memoiren, Bd. I, S. 308.

[69] P. Renouvin, Die Kriegsziele der französischen Regierung 1914–1918, GWU, 17, 1966.

[70] G. Suarez, Aristide Briand, Bd. 4, S. 128 ff.

[71] a. a. O., S. 134.

[72] D. Lloyd George, The Truth about the Peace Treaties, Bd. I, S. 404 ff.

[73] F. P. Walters, A History of the League of Nations, S. 88.

[74] D. Lloyd George, The Truth about the Peace Treaties, Bd. I, S. 404 ff.

[75] H. Nicolson, Nachkriegsdiplomatie, S. 227.

[76] Viscount d'Abernon, Memoiren, Bd. I, S. 133.

[77] a. a. O., S. 177.

[78] Papers relating to the Foreign Relations of the United Staates: the Paris Peace Conference 1919, Bd. XI, S. 623.

[79] Th. A. Bailey, A Diplomatic History of the American People, S. 661.

[80] H. Nicolson, Nachkriegsdiplomatie, S. 190 ff.

[81] K. v. Strantz, Unser völkisches Kriegsziel, S. 260.

[82] Viscount d'Abernon, Memoiren, Bd. I, S. 146.

[83] a. a. O., S. 159.

[84] K. D. Erdmann, Deutschland, Rapallo und der Westen, VfZ, 1963, 2, S. 107.

[85] Viscount d'Abernon, Memoiren, Bd. I, S. 153.

[86] a. a. O., S. 80.

[87] C. Bergmann, Der Weg der Reparation, S. 147.

[88] Documents relatifs aux négociations concernant les garanties de sécurité contre une agression de l'Allemagne, 10 janvier 1919–7 décembre 1923. Französisches Gelbbuch von 1924, Nr. 18.

[89] British State Papers, Papers respecting Negotiations for an Anglo-French Pact, Nr. 33.

[90] Th. A. Bailey, A Diplomatic History of the American People, S. 641.

[91] a. a. O., S. 640.

[92] a. a. O., S. 644.

[93] a. a. O., S. 642 f.

[94] Französisches Gelbbuch von 1924, Nr. 22.

[95] K. D. Erdmann, Deutschland, Rapallo und der Westen, VfZ, 1963, 2, S. 111.

[96] H. Nicolson, Nachkriegsdiplomatie, S. 239.

[97] K. D. Erdmann, Deutschland, Rapallo und der Westen, VfZ, 1963, 2, S. 107.

[98] Sten. Berichte des Reichstags, Bd. 354, S. 6647.

[99] Th. Schieder, Die Entstehungsgeschichte des Rapallo-Vertrages, Historische Zeitschrift, Bd. 204, 3, S. 567.

[100] a. a. O.

[101] Viscount d'Abernon, Memoiren, Bd. I, S. 286.

[102] Sten. Berichte des Reichstags, Bd. 354, S. 6655.

[103] K. D. Erdmann, Deutschland, Rapallo und der Westen, VfZ, 1963, 2, S. 115.

[104] Th. Schieder, Die Entstehungsgeschichte des Rapallo-Vertrages, Historische Zeitschrift, Bd. 204, 3, S. 573.

[105] a. a. O., S. 576.

[106] a. a. O., S. 581.

[107] F. L. Carsten, Reichswehr und Politik 1918–1933, S. 146.
[108] a. a. O., S. 145.
[109] Viscount d'Abernon, Memoiren, Bd. I, S. 339, 345.
[110] H. Graf Kessler, Tagebücher 1918–1937, S. 307.
[111] Viscount d'Abernon, Memoiren, Bd. I, S. 299.
[112] F. L. Carsten, Reichswehr und Politik 1918–1933, S. 144 f.
[113] H. Graf Kessler, Tagebücher 1918–1937, S. 606.
[114] Viscount d'Abernon, Memoiren, Bd. II, S. 65 f.
[115] F. P. Walters, A History of the League of Nations, S. 204.
[116] Viscount d'Abernon, Memoiren, Bd. II, S. 76.
[117] a. a. O., S. 114.
[118] Schulthess' Europäischer Geschichtskalender, 1922, S. 144.
[119] Viscount d'Abernon, Memoiren, Bd. II, S. 184.
[120] H. Nicolson, Nachkriegsdiplomatie, S. 358.
[121] Schulthess' Europäischer Geschichtskalender, 1923, S. 268.
[122] a. a. O., S. 407.
[123] a. a. O., S. 408 f.
[124] O. Spengler, Briefe 1913–1936, S. 241 f.
[125] a. a. O., S. 247 f.
[126] Viscount d'Abernon, Memoiren, Bd. II, S. 253.
[127] a. a. O., S. 264.
[128] a. a. O., S. 276.
[129] Schulthess' Europäischer Geschichtskalender, 1923, S. 415.
[130] E. Weill-Raynal, Les Réparations Allemandes et la France, Bd. II, S. 418 ff.
[131] H. Nicolson, Nachkriegsdiplomatie, S. 355.
[132] Schulthess' Europäischer Geschichtskalender, 1923, S. 282.
[133] H. Nicolson, Nachkriegsdiplomatie, S. 267.
[134] K. D. Erdmann, Adenauer in der Rheinlandpolitik nach dem Ersten Weltkrieg, S. 74
[135] a. a. O., S. 75.
[136] Schulthess' Europäischer Geschichtskalender, 1923, S. 287.
[137] H. Nicolson, Nachkriegsdiplomatie, S. 363.
[138] Hj. Schacht, 76 Jahre meines Lebens, S. 243 ff.
[139] Viscount d'Abernon, Memoiren, Bd. III, S. 70.
[140] H. Heiber, Die Republik von Weimar, S. 159.
[141] Viscount d'Abernon, Memoiren, Bd. III, S. 82 f.
[142] H. Meier-Welcker, Seeckt, S. 475.
[143] a. a. O.
[144] Schulthess' Europäischer Geschichtskalender, 1925, S. 438.
[145] a. a. O., S. 444.
[146] H. A. Turner, Stresemann and the Politics of the Weimar Republic, S. 257.
[147] R. A. C. Parker, Das zwanzigste Jahrhundert, S. 89.
[148] Schulthess' Europäischer Geschichtskalender, 1926, S. 87.
[149] Akten zur Deutschen Auswärtigen Politik (ADAP), Serie B, Bd. II, 1, Nr. 150.
[150] a. a. O.
[151] a. a. O., Nr. 24.
[152] a. a. O., Nr. 75.
[153] a. a. O., Nr. 76.
[154] a. a. O., Nr. 84.
[155] ADAP, Serie B, Bd. I, 1, Nr. 26.
[156] a. a. O., Nr. 144.
[157] a. a. O.
[158] H. A. Turner, Stresemann and the Politics of the Weimar Republik, S. 214.
[159] E. di Nolfo, Mussolini e la politica estera italiana 1919–1933, S. 134 ff.
[160] Sir C. Petrie, Life and Letters of the Rt. Hon. Sir Austen Chamberlain, Bd. 2, S. 259.

II. Teil. Die Vorgeschichte des Zweiten Weltkrieges (1930–1939)

[1] Schulthess' Europäischer Geschichtskalender, 1930, S. 188 f.
[2] H. Nicolson, Diaries and Letters 1930–1939, S. 61.

[3] W. J. Helbich, Die Reparationen in der Ära Brüning, S. 37.
[4] a. a. O., S. 35.
[5] a. a. O., S. 56 f.
[6] a. a. O., S. 57.
[7] a. a. O., S. 36.
[8] a. a. O., S. 50.
[9] a. a. O., S. 76.
[10] a. a. O.
[11] a. a. O., S. 57.
[12] a. a. O., S. 38.
[13] Schulthess' Europäischer Geschichtskalender, 1931, S. 121.
[14] W. J. Helbich, Die Reparationen in der Ära Brüning, S. 66.
[15] a. a. O.
[16] Schulthess' Europäischer Geschichtskalender, 1931, S. 513.
[17] a. a. O., S. 529 f.
[18] Schulthess' Europäischer Geschichtskalender, 1932, S. 415.
[19] Th. A. Bailey, A Diplomatic History of the American People, S. 669.
[20] Documents Diplomatiques Français (DDF), 1. Serie, Bd. I, S. 440.
[21] Schulthess' Europäischer Geschichtskalender, 1932, S. 482.
[22] A. Hitler, Mein Kampf, u. a. S. 69, 383, 421.
[23] Hitlers Zweites Buch. Ein Dokument aus dem Jahre 1928, S. 162.
[24] a. a. O., S. 69.
[25] a. a. O., S. 77.
[26] W. Treue, Hitlers Denkschrift zum Vierjahresplan, VfZ, 1955, 3, S. 204 ff.
[27] Mein Kampf, S. 152 ff., 197, 741 f.
[28] a. a. O., S. 143, 149, 732.
[29] Völkischer Beobachter, 25. Mai 1928.
[30] Mein Kampf, S. 739 f.
[31] H. Rauschning, Gespräche mit Hitler, S. 106 f.
[32] Th. Vogelsang, Neue Dokumente zur Geschichte der Reichswehr 1930–1933, VfZ, 1954, 2, S. 434 ff.
[33] Hitlers Zweites Buch, S. 145 f.
[34] a. a. O., S. 130.
[35] Schulthess' Europäischer Geschichtskalender, 1933, S. 132.
[36] M. Göhring, Alles oder Nichts, Bd. I, S. 185.
[37] H. v. Kotze u. H. Krausnick, Es spricht der Führer, S. 272.
[38] Hitlers Zweites Buch, S. 112.
[39] Schulthess' Europäischer Geschichtskalender, 1935, S. 234.
[40] F. Siebert, Italiens Weg in den Zweiten Weltkrieg, S. 28.
[41] Schulthess' Europäischer Geschichtskalender, 1934, S. 424.
[42] a. a. O., S. 381.
[43] Documents on German Foreign Policy (DGFP), Serie C, Bd. IV, Nr. 430.
[44] a. a. O. Nr. 467.
[45] Z. J. Gasiriowski, Did Pilsudski attempt to initiate a preventive war in 1933, Journal of Modern History, Juni 1955, S. 141.
[46] a. a. O., S. 149 f.
[47] a. a. O.
[48] DGFP, Serie C, Bd. I, Nr. 449.
[49] Schulthess' Europäischer Geschichtskalender, 1934, S. 23.
[50] DGFP, Serie C, Bd. I, Nr. 237.
[51] Documents on British Foreign Policy (DBFP), Zweite Serie, Bd. VI, Nr. 60.
[52] a. a. O.
[53] a. a. O.
[54] DGFP, Serie C, Bd. IV, Nr. 275.
[55] H. Nicolson, Diaries and Letters 1930–1939, S. 239.
[56] DGFP, Serie C, Bd. IV, Nr. 131.
[57] Schulthess' Europäischer Geschichtskalender, 1935, S. 118, 120 f.
[58] A. Eden, Earl of Avon, Angesichts der Diktatoren, S. 249.
[59] F. Siebert, Italiens Weg in den Zweiten Weltkrieg, S. 31.
[60] A. Eden, Earl of Avon, Angesichts der Diktatoren, S. 250.

[61] a. a. O., S. 298.
[62] a. a. O., S. 263.
[63] a. a. O., S. 239.
[64] a. a. O., S. 279.
[65] a. a. O., S. 246.
[66] a. a. O., S. 287.
[67] P. Schmidt, Statist auf diplomatischer Bühne 1923–1945, S. 342.
[68] E. Robertson, Zur Wiederbesetzung des Rheinlandes 1936, VfZ, 1962, 2, S. 189.
[69] a. a. O., S. 192.
[70] a. a. O., S. 198.
[71] a. a. O., S. 205.
[72] a. a. O.
[73] H. Nicolson, Diaries and Letters 1930–1939, S. 243.
[74] A. Eden, Earl of Avon, Angesichts der Diktatoren, S. 391.
[75] R. A. C. Parker, Das zwanzigste Jahrhundert, S. 279.
[76] a. a. O., S. 280.
[77] ADAP, Serie D, Bd. III, Nr. 157.
[78] R. A. C. Parker, Das zwanzigste Jahrhundert, S. 283.
[79] Völkischer Beobachter, 6. April 1933.
[80] Graf G. Ciano, Tagebücher 1937/38, S. 39.
[81] M. Göhring, Alles oder Nichts, S. 236.
[82] H. Booms, Der Ursprung des 2. Weltkrieges – Revision oder Expansion? GWU, 1965, 6, S. 340.
[83] ADAP, Serie D, Bd. I, Nr. 19.
[84] H. Booms, Der Ursprung des 2. Weltkrieges, S. 351 f.
[85] a. a. O., S. 339.
[86] G. Ritter, Hitlers Tischgespräche, S. 446.
[87] H. Gackenholz, Reichskanzlei, 5. November 1937, Festgabe für F. Hartung, S. 480.
[88] Th. A. Bailey, A Diplomatic History of the American People, S. 704.
[89] K. Feiling, The Life of Neville Chamberlain, S. 333.
[90] ADAP, Serie D, Bd. I, Nr. 328.
[91] H. Booms, Der Ursprung des 2. Weltkrieges, S. 333 f.
[92] J. Gehl, Austria, Germany, and the Anschluß, S. 184.
[93] a. a. O., S. 193.
[94] Tagebuch des Generalobersten Jodl, Nürnb. Dok. PS – 1780.
[95] ADAP, Serie D, Bd. II, Nr. 133.
[96] Akten des Hauptarchivs der NSDAP, Hoover-Institution, Reel 54, folder 1290.
[97] ADAP, Serie D, Bd. II, Nr. 107.
[98] H. Booms, Der Ursprung des 2. Weltkrieges, S. 340.
[99] ADAP, Serie D, Bd. II, Nr. 99.
[100] a. a. O., Nr. 383.
[101] K. Feiling, The Life of Neville Chamberlain, S. 357.
[102] DBFP, Dritte Serie, Bd. II, Nr. 928, 937, 946, 956.
[103] ADAP, Serie D, Bd. II, Nr. 554.
[104] H. Booms, Der Ursprung des 2. Weltkrieges, S. 340.
[105] ADAP, Serie D, Bd. IV, Nr. 81.
[106] H. Booms, Der Ursprung des 2. Weltkrieges, S. 341.
[107] a. a. O., S. 353.
[108] a. a. O., S. 347.
[109] a. a. O.
[110] L. Hill, Three Crises, 1938–39, Journal of Contemporary History, 1968, 1, S. 124.
[111] ADAP, Serie D, Bd. IV, Nr. 229.
[112] H. G. Rönnefarth, Die Sudetenkrise in der internationalen Politik, Teil I, S. 746.
[113] a. a. O., S. 753.
[114] Schulthess' Europäischer Geschichtskalender, 1939, S. 327.
[115] ADAP, Serie D, Bd. VI, Nr. 61.
[116] a. a. O., Nr. 108.
[117] H. Booms, Der Ursprung des 2. Weltkrieges, S. 347.
[118] C. J. Burckhardt, Meine Danziger Mission 1937–1939, S. 241.

Literaturverzeichnis

Da nur die wichtigsten Werke aufgeführt sind, wird auf folgende Spezialbibliographien verwiesen: F. Herre u. H. Auerbach, Bibliographie zur Zeitgeschichte und zum Zweiten Weltkrieg für die Jahre 1945–1950, München 1955. – Bibliographie zur Zeitgeschichte. Beilage der Vierteljahrshefte für Zeitgeschichte. Zusammengestellt v. Th. Vogelsang, Jg. 1 (1953) ff., Stuttgart 1953 ff.

Dokumente

Akten zur Deutschen Auswärtigen Politik 1918–1945, Baden-Baden 1950 ff. u. Göttingen 1967 ff. – Documents on German Foreign Policy 1919–1939, London 1949 ff. – Documenti Diplomatici Italiani, Rom 1952 ff. – Documents Diplomatiques Français 1932–1939, Paris 1963 ff. – Documents on British Foreign Policy 1919–1939, London 1947 ff. – Foreign Relations of the United States. Diplomatic Papers, Washington 1939 ff. – P. Mantoux, Les Délibérations du Conseil des Quatre, Paris 1955. – G. Stresemann, Vermächtnis, Hrsg. H. Bernhard, Berlin 1932 f. – Akten der Reichskanzlei. Weimarer Republik, hrsg. von K. D. Erdmann u. H. Booms, Boppard 1971 ff.

Memoiren und Tagebücher

Viscount d'Abernon, Memoiren, 3 Bde., Leipzig o. D. – F. Anfuso, Rom–Berlin im Diplomatischen Spiel, München 1951. – J. Beck, Dernier Rapport. Politique Polonaise, Neuchâtel 1951. – G. Bonnet, Vor der Katastrophe, Köln 1951. – H. Brüning, Memoiren 1918–1934, Stuttgart 1970. – C. J. Burckhardt, Meine Danziger Mission 1937–1939, München 1960. – Graf G. Ciano, Tagebücher 1937/38, Hamburg 1949, Tagebücher 1939–1943, Bern 1946. – R. Coulondre, Von Moskau nach Berlin 1936 bis 1939, Bonn 1950. – A. Eden, Earl of Avon, Angesichts der Diktatoren, Memoiren 1923–1938, Köln 1964. – P. E. Flandin, Politique Française 1919–1940, Paris 1947. – A. François-Poncet, Als Botschafter in Berlin 1931–1938, Mainz 1947. – G. Gafencu, The Last Days of Europe, New Haven 1948. – D. Lloyd George, The Truth about the Peace Treaties, London 1938. – U. v. Hassell, Vom anderen Deutschland, Zürich 1946. – Sir N. Henderson, Fehlschlag einer Mission, Berlin 1937–1939, Zürich 1944. – G. Hilger, Wir und der Kreml. Deutsch-sowjetische Beziehungen 1918–1941, Frankfurt 1956. – Sir S. Hoare, Neun bewegte Jahre, Englands Weg nach München, Düsseldorf 1955. – A. Hitler, Mein Kampf, 563./567. Aufl., München 1941. – Hitlers Zweites Buch, Stuttgart 1961. – A. Jodl, Dienstliches Tagebuch v. 4. 1. 1937 bis 25. 8. 1939, Der Prozeß gegen die Hauptkriegsverbrecher, Bd. XXVII, PS-1780, Nürnberg 1948. – H. Graf Kessler, Tagebücher 1918–1937, Frankfurt 1961. – E. Kordt, Nicht aus den Akten, Stuttgart 1950. – F. Meinecke, Ausgewählter Briefwechsel, Darmstadt 1962. – I. M. Maiski, Memoiren eines sowjetischen Botschafters, Berlin 1967. – H. Nicolson, Diaries and Letters 1930–1939, London 1966. – H. Rauschning, Gespräche mit Hitler, Zürich 1940. – J. v. Ribbentrop, Zwischen London und Moskau, Leoni 1954. – Hj. Schacht, 76 Jahre meines Lebens, Bad Wörishofen 1953. – H. G. Seraphim, Das politische Tagebuch Alfred Rosenbergs aus den Jahren 1934/35 und 1939/40, Göttingen 1956. – P. Schmidt, Statist auf diplomatischer Bühne. Frankfurt 1964. – O. Spengler, Briefe 1913–1936, München 1963. – Comte J. Szembek, Journal 1933–1939, Paris 1952. – E. v. Weizsäcker, Erinnerungen, München 1950. – S. Welles, The Time for Decision, New York 1944. – E. Moreau, Souvenirs d'un Gouverneur de la Banque de France, Paris 1954.

Th. A. Bailey, A Diplomatic History of the American People, 6. Aufl., New York 1958. – M. Beloff, The Foreign Policy of Soviet Russia 1929–1941, 2 Bde., London 1949, 1952. – S. F. Bemis, A Diplomatic History of the United States, 5. Aufl., New Haven 1965. – C. Bergmann, Der Weg der Reparation, Frankfurt 1926. – H. Booms, Der Ursprung des 2. Weltkrieges – Revision oder Expansion? Geschichte in Wissenschaft und Unterricht, 1965, Heft 6. – A. C. Bullock, Hitler, Düsseldorf 1953. – W. Bussmann, Zur Entstehung und Überlieferung der »Hoßbach-Niederschrift«, Vierteljahrshefte f. Zeitgeschichte, 1968, Heft 4. – E. H. Carr, Berlin-Moskau. Deutschland und Rußland zwischen den beiden Weltkriegen, Stuttgart 1954. – F. L. Carsten, Reichswehr und Politik 1918–1933, Köln 1965. – G. Castellan, Le réarmement clandestin du Reich 1930–1935, Paris 1954. – B. Celovsky, Das Münchener Abkommen 1938, Stuttgart 1958. – W. Conze, Deutschlands weltpolitische Sonderstellung in den zwanziger Jahren, Vierteljahrshefte f. Zeitgeschichte, 1961, Heft 2. – F. Czernin, Die Friedensstifter. Männer und Mächte um den Versailler Vertrag, München 1968. – G. A. Craig/F. Gilbert, The Diplomats 1919–1939, Princeton 1953. – D. J. Dallin, Soviet Russia and the Far East, New Haven 1948. – L. Dehio, Deutschland und die Epoche der Weltkriege, Historische Zeitschrift, Bd. 173. – Ders., Deutschland und die Weltpolitik im 20. Jahrhundert, Frankfurt 1955. – U. Eichstädt, Von Dollfuß zu Hitler, Geschichte des Anschlusses Österreichs 1933 bis 1938, Wiesbaden 1955. – K. D. Erdmann, Deutschland, Rapallo und der Westen, Vierteljahrshefte f. Zeitgeschichte, 1963, Heft 2. – Ders., Adenauer in der Rheinlandpolitik nach dem Ersten Weltkrieg, Stuttgart 1966. – E. Eyck, Geschichte der Weimarer Republik, Erlenbach-Zürich u. Stuttgart 1959. – K. Feiling, The Life of Neville Chamberlain, London 1946. – J. C. Fest, Hitler. Eine Biographie, Berlin 1973. – F. Fischer, Weltpolitik, Weltmachtstreben und deutsche Kriegsziele, Historische Zeitschrift, Bd. 199. – W. Foerster, Generaloberst Ludwig Beck, München 1953. – E. Fraenkel, Das deutsche Wilsonbild, Jahrbuch für Amerikastudien, Bd. 5. – Ders., Idee und Realität des Völkerbunds im deutschen politischen Denken, Vierteljahrshefte f. Geschichte, 1968, Heft 1. – Ders., Regionalpakte und Weltfriedensordnung, Vierteljahrshefte f. Zeitgeschichte, 1954, Heft 1. – M. Funke, Sanktionen und Kanonen. Hitler, Mussolini und der internationale Abessinienkonflikt 1934/36, Düsseldorf 1970. – H. Gackenholz, Reichskanzlei, 5. November 1937, Forschungen zu Staat und Verfassung. Festgabe für F. Hartung, Berlin 1958. – H. Gatzke, Stresemann and the Rearmament of Germany, Baltimore 1954. – J. Gehl, Austria, Germany, and the Anschluß, 1931–1938, London 1963. – M. Gilbert/R. Gott, Der gescheiterte Frieden. Europa 1933–1939, Stuttgart 1964. – H. Graml, Die Rapallo-Politik im Urteil der westdeutschen Forschung, Vierteljahrshefte f. Zeitgeschichte, 1970, Heft 4. – Ders., Präsidialsystem und Außenpolitik, ebd., 1973, Heft 2. – W. F. Hallgarten, Das Schicksal des Imperialismus im 20. Jahrhundert, Frankfurt 1969. – H. Heiber, Adolf Hitler, Berlin 1960. – Ders., Die Republik von Weimar, dtv-Weltgeschichte des 20. Jahrhunderts Bd. 3, München 1966. – W. J. Helbich, Die Reparationen in der Ära Brüning, Berlin 1962. – H. Herzfeld, Zur Problematik der Appeasement-Politik, Geschichte und Gegenwartsbewußtsein. Festschrift f. H. Rothfels, Göttingen 1963. – L. Hill, Three Crises, 1938–39, Journal of Contemporary History, 1968, Nr. 1. – A. Hillgruber, Hitler, König Carol und Marschall Antonescu, Wiesbaden 1954. – Ders., Deutschlands Rolle in der Vorgeschichte der beiden Weltkriege, Göttingen 1967. – K. Hildebrand, Deutsche Außenpolitik 1933–1945, Stuttgart 1971. – H.-A. Jacobsen, Nationalsozialistische Außenpolitik 1933–1938, Frankfurt 1968. – J. Jacobson, Locarno diplomacy. Germany and the West, 1925–1929, Princeton 1972. – J. Hoensch, Die Slowakei und Hitlers Ostpolitik, Köln 1965. – W. Hofer, Die Entfesselung des Zweiten Weltkrieges, Frankfurt 1964. – G. F. Kennan, Sowjetische Außenpolitik unter Lenin und Stalin, Stuttgart 1961. – P. Kluke, Nationalsozialistische Europa-ideologie, Vierteljahrshefte f. Zeitgeschichte, 1955, Heft 3. – Ders., Politische Form und Außenpolitik des Nationalsozialismus, Geschichte und Gegenwartsbewußtsein. Festschrift für H. Rothfels, Göttingen 1963. – Ders., Deutschland und Rußland zwischen den Weltkriegen, Historische Zeitschrift, Bd. 171. – H. v. Kotze/H. Krausnick, Es spricht der Führer, Gütersloh 1966. – P. Krüger, Deutschland und die Reparationen 1918/19, Stuttgart 1973. – F. A. Krummacher u. H. Lange, Krieg und Frieden. Geschichte der deutsch-sowjetischen Beziehungen, München 1970. – A. Kuhn, Hitlers außenpolitisches Programm. Entstehung und Entwicklung 1919–1939, Stuttgart 1970. – W. Langer/S. E. Gleason, The Challenge to Isolation, New York 1952. – H. Lippelt, Zur deutschen Politik gegenüber Polen nach Locarno, Vierteljahrshefte f. Zeitgeschichte, 1971, Heft 4. – C. A. Macartney, October Fifteenth. A History of Hungary 1929–1945, New York 1956. – H. Meier-Welcker, Seeckt, Frankfurt 1967. – G. Meinck, Hitler und die deutsche Aufrüstung 1933–1937, Mainz 1959. – H. Metzmacher, Deutsch-englische Ausgleichsbemühungen im Sommer 1939, Vierteljahrshefte f. Zeitgeschichte, 1966, Heft 4. – G. Moltmann, Weltherrschaftsideen Hitlers, Europa und Übersee. Festschrift für Egmont Zechlin, Hamburg 1961. – C. Mowat, Britain between the Wars, London 1955. – K. Niclauß, Die Sowjetunion und Hitlers Machtergreifung, Bonn 1966. – H. Nicolson, Nachkriegsdiplomatie, Berlin 1934. – E. di Nolfo, Mussolini e la politica estera italiana 1919–33, Padua 1960. – H. Oncken, Nation und Geschichte, Berlin 1935. – P. Ostwald, Japans Weg von Genf nach San Francisco, 1933–1950, Stuttgart 1955. – R. A. C. Parker, Das Zwanzigste Jahrhundert I, 1918–1945, Fischer Weltgeschichte Bd. 34, Frankfurt 1967. – J. Petersen, Hitler und Mussolini. Die Entstehung der Achse Berlin–Rom 1933–1936, Tübingen 1973. – Sir C. Petrie, Life and Letters of the Rt. Hon. Sir Austen Chamberlain, London 1940. – E. L. Presseisen, Germany and Japan. A Study in Totalitarian Diplomacy, 1933–1941, Den Haag 1958. – G. Ritter, Carl Goerdeler und die deutsche Widerstandsbewegung, Stuttgart 1954. – H. K. G. Rönnefarth, Die Sudetenkrise in der internationalen Politik, Wiesbaden 1961. – K. Robbins, München 1938, Gütersloh 1969. – E. Robertson, Zur Wiederbesetzung des Rheinlandes 1936. Vierteljahrshefte für Zeitgeschichte, 1962, Heft 2. – Ders., Hitler's Pre-War Policy and Military Plans 1933–1939, London 1963. – H. Roos, Polen und Europa. Studien zur polnischen Außenpolitik 1931–1939, Tübingen 1957. – D. Ross, Hittler und Dollfuß. Die deutsche Österreich-Politik 1933–1934, Hamburg 1966. – H. Rothfels, Die deutsche Opposition gegen Hitler, Fischer-Bücherei Bd. 198, Frankfurt 1960. – K. H. Ruffmann, Sowjetrußland, dtv-Weltgeschichte des 20. Jahrhunderts Bd. 8, München 1967. – Th. Schieder, Die Entstehungsgeschichte des Rapallo-Vertrages, Historische Zeitschrift, Bd. 204. – G. Schubert, Anfänge nationalsozialistischer Außenpolitik, Köln 1962. – W. E. Scott, Alliance against Hitler. The Origins of the Franco-Soviet Pact. Durham 1962. – R. E. Sherwood, Roosevelt and Hopkins, New York 1948. – F. Siebert, Italiens Weg in den Zweiten Weltkrieg, Frankfurt 1962. – Th. Sommer, Deutschland und Japan zwischen den Mächten 1935 bis 1940, Tübingen 1962. – G. Stökl, Russische Geschichte, Stuttgart 1962. – R. Storry, The Double Patriots. A Study of Japanese Nationalism, London 1957. – G. Suarez, Aristide Briand, 6 Bde., Paris 1938–1952. – A. G. P. Taylor, Die Ursprünge des zweiten Weltkrieges, Gütersloh 1962. – Ders., English History 1914–1945, Oxford 1965. – A. Thimme, Gustav Stresemann, Hannover und Frankfurt 1957. – H. Thomas, The Spanish Civil War, London 1961. – D. Thomson (Hrsg.), The New Cambridge Modern History. Vol. XII. The Era of Violence 1898–1945, Cambridge 1960. – W. Treue, Denkschrift Hitlers über die Aufgaben eines Vierjahresplanes, Vierteljahrshefte f. Zeitgeschichte, 1955, Heft 3. – H. R. Trevor-Roper, Hitlers Kriegsziele, Stationen der deutschen Geschichte 1919 bis 1945. Hrsg. B. Freudenfeld, Stuttgart 1962. – H. A. Turner, Stresemann and the

Politics of the Weimar Republic, Princeton 1963. – B. Ulam, Expansion and co-existence. The history of Soviet foreign policy 1917–1967, London 1968. – W. B. Uschakow, Deutschlands Außenpolitik 1917–1945, Berlin 1964. – Th. Vogelsang, Neue Dokumente zur Geschichte der Reichswehr 1930–1933, Vierteljahrshefte f. Zeitgeschichte, 1954, Heft 4. – F. P. Walters, A History of the League of Nations, London-New York-Toronto 1960. – P. Wandycz, France and her Eastern Allies, Minneapolis 1962. – E. Weill-Raynal, Les Réparations Allemandes et la France, Paris 1938–47. – G. L. Weinberg, The May Crisis, 1938, Journal of Modern History, XXIX, 1957. – J. W. Wheeler-Bennett, Die Nemesis der Macht. Die deutsche Armee in der Politik 1918–1945, Düsseldorf 1954. – E. Wiskemann, The Rome-Berlin Axis, New York and London 1949. – M. Wojciechowski, Die polnisch-deutschen Beziehungen 1933–1938, Leiden 1971.

W. Baumgart, Vom Europäischen Konzert zum Völkerbund. Friedensschlüsse und Friedenssicherung von Wien bis Versailles, Darmstadt 1974. – W. Benz/H. Graml (Hrsg.), Aspekte deutscher Außenpolitik im 20. Jahrhundert. Aufsätze. Hans Rothfels zum Gedächtnis, Stuttgart 1976. – I. Geiss/B.-J. Wendt (Hrsg.), Deutschland in der Weltpolitik des 19. und 20. Jahrhunderts. Fritz Fischer zum 65. Geburtstag, Düsseldorf 1973. – O. Hauser, England und das Dritte Reich, Stuttgart 1972. – P. Krüger, Friedenssicherung und deutsche Revisionspolitik. Die deutsche Außenpolitik und die Verhandlungen über den Kellogg-Pakt, Vierteljahrshefte für Zeitgeschichte, 1974, Heft 3. – W. Link, Die amerikanische Stabilisierungspolitik in Deutschland 1921 bis 1932, Düsseldorf 1972. – M.-O. Maxelon, Stresemann und Frankreich 1914–1929. Deutsche Politik der Ost-West-Balance, Düsseldorf 1972. – H. von Riekhoff, German-Polish Relations 1918–1933, Baltimore/London 1971. – H.-J. Schröder, Deutsche Südosteuropapolitik 1929–1936. Zur Kontinuität deutscher Außenpolitik in der Weltwirtschaftskrise, Geschichte und Gesellschaft 2 (1976), S. 5–32. – G. Soutou, Die deutschen Reparationen und das Seydoux-Projekt 1920/21, Vierteljahrshefte für Zeitgeschichte, 1975, Heft 3. – W. Weidenfeld, Die Englandpolitik Gustav Stresemanns, Mainz 1972. – G. L. Weinberg, The Foreign Policy of Hitler's Germany. Diplomatic Revolution in Europe 1933–1936, Chicago/London 1970. – G. Wollstein, Vom Weimarer Revisionismus zu Hitler. Das Deutsche Reich und die Großmächte in der Anfangsphase der nationalsozialistischen Herrschaft in Deutschland, Bonn 1973. – W. Benz/H. Graml (Hrsg.), Sommer 1939. Die Großmächte und der Europäische Krieg, Stuttgart 1979.

Register

Als der Krieg zu Ende war . . .
Deutschland nach 1945

Hans Graf v. Lehndorff:
Ostpreußisches
Tagebuch
Aufzeichnungen eines
Arztes aus den Jahren
1945–1947
dtv 2923

Käthe v. Normann:
Tagebuch aus Pommern
1945–1946
dtv 2905

Alfred M. de Zayas:
Die Anglo-Amerikaner
und die Vertreibung
der Deutschen
Vorgeschichte, Verlauf,
Folgen
dtv 1599

Alfred Grosser:
Geschichte
Deutschlands seit 1945
Eine Bilanz
dtv 1007

Thilo Vogelsang:
Das geteilte
Deutschland
dtv 4011

Karl Dietrich Erdmann:
Das Ende des Reiches
und die Entstehung der
Republik Österreich,
der Bundesrepublik
Deutschland und der
Deutschen Demokrati-
schen Republik
dtv 4222

Bewegt von der Hoff-
nung aller Deutschen
Zur Geschichte des
Grundgesetzes
Entwürfe und
Diskussionen
1941–1949
Hrsg. v. Wolfgang Benz
dtv 2917

Das Urteil von Nürnberg
1946
Mit einem Vorwort
von Lothar Gruchmann
dtv 2902